西洋古典叢書

4回配本

イリソス川
【オリュンポス・ゼウス神殿の遺跡附近に見られる河床跡】

目次

イリソス川……1
マケドニアとピリッポス二世　イアン・ワージントン……2
連載・西洋古典名言集(11)……6
2012刊行書目

2012年9月
京都大学学術出版会

マケドニアとピリッポス二世

イアン・ワージントン

マケドニアはオリュンポス山の北に位置し、ピリッポス二世による統治(前三五九—三三六年)以前は悲惨な状態にあった。王国内の亀裂は上下マケドニア(西と東)の地理的分裂を生み、王都ペラ(下マケドニア)の王に上マケドニアの諸部族は服属していなかった。マケドニア国境上の諸部族、諸外国による襲撃、テバイ、アテナイなど遠隔南方の国からの内政干渉、大半が徴募兵からなる軍隊、経済活動の事実上の欠落、これらはマケドニアをギリシア世界における政治的、経済的、文化的落伍者にしていた。経済力、軍事力を高めようとした王は幾人かおり、アルケラオス(在位前四一三—三九九年)は顕著な例であったが、彼らの事績は、後継者たちの凡庸な治世で烏有に帰した。ピリッポス二世はそれらすべてに変革をもたらした。

オリュンポス山以南のギリシア人は、マケドニア人を「バルバロイ」と呼んだが、それは未開人という蔑称ではなく、ギリシア語を話さないという意味であった。しかしマケドニア人がギリシア語を話すギリシア人であった可能性は高い。だが社会的政治的相違の根は深かった。たとえばマケドニア人は一夫多妻で、葡萄酒を水割りせずに生で飲んだ。ギリシア人はこの両習俗を蔑視したものの、幼年花嫁や児童買春を習いとする彼ら自身の社会は、とうてい立派とはいえなかった。ギリシア人はポリスなる自治国家ないし独立種族共同体で生活していたため、王の支配下に暮らすマケドニア人を、自治に要する知能を欠く民族と考えた。しかしながらポリス体制はギリシア人の弱点の主要な源であった。ポリス制は他ポリスに対する夷人恐怖症的感情を養い、彼らがいかなる時期にも民族統一をなしえなかったことの主因である。ピリッポスが最適の好機をとらえて一ポリスと結び、他のポリスと敵対してついに全ギリシアを覇権下に置きえたのも、けっして不思議ではない。

ピリッポスは第一位王位継承者ではなかった。兄王ペルディッカス三世は、前三五九年マケドニア兵四〇〇〇を率いて、老将バルデュリス麾下のイリュリア人侵入に抗して戦い、敗死した。敗北は、北東の種族パイオニア人を侵攻に結集させた。同時に二人の王位僭称者が、一人はアテナイの、他は西トラキア王ベリサデスの支持を得て、王権獲得を宣言した。王位継承者はペルディッカスの息子、未成年のアミュンタスであり、こうした外患内憂に鑑みて、マケドニアの集会は衆議一決叔父のピリッポスを王に迎えた。

ピリッポスは一年以内に、上記四つの外的脅威を断った。イリュリア人とは外交によって同盟を結び（バルデュリスの孫娘アウダタとの婚姻を含む）、贈賄によってパイオニア人の侵攻を食い止め、ベリサデスには王位僭称者への援助を断念させ、アテナイ人には王位僭称者を見棄てるなら（じじつアテナイ人は見棄てた）アンピポリスが返還されると思わせて騙した。これらの措置は単に時間稼ぎのためであったが、それらはピリッポスの支配権を特徴づける、彼独特の外交術と欺瞞の原型となった。

こうした脅威を殺ぐや、ピリッポスは一連の軍制改革に乗り出して陸軍を刷新した。訓練不足の徴兵集団を職業軍団に変え、新規の教練と戦術と、サリーサ（鋭利な鉄の穂先を持つ長さ一四フィートの木槍）など新型武器類で装備させた。改革は統治期間中ずっと続いた（すなわち前三五〇年頃には工学軍団を創設して捻転発射機を考案させ、前三四二年のトラキア遠征後は投槍兵を陸軍に編入した）。早くも即位一年後の前三五八年、彼は新軍容に十全の自信を得てパイオニアとイリュリアを攻撃した。両族は何回かの戦いで潰滅し、今や両地域ともピリッポスの支配下に入った。史上初めてマケドニアは、主都ペラに在る中央君主権のもとに統一された。さらにピリッポスは上マケドニア人を自軍に入れ、軍隊を国防目的ならびに王にして将軍なるピリッポスへの忠誠を競わせる組織として活用した。

ピリッポスの当面の目標は、何十年来マケドニアを悩ました類いの、外国勢による襲撃から全国境地帯を守ることであった。彼はおおむね外交と政略結婚でそれを果たした。――最も有名なものは、前三五七年、南西の隣国エペイロス（現アルバニア）の王女オリュンピアスとの結婚である。翌年オリュンピアスは息子すなわち未来のアレクサンドロス大王を生んだ。ピリッポスはマケドニアの国境保全に空前の成功を収めたが、そこでアテナイおよびテッサリアとの関係を主因に、中央ギリシアの紛争に巻き込まれた。

前三五五—三四六年の間、中央ギリシアは第三次神聖戦争の舞台となった。デルポイを占拠したポキスを討つべく、アンピクテュオニア神聖同盟（本書補註G参照）諸国が立った戦争である。マケドニアは同盟に加入していなかったが、テッサリア（ピリッポスはその主要都市ラリサと外交および姻戚関係を結んでいた）はその一員であった。前三五三年のテッサリア遠征で、ピリッポスはポキスの将軍オノマルコスに敗れ、彼の軍勢は祖国に逃げ帰った。ピリッポスは翌年テッサリアに戻り、クロコスの野の戦いにおいてオノマルコスを大敗させた。

前三五二年のピリッポスによる復帰戦の手法は意表をつくものであった。すなわち彼は兵士たちに月桂樹冠の装着を命じたのである。兵士たちがアポロン神の守り手として来たこと、言い換えれば、マケドニアが正式に神聖戦争に参入したことを示したのである。こうしてピリッポスはマケドニアの内政から、中央ギリシアにおける勢力拡大に向かった。この動きは論理的必然であった。なぜなら過ぐる前三五七年アンピポリス返還を拒まれたアテナイは、彼に宣戦布告したのである。両者はじっさいには戦火を交えなかったが、ピリッポスにとってこの戦争を終結させてアテナイを味方につけることは、より得策であり、神聖戦争はその手段となった。二つの戦争はともに前三四六年終結した——「ピロクラテスの講和」は対アテナイ戦争を終わらせた——、この年をもってマケドニアはオリュンポス山以南のまぎれもない一大勢力となった。ピリッポスは権威あるアンピクテュオニア神聖同盟の一員になり、ピュティア祭（本書三八九頁註（6）参照）の主催者にも選ばれた——「バルバロイ」の王にとっては小さからぬ名誉であり、一二年前の登位時の惨めな状況とは天と地の差があった。

続く六年間のピリッポスとギリシア人の関係は、彼の帝国拡張につれて悪化した。前三四二年の彼のトラキア併呑は、穀物輸入ルートを脅かされたアテナイ人を驚愕狼狽させた。ケロネソス半島でアテナイ人が起こした反ピリッポス行動は、前三四〇年にさらなる戦闘に発展した。ピリッポスはテバイを懐柔して味方につけようとしたが、デモステネスの外交とテバイ人のピリッポスへの不信（前三四六年の処遇に遡る不信）によって、テバイはアテナイと同盟した。かくして前三三八年ギリシア諸国連合軍はカイロネイア（ボイオティア）において、ピリッポスと対戦した。勝利はピリッポスに輝き、ギリシアの自治独立は終焉を迎えた。一年後ピリッポスはギリシア人に「共通平和」を課し、「コリントス同盟」（現代の研究者がこう呼ぶ）の名において、ギリシアにおけるマケドニアの覇権（ピリッポスを支配者とする）を明確にした。彼が全ギリシアによるペルシア帝国侵攻計画を発表したのは、前三三七年春のこの同盟の集会においてである。

ピリッポスの軍事的成功は、マケドニア財政の活性化を助けたが、とくに歴代の王の誰よりも自然資源を活用したことは特筆に値する。彼は農地の供給量を増やし（征服と土地改良と灌漑政策による）、通商と交通を発展（新しい道路や町の建設による）させた。彼の帝国拡大とともに、征服地からの収入は経済を潤した（テッサリアやトラキアの租税や港湾関税など）。しかしピリッポスの最大の経済改革は、鉱業と造幣である。彼はマケドニアの衡量制を改め、新規に基準貨幣を鋳造した。かくしてマケドニアは繁栄し、マケドニア貨幣はヨーロッパ最強の貨幣となった。

ピリッポスは生きて平和の時代を長く見ることなく、アジア侵攻も果たさなかった。前三三六年、近習の一人で元寵童であったパウサニアスが、アイガイで彼を暗殺した。動機は個人的なものであっただろうが、オリュンピアスの、さらにアレクサンドロスの関与は否定できない。父子関係はこの時までに極度に悪化していたからである。アレクサンドロスは妨害なしに即位したが、前三三一年シワー（リビア砂漠）のゼウス・アンモンの神託所を訪れたとき、彼の神託伺いの一つが、父の殺害者全員が罰せられたか否かであったということは、暗示的である。彼の陰謀加担を信じる者がおり、それゆえアレクサンドロスは神の明確な無実託宣（これを彼は得た）を必要としたと考えないかぎり、事件から五年後の質問としては、奇異である。

古代の文筆家がピリッポスを称賛し、彼の最も手厳しい批評家デモステネスさえ褒めた（本書四三七頁註（3）参照）ことは驚くに当たらない。帝国建設（彼の死の時点で、ギリシアからダニューブ河までを覆っていた）とアジア侵攻計画は言うに及ばず、軍事、経済、行政におけるピリッポスの遺産は、アレクサンドロスの数々の成功と大帝国への道を拓いた。まさにピリッポスなくしてアレクサンドロスはありえず、よってピリッポスは名高い息子とともに、ギリシア史の表舞台に立つべき人物である。

（古代ギリシア史、修辞学・ミズーリ大学教授〔邦訳＝木曽明子〕）

連載

西洋古典名言集 (11)

老いの閾《しきい》に立つ

西洋古典で老年論と言えば、キケロの『老年について』（中務哲郎訳、岩波文庫）が有名であるが、その最初の例はおそらくプラトンの『国家』の冒頭で、ソクラテスがめずらしくアテナイの外港ペイライエウスに出かけて立ち寄った家で、ポレマルコスの父ケパロスに老年について尋ねた箇所であろう。ケパロスの老年談義は、「あなたはすでに詩人たちが『老いの閾に立っている』と言う年齢になっているわけですから、老年というものが人生のつらい時期なのか、それともどのようにおっしゃるのか、聞いてみたい」と訊かれたところで始まっている。右の表現はホメロスなどに数箇所みられる。ホメロスの世界では、戦争や体育競技が若者を主体とするのに対して、老人は語るわざに優れ、賢明な忠告をあたえる者として描かれる。神々でも先に生まれたゼウスがポセイダオン（ポセイドン）にその知恵においてまさるように（『イリアス』第十三歌三五五）、オデュッセウスはアキレウスよりも生まれに先んじている分だけ知恵も経験も多いと考えられている（同第十九歌二一九）。一方で、'chalepon, lygron, stygeron, oloon'など老年につく形容詞がいずれも「厭わしい」「忌まわしい」といった意味であるように、老いるということは、長年の経験の賜である知恵をもつと同時に、身体の衰えによって苦しむということでもある。ところで、「閾」の意味であるが、原語の oudos は、哲学者パルメニデスの哲学詩の序歌に夜と昼をつなぐ門を「鴨居と石の閾が上下からとり囲む」とあるように、家の入口をも意味したから、例えば、ペネロペイアが夫オデュッセウスに「わたしたち二人が、ともに青春を楽しみ、老いの閾にたどり着くのを快く思われる神様がた」（『オデュセイア』第二十四歌二一二）と語る例をみても、これを老年の始まりと考えるのが自然なように思われる。しかし、『イリアス』の二つの例（第二十二歌六〇、第二十四歌四八七）では、トロイア王プリアモスもアキレウスの父ペレウスもともにすでに老境に達しているから、これを老年の始まりと読むのは奇妙だということになる。そこで最近は、「老いの」をいわゆる *genitive of definition* の意味にとって、「老いという閾」と理解されることが多い。死の運命（moira thanatoio）が死という運命、死の終極（thanatoio telos）が死という終極であるのと同然である。このように考えるならば、老いの閾に立つとは、老いそのものが閾であって、生と死の狭間に立っているというような意味であることになる。

ヘシオドスの老年

これは名言というよりも諺の類であるが、「ヘシオドスの老年」という表現がある。古辞書『スーダ』や「未刊行ギリシア諺集成」が挙げるこの諺の意味は、二度も埋葬を受ける栄誉にあずかるということである。ヘシオドスの埋葬についてはいくつかの伝承が面白い話を伝えている。プルタルコスの『七賢人の饗宴』、作者不詳『ホメロスとヘシオドスの歌競べ』、ヘシオドスの古注、後代のツェツェースの注解などに出てくる話であるが、これらの資料の多くはアリストテレスの『オルコメノス人の国制』に収められている。この作品は『アテナイ人の国制』などとは違って、今日には断片資料のみ残っていて、V・ローゼ編『アリストテレス断片集』に収録されている。オルコメノスはボイオティア地方にあるコパイス湖西岸の町であるが、この地にヘシオドスが二度目の埋葬を受けたという話が紹介されている。ヘシオドスはエウボイアのカルキスで、ホメロスと有名な歌競べをした後（もちろんこれも伝承の一部であって、史実かどうかわからない）、デルポイに立ち寄ったが、その折りに「ネメアのゼウスの神域で命を落とすであろう」という神託が降りる。ネメアとはネメア競技で名高いペロポンネソス半島北東のネメアのことだろうと思って、その地を避けてロクリスのオイノネに赴いたのであるが、その地で歓待を受けたヘシオドスは、同宿したミレトスの男と家の娘の密通事件にまき込まれ、嫌疑をかけられたあげく、当地にあったネメアのゼウスの神域で殺されてしまい、奇しくも神託で言われたことが実現してしまう。遺体は海中に投げ捨てられるが、三日目になって彼の遺体をイルカの群れが海岸まで運んできたので、ロクリス人たちはゼウスの神域に葬った。ところが後年、ヘシオドスの生地で、ボイオティアのヘリコン山の北西にあった寒村アスクラが、近隣の都市テスピアイの人たちによって攻撃を受け、村民らがオルコメノスに逃げ込んだことがあった。その折りにオルコメノスの人びとが神託を求めると、「ヘシオドスの亡骸を受け取って、汝らの土地に埋めよ」という言葉が降ったので、人びとはロクリスへ行って、ヘシオドスの遺灰を受け取ると、町の広場アゴラの名祖《なおや》ミニュアスの墓の傍らに葬った。かくしてヘシオドスは二度埋葬されることになったのだという。

（文／國方栄二）

西洋古典叢書

[2012] 全８冊

★印既刊　☆印次回配本

●ギリシア古典篇

アイスキネス　弁論集★　木曽明子 訳

アリストテレス　生成と消滅について☆　池田康男 訳

エウリピデス　悲劇全集　1★　丹下和彦 訳

プルタルコス　モラリア　8★　松本仁助 訳

ポリュビオス　歴史　4　城江良和 訳

ルキアノス　偽預言者アレクサンドロス — 全集　4　内田次信他 訳

●ラテン古典篇

クインティリアヌス　弁論家の教育　3　森谷宇一他 訳

リウィウス　ローマ建国以来の歴史　9★　吉村忠典・小池和子 訳

●**月報表紙写真** — イリソスは古代アテナイ近傍のヒュメットス（現イミソス）山系に発して、古代市壁の南東側外周沿いを流れ、西郊のケピソスに合流する小さな川（その後ペイライエウス南方でパレロン湾に注いでいる）。プラトンの『パイドロス』では、ソクラテスがお気に入りの美青年パイドロスとともにこの川沿いを遡行し、岸辺の木蔭で対話を交わす、という場面設定になっている。今日では大部分がアテネの街を北東から南西に貫くヴァシレオス・コンスタンティヌス大通りの下に暗渠化されているが、わずかに地表に現われた部分（オリュンポス・ゼウス神殿の隣接地。ちょうどソクラテスとパイドロスが出会ったあたりか）では往古の牧歌的雰囲気も窺われる。写真は乾期の枯れ川状態だが、今日ではやや整備が進み、清流も見られるようになった。（二〇〇三年六月撮影　高野義郎氏提供）

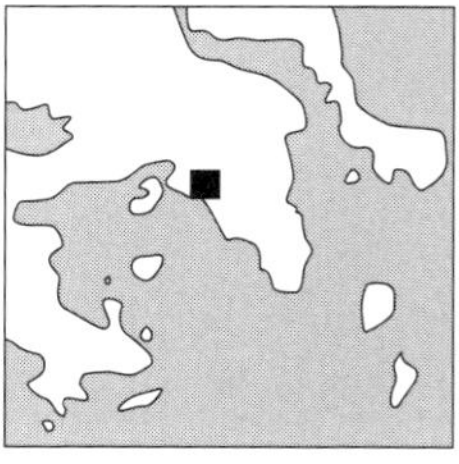

アイスキネス

弁論集

西洋古典叢書

凡例

一、本書はアイスキネスのものとして現存する弁論作品三篇を収録するものである。本書の底本としては Teubner 最新版の M. R. Dilts (ed.), Aeschines, *Orationes*, Stuttgart und Lepzig 1997 を用いる。底本と異なる読みを採用した箇所は、V. Martin et G. de Budé (eds.), Eschine, *Discours*, texte établi et traduit, Tome I et II, Paris (*Les Belles Lettres*), 1927-28; C. D. Adams (ed.), *The Speeches of Aeschines*, with an English translation, London and Cambridge, Mass., 1919 (Loeb Classical Library) などに拠った。

二、ギリシア語をカタカナで表記するにあたっては、

(1) ϕ、χ、θ と π、κ、τ を区別しない。

(2) 母音の長短については、固有名詞のみ原則として音引きを省いた。ただし慣例に従って、普通名詞でも音引きしていないものもある（例、アゴラ、ドラクマ）。また地名の表記についても慣例に従った場合がある（例、デロス島）。

三、訳文中の「 」は引用、術語、強調など、読みやすさを考慮して訳者が適宜補ったものである。また（ ）は底本の丸括弧、あるいはもとのギリシア語のカタカナ表記を示す。ダッシュは訳者が適宜付したものであり、［ ］は訳者の補足であることを示す。いずれも訳者の判断で、読みやすさを考慮した。

ゴシック体の和数字は、伝統的に踏襲されている節番号を示す。段落分けは原則的には底本に従っているが、何節にもわたる場合には、他の校訂本や翻訳書を参考にして区分けした場合もある。

四、註、解説中の『 』は作品名を表わす。アイスキネス自身の弁論の引用に関しては、著者名を省き、例えば『使節職務不履行について（第二弁論）』三五、とする。（ ）内の弁論番号は、個々の弁論家の伝承作品に付された番号である（例、デモステネス『使節職務不履行について（第十九弁論）』）。

五、アイスキネスの弁論作品を伝える中世写本には、各作品の前に後世の修辞家による「概説（ヒュポテシス）」が付されている。本訳書では、旧 Teubner 版（F. Blass, *Aeschinis Orationes*, 1908）に収録されているそれらを、「古伝概説」として作品の本文の後に付した。本文の前に掲げられた「構成」は訳者が作成したものである。

中世写本には同じくアイスキネスの古伝による「伝記」が含まれているが、本訳書では成立期の比較的明らかな二篇を収録した。

六、法律用語や役職名などは、できるだけギリシア語の訳語として定着しているものを用いたが、古代ギリシア語の場合、政治・社会制度、裁判の手続きなどが現代と異なるため、現代の用語法と一致しないものがいくつかある。例、「私訴（ディケー）」、「弾劾裁判（エイサンゲリアー）」、「家付き娘（エピクレーロス）」など。

七、索引（地名、人名、事項）、アッティカの祭暦、貨幣制度と度量衡、関連年表、関連地図を巻末に付した。

目次

第一弁論　ティマルコス弾劾……3
第二弁論　使節職務不履行について……99
第三弁論　クテシポン弾劾……201
アイスキネスの古伝「伝記」……344

補註……353
解説……367

関連地図（1アテナイのアゴラ　2アッティカの区　3ギリシア世界　4古代ギリシアおよびその周辺）
固有名詞索引・事項索引／アッティカの祭暦／貨幣制度と度量衡／関連年表

アイスキネス　弁論集

木曽明子訳

第一弁論
ティマルコス弾劾

第一弁論
序論および提題　本訴訟の争点・罪状告発（一―六）
本論（七―一七六）
根拠となる法律とその意義（七―三六）
陳述　被告ティマルコスの罪状（三七―一一六）
罪状告発の方法（三七―三九）
売色歴（四〇―七〇）
証拠・証人を出さない理由（七一―九三）
相続財産の蕩尽・親（叔父）への虐待（九四―一〇五）
公務歴（一〇六―一一六）
予想される被告弁明の諸論点への論駁（一一七―一七六）
売春斡旋業者への課税について（一一七―一二四）
「噂」について（一二五―一三一）
高貴な愛について（一三二―一四〇）
詩文に見られる高貴な愛について（一四一―一五四）
高貴な少年愛と卑しい少年愛（一五五―一五九）
男色売買における契約書について（一六〇―一六五）
デモステネスの弁護に対する批判（一六六―一七六）
結論（一七七―一九六）
法律遵守の必要性（一七七―一七九）
スパルタとアテナイの倫理観（一八〇―一八四）
公序良俗の必要性（一八五―一九六）
古伝概説

一　いまだかつて私(1)は、アテナイ人諸君、市民の誰かを公訴(2)にかけた事もなければ、執務審査(3)で苦しめたこともなく、この種のことではいつも出過ぎたふるまいは慎んできたと、少なくとも自分では思っています。しかしながら、このティマルコスの犯した法律違反の民会演説(4)によって、わが国が甚大な被害を被っているのを目のあたりにし、かつまた私自身誣告常習犯(5)のいやがらせを仕掛けられたため（どんな手口でかを追ってお話しましょう）、二　国家全体と法律と諸君と私自身を守らずしては、これまさに恥辱の極みと考えました。そこでついさきほど諸君が書記の朗読を聞かれた罪状にこの男が問われることを確信して、私はティ

---

(1) この訴訟の原告アイスキネス。アテナイの政治家。

(2) アテナイの裁判は公訴と私訴に二大別された。私訴は被害者のみに訴追権があったが、公訴は市民であれば第三者であっても提起できた。

(3) アテナイの公職者が任期満了時に受けることを義務づけられていた執務審査（エウテューナ）のこと。補註E参照。

(4) 国庫に負債がないなど一定の条件を満たせば、市民は誰でも民会で演説・提案できると法律は定めているが、民会演説をした被告ティマルコスは、この法律に違反すると原告アイスキネスは言う。民会については補註B参照。

(5) 「誣告常習犯（シューコパンテース συκοφάντης）」は、市民に開かれた公訴権、参政権を悪用し、金銭目的で訴訟を起こすことを半ば職業としていた人間の呼称。「告発屋」「告訴屋」「告訴乱発者」などとも訳される。

マルコスに対するこの資格審査(1)を申請しました。そしておそらく、アテナイ人諸君、公訴についてつねに言われることは嘘ではないようです。すなわち個人的敵意が公序紊乱を正すことはしばしばあるということです。三　したがってティマルコスは裁きにかけられるからといって、国や法律や諸君や私を責めることはできないのであって、それはあくまで自分で自分の身に招いた事態だということがはっきりするでしょう。なぜなら法律は、恥ずべき生活(2)を送った彼に民会演説をしてはならないと命じているからですが、私に言わせればそれはけっしてむずかしい禁令ではなく、いえ、いとも簡単に守れるものでした。そして彼に分別さえあったなら、私を誣告常習犯まがいに訴える必要はなかったのです。ですから、私の前置きが節度を弁えたものであったことを願います。

四　これからまず申し述べようとすることは、アテナイ人諸君、これまでにも諸君が間違いなくほかの人たちから聞いておられるということ、それを私は知らないわけではありません。ですがこの私も、いまこその同じことを諸君に向かって言うべきだと思うのです。そもそも世には三種類の政治があるということは、誰しも異論のないところであります(3)。すなわち独裁政、寡頭政、民主政です。独裁政と寡頭政は権力者の気質によって統治が行なわれるのに対し、民主政の国家は、現行の法律によって運営されます。五　そしてアテナイ人諸君、民主政にあっては、市民の身体と国体を守るものは法律であるのに対し、独裁者と寡頭主義者を守るものは猜疑心と武器による警護であることは言うまでもありません。とすると寡頭主義者や不平等な政治を実行している者は、力の法によって国家転覆を狙う者に用心しなければならないのに対し、平等と法に則った政治を行なう諸君は、法律に違反する発言や生活を重ねてきた者に注意しなければなりません。

とすれば諸君は、遵法精神に徹し、無法な輩による破滅を防いでこそ、力ある市民でいられるでしょう。六 ですから、われわれは法律を制定するときには、立派な国益に適う法を立てることを心がけ、いったん制定すれば、国家の安寧秩序のために、制定した法に服従し、不服従の者に懲罰を下さねばならない、これが私の考えです。

よく調べていただきたい、アテナイ人諸君、かのいにしえの立法家ソロン(4)、そしてドラコン(5)、またそのほかの往昔の立法者たちが、徳性というものにどれだけ意を用いていたかを。七 彼らはまずわれわれの子供たちの徳性について、自由人の子供がどのような生活習慣を身につけるべきか、どのような薫育を受けるべきか、次に若者たちについて、三番目に他の年齢層の者について順次に、一般市民だけでなく弁論家「政治家」の場合についても明確に示しました。そしてこれらの法律を記録して彼らは諸君の手に委ね、諸君をそ

(1)「演説者資格審査（*δοκιμασία τῶν ῥητόρων*）」のこと。民会演説をもって提案を行なったティマルコスに、演説者資格があったか否かを審査すべきだという訴え。

(2)「恥ずべき生活」は売色（金銭的報酬を伴う男色行為）を指す婉曲表現。

(3) 政体の三種分類は前五世紀から文献に表われる。ピンダロス『ピュティア祝勝歌』第二歌八五―八六、ヘロドトス『歴史』第三巻八〇―八二、プラトン『国家』第八、九巻参照。

(4) 前五九四／九三年にアルコーンを務め、民主政の先駆けとなる改革を行なったと伝えられる。古くから尊ばれた法律の制定者として名を冠せられるなど、後世にも民主政のシンボルとして尊敬された。

(5) なかば伝説的存在であった立法家ドラコンは前七世紀末の人。「最古不変の」（アンティポン『合唱隊員殺人（第六弁論）』二）といわれた殺人に関するドラコンの法は、前四世紀にも権威を持ち続けた。

の番人としたのでした。

八　そこで私はいま諸君に向かって、かの立法家の法律の制定と同じ順序で話を進めたいと思います。すなわち諸君の子供たちのしつけにかかわる法律を最初に、二番目に若者の、三番目に他の年齢層について順次に、一般市民だけでなく弁論家の場合についても、定められている法律を示しましょう。こうすることによって私の議論を最もよく理解していただけると思うからです。そして同時に、アテナイ人諸君、まず国家の法律の詳細を述べ、次にそれと比較してティマルコスの人となりを調べてみたいと思います。というのは彼があらゆる法律にまったく反する生活を送ってきたことがおわかりになるでしょうから。

九　ではまず第一に、私たちがどうしても自分の子供を預けなければならない教師についてですが、彼らは自制心をそなえていれば生活がなりたち、逆であれば暮らしが立ち行かなくなるのですが、それでも立法家はそういう彼らに不信を抱いていたらしく、以下のようにはっきりと指示しています。すなわちどの時間に自由人の子供は学校[1]へ行くべきか、次に何人の子供と一緒に行くべきか、そしていつ帰るべきか、一〇　そして教師は学校を、体育トレーナーはレスリング道場を日の出より前に開けてはならないと、そして日没前に閉めるようにと命じています。人気《ひとけ》のなくなることと暗闇とに、極度の警戒心を持つからです。立法家は、近辺を往来する若者はどういう人間であるべきか、何歳であるべきか、そしてこれらを監督する役人、また付き添い養育係[2]の監督内容についても規定しています。学校におけるムーサの祝典[3]、レスリング道場でのヘルメス祭[4]、そして最後に子供たち同士のつきあいや円舞合唱隊[5]についても規定しています。一一　つまり諸君のために出費を引き受けようとする上演世話人[6]は、できるかぎりの分別を身につけてから諸君の子供たちに接するように、四〇歳以上になってからでないとそれを引き受けないようにと決めているのです。

では、しかるべき教育を受けた子供が成人すれば、国家に有用な市民になると立法家が考えたことを見ていただくために、これらの法律を書記の方に読み上げてもらいましょう。しかし人間の本性が、そのまま最初に劣悪な養育に委ねられれば、卑しく育った子供はここにいるティマルコスのような市民になると立法家は見たのでした。みなさんにこれらの法律を読んであげてください。

---

(1)「学校」は少年に読み書きなどを教える私塾あるいは私設の学校を、「レスリング道場」はレスリングなどの体育訓練所を指す。法律はこれらの私的教育機関の運営について規制を設けていた。生徒数については、経済的理由で教師がなるべく多数の生徒を取ろうとするのに対し、監督が十分行き届く人数に抑えようとしている。

(2) 付き添い養育係は、一定の資力を持つアテナイ市民の家庭に置かれた家内奴隷で、子供のしつけを任され、外出にはかならず付き添った。いかがわしい児童買色の対象にしようとする人間から子供を守り、良家の子弟にふさわしい成育を実現する役割を課された。

(3) ムーサの祝典は、九人の学芸の女神ムーサイに奉納する演芸会の類いのものか? テオプラストス『人さまざま』第二十二章六参照。

(4) ヘルメスは体育にゆかりの深い神。

(5) 少年の円舞合唱隊は、多くは部族(補註O参照)単位で編成訓練され、ディオニュシア祭など、上演世話人の統監のもとに祭礼行事に参加した。

(6) 上演世話人あるいは合唱舞踊隊奉仕役(コレーゴス)とは、ディオニュシア祭などの国家祭礼で行なわれる演劇やディテュランボス合唱舞踏の費用を負担して、付帯業務も引き受ける世話役のこと。富裕市民に課せられた公共奉仕の一種で、この任に当たることは名誉とされた。公共奉仕については補註K参照。

法律（複数）―― 一二　少年たちの教師は、学校を日の出より前に開けてはならず、日没前に閉めることとする。少年たちの年齢以上の者は、教師の息子ないし兄弟ないし娘の夫以外は、少年たちが校舎内にいる間中《なか》に入ることを許されないこととする。これらを犯した侵入者は、死罪に処されるものとする。また体育教練場監督官は、いかなる成年男子にもいかなる場合も少年とともにヘルメス競技に参加することを許可してはならないこととする。これを見逃し、体育教練場から締め出さない監督官は、自由人少年堕落に関する法によって有罪にされることとする。民会によって任命される上演世話人は四〇歳以上であることとする。(1)

一三　さてこの後で、アテナイ人諸君、重大な犯罪でありながらじっさいにこの国でなお起こっているとおぼしきことについて、立法家は規定しています。つまり適切でない事柄が行なわれていたからこそ、古人はこういう法律を制定したのです。明確に法律はこう言っています、すなわち男色行為のために父親あるいは兄弟あるいは叔父あるいは後見人あるいは誰であれ保護する者が少年を金銭とひきかえに提供するならば、少年自身を告訴するのではなく、賃貸した者と賃借りした者を、一方は賃貸したという事由、他方は賃借りしたという事由で公訴にかけなければならない、と。そして法律は、両方に等しい懲罰を定めました。また男色行為のために金で貸し出された少年は、成人しても父親を扶養し家で面倒を見る義務を負わないが、父親が死ねば埋葬とその他の慣行を怠らないように、と。一四　ではアテナイ人諸君、［この法律が］いかに立派であるかを見ていただきたい。父親は、ちょうど息子から自由な弁論の権利を奪ったように、(2)子供を作ったことから得られる幸福を生きている間自分が奪われます。そして死者となった父親がもはや尽くされる孝養を感じ取れず、法と神意がともに敬まわれるときになって、ようやく法は埋葬とその他の習わしを怠らないよう息子に命じているのです。

しかし諸君の子供を守るためにほかにどんな法律を制定したでしょうか？　自由人の少年もしくは女性に売春させれば、最大の懲罰を科すという売春斡旋に関する法律（ノモス・プロアゴーゲイアース）です。

一五　そしてほかには？　侮辱罪（ヒュブリス）[3]の法文があり、そこにはこの種の行為すべてを一つにまとめて、はっきりとこう書いてあります。人が少年対し侮辱行為を犯せば（誰であれ金でこれを借り受ける者は、言うまでもなく侮辱行為をはたらいています）、あるいは男性ないし女性あるいは自由人であると奴隷であるとを問わず誰かに対して侮辱行為を犯すか、もしくはこれらの誰かに何か違法な扱いをするとすれば、

(1) 法文は後世の挿入とされる。複数の法律がつぎはぎで一つにされている。少年編成の合唱舞踏隊について、男色売買防止のためその世話人に年齢制限が設けられたのは、前四世紀のことと思われる。アリストテレス『アテナイ人の国制』第五十六章三参照。

(2) この部分の法文は朗読されないが、アイスキネスの解釈によれば、売色行為によって身体を汚された少年は、成人しても市民として民会、政務審議会、法廷で発言することを許されなかったことになる。三節参照。

(3) 侮辱罪（ヒュブリス ὕβρις）は罪名として多用されるものの、侮辱罪公訴の事例は現存弁論中にない。相手が市民であれば、市民としての体面・名誉を失わせる行為すべてに適用されうるが、暴行罪私訴（ディケー・アイケイアース）、加害罪私訴（ディケー・ブラベース）などと重複する部分があるためだと考えられる。一六節の侮辱罪法文は後世の挿入とされ、同じく後世の挿入ながらやや偽作性の薄いデモステネス『メイディアス弾劾（第二十一弁論）』四七の法文と齟齬する。

侮辱罪で公訴を起こすよう法は定め、その者がいかなる体刑あるいは罰金刑を受けるべきかを定めました。(1)法律を読んでください。

法律――一六　アテナイ人の誰かが自由人の少年に対して侮辱行為を犯せば、少年の保護者はテスモテタイ(2)のもとに科すべき刑罰を付記して告訴することとする。その者が陪審廷(3)によって有罪と判定されるならば、即日十一人［の刑務官］(4)に身柄を引き渡されて、死刑に処されることとする。罰金刑と判決されるならば、即時支払い不能の場合は判決後一一日以内に支払うこととし、支払い完了まで獄に拘禁されることとする。奴隷の身体に対して非行を犯す者も同様の咎を負うこととする。

一七　さてこれをいきなり聞いて、いったいなぜこの侮辱罪に関する法律に「奴隷」という語が書き加えられたのか、と訝る人がいるでしょう。でもこれをよく調べてみれば、アテナイ人諸君、あらゆるものにまさるよい規定であることがおわかりになるでしょう。立法者は奴隷に配慮していたわけではなく、諸君が自由人に対する侮辱罪からつねに遠い距離を置くようにという意図で、奴隷にも侮辱をはたらくな、と書き足したのです。要するに民主政においては、どんな人に対してであれ侮辱罪を犯す人間は、市民としてともに生きる資格はない、と考えたのです。一八　そしてアテナイ人諸君、この点をもどうか心に留めておいてほしいのですが、ここでは立法者はまだ少年自身にではなく、少年の周囲にいる父親、兄弟、後見人、教師そして誰であれ保護する者に語りかけています。けれども区民名簿に登録されて(5)国の諸法律を知り、すでに善悪の見分けがつくようになれば、もはや他の者ではなく、ティマルコス本人に話しかけるのです。一九　そしてどのように言っているでしょうか？　アテナイ人の誰かが男色売買行為を行なったら、九人のアルコ

(1) アテナイの裁判では、公訴私訴いずれであれ、有罪の場合あらかじめ法律によって刑罰が決められているもの（ἀγὼν ἀτίμητος アゴーン・アティーメートス）と判決後に決められるもの（ἀγὼν τιμητός アゴーン・ティーメートス）とがあった。後者は原告被告がそれぞれ妥当と考える量刑を提案し、陪審員がどちらかを選ぶという手続きを取った（プラトン『ソクラテスの弁明』三五e—四二aはその詳細例）。ここで侮辱罪は量刑既定裁判すなわちアゴーン・アティーメートスに数えられているが、研究者間には異説もある。

(2) テスモテタイ（法務執政官）は一年任期で執務する九人のアルコーン（執政官）のうちの六人を指す。三人の上級執政官の管轄に入らない公訴、ときに私訴を受け付け、審理のための開廷を準備した。一五頁註（1）参照。

(3)「陪審廷（ディカステーリオン δικαστήριον）」は、三〇歳以上の市民から籤で選ばれた、一年任期で務める六〇〇〇人の裁判員を要員とする。訴訟案件ごとにさらにその中から抽選を行なって、通常公訴であれば五〇一人、私訴であれば二〇一人が陪審廷を構成し、審理・判決に当たった。補註A参照。

(4)「十一人（ヘンデカ）」は、籤で選ばれる公職者で上級警察官、獄吏にあたり、略式逮捕で引き渡された窃盗犯、誘拐犯、追い剝ぎを、当人が罪を認めれば裁判なしで処刑する権限を有したが、否認すれば陪審廷に送るなど、裁判手続きにも深く関与した。アリストテレス『アテナイ人の国制』第五十二章一参照。

(5) アテナイ市民を両親に持つ男子は、一八歳に達して資格審査（ドキマシアー）に合格すれば、所属する区の名簿に登録されることによって市民権を認められた。区については補註Q参照。

ーン(1)の一人になることを許されない、と言っています、(思うにその公職は冠をいただく［神聖な］ものだからでしょう)。それから(身体が清浄でないのだから)聖職につくなとも、また国益弁護人(2)になるなとも、また籤によるものであれ選挙によるものであれ(3)、国の内外を問わずいついかなるときもいかなる公職にもつくなとも、二〇　触れ役にも使節にもなるなとも、(使節を務めた者の裁き手になるなとも、雇われて誣告常習犯になるなとも、)いついかなるときも政務審議会(4)や民会で演説するな、(よしアテナイ随一(5)の雄弁家であろうとも)とも言っています。人がこれらに違反すれば、男色売買に関する公訴(グラペー・ヘタイレーセオース)(6)を用意して、極刑を科したのです。陪審員諸君にこの法律も読んであげてください、こんなに立派な、徳に適った法がありながら、このティマルコス、どういう人間かを諸君がよくご承知のこの男が、不遜にも民会演説をしたということを知っていただくために。

法律――二一　アテナイ人の何人《なんぴと》かが男色売買行為を行なった場合、九人の執政官(アルコーン)の一人になることを許されず、聖職につくことも、また国益弁護人になることも、また籤によるものであれ選挙によるものであれ、国の内外を問わずいかなる公職につくことも、伝令として派遣されることも、意見を公表することも、公的聖儀に参加することも、市民全員が冠をいただくときに冠を被ることも、またアゴラの浄められた場所に足を踏み入れることも許されない(7)こととする。もし誰かがこれらを行なうならば、男色売買行為ゆえに有罪判決を受け、死刑に処せられることとする(8)。

二三　この法律は、軽率に自分自身の身体に対して非行を犯す若者について制定されました。少し前に読

(1)「執政官」の訳語も使われるアルコーン（ἄρχων）は国家の最高官職であったが、前四八七年に抽籤による一年任期の輪番制に変わってから、その実質が希薄になった。筆頭執政官（アルコーン・エポーニュモス ἄρχων ἐπώνυμος）、祭事執政官（アルコーン・バシレウス ἄρχων βασιλεύς）、軍事執政官（アルコーン・ポレマルコス ἄρχων πολέμαρχος）の三人に加えて、六人の法務執政官（テスモテテース θεσμοθέτης, 複数形テスモテタイ）、計九人。一三頁註（2）参照。

(2)法律改訂などの公訴における民会選出の弁護人を指す。デモステネス『ティモクラテス弾劾（第二十四弁論）』二三参照。

(3)アテナイの公職は、成人男性の通常の能力で満たせるものは籤引きで、特定の技能や経験を要するものは挙手選挙で決められた。五九頁註（3）参照。

(4)政務審議会については補註C参照。

(5)*Ἀθηναίων* を読むf写本に従う。

(6)「男色売買公訴法」「買色関連法」などの訳語がある。アイスキネスはティマルコスの過去の売色歴を告発事由にしているため、ここでは男色の売り手に対する懲罰だけを引用している。これを根拠に買い手は罰されなかったという解釈を採る論者は、買い手も同様に懲罰対象になったことを証する七二、八七、九〇節の叙述を虚偽とする。演説者が当該事由に関わる箇所のみを抜萃、要約することは、法廷論争の定石である。二一節の法文はこのアイスキネスの叙述をもとに書かれた後世の註釈者の作文であり、七二、八七、九〇、一六三節の叙述を虚偽と断ずる根拠はない。

(7)「冠を被る」は、公職執務中などに冠（ギンバイカ、オリーヴなど）を着用して聖性、不可侵性を表わしたことを指す。「アゴラの浄められた場所」は、浄めの聖水を撒いて不浄の者の立ち入りを禁止したアゴラの入り口を指す。アゴラは政治、経済、宗教など市民生活の中心となった広場。

(8)偽作とされるが、一九―二〇節で内容説明されている法律があったことは三二、四〇、七三、一六三節などから確証されるであろう。その成立期は不明であるが、アリストパネス『騎士』八七六―八八〇にこの法律をめぐる裁判が言及されていること、アンドキデス『秘儀について（第一弁論）』一〇〇の言及から、前五世紀にすでにあったと考えられる。

Budé 版の読みに従い、底本の補填および句読点を採らない。

んでお聞かせしたのは、少年たちについてです。これから言おうとするのは残りのアテナイ人についてです。立法者はこれらの法律を片付けると、われわれ市民が民会に集まってどんなふうに最重要事を協議すべきかに注意を向けました。立法者はどこから始めているでしょうか？「良風美俗に関する法律は」と言っています。まず徳性から始めたのです、良風美俗が行き渡っているポリス[1]こそ最もよく統治されたポリスだと考えて。二三　そして立法者は、議長団[2]にどのように議事を進めよと命じているでしょうか？

浄めの子豚が持ち回られて触れ役が父祖伝来の祈りを捧げた後[3]、議長団は伝統的神事、伝令、使節と一般議題について予備挙手採決[4]を取るよう命じられています。そしてその後触れ役が「五〇歳以上の方で発言したい方はおられますか？」と問います。その人たちがみな発言し終わった後で、ようやく残りのアテナイ人中の希望者で資格がある者[5]が発言を許されるのです。二四　ではアテナイ人諸君、いかに立派な法律であるかを見ていただきたい。年長者は多端紛襍の人生経験ゆえに、生涯で最も判断力に富む時期にあり、猪突猛進からはもはや遠ざかりつつあるということを、立法者はおそらく心得ていたのでしょう。最高の思慮を持つ者に是非とも発言する習慣を持たせようとしていますが、彼ら一人一人を名前で呼ぶことはできないので、その年齢の者全員をひとくくりにして呼びかけ、演壇に登って民会演説をするように促しています。ですが同時に若年層には年長者を畏敬し万事において先を譲り、無事息災ならわれわれすべてがいずれはそこに至る老年を敬まうことをも教えています。二五　そして往昔のかの弁論家たち、ペリクレス[6]、テミストクレス[7]それにアリスティデス[8]（彼はここにいるティマルコスとはまるで異なる名で呼ばれましたが）、彼らの品格の高さはどれほどだったでしょう。いまわれわれみながあたりまえのようにやっていること、すなわち腕をむき出しにして演説することが、いかにもはしたないことと当時思われていたので、彼らは注意深くそれを避けたほどでした。その極めて具体的なしるしをみなさんにお見せできると思います。諸君はみなサラミス

（1）ポリスについては補註N参照。

（2）議長団（プロエドロイ）は、五〇〇人の政務審議会議員のうちプリュタネイス（補註C参照）にあたっていない九部族から各一人が選出され、一日任期で民会、政務審議会の議事を扱った。九人の中から籤で選ばれた一人が代表の議長を務めた。

（3）民会場、劇場などにおける集会に先立って、生贄の子豚が供犠され、その血を混ぜた清めの聖水が播かれ、祈りが唱えられる習慣があった。

（4）政務審議会の先議を経た案件は、民会でまず予備挙手採決（プロケイロトニアー）を行なって、民会議題として採択するか否かを決めた。アリストテレス『アテナイ人の国制』第四十三章六参照。

（5）市民権を剥奪もしくは制限されている者には資格がないの意。ティマルコスが無資格者であるにもかかわらず民会演説をしたという告訴事由を喚起させる。

（6）前四四五―四三一年連続してアルコーンを務めた、アテナイの黄金期を代表する政治家。

（7）前四八〇年のペルシア戦争において、サラミス湾でギリシア海軍を圧勝に導いたアテナイの将軍。

（8）前四七八年ペルシアの再攻にそなえて結成されたデロス同盟の財務官を務めた。加盟各国の貢納金（ポロス）査定にあたって公平を貫き、廉潔な言動で尊敬されたアテナイ市民。「ティマルコスと異なる名で呼ばれた」は「正義の人アリステイデス（*Ἀριστείδης ὁ δίκαιος*）」という呼び名があったことを指すが（『クテシポン弾劾（第三弁論）』一八一参照）、後世の挿入として削除する校訂を採る底本に従う。

島へ船で行ってソロンの立像[1]をご覧になったことがあるでしょう。そしてサラミスのアゴラにあるソロンの立像は、腕を［着衣の］中に入れて立っていると、諸君自身で証言できるでしょう。アテナイ人諸君、これは、どんな仕方でソロンがアテナイの民衆に語りかけていたか、その姿を示す記憶であり写しであります。

二六　これでおわかりでしょう、アテナイ人諸君、いかにソロンおよびたったいま名を言ったかの人たちがティマルコスとどれだけ類を異にするかが。かの人たちは腕をむき出しにして演説することをはしたないと考えたのでしたが、この男はさほど昔のことではなく、いえ、ごく最近に、民会でヒマティオン［外衣］を脱ぎ棄てて、裸で格闘技[2]よろしく跳ね回ったものですから、深酒と自堕落な生活のために醜悪このうえなくなった身体を見せられて、少なくとも正気の者はこんな男に献策させる国家を思って恥辱に耐えかね、顔を覆い隠した[3]のでした。二七　こうしたことをよく心得た立法家は、どういう人が民会演説をすべきか、どういう人がしてはいけないかを明確に示しました。そして祖先に将軍を持たない人でも、何かをたつきにその日暮らしを強いられるような人でも、そんな人でも演壇から締め出すどころかむしろ大いに歓迎して、それゆえ何度も「誰か発言したい人はいますか？」と問いかけるのです。

二八　ではどんな人が発言してはならないと立法家は考えたでしょうか？　恥ずべき生活を送って来た者です。そういう人間に立法家は民会演説を許しません。どこでそれを明らかにしているでしょうか？「演説者の資格審査[4]」と立法家は言っています。「父親あるいは母親を打擲するか、扶養を怠り住処を与えぬ者が民会で演説しようとした場合[5]」、そういう人には発言を許さないのです。ゼウスにかけて立派だ、と少なくとも私は断言します。なぜでしょう？　神と等しく敬まわれるべき人々に対して陋劣なふるまいを人がするなら、他人や国家全体は、彼からどんな扱いを受けるでしょう？　二九　そして次にどんな人に立法家は発言を禁じたでしょう？「あるいは命じられた軍務すべてを遂行しなかった者、または盾を投げ棄てた者」[6]と言っていますが、まさに正論です。いったいなぜか？　君[7]、国のために武器を取れず、臆病ゆえに防衛できないのであれば、その国に献策するには及ばない。三番目にどういう人に向かって言っているでしょう？

---

(1) デモステネスは三年後の前三四三年、この発言中の年代を誤りと言い、アイスキネスが立像の姿を真似たことを茶化している（デモステネス『使節職務不履行ついて（第十九弁論）』二五一—二五二参照）。ペリクレス後の政治家の演壇での醜態については、アリストテレス『アテナイ人の国制』第二十八章三をも参照。

(2) 原語パンクラティオンはボクシングとレスリングを混合したような荒々しい格闘技。

(3) 含羞を表わす動作として顔を覆うことについては、『使節職務不履行について（第二弁論）』一〇七、エウリピデス『ヒッポリュトス』二四三参照。

(4) 演説者の資格審査（ドキマシアー・レートローン *δοκιμασία τῶν ῥητόρων*）は、国庫への弁済未了その他で市民権を制限ないし剝奪されている市民が、民会あるいは政務審議会で演説提案しようとするとき、あるいは無資格の事実が演説提案後にわかったとき、演説提案を阻止ないし告発する訴追者によって申請された。被告ティマルコスは民会演説提案後に訴追された。補註D参照。

(5) 両親虐待は公訴（グラペー・カコーセオース・ゴネオーン *γραφὴ κακώσεως γονέων*）で扱われたので、第三者による告発が可能であった。刑罰として市民権剝奪が定められていた。九人のアルコーン（執政官）の資格審査では、両親虐待をしていないか否かが資格の一つとして問われた。アリストテレス『アテナイ人の国制』第五十五章三参照。

(6) 兵役忌避（グラペー・アストラテイアース *γραφὴ ἀστρατείας*）、戦列放棄（グラペー・リポタクシウー *γραφὴ λιποταξίου*）は公訴で扱われた。刑罰として市民権剝奪が定められていた。

(7) 二人称単数の呼びかけでティマルコスに向かったであろうが、強調の一技法である。

「あるいは男娼歴、あるいは男妾履歴のある者」[1]です。わが身を淫行のために金で売った者[2]は、国事をも簡単に売るだろうと立法家は考えたのです。三〇　四番目にどういう人に向かって言っているでしょう？「あるいは父親の遺産もしくは他の相続財産を蕩尽した者」[3]と言っています。つまり自分の家督も碌に守れなかった者は国家公共の事柄も同じように扱うだろうと立法家は考えて、同じ人間が私人としては碌でなしだが国家にとって立派な市民ということはありえないし、弁論家たるものまず生活を正さずして、言葉だけ取り揃えたからといって演壇に登ってはいけない、そう考えたのでした。三一　そして善にして美なる男[4]が口に出す言葉は、たとえ訥弁で素朴であっても聴衆には有用であるのに対し、虫酸の走るような、わが身を愚弄していたぶった男や、父親譲りの財産をぶざまに使い果たした男は、いかに能弁でも聞き手に役立つことはないと考えたのでした。三二　ですからこれらの者を演壇から追放し、これらの者に民会演説を禁じているのです。誰かがこれに違反して演説するばかりか誣告常習犯になって狼藉をはたらき、国がもはやそんな男に我慢ならなくなれば、「有資格のアテナイ人のうち、望む者に資格審査を提起させよ」と立法家は言い、そして諸君にはこれらについて陪審廷で判決を下すようにと命じています。そしていま私はこの法律に従って諸君の前に出て来ています。

三三　さて、これらはずっと以前からある法律です。ですが諸君は被告が民会で実演した素晴らしい格闘技[5]の後で、そんなふるまいをひどく羞じて、新しい法律を追加制定しました。すなわち民会ごとに一部族（ピューレー）[6]が籤で選ばれて演壇に目配りするというものです。ではこの法律の制定者は何を指示したのでしょう？　その部族の構成員に法と民主政の守り手として席に着くように命じているのです。[7]こんな生活を

した者に対して誰かに助けを求めなければ、われわれは最重要案件について協議することさえできないと考

---

(1) 男色売買行為に関してギリシア語では、無差別売色従事者（男娼）をポルノス（女性形はポルネー）、特定の相手への性的従属の代償として金銭的保障を得る売色者（男妾）をヘタイロス（女性形はヘタイラ）と区別した場合がある（五一節参照）。しかしヘタイロスは、親友、相棒、近習などの意にも多用された。

(2)「淫行」と訳出したヒュブリゼインは、一五―一七節で言及される侮辱罪（ヒュブリス）を示唆する動詞。金銭とひきかえにわが身に淫行を許すことは市民としての自分の肉体に対する「侮辱」であるという考えから、アイスキネスはティマルコスの売色歴にこの罪名を貼りつけようとして、五五、八七、一〇八、一一六、一三七、一四一、一八五、一八八節など、この語および同根語を頻用している。侮辱罪は公訴で扱われ、公訴における有罪判決は私訴におけるそれよりも重大と見なされた。

(3) 相続財産は、ポリスを構成する「家」という価値の象徴と見なされ、一代で得た財産が可処分財産であったのと異なり、分割、処分などに制限があった。「他の相続財産」は叔父など父以外の親類から相続者として受けた財産を指す。リュシアス『アリストパネスの財産について（第十九弁論）』三七参照。

(4)「善にして美なる男（カロス・カガトス καλὸς κἀγαθός）」はギリシア人男性の理想像。ときに富裕、名門など階層的含意がある。

(5) 二六節で言及された、上半身を露出して民会で演説したという姿態動作を皮肉った表現。

(6) アッティカの全市民を一〇の部族（ピューレー φυλή）に分ける制度は、旧来の四部族制に代わって、前六世紀末クレイステネスによって導入された。補註O参照。

(7) 前三四六／四五年頃設けられたこの民会綱紀粛正のための法律は、アイスキネスの言う弁論家のモラル監視にあわせて、聴衆からの叫喚野次（『クテシポン弾劾（第三弁論）』二二四参照）、囃し立て（八〇―八四節）、過度の拍手や喝采（デモステネス『メイディアス弾劾（第二十一弁論）』一四参照）など議事進行の妨害を防ぐため、演壇に最も近い聴衆席を当番部族に割り当てて、輪番で監督させるというものであったらしい。

えたからです。三四　アテナイ人諸君、こういう人間を怒号で演壇から追い出そうとしても無駄です。羞恥心というものが彼らにはまるでないからです。いえ、刑罰によって彼らの習癖をやめさせなければなりません。そうするしか、彼らを我慢する方法はありません。

　では弁論家に求められる規律に関するこの現行の法律を読んでもらいましょう。部族による監督制に関する法律を、このティマルコスと他の同類の弁論家が結託して不適正[1]として訴えましたが、それは自分たちが好きなように暮らし、好き勝手に演説することができるようにという魂胆からでした。

法律（複数）——三五　弁論家の誰かが政務審議会か民会で上程された議案以外のことについて演説するか、または諸議題について個別に演説せず、同じ者が同じ議題について同じ日に二度演説するか、誰かを誹謗するか、罵倒するか、妨害するか、あるいは議事進行中に立ち上がって当該議題以外のことについて発言するか、挑発するか、議長の身体に手をかけるならば、民会あるいは政務審議会が終わり次第、部族監督団員は各犯行に上限五〇ドラクマを科して、その名を徴収官に報告する権限を有することとする。しかしその者がより大きな罰に値する場合は、上限五〇ドラクマを科した上に、政務審議会か次回の民会にこの件を付託することとする。召喚を行なったのち、裁定が行なわれるものとする。秘密投票によってその者が有罪の判決を受けるならば、部族監督団員はその記録を徴収官に提出するものとする。[2]

三六　ではアテナイ人諸君、諸君は法律を聞かれました。そして間違いなく立派な法律だとお思いになるでしょう。しかしながら、これらの法律が有用であるか無用のものとなるかは、一に諸君にかかっています。つまり犯罪者を諸君が懲罰するなら、法律は立派な有効なものとなるでしょうが、見逃すなら、法そのものは立派だとしても、もはや効力はないでしょう。

三七　では演説の初めに言ったように、法律については論じ終わったので、次にティマルコスの生き方を比較検討してみたいと思います。そうすればいかにそれが諸君の法律とかけ離れているかがおわかりになるでしょう。しかしアテナイ人諸君、お許しを願いたい、私が心ならずも、いかがわしい質《たち》の、しかし彼が常習する営みに触れねばならず、ティマルコスの所業と同じ類いの表現をやむなく口にするとしてもです。

三八　諸君に事実を伝えようとしてありのままに言ったとしても、私ではなく、むしろこんなに恥まみれの

（1）「不適正な法律提案に対する公訴（グラペー・ノモン・メー・エピテーデイオン・テイナイ *γραφὴ νόμον μὴ ἐπιτήδειον θεῖναι*）」は、政務審議会か民会で、不適正、不公正および国家に対し不利益な法律を提案（あるいは制定）した者に対する公訴。前四〇三年以降法律（ノモス *νόμος*）と民会決議（プセーピスマ *ψήφισμα*）が峻別されると同時に導入された。前四世紀にはグラペー・パラノモーン *γραφὴ παρανόμων*（現行の法律に違反する民会決議案およびその提案者に対する告発・公訴）とともに事例の頻度が高まり（『クテシポン弾劾（第三弁論）』一九四参照）、政争の具として乱用される傾向さえ見られた（同一九四―一九六節、デモステネス『ネアイラ弾劾（第五十九弁論）』四―八参照）。

（2）アイスキネスの指す法文内容を含んでおらず、後世の作成挿入であることは明白であるが、典拠の正統性が高いとも推測され、信憑性は皆無ではないとされる。『クテシポン弾劾（第三弁論）』四の「法律」が、ティマルコスらの訴追を受けたというこの法律を指すとすれば、訴追の結果不適正との裁定を得ず、前三三〇年なおこの法律は有効であったことになる。

生活をしてきた被告をこそ咎めていただかねばなりません。この男のふるまいを語ろうとする者は何かそういう言葉を使わなければ言いたいことも言えない、それほど彼の生きざまは見苦しいからです。でもできるだけそうすることには用心をするつもりです。

三九　ではアテナイ人諸君、どうか私がいかに穏当にこのティマルコスを扱おうとしているかを見ていただきたい。彼が少年のとき自分の身体に対して犯した非行のすべてを私は黙過し、これらをかの三十人政権時代[1]あるいはエウクレイデス以前[2]、あるいはいつにせよこのような時効[3]があったときの行為と同じく不問に付そうと思います。しかしながら分別のつく若者となって、国家の法律を知りながらやってのけたことについては、私は告発の対象にし、それらについて諸君に真剣に考えていただきたいと思います。

四〇　何よりまず彼は少年期を脱すると、ペイライエウス[4]で医者エウテュディコスのもとに身を寄せ、表向きは医術を学ぶということでしたが、じつは自分の身体を売るつもりだったのです。それはじっさいにしたことではっきりしました。でもこの期間にティマルコスの身体を利用した商人あるいは誰か外国人あるいは市民については、構わず省略しましょう。あまりに何もかも立ち入ったことまで口にしすぎると言われないように。ですが誰の家で彼が自分の身体と国家を辱めたか、法律がそれをするなと、さもなくば民会演説をしてはならないと禁じているまさにそのことで日銭を稼いだか、それについてお話ししましょう。

四一　アテナイ人諸君、コリュトス区の出でナウクラテスの子のミスゴラスという男[5]がいます。他の点ではまことに優れた[6]、非の打ちどころのない人物ですが、ただこのことについては異常に熱心で、四六時中どこかのキタラ歌手かキタラ弾き[7]を侍らせているのです。私がこれを言うのは低俗な話がしたいからではなく、この男がどんな人間かを知っていただくためです。このミスゴラスが何のために医者の家にティマルコスがずっといるのかに気付いて、何がしかの金銭を前払いして、ティマルコスに引っ越しさせて自分の家に住まわせました。肉付きがよく若くてみだらで、自分がやってティマルコスがやられることを望んでいた類いのことにお誂え向きだったのです。四二　このティマルコスはそれにためらいなく従いました、人並みの暮ら

（1）前四〇四—四〇三年の寡頭派三〇人による独裁政権を指す。ペロポンネソス戦争における敗北（前四〇四年）後、スパルタの傀儡政権として立てられ、たちまち暴政に陥り、翌年ピュレを経てペイライエウスに集結した民主派によって倒された。

（2）エウクレイデスがアルコーンであった前四〇三—四〇二年は、民主政が回復し、法律改訂事業が始まった年。

（3）時効制度（プロテスミアー *προθεσμία*）は、諸種の事件や犯罪後一定の時を過ぎれば、その事件・犯罪に対する訴追ができなくなるという規定。五年の時効が一般的であるが、殺人など時効が設定されていないものもあった。ここでは民主政回復後に、独裁政権下の犯罪は糾問されず、赦しと和解が広く行なわれたという先例に倣って、ティマルコスの少年時代の旧悪を時効扱いにするの意。

（4）ペイライエウスはアテナイ第一の軍港であったが、外国商船の出入りも多く、アテナイに居留する外国人（メトイコイ）も多数住む商港でもあった。エウテュディコスは広く名を知られ、訴訟に多く関わった医者。デモステネス『ボイオトスへの抗弁、第一演説（第三十九弁論）』、『ボイオトスへの抗弁、第二演説（第四十弁論）』などに証人として登場する。

（5）ミスゴラスの男色趣味は広く知られ、しばしば喜劇作者に揶揄された（アテナイオス『食卓の賢人たち』第八巻三三九a—c参照）。

（6）ギリシア語原語は、善にして美なるの意の「カロス・カガトス *καλὸς κἀγαθός*」で、ギリシア人男性の理想像。三一節参照。

（7）キタラは大きい箱型の竪琴。宴会余興のキタラ弾きやキタラ歌手すなわちキタラの伴奏で歌う歌手は、売色者に移行する場合があった。

しに要るものに事欠くわけではなかったのに。というのは父親は相当の財産を残したのに、彼はそれを蕩尽してしまったのです。この後話を進めてお話しましょう。なにしろそうしたふるまいは恥ずべき快楽の奴隷となって彼がやったことで、美食の贅沢三昧に笛吹き女や遊女、さいころ遊びその他まともな育ちの自由人ならけっして虜になってはならないことのためでした。そしてこの穢らわしい男は恥ずかし気もなく父祖伝来の家を跳び出して、花のさかりの年頃の間ずっと父親の代からの友人でもなく自分と同年輩でもなく後見人でもない、年上の[1]赤の他人で、こうしたことには歯止めのきかないミスゴラスと一緒に暮らしていたのです。

四三　ですからその頃ほかにも滑稽なことを数かぎりなくティマルコスはやりましたが、一つだけ諸君にお話ししたいと思います。市のディオニュシア祭[2]の行列があったときのことです。この男を囲っていたミスゴラスとスペットス区のカリアスの子パイドロス[3]が一緒に行列することになりました。さてこのティマルコスも彼らと一緒に行列に加わることに同意したのでしたが、この人たちがほかの準備に忙しくしている間、彼は戻ってきませんでした。これに腹を立てたミスゴラスがパイドロスと一緒になって彼を探したところ、ご注進に及ぶ者があり、ティマルコスが誰か見知らぬ外国人たちと宿屋で一緒に飲食しているのを見つけます。ミスゴラスとパイドロスがこの外国人たちを脅して、自由人身分の青年を堕落させたからというので即刻牢屋までついてこいと命ずると、外国人たちは震え上がって用意されたものも置いたまま逃げました。

四四　これらの私の話はすべて真実であることを、当時ミスゴラスとティマルコスを知っていた人はみな承知しています。じっさい非常に嬉しいことには、私のこの訴えは、みなさんに知られていない人間を相手取ったものではなく、いやほかでもない、まさに諸君が判決を下そうとしているその生活習慣ゆえに知れわたった人物についての裁判なのです。というのもさほど知られない事柄についてであれば、たぶん原告は明白に証明をする義務を負うでしょうが、周知の事実について告発することは、大してむずかしいことではないというのが私の考えです。聞き手に記憶を呼び起こしてもらえばいいだけですから。四五　そこで私はミスゴラスのために証言文を書いてやりました。(4) 事実はあまねく知られているとはいえ、なにぶんわれわれは法廷にいるわけですから、真実でありながら品格を欠いてはいない文面だと私は確信しています。つまりミスゴラスが被告相手にする慣いだった行為の名称そのものは書き入れず、真実を証言した人が法によって有罪にされるようなこともいっさい書きませんでした。ここに書いたのは、みなさん聞いてすでにご承知のこと、そして証言者に何の危険も恥ももたらさないことです。

---

(1) ミスゴラスはティマルコスとさほど年齢差はなかったが、ミスゴラスが「念者」の通念に合う年長者であると陪審員に信じさせることが弁論戦略の一。

(2)「市のディオニュシア祭」は、毎年三月下旬ごろに行なわれるディオニュソス神のための祭礼。十二月ごろにアッティカの個々の区で行なわれた「田舎のディオニュシア祭」と区別するため「大ディオニュシア祭」とも呼ばれた。行列行進、悲劇、喜劇、ディテュランボス合唱歌の競演が行なわれた。

補註L参照。

(3) パイドロスは裕福なアテナイ市民。前三四七—三四六年のほか本裁判後も幾度か将軍職を務めた。政治家としても活躍した。プラトンの『パイドロス』とは別人。

(4) ここでミスゴラスに証言の真実性を証することを求めるなら拒否するであろうことをアイスキネスは見越して、証人を出さずに済ませる。証言なしで勝訴に持ち込んだアイスキネスの巧みな戦略の一部である。

四六　ですからミスゴラスがここに進み出て真実を証言しようというのであれば、彼は正しい行ないをすることになるでしょう。しかし真実を証言するよりも強制召喚[1]される方を選ぶなら、それは諸君が事件の全容を知ることを意味します。というのはその行為をやった者が恥じて、一〇〇〇ドラクマを国庫に払って諸君に顔を見られずに済む方を選びながら、やられた方が民会演説を続けるのであれば、そんなにみだらな輩を演壇から締め出した立法者はまさに賢人だったからです。四七　ですがミスゴラスが召喚には応じるものの破廉恥極まる手段に頼るなら――つまり真実を宣誓否認してティマルコスにお返しをし、他の人々にはこの種の事柄の隠し方に通じていることを見せつけるとしても――、彼はまず自分自身を深く傷つけ、それ以上に何も得るところはないでしょう。というのもこのティマルコスが先祖代々の家を跳び出してミスゴラスと一緒に暮らしていたことをよくご存知の方々のために、私はもう一つ別の証言文案を書きました、もっとも手をつけたもののむずかしい仕事ではありましょうが[2]。というのは私が証人として出さねばならないのは、私の友人ではなく、彼らの敵でもなく、またわれらのどちらにも未知の人ではなく、彼らの友人なのです。

四八　でも、証言しないようにとたとえその者らが言いくるめられたとしても――いや、そうはならないように思えますし、少なくとも全員が言いくるめられることはないでしょうが――これだけはどんなことがあってもできないでしょう。すなわち真実を消し去り、ティマルコスの国内での噂を消し去ることです。それはこの私がこしらえたわけではなく、彼自身が自分で作り上げた噂です。徳性をそなえた男の生活は、隅からすみまで清浄で、悪しき風説すら入り込む隙のないものでなければならないはずですから。

四九　さてミスゴラスが法律と諸君に従うのであれば、その前に次のことも言っておきたい。世の中には年齢という点で、ほかの人[3]とは非常に見かけの異なる人間がいるものです。若いのに年が行って老けて見える人もいれば、数えるとかなりの年だのに、それはそれは若く見える人もいます。ミスゴラスは後者です。彼はたまたま私と同い年で、兵役見習い[4]では同期でしたから四五歳[5]です。私はご覧のとおりすっかり白髪ですが、彼は違います。でもどうして私はこんな前置きをするのでしょう？　いきなり彼を見て諸君が驚かれないように、そして何かこんなふうに胸に呟かれないようにと用心するからです、「おおヘラクレス[6]！　こ

(1) 証人は出廷して文書化され書記によって読まれた証言を「正しい」と言うか、宣誓して否認するかを求められたが、いずれをも拒否して強制召喚（クレーテウシス）を受け、出廷拒否すれば一〇〇〇ドラクマの罰金を科せられることがあった。アイスキネスが四五節で、真実を証言しても有罪にはならないような証言文書を証人ミスゴラスに用意してやったと言った後で、ミスゴラスが一〇〇〇ドラクマを払ってでも出廷拒否を選べば、いっそうミスゴラス自身の醜行が明らかになる、という戦術。さらにミスゴラスの出廷拒否は、暗黙の真実証言をも意味する。

(2) アテナイの裁判における証人は、多くの場合支持者ないし味方であった。

(3) 底本の ἀλλήλων ではなく g 写本および Franke（1846）の読み τῶν ἄλλων を採る。

(4) アテナイ人男子は、一八歳で市民となる資格審査（ドキマシアー）を受け、市民権を認められると二年間軍事演習を受けた。一年目にペイライエウスで巡察隊勤務についた後、二年目にアッティカ国境や要塞で駐留軍に配属された。

(5) アイスキネスは、年長者と青年の間の男色関係という通念に合うように、ミスゴラスがティマルコスよりかなり年上であるかのように語っているが、ティマルコスは前三六一年に政務審議会議員（三〇歳以上が有資格）であった（一〇九節参照）ことから算出すれば、ミスゴラスとほとんど同年である。写本の「四五歳」を五四歳に修正する提案があるが、修正は必要なく、アイスキネスの巧みな修辞技巧だと解される。

(6) ヘラクレスへの呼びかけは、主として驚きなどを表わすとき。

の男はティマルコスと大して違わないじゃないか」。というのもこんなに若く見えるのは彼［ミスゴラス］の生まれつきでもあり、彼が近づいたときティマルコスはもう青年でもありました。

五〇　でもあまり話が長引かないように、まずこのティマルコスがミスゴラスの家に長逗留していたことを知っている人たちを［証人として］呼び、次にパイドロスの証言を読みあげ、最後にミスゴラス自身の証言をどうぞ取り上げてください、もし彼が神々を畏れ、彼同様事実を知る人々と他の市民と陪審員諸君への恥を知って、真実を証言しようとするのであれば。

証言（複数）——ペイライエウス区のニキアスの子ミスゴラスが証言する。かつて医者エウテュディコスのもとに滞在していたティマルコは私と親密になり、過去に知り合ったときから今日に至るまで、彼に対する高い評価を私は捨てていない(1)。

五一　さて、アテナイ人諸君、このティマルコスがミスゴラスのもとに留まったまま、ほかの人のところに行かなかったとすれば、彼のふるまいはなかなか節度のあるものでもあったでしょう、かりにこんなことが「節度」と言えるならですが。そして私は立法家が単刀直入に「男妾をつとめた」とだけ言ったもの以外に、あえて彼の罪を問うことをしなかったでしょう。というのは一人だけを相手に、とはいっても金のためにこの慣わしを続ける男は、私の判断によればまさにこの罪に問われるからです。五二　しかしあの野卑な奴ら、ケドニデス、アウトクレイデス、それにテルサンドロスのことは(2)、彼らの家に被告が囲われたとだけ言って後は省略することにして、諸君の記憶を呼び起こして、単にミスゴラスのもとで身体を売っただけでなく、別の男、はたまた別の男と、そしてそこからまた別の男のところへ行ったことを私が証明したとすれば、もはや彼が男妾をつとめたばかりか、(ディオニュソスにかけて、どうやって一日中遠回しな言い方をしていられるかわかりません) 売色業をやっていることはまぎれもないではありませんか。なぜなら無差別に不特定多数を相手に金を取ってこれをやる男は、私の判断によればまさにこの罪に問われるからです。

五三　さてミスゴラスが経費がかかり過ぎるので彼をお払い箱にして家から追い出した後、今度はエウオニュモン区のカリアスの子アンティクレスが彼を拾います。でもアンティクレスは植民団と一緒にサモス島にいますので、その後のことに話を進めましょう。(3) アンティクレスとミスゴラスと別れた被告ティマルコスは、反省もしなければましな生き方を始めもせず、日がな一日賭博場に入り浸っていました。賭博用の台が置かれて雄鶏を闘わせ、さいころ遊びをするところです。(4) その場所を見たことがある人はみなさんのうちにおられるでしょうし、見たことはなくても聞いたことはあるでしょう。五四　そうやって日を過ごす連中に

(1) 複数あるべき証言が一本しかない、父称、区名が誤りである、などから、偽作であることが明白である。
(2) アウトクレイデスはティモクレス作『オレスタウトクレイデス』中で嘲笑された人物か？　他は未詳。
(3) 前三六五年、アテナイはサモス島に植民団(クレールーコイ)を送り込んだ。アンティクレスは前四一〇―四〇九年デロス同盟の財務官を務めたエウオニュモン区のカリアスの子。遠隔地にいることで彼の証言を省略できる利点をアイスキネスは利用している。
(4) 底本が削除する *κυβεύουσιν* を読む。

ピッタラコスという男がいます。国有の公共奴隷です。この男は金をしこたま貯めこんでいて[1]、彼［ティマルコス］がそんなふうに暮らしているのを見て拾い上げ、自分の家に囲いました。そしてそういうことにこの穢らわしい奴は平気でいたのです、国有の公共奴隷を相手にわが身を辱めようというのに。ただ自分のみだらな生活習慣の面倒を見てくれる金蔓《かねづる》[2]さえ捕まえればと、それしか頭になく、品性を保つか失うかにはお構いなしでした。

五五　そしてその男によってティマルコスの身体に加えられた非行と侮辱行為[3]は、私が聞いたかぎり、オリュンポスのゼウスにかけて[4]、諸君にお話する勇気はとうてい持てないほどのものです。なにしろこの男がじっさいにやって恥じなかったことを、諸君に言葉であからさまに言うくらいなら私は死を選びます。ところが彼がピッタラコスのところにいたのとちょうど同じ時期に、ヘレスポントスからヘゲサンドロス[5]が船でこの地へ戻ってきました。この男［ヘゲサンドロス］の名を私がもっと早く挙げなかったので、きっとみなさんは驚いていらっしゃるでしょう。これからお話することはそんなにも有名なのです。

五六　このヘゲサンドロスがやって来ます、みなさんの方が私よりよくご存知の男ですが。それはたまたまアカルナイ区のティモマコス[6]が将軍として行ったヘレスポントスに財務官として同行したときのことで、噂では将軍のお人好しにつけ込んで八〇ムナを下らぬ額[7]の金を懐に、アテナイに戻ってきました。そしてある意味でティモマコスの非運にけっして責任がないわけではなかったのです。五七　そんなふうに金まわりがよかったヘゲサンドロスは、さいころ仲間のピッタラコスの家に足繁く通っているうちに、そこでこのティマルコスを見かけ、気に入って、欲情を抱き、自分のところへ連れて行きたいと思いました、どうやら自分と同類だと見たのでしょう。そこでまずピッタラコスに掛け合って、この男を自分に譲ってくれと言ったのですが、ピッタラコスがうんと言わなかったので、ティマルコス自身を口説きます。なにほども言葉を費やさないうちに、すぐにティマルコスは言うことを聞きました。というのはこの種の取り引きとなれば彼の陋劣無節操(8)は見事なもので、それだからこそ人にも嫌われるのでしょう。

五八　さて彼がピッタラコスのもとを去り、ヘゲサンドロスに拾われると、たぶんピッタラコスはあんな

---

(1) 奴隷は自分自身が財物であるので財産所有は制度上できなかったはずであるが、アイスキネスによるとピッタラコスは相当の資産を持っていたらしく、また裁判権のない奴隷身分とされながら人を裁判にかけている（六二節）。奴隷にさえ身を売ったとして被告の品性を貶めるため、元奴隷から解放された自由人ピッタラコスへの言及をアイスキネスが歪曲したという推測がある。他方、現実には奴隷の財産所有も可能で（九七節参照）、とくに公共奴隷は大幅な自由を享受した（六二節参照）という解釈もある。

(2)「金蔓」と意訳した χορηγός（コレーゴス）は「上演世話人」あるいは「合唱舞踏隊奉仕役」のこと。国家祭礼で行なわれる演劇上演などの費用一切を負担した富裕市民のこと。九頁註（6）および補註K参照。

(3) 侮辱行為については一一頁註（3）参照。

(4)「オリュンポスのゼウスにかけて」は重々しい調子で発言するとき。

(5) ヘゲサンドロスは前三六〇年代から活動が知られるアテナイの政治家。政治家ヘゲシッポスの兄弟。六四節参照。

(6) 前三六三―三五九年の間に、ヘレスポントスなどアテナイの北方海域戦略における失敗を理由に将軍が多数訴追され、重刑に処せられた。ティモマコスはその一人であったが、亡命した。四九頁註（5）参照。

(7) 大金（八〇ムナ＝1.1/3タラントン）の意。巻末附録「貨幣制度と度量衡」参照。

(8) 底本の ἡ κακία καὶ ἀπιστία（陋劣無節操）には「あけっぴろげでものわかりがよい（ἀκακία καὶ εὐπειστία）」の読みもあり、「金銭供与の申し出でさえあれば誰でもよく、すぐに応じた」の意の皮肉と解せる。写本間で記載が異なる。

大金を注ぎ込んだのは無駄だったのかと口惜しかったのでしょう、怒りを抑え切れず、ことの成り行きにも目が離せなくて、その家に日参しました。これをうるさがってヘゲサンドロスとティマルコスがどんな一撃を返したか、見ていただきたい。あるとき酔った二人がほかの者と一緒に——その名前を言いたくはありません——五九　夜中だというのにピッタラコスの家に跳び込んで、まず商売道具をめちゃめちゃにして道路に投げ捨て——振り駒用の賽や駒入れその他のさいころ遊具ですが——それから可哀想にピッタラコスが大事にしていたウズラやオンドリ(1)を殺して、最後にピッタラコス本人を柱に括りつけて、人間の仕業とは思えない仕方で長い間鞭で打ち続けたものですから、隣近所に悲鳴が聞こえる始末でした。

六〇　翌日になって憤懣やるかたないピッタラコスは、半裸でアゴラへ来て神々の母の祭壇(2)に座り込みます。例によって野次馬がワッと集まってきたので、ヘゲサンドロスとティマルコスは自分たちの狼藉が街中に知れ渡るのではないかと恐れて（間もなく民会があるはずでした）、さいころ仲間二、三人を連れて祭壇に駆け寄って、六一　ピッタラコスを取り囲んで身を起こしてほしいと懇願し、あのことはすべて酔ったあげくの乱心だったと言い、このティマルコスはといえば、いまほど見るもいやらしいというわけではなく、ゼウスにかけてまだまともなところはあったのですが、相手［ピッタラコス］の顎に縋って御意《ぎょい》に適うことなら何でもいたしましょうと言ったのです。遂にピッタラコスを説き伏せて、何か償いをしてもらえると思わせて祭壇から立ち退かせます。ですがピッタラコスがアゴラから一歩出たとたん、もはやきれいさっぱり彼のことは頭から消えました。六二　ピッタラコスは彼らの侮辱行為に我慢がならず、彼ら一人一人を裁判にかけます(3)。

ところがいざ裁判になったとき、ヘゲサンドロスがまた別の痛撃を浴びせたのを見ていただきたい。ピッタラコスはヘゲサンドロスに何ら危害を加えてはおらず、むしろピッタラコスの方が危害を受けたのであり、ピッタラコスは国の公共奴隷でしたからヘゲサンドロスには何のつながりもなかったのですが、ヘゲサンドロスは自分の所有だと言って奴隷にしようとしました。絶体絶命のピッタラコスは、たいそう頼りになる市民に出会います。コラルゴス区のグラウコンです。グラウコンはピッタラコスを自由人身分に戻してやろうとします。六三　そこでその後訴状が提出されました(4)。時間が経って彼らは、ヘゲサンドロスと同じ区の人

(1) 賭博を伴うウズラ相撲、闘鶏用に飼ってあった。

(2) アゴラ西にあった神々の母の社前の祭壇を指す（パウサニアス『ギリシア案内記』第一巻三-五参照）。一般に受難者は祭壇に駆け込んで神に縋ることにより、一定の宗教的不可侵性を獲得した。「半裸で」は鞭で打たれた傷を衆目に示すため。

(3) ピッタラコスがじじつ公共奴隷身分であったとすれば、主人の名において裁判に当たるという私有奴隷の通常の手続きを取らず、市民身分の保護者（プロスタテース）を立てたであろう。三三頁註（1）参照。

(4)「訴状を（アルコーンに）提出する」は、私訴の最初の手続きに入る、の意。ピッタラコスを自分の奴隷だと主張するヘゲサンドロスとグラウコンの間で争われる係争を指す。グラウコンについては未詳。人を自分の奴隷だと主張する市民に対しては、第三者が保証金を出して裁決の出るまでその主張を中断することができた。グラウコンはピッタラコスのためにこの役割を引き受けた。

間で、若い頃に交渉のあったスニオン区のディオペイテスに[1]裁定を[2]委ねました。すると引き受けたディオペイテスは、彼ら［ヘゲサンドロスら］に有利になるようにと、この件をずるずると引き延ばしました。六四　またそこでヘゲサンドロスが諸君の演壇に登場しはじめ、――というのもアゼニア区のアリストポン[3]に勝負を挑んでいたのですが、けっきょくは、私がティマルコスに仕掛けているのと同じ申し立て[4]をするぞと、民会でアリストポンが脅してけりがついたのでした――、また彼の兄弟のクロビュロス[5]もきまって民会演説をして、要するにこの者たちが全ギリシア問題について献策するという不遜不敵なふるまいに出たとき、とうとうピッタラコスは自信をなくし、こういう人間を相手に戦いを挑もうとする自分の立場を省みて、賢明な思慮に落ち着きました（ざっくばらんに言わねばなりますまい）、つまりおとなしくしてこれ以上ひどい目にあわなければありがたいと思うことにしたのです。そこで面倒なしにこんな見事な勝利を手にしたヘゲサンドロスは、このティマルコスを手許に置き続けたというわけです。六五　そして私の話が真実であることは、みなさんご承知です。だって諸君のうちで誰か食いもの屋台を覗いたことがあれば、この者たちの散財ぶりを見なかった人はないでしょう。あるいはこの者たちの乱痴気騒ぎと取っ組み合いを目撃して、国のために痛憤に耐えなかった人がいるでしょうか？　しかしここは法廷ですから、ピッタラコスを解放して自由人身分を宣言した[6]コラルゴス区のグラウコンを呼び出して、ほかの証言も読んでください。

(1) ディオペイテスは富裕層の出で、この訴訟後の前三四三―三四二年に将軍として傭兵団を指揮し、ケロネソス半島へのアテナイ市民入植を警護し、マケドニア－アテナイ間の軋轢を高めた。反マケドニア派のティマルコスに同情的であったとすれば、アイスキネスが敵視する理由は十分ある。「若い頃に交渉のあった」は、故意に曖昧な語を使って男色関係を匂わせた。

(2) アテナイ市民の私的紛争の解決は、「調停役（ディアイテーテース）」あるいは当事者間で合意を得て個別に依頼する私的「仲裁者」に持ち込まれた。前者は男子市民が五九歳（兵役終了年齢）に達した翌年度に一年間就任する義務を負うもので、一〇班に分かれて一〇部族をそれぞれ担当した。発生した紛争の担当者は、係争当事者の所属区以外の区に所属する調停役が籤によって決められた。従ってヘゲサンドロスと同じ区に所属していたディオペイテスは「調停役」ではなく、仲裁者であったであろう。仲裁者による決定は最終的で上訴不可であったが、調停役の決定を不服とする係争者は陪審廷に上訴することが許された。

(3) アゼニア区のアリストポンは当時の有力政治家の一人。一〇〇歳に一月《ひとつき》足らないところまでの長命（古註 Dilts, *Aes. in orat.* 1. 64 参照）で雄弁をもって知られ、政治の第一線で多方面にわたり活躍した。七五回違法提案告発を受けたが、すべて無罪になったことを誇りにしたという（『クテシポン弾劾（第三弁論）』一九四参照）。前三四六年には、アンピポリスを失うことになるからという理由で「ピロクラテスの講和」に強く反対した（テオポンポス「断片」（*F. Gr. H.* 115 F166 参照）。「ヘゲサンドロスが……登場し」は弁論家（＝政治家）として民会で登壇して演説することを指す。

(4)「ティマルコスにしているのと同じ申し立て」とは、演説者資格審査請求（*δοκιμασία τῶν ῥητόρων*）のこと。アイスキネスが二八―三〇節で挙げたこの審査請求の根拠となる事由四条のうちどれにあたるかは明言されていないが、売色が意味されていることは明らかである。

(5) クロビュロス（ちょんまげの意）は頭髪のスタイルからつけられたヘゲシッポスの綽名。トゥキュディデス（『歴史』第一巻六）の伝える往昔の奢侈な貴族趣味をうかがわせるものか？ ヘゲシッポスは『クテシポン弾劾（第三弁論）』一一八によれば、ポキスとの同盟を提起し（前三五六年）、古註（Dilts, *Dem. in orat.* 19. 173 参照）によればピリッポスとの講和条約の締結反対の先鋒に立った。擬デモステネス『ハロンネソスについて（第七弁論）』はじつはヘゲシッポスの作、とする見解が一般に受け入れられている。

(6) *ἀφαιρεῖσθαι εἰς ἐλευθερίαν*（「解放して自由人身分にする」）は、奴隷身分にあった者を自由人身分に解放する、という法律用語として使われるが、個人の奴隷というしばしば苛酷な境遇から比較的楽な公共（国家）奴隷にしてやる、の意に解する研究者もいる。

証言（複数）――六六　コラルゴス区のティマイオスの子グラウコンが証言する。私はヘゲサンドロスによって奴隷にされようとしたピッタラコスを解放して自由人身分を宣言した。しばらく後にピッタラコスが私のところに来て、ヘゲサンドロスのもとに［人を］送って彼と和解することを望んでいると言った。つまり自分がヘゲサンドロスとティマルコスに対して起こした訴訟を取り下げ、ヘゲサンドロスも奴隷身分について起こした訴訟を取り下げることを願ったのである。彼らは和解した。

――同様にアンピステネスは証言する。私はヘゲサンドロスによって奴隷身分にされようとしたピッタラコスを解放して、自由人身分を宣言した。以下続く(1)。

六七　では私はここにヘゲサンドロス自身を呼び出しましょう。私が彼のために書いた証言は、その人格にはもったいないくらい礼儀正しいものですが、ミスゴラスのために書いてやったものよりは多少意味明瞭です。彼が誓って否認し偽誓するだろうということを私は知らないわけではありません。ではなぜ証言に呼び出すのでしょう？　このような生活習慣がどんな人間を作るかということ、神を蔑《なみ》し、法を無視し、羞恥心のかけらも持ち合わせない人間を作るということを諸君に示すためであります。ヘゲサンドロスを呼び出してください。

証言――六八　ステイリア区のディピロスの子ヘゲサンドロスが証言する。私はヘレスポントスから戻ってきたとき、アリゼロスの子ティマルコスが賭博師ピッタラコスのもとに逗留しているのを見つけ、そこで知遇を得てティマルコスと誼を結び、以前にレオダマスと交わした交わりと同じ交わりを得た。(2)

六九　アテナイ人諸君、彼が誓いなどものの数とも思わないことを、私は知らないわけではなく、諸君にもさきにそう言いました。少なくともいま証言したがらないのですから、すぐに被告弁論をするため登壇することは明らかです。そしてゼウスにかけて、それも不思議ではありません。なにしろ善にして美なる、邪悪を憎むお方で、レオダマス(3)——その名を聞いて、みなさんは証言が読まれている最中だのに怒号罵声を浴びせましたが——が何者かを知らないのですから、自分の生き方に自信満々で［この演壇に］立つでしょう。七〇　では私の本性を越えた、いささか露骨な言い方を拒まぬとしましょうか？　ゼウスと他の神々にかけて言っていただきたい、アテナイ人諸君、ヘゲサンドロスを相手にわが身を卑しめた男は、諸君には男娼が男娼に身体を売ったと思えないでしょうか？　酔って二人きりになったとき、どんな桁外れにみだらな行

(1) 底本校訂者はこれらの証言を一括しているが、いずれも一人称の使用などから偽作であることが判明する。
(2) この証言は、一人称の使用、一一一節で述べられるレオダマスとヘゲサンドロスの関係が逆転していることなどから偽作であることが判明する。書記によって読まれたこの証言の後、ヘゲサンドロスは証言拒否をしたことが以下によって判明する。
(3) レオダマスは前三七〇年代から活躍した政治家。その弁才をアイスキネス（『クテシポン弾劾（第三弁論）』一三九）、デモステネス（『レプティネスへの抗弁（第二十弁論）』一四六参照）ともに認めている。

為をせずにいたと想像できるでしょうか？　レオダマスとのかの有名な、みなさんよくご存知の慣わしの罪を軽くしようとするヘゲサンドロスが、彼〔ティマルコス〕の異常さに比べれば自分の以前の行ないはじつに控え目だったと見なせるほどの傲慢極まる要求をしたと想像されませんか？

七一　でもそれでもヘゲサンドロスと兄弟のクロビュロスがすぐにもここに駆け登って、立て板に水の勢いでまくしたて、私の演説はばかばかしい冗談でしかないと言うのを諸君はご覧になるでしょう。そしてどこでそれをやったか、どんなふうにやったか、誰が見たか、どんなやり方だったか、とそんな言葉を羞じらいもなく言って、明確に証言する証人を出せと私に要求するでしょう。七二　というのもほんの少し前に朗読された法律を、聞いたのに思い出せないほど諸君は物忘れがひどくないと思いますが、そこにはこう書かれているのです。およそこの行為のためにアテナイ人の誰かを雇う者、あるいは雇われる者は、両者等しく極刑を受けるものとする。とすればいったい、事実を証言すれば自分が極刑を受けるべき人間であることが明らかになるような、そんな証言を包み隠さずしたいと願うほど哀れな人間がいるでしょうか？　七三　そうなれば残る唯一の方法は、その行為を身に受けた者がそれを認めるだけです。ですが被告はまさにこのこと、すなわちそれらをやっておきながら、法に違反して民会演説をしているために裁きにかけられています(1)。ではもういっさいをご破算にして、糾明をやめましょうか？　誰かがここに進み出て、恥も外聞もなくはっきりと証言しないかぎり、現に起こったと認識していることをわれわれが見逃してしまうのであれば、ポセイドンにかけてわれらのポリス運営はとびきり立派なものになるでしょう。

七四　さて類似例からも調べてみてください。類似例はやむをえずティマルコスの流儀とそっくりのものになるでしょう。件《くだん》の館《やかた》で座っている(2)あの人たち、明らかにこの商売をやっているとわかる人たちを見てごらんなさい。でも彼らは必要に迫られてこうなっているとはいえ、やはり何とか恥を隠そうとして館の扉を閉めます。そして諸君がたまたまその前の通りを歩いていて、誰かに「あの男はいま何をしているのか」と問われれば、すぐにその行為の名前を答えられるでしょう、現場を見ておらず、入って行ったのが誰かを知らなくても、その男がそんな生業《なりわい》を選んだことをよく知っていて、何をするのかも先刻承知しているのですから。七五　ですからティマルコスについても同様に検討するべきであり、誰か見た者がいるか、を調べるのではなく、その行為が彼によってなされたか、を調べるべきです。なぜなら神かけて、ティマルコスよ、このような咎で審判にかけられている人がほかにいるとすれば、君自身は何と言うのか？　年端も行かぬ若者が親の家を出て他人の家で夜を明かし――人より美形だからといって、金も払わずに豪華な食事をして最高値の笛吹き女や遊女を侍らせ、さいころ遊びにうつつを抜かして自分では一銭も使わずに他人に払わせているとき、これを何と言うべきか？　七六　これまでも預言者に解き明かしてもらわなければわからないのか？　誰かにせびってこんなことまでさせている人間は、さきに湯水のごとく金を注ぎ込んでくれる相手に、満足してもらう何かをお返しに提供しなければならないことは自明ではないか？　いやオリュンポスのゼウスにかけて、君のやった愚劣な行為に触れるのに、これより婉曲な言い方は私にはできないのだから。

(1) 二八―二九節参照。
(2)「館《やかた》」は売春宿、「座っている」は（売春の）商売をする、の意。

七七　さてどうかみなさんはこの事を公務、とくに目下かかわっておられる事柄(1)からも考えていただきたい。各区で区民名簿の再検査が行なわれ、みなさん一人一人が正真正銘のアテナイ市民であるか否かの判定投票を受けました。ところで私に言わせれば、法廷で［市民権］防衛者の申し立てを聞くと、そこではいつも同じ議論が勝ちを制するようです。七八　つまり告発者がこう言うとします、「陪審員諸君、この者［の市民権］を区民一同は宣誓して否決しました。誰も告発せず否認の証言も出してはいませんが、なにしろ区の成員おのおのが熟知していることですので」。ただちに諸君は声をあげて、その者は市民権にはあずかれないといっせいに叫ぶでしょう。というのも諸君の考えは、自分でよく知っていることはすべて議論も証言ももう必要ない、ということでしょう。

七九　それはそれとして、ゼウスにかけて、かりに出生と同様にこの生活習慣についても、罪に問われるべきか否かでティマルコスが判定投票を受けねばならないとしたら、そして陪審廷で裁かれ、まさにいまのように諸君の前に立たされ、ただ法律上あるいは民会決議上私が告発し彼が弁明することを許されないで、いま私の側に立っている触れ役(2)が法定の質問をしたとすれば、すなわち「ティマルコスが男娼であると思う人は［投票用の］穴のあいた駒を、そうではないと思う人は［投票用の］穴のつまった駒を(3)」と問いかけたとすれば、諸君はどういう投票をされますか？　有罪票であることを私は信じて疑いません。八〇　では諸君の誰かが私に聞くとします「でも君、われわれが有罪票を投じるかどうかが、どうやってわかるのか？」私は答えるでしょう、「諸君が歯に衣着せず、話してくれたからです」。そしていつどこであなた方一人一人が話してくれたかを、私は思い出させてさしあげましょう。彼が［民会の］演壇に登ったときはいつでも、そして去年政務審議会議員になったときです。彼が「城壁」か「塔」の「修理」に触れるか、あるいは誰かがどこかに「連れて行かれた」と言ったとたん、諸君はどっと笑って大声を挙げ、諸君が先刻ご承知の彼のお仕事の[4]名前を口々に言ったのでした。八一　そしていろいろな過去の事実は省略しますが、私がティマルコスについてこの資格審査の申し立てを民会でしたとき[5]の出来事を思い出していただきたい。

---

(1) 以下に述べられるように、前三四六—三四五年にデモピロス提案の民会決議により、全アテナイ市民を対象に区民登録（原語 διαψήφισις 相互投票の意）の再点検による市民資格の再確認が実施された。所属区の成員による市民権否決の判定を受けた者は陪審廷に訴えることが許され、そこで有資格の判決を受けると区民登録簿に復帰、無資格の判決を受けると奴隷に売られた。

(2) 底本が削除記号をつけた四語を読む。

(3) 陪審員は入廷時に投票用に、穴が空いた駒と穴がつまった駒を手渡された。陪審員は手に握った駒二個を、原告支持票を入れる壺と被告支持票を入れる壺とのそれぞれに、穴空き駒を有罪票、穴なし駒を無罪票として投じたので、どちらを投じているかは本人にしかわからず、無記名秘密投票となった。アリストテレス『アテナイ人の国制』第六十八—六十九章参照。

(4)「城壁」「塔」「連れて行かれた」は対ピリッポス防衛の議論で使われた単語であった可能性が考えられるが、喜劇作家の断片などからも知られるように、いずれも二重語義で卑猥な連想を伴う語であった。「お仕事」は男色行為を指す。

(5) この訴訟に持ち込むための最初の手続きとして、アイスキネスは「演説者資格審査」の申し立てを民会で行なった。アイスキネスは被告弁論で、政務審議会議員になったとき受けた資格審査（ドキマシアー）に自分は合格したのであるから、アイスキネスの申し立ては受理されるべきではなかった、申し立ては讒言にすぎないと抗弁できるはずである。

プニュクスの建屋のことでティマルコスが提出した民会決議案[1]に従ってアレイオス・パゴス審議会[2]が民会に臨席したときに、審議会議員として演説したのはアウトリュコス[3]でした。ゼウスとアポロンにかけて、敬虔にかつ堂々とかの審議会の名に恥じぬ生涯を送ってきた人物です。八二　さて彼は発言の中でアレイオス・パゴス審議会はティマルコスの提言を認められないと言い、「アテナイ人諸君、アレイオス・パゴス審議会よりもティマルコスの方が、あの淋しい建家とプニュクスの丘の立地によくなじんでいるからといって驚くにはあたりません」と言ったとき、諸君は囃し立ててアウトリュコスの言うとおりだ、たしかに彼はあそこによくなじんでいると言いました。八三　けれども諸君の喚声の意味を理解せず、アウトリュコスは眉をしかめて一瞬黙ってから言いました。「しかしながらわれわれアレイオス・パゴス審議会議員は、アテナイ人諸君、ティマルコスを告発も弁護もしません（それはわれわれの父祖の慣いではないからです）。ですが、まあ、ここまでは許すとしましょう。きっと彼は」とアウトリュコスは続けました、「そんなに静かな所では、諸君の誰にとってもわずかな出費にしかならないと考えたのでしょう」。またもや「静かな」「わずかな出費」という言葉で、いっそう甲高い叫声と笑いが起こりました。八四　そして彼が「敷地」と「タンク」と言ったとき、諸君はもう我慢できませんでした。そこでピュランドロス[4]が諸君をたしなめようと出てきて、アレイオス・パゴス審議会議員がいるのに、そんなにゲラゲラ笑って恥ずかしくないのか、と質《ただ》しました。でも諸君はこう言い返してピュランドロスを〔演壇から〕追出しました。「ピュランドロスよ、この人たちの前で笑ってはいけないことぐらいようく知っている。でも事実の持つ力にはどんな思慮分別もかなわないのさ」。八五　この証言こそ、アテナイの民会によって諸君のためになされた証言と私は受け止めますし、民会が偽証をしたと断罪されることなどあってはならないことです。ですから、アテナイ人諸君、私が何も言わなくても、諸君が彼の所業と承知している行為の名前を声高に叫ぶのに、私が口にすると諸君は思い出せないとすれば、不可解千万ではありませんか、そしてその行為について審理なしでも有罪とされたであろうのに、論証が出されたいま無罪放免されるのであれば？

八六　しかし区民名簿の再検査とデモピロスの政策[5]のことに触れたのですから、それらについて別の事例

(1) プニュクスは、アクロポリスから一キロメートル足らず西方の、アゴラを見下ろす小高い丘で、民会が行なわれたところ。「建家」は、いくつかあった社殿を指す、またはいかがわしい遊興の建物を指す、と解釈が分かれる。ティマルコスはこの区域の清掃あるいは整備のための国庫支出を提案したと推測される。

(2) アレイオス・パゴス審議会は、前五世紀中葉までは極めて重要な行政機関でもあったが、民主制改革により行政権を失い、主として宗教的権能のみが残された。前四世紀殺人を裁く法廷のうちでは最も権威ある法廷と見なされていた。アルコーン職経験者が任務明けに資格審査を経て、昇格してアレイオス・パゴス審議会終身議員となった。

(3) アウトリュコスについて多くは知られないが、前三三八年のカイロネイアの戦い中、ひそかに家族を国外に避難させたかどで裁判にかけられ、懲罰を受けたといわれる（リュクルゴス『レオクラテス弾劾（第一弁論）』五三、ハルポクラティオン『アッティカ十大弁論家語彙集』アウトリュコスの項参照）。

(4) ピュランドロスは、前三七八―三七七年テバイへの使節を務めた。使節団は、設立間もない第二次アテナイ海上軍事同盟にテバイを加入させるという成果を挙げた。

(5) 七七節で言及された区民登録再確認事業提案者のデモピロスは、民会、陪審廷における買収行為を告発し、ニコストラトスもこれに続いた。そういう一連の動きの結果、投票工作などの不正を可能なかぎりなくすことを目的に、前三四〇年頃、投票所、投票行程などに細心の工夫が導入された。

をお話しましょう。というのもこのデモピロスは以前こういうやり方で政務を処理しました。すなわち民会だけでなく法廷をも買収しようとする者がいる、と非難したのですが、これはほんの最近ニコストラトスが言ったのと同じで、その種のことについては裁判がありましたし、いま係争中のものもあります。八七　ではゼウスと神々の名にかけて、もし彼らがいまのティマルコスやその弁護人たちと同じ弁明に頼って、誰かが容疑について明確に証言すべきであり、さもなければ陪審員は信用しないと迫ったとすれば、そういう議論であれば、いいですか、法定の死刑が双方を待ち構えているにもかかわらず、一方は「贈賄しました」と、そして他方は「収賄しました」と証言することが、なんとしてでも必要でありました。ちょうどいまと同じです。誰かが侮辱行為[1]を加えるためにアテナイ人の誰かを雇い、他方でアテナイ人の誰かが自分の身体を辱めるためにすすんで雇われるという場合です。八八　ではこういう証明をするであろう者、もしくはそのように事実を証明してみせようという告発者はいるでしょうか？　むろんいませんとも[2]。ではどうでしょう、裁判にかけられた人たちは、無罪放免されたでしょうか？　とんでもない、ヘラクレスにかけて、死刑に処せられました、ゼウスとアポロンにかけてこの男よりはるかに軽微な過ちしか犯していなかったというのに。それはこの哀れな人たちが老齢と貧窮という人間最大の不幸から身を守ることができずに、その直撃を受けたからでした。それに対して、被告は自分のみだらな欲望を抑えようともしなかったのですから、「死刑に処せられるのは当然です」。

八九　ところでこの裁判が裁定を委嘱されたどこかほかのポリスで行なわれていたとすれば、私は諸君に証人になってもらうよう要求したでありましょう、私が真実を語っていることをいちばんよくご存知の諸君ですから。でも裁判がアテナイで行なわれており、諸君は陪審員であると同時に私の発言の証人でもあるからには、私のなすべきことは諸君の記憶を呼び起こすことであり、諸君のなすべきことは私に不信を抱かないことです。というのはアテナイ人諸君、ティマルコスが躍起になっているのは、自分のためだけではなく、どうやら自分と同じ生活習慣に浸っているほかの者らのためでもあるからです。九〇　つまりこの慣わしが過去にそうであったように、未来にもひそかに淋しい場所や個人の家で続けられ、それをいちばんよく知りながら市民の誰かを辱めた者が、事実を証言すれば極刑を負うことになるのに、他方で自分自身の生活と真実によって［罪を］あばかれ裁きを受ける者が、周知の事実ではなく証言によって裁定されることを要求するとすれば、法と真実は潰え去り、最悪の悪事犯(3)が逃げおおせる道が明らかにされるでしょう。九一　なぜなら追い剝ぎか、姦夫か、殺人者か最悪の犯罪者であっても、秘密裏に犯行をやってのければ、誰が罰され

---

(1)「侮辱行為（ヒュブリス）」については一一頁註（3）、二一頁（2）参照。

(2) 有罪であれば死刑が法律で決まっている贈収賄犯は、いずれも自分の犯行を証言しないであろう。同様に、法定の死刑が待ちかまえている男色売買の有無も、売買者本人の証言を取ることはできない、という論法。

(3) 悪事犯（κακοῦργος）は、主に追い剝ぎ、窃盗犯、誘拐犯、強盗＝住居侵入者、掏りなどがこれに数えられ、現行犯で略式逮捕（アパゴーゲー ἀπαγωγή）（＝役人ではなく被害者が自力で、あるいは第三者が捕まえる）されるとヘンデカ（十一人の意の刑務役人）に引き渡された。本人が罪を認めた場合刑務役人は即刻死刑に処すことができたが、罪を否認すれば案件は陪審廷の審理に回付された。異論はあるが姦夫、殺人者も条件によっては略式逮捕、裁判なしの死刑が可能であった。

るでしょうか？　というのもその種の者は、現行犯逮捕されて罪を認めるなら、即刻死刑に処せられますが、こっそりやって罪を否認し、法廷で審判にかけられるなら、真実は蓋然性(1)から見出されるのですから。

九二　ではこの国の最も厳格な会議であるアレイオス・パゴス審議会の事例を見ていただきたい。これまでにこの審議会でじつに雄弁に語り証人も出したのに、有罪とされた人々を私は目にしてきましたし、他方弁明はまことにお粗末で証人も出さなかったのに、無罪勝訴した人も幾人か知っています。なぜかというと、議員は弁明を聞いただけではなく、また証人によるのでもなく、自分がよく知りかつ調べもしたことによって判決の票を投じるからです。さればこそこの会議は、国で尊敬され続けているのです。九三　であればアテナイ人諸君、諸君も同じ方法でこの裁判をしてください。まずこのティマルコスについて、諸君自身が知りかつ確信していること以上に信頼すべきものは何もないと見なし、次にこのことを現在ではなく過去から判断してください。なんとなればティマルコスとその慣わしについて過去に語られたことは、真実であるからこそ語られたのに対して、今日これから語られる言葉は、裁判のため、諸君を欺くためなのですから。ですからより長い時間と真実と諸君自身の知見にかなう判決を下していただきたいのです。

九四　しかしながら彼のために弁明演説をこしらえてやっているある弁論代作者(2)は、私が自家撞着に陥っていると言っています(3)。というのは同じ人間が売色もし父親の遺産を蕩尽もすることは不可能に思えるからだと言うのです。つまり自分の身体について過ちを犯すのは子供のすることで、父親の遺産を蕩尽するのは成人のすることだからという理屈です。それに自分自身を辱める人は、それで金を稼いでいると言うのです。そこでこの人は、同じ人間が売色もし父親の遺産を蕩尽もしたとは摩訶不思議だ、珍聞奇聞だと喚きながらアゴラを徘徊しています。

九五　ではこの件について、どういうことなのかわからないという人がいるなら、私がそれをもっとはっきり説明してみましょう。このヘゲサンドロスがティマルコスを囲いながら家付き娘[4]を妻にして、その財産とティモマコス指揮下[5]の遠征から持ち帰った金銭で事足りていた間は、彼らは贅沢三昧の放縦な生活を送っていました。ところがこれらが使い果たされ、賭博に消え、美食で食いつぶされてしまったのに、他方でこの男の色香は褪せ、当然ながらもはや誰からも何も恵んでもらえず、だのにみだらでねじけた性質はしょっ

（1）「蓋然性、本当らしさ（τὰ εἰκότα, the probabilities）」は、説得を生みだすための最重要要件として、弁論術理論の中心に位置付けられた。すなわち聞き手にこれなら本当だと思わせるように語ることが、説得を生みだすというのである。

（2）一一九節でその名を出すデモステネスを指す。「弁論代作者（ロゴグラポス）」は、係争事件の原告演説あるいは被告演説を当人に代わって作り、報酬を得た。『クテシポン弾劾（第三弁論）』一七三および二九九頁註（4）参照。

（3）予想される係争相手の発言にあらかじめ論駁を試みる戦法は、原告の常套手段であった。予想の根拠は予審の際に得た情報でありえたが、単なる噂か、または原告の創作であったかもしれない。

（4）娘のみ残し、息子なしに父が死んだ家では、その家付き娘（エピクレーロス）を父方の親族の最も近い男子（伯父、叔父、従兄弟、と血縁の深さまた年齢などで順位が決まっていた）と結婚させて、家系断絶、財産分散を防いだ。家系は家付き娘との結婚で生まれた男子が継いだが、その息子が成人するまで後見人として財産管理運営を任される夫は、やり方次第で自分の財産を増やすこともできたため、家付き娘との結婚を望む男は多かった。

（5）ティモマコスは前三六〇年将軍を務めたが、ケロネソス半島をトラキア王コテュスの手に渡したという国家反逆罪で弾劾裁判にかけられ、死刑判決を受けたが、判決前に亡命した。三三頁註（6）参照。

ちゅう同じ欲望に駆られて、とめどなく野放図に次から次へと要求を重ねて日ごとの慣わしに戻ってしまったとき、九六　そうなったとき、とうとう彼は父親の遺産を食いつぶし始めました。そして食いつぶしただけでなく、こういう表現が可能なら、飲みつぶしました。というのは金目のものを次々売ったのですが、それ相応の値段でではなく、もっと高値がつくまでも待てず、わずかな儲けすら出ないのに、とにかく金になりさえすればと売り飛ばしたのです。(1)そんなにもお楽しみが待てないありさまでした。

九七　彼の父親は、ほかの者なら公共奉仕(2)に使えただけの財産を残してくれたのですが、彼は自分のために守ることさえできませんでした。アクロポリスの南(3)に持ち家が一つ、スペットス区のはずれの土地、それからアロペケ区にもう一箇所地所があり、(4)またほかに［靴作りの］皮仕事の自営職人奴隷が九人か一〇人、それが一日一人二オボロスの名義料(5)を彼に払い、仕事場の監督は三オボロス(6)を払っています。そのほかにおアモルゴス風(7)の布織りの腕利きで、アゴラに売りに出している女と刺繍の刺し子の男、それに彼に金と家具類を借りている者がいます。

九八　しかしとにかく、私が真実を語っていることを示すために、ゼウスにかけて、ここで間違いなく明確にはっきりと証言してくれる証人を出しましょう。さっきとは違って、(8)真実を証言する人の身に何の危険も恥辱も及びませんから。すなわち彼は市街地にあった家を喜劇詩人ナウシクラテス(9)に売り、それを後でナウシクラテスから合唱舞踏隊教師のクレアイネトス(10)が二〇ムナで買いました。街はずれの地所は、ミュリヌス区のムネシテオス(11)が彼から買いました。広大な土地でしたが、彼が放ったらかして荒れ放題になっていました。九九　アロペケ区の地所は城壁から一一か一二スタディオン離れたところにあり、聞いたところでは母親が懇願してこれだけは売らずに置いておいてくれ、もしほかが駄目でも、せめて自分が葬られる場所は残しておいてほしいと言ったのでしたが、それでも彼はこの土地にも手をつけて二〇〇〇ドラクマで売りました。男奴隷も女奴隷も一人も残さず、彼はみな売りました。これらが私の嘘ではないということ、つまり父親がこれらを彼に残したことを証する私の方からの証人を出しましょう。でも彼がこれらを売っていない

(1) 軽々に家屋敷など相続財産を現金化することは、経済的、社会的、政治的に好ましくないこととされ、その点で堅実であることが民会演説者資格の一つに数えられた。

(2) 公共奉仕（補註K参照）を引き受けられるだけの資産を持つ富裕市民であるのに、その務めさえ果たしていない、の意。

(3) 原語「ポリス *πόλις*」が「アクロポリス」の意で使われる例。

(4) スペットス区はティマルコスの出身区。アロペケ区は市の囲壁から南方一一―一二スタディオン（約二・四キロメートル）。アテナイの区については部族（ピューレー）の補註Oおよび巻末地図2参照。

(5) 主人と離れたところに住み、独立採算の営業で得た収入のうちから主人に払う名義料（アポポラー *ἀποφορά*）、あるいは賃貸で貸し出された奴隷が仕事先から持ち帰り主人に渡す上納金という解釈がある。

(6) 三オボロスすなわち二分の一ドラクマは陪審員手当額。質素な市民の生活費一日分であったという。

(7) キュクラデス諸島南東に位置する島アモルゴスに因む名、あるいはゼニアオイからくる呼び名という解釈がある。繊細華奢で高価な布。

(8) 四五節参照。

(9)「俳優」の読みの写本もある。ナウシクラテスの名はレナイア祭優勝者名列碑文（*IG* II^2 977）でも喜劇詩人、俳優の両名列に出てくる。同一人物の可能性がある。

(10) 前四世紀のアテナイでクレアイネトスの名で知られる人物は多いが、ここでは悲劇作家（Snell, *TGF* I No. 84）か？

(11) ミュリヌス区のムネシテオスの名は前三四〇年代末の碑文の、公共奉仕者名列中に見出されるため（*IG* II^2 1623, 24–25）、富裕市民であったことが知られる。

と言うのであれば、奴隷の身柄をここに出してほしい。一〇〇　そして何人かに父親が金を貸していたということ、それを彼が取り返して使ったということ、その証人としてスペットス区のメタゲネス[1]を出しましょう。彼は三〇ムナ以上を借りていましたが、被告の父が死んだとき、なお残っていた七ムナを返しました。どうかスペットス区のメタゲネスを呼んでください。ですがどれよりもさきに、家を買ったナウシクラテスの証言を読んでください。そしてこの関連で私が挙げた証言すべてを取り上げてください。

証言（複数）

一〇一　では彼の父親が少なからぬ現金を持っていたこと、それを彼が浪費したことを明らかにしましょう。公共奉仕の義務を恐れた父親は、いま言ったものを除いた財産、ケピシア区の土地とアンピトロペ区の土地、それに銀鉱脈の二つの仕事場、アウロンのそれとトラシュロスの近く[2]のそれとを売り払いました。

一〇二　どうしてそんなに裕福だったかを言いましょう。彼らは三人兄弟で、体育トレーナーのエウポレモス、被告の父であるアリゼロス、そしてまだ生きているが年老いた、盲目のアリグノトスです[3]。この三人のうち最初にエウポレモスが、財産の分け前をもらわないまま死にました。次がティマルコスの父アリゼロスです。彼は生存中、アリグノトスが病弱で不幸にも盲《めしい》となり、エウポレモスが死んだので、全財産の管理を引き受け、約束を交わして一定の生活費をアリグノトスに渡していました。一〇三　さてティマルコスの父アリゼロスが死ぬと、最初のころ被告が子供だった間は、後見人からアリグノトスに妥当な額が全額渡されていました。ところがティマルコスが区民名簿に登録されて財産行使権を手に入れるや、不幸な年寄りである自分の叔父を遠ざけて財産を費消し、露命をつなぐだけのものさえアリグノトスに渡さず、あれほどの裕福さから身体障害者給付金(4)に頼る境遇に転落するのを傍観していました。一〇四 そしてとうとう、これこそ最悪の仕打ちでしたが、老人が身体障害者給付資格審査でふるい落とされたので、給付金を要求して政務審議会に嘆願(5)したとき、議員を務めていてその日に議長団の一人だったティマルコスは、弁護演説もせず、老

---

(1) スペットス区のメタゲネスは『使節職務不履行について（第二弁論）』一三四に名の出る、将軍プロクセノスによってアテナイからポキスに送られる使節か？

(2) 富裕市民に課される公共奉仕負担を逃がれるため、財産売却という手を使った、の意。ティマルコスの父はケピシア区では北部、アンピトロペ区では西南と、アッティカ全域に散らばる不動産を所有していた。アッティカの鉱脈は国有であったが、鉱石採掘は国から利権の賃貸しを受けた個人が行なった。アウロン、トラシュロス（トラシュモス？）ともにアッティカ南部の銀鉱脈の近くの銀精錬処理工場があったところ。

(3) 演説者資格を失わせる第一の事由＝売色、第二の事由＝遺産蕩尽に続いて、第三の事由＝両親（死亡した父の代わりに伯父）虐待の陳述に入る。

(4) 政務審議会による審査の上、資産三ムナ以下で労働に耐えない身体障害者に対して一日一オボロス（前三二〇年代までには二オボロス）の国費が支給された。アリストテレス『アテナイ人の国制』第四十九章参照。

(5) 個人あるいは集団による嘆願は、アリストテレス『アテナイ人の国制』第四十三章六によれば、各プリュタネイアの第二回民会で受け付けられ、嘆願者はオリーヴの枝を祭壇に置くなど所定の形式を踏んで請願を述べた。この箇所から政務審議会でも嘆願が行なわれたことが判明する。

人がその月の給付金[1]をもらえなくなるのを見殺しにしたのです。私が真実を言っていることの証人として、スペットス区のアリグノトスを呼び、証言を読んでください。

証言

一〇五　でもこう言う人もいるかもしれません。相続した家を売った後、別の家を市街地のどこかに買って、はずれの土地とアロペケ区の地所と奴隷職人その他の代わりに、父親が以前やっていたように銀鉱脈にいくらか投資した、と。いいえ、この男には何も残っていません、家もアパートも地所も奴隷も利子のつく金も、ほかに悪事犯[2]にならずに暮らしていけるようなものは何も残っていません。そうではなくてこの男に残っているものは、父親の遺産の代わりのみだらさ、誣告癖、無軌道、奢侈放縦、怯懦、恥知らず、顔を赤らめることさえ知らない傍若無人、つまり最も卑しくおよそ無用な市民そのものです。

一〇六　そのうえ彼は父親の遺産だけでなく、諸君の共有財産も自分が自由にできたものすべてを蕩尽しました。つまり彼はご覧のとおりの若さですが[3]、務めなかった公職はなく、しかもどれ一つとして籤や選挙によるものはなく、すべて違法な売買によって手に入れたものです。それらの多くは不問に付して、二、三の例だけを取り上げましょう。

一〇七　彼は会計監査官（ロギステス）[4]になったとき、国に最大の損害を与えましたが、それは不正をはたらいた役人から賄賂を取ったからでもありますが、とりわけ何も不正をはたらかずに執務審査を受けにきた者を、誣告常習犯のやり口で脅したからでもありました。また三〇ムナで公職を買って、アンドロス島の役人になりましたが、そのために一ムナにつき九オボロスの利子で金を借りました。つまり諸君の同盟国を自分のみだらな生活習慣のための結構な資金源にしたということです。そして自由人の妻たちに前代未聞の蛮行をはたらきました。私はそのうちの誰にも、口を閉ざしていた忌わしい出来事を、ここへ来て公の席で証

（1）字義どおりには「そのプリュタネイアの給付金」。一年を一〇に分けた行政期間単位すなわちプリュタネイアはわれわれの一二ヵ月とはややずれるが、おおよそ現代日本の各種福祉給付金の月払い制度に当たる。補註C参照。
（2）ここでは四七頁註（3）に挙げられた追い剝ぎ以下数種を主なものとする犯罪一般を指す。「悪事犯にならずに暮らしていけるようなもの」は、正直に暮らしていくだけの生活費のもとでになるもの、の意。
（3）ティマルコスは前三六一年に政務審議会議員を務めたのであるから、じっさいは四五歳にはなっているはずであるが、アイスキネスは売色非難との整合性から、終始一貫して「若い」という印象を聞き手に持たせようとしている。四九節参照。
（4）公職者が離任の際受けた執務審査（エウテュ―ナ）の第一段階で行なわれた会計検査の審査官一〇名の一人になったことを指す。毎年籤によって選ばれ、各自二名の助役とともに審査の務めを果たし、不正を見つけると陪審廷での裁判に持ち込んだ。アリストテレス『アテナイ人の国制』第五十四章二参照。
（5）キュクラデス諸島中最北に位置し、ナクソスに次いで最大面積を持つ島。前五世紀アテナイは貢納金を取り、植民団（クレールーキアー）を送り込んだ。前三七八年締結の第二次アテナイ海上軍事同盟の規約（加盟国の自治独立を侵さない等）にもかかわらず、アテナイが役人を派遣、駐留軍を常駐させていた加盟国の一つ。
前三五七―三五五年の同盟国戦争など離反した加盟国が多かった中で、アンドロス島は少なくとも前三四八年までは友好的加盟国であったと思われる（*IG* II^2 1441, 12-13）。
（6）九オボロスは一ヵ月の利子。年利率一八パーセントにあたる。通常の利率は一二―一八パーセントであった。

言してほしいと頼むつもりはありません。諸君自身で調べていただきたい。一〇八　でもどんなことになると思われますか？　法律があり、諸君の目があり、敵対者が見張っているアテナイで、他人ばかりか自分の身体にも侮辱行為をはたらくような男が、免責特権と権力と公職を手に入れたとすれば、(1)究極の狼藉放恣でやらずに済ませるものがあるでしょうか？　ゼウスとアポロンにかけて、私はこれまで幾度も諸君のポリスの幸運に思いを致したものです。それはほかにも数多くありますが、どれにも劣らぬ幸運は、当時アンドロス島というポリスの買い手が誰もいなかったということです。(2)

一〇九　けれども単独で務めた公職では碌でなしだったが、人と一緒にやった公職では模範的だった、ですって？　いったいどんなふうに？　この男は、アテナイ人諸君、ニコペモスがアルコーンの年(3)に政務審議会議員になりました。その年に彼がはたらいた悪事一部始終を語ることは、一日のほんのわずかな時間にするべき仕事ではないでしょう。現在の裁判の訴因にいちばん近い事柄だけを手短かに言いましょう。一一〇　ティマルコスが政務審議会議員を務めたのと同じ年に、クロビュロスの兄弟ヘゲサンドロスが聖財財務官(4)になりましたが、二人は一緒にそれはもう仲睦まじく公財一〇〇〇ドラクマの窃盗を図りました。ところがあの模範的市民で、被告と衝突して怒りが収まらなかったアケルドゥス区のパンピロス(5)が感づいて、民会が開かれたときに立ち上がって言いました、「アテナイ人諸君、男と女が示し合わせて、諸君のお金を一〇〇〇ドラクマ盗んでいます」。一一一　諸君が、「どうして男と女が？　何の話だ？」と訝ると、ややあって彼は言いました、「私の言う意味がわかりませんか？　男とはいまそこにいるヘゲサンドロスですが、以前には彼もレオダマスの女でした。そして女とはこのティマルコスのことです。どんな方法でお金が盗まれているか、私がお話しましょう」。そして続いて彼はそのことについて、明快そのものに委細を語りました。話し終わると「ではアテナイ人諸君、私が諸君に勧めたいことは何でしょう？ もし政務審議会がティマルコスを罪ありと見なして仮投票で[6]陪審廷に引き渡すなら、〔政務審議会〕議員たちに報奨[7]を与えてください。ですが彼をこらしめないなら、報奨を与えないでください。彼ら〔政務審議会〕の措置に対する不承認をその日まで覚えておいてください」、パンピロスはこう言いました。一二 この後議員たちは議事堂に戻って、仮投票

（1）法律や周囲の同胞市民の目のないアンドロス島で、の意。

（2）アテナイでさえ悪事を重ねている男が、他国で好き勝手にふるまったあげく、その国を売ろうとしたとすれば、なおアテナイに忠実であったアンドロス島でさえ離反したであろうが（当時多くの加盟国が離反に傾いていた）、「当時は買い手が誰もいなかった」のがアテナイに幸いした、の意。

（3）前三六一―三六〇年。

（4）アテナイの守護女神アテナの聖財を管理する一〇人の財務官の一人。クロビュロスことヘゲシッポスおよびヘゲサンドロスについては三三頁註（5）および三七頁註（5）参照。

（5）パンピロスについてはこの箇所以外不詳。

（6）この箇所は、政務審議会議員による同僚議員追放手続きを伝える唯一の資料であるが、仮投票で有罪（政務審議会から追放）と出れば、もう一度より念入りな調査と聴聞を経て本投票を行ない、有罪と出ればさらに陪審廷に回付したと推測される。

（7）政務審議会議員は一年の任期満了の日に、職務による国家への貢献の報奨として冠を贈られる慣わしであった。この年度はこのような不詳事ゆえに授与されえないことを、「その日」すなわち政務審議会議員退任の日まで覚えておけ、の意。

で彼を追放しましたが、本投票で受け戻しました[1]。そして陪審廷にも引き渡さず、議事堂から放り出しもしなかったために、口にしたくないことですが、政務審議会が報奨をもらい損ねたことを言わねばなりません。ですからアテナイ人諸君、一方では被告ティマルコスに懲罰を与えなかったからといって政務審議会に憤懣を抱いて五〇〇人の市民から冠を奪っておきながら[2]、他方で自分たちは無罪の票決を出して、政務審議会に役立たなかった弁論家を民会のためにそのまま残しておくのはやめていただきたい。

一一三　では籤による公職についてはこうだったが、選挙によるそれではましだったとおっしゃるむきもあるでしょう[3]。でも彼が悪名高くも窃盗犯と断罪されたことを、諸君のうちで知らない人がいるでしょうか？彼は諸君によってエレトリアの傭兵隊の陸軍監査官として派遣されましたが[4]、陸軍監査官の中で一人だけ金を受け取ったことを認めて、それについて何の釈明もせず、犯行を認めるとすぐに量刑について請願をしました。諸君は否認した者には一人一タラントンの罰金を科しましたが、彼には三〇ムナ［半タラントン］を科しました。でも法律は窃盗犯が罪を認めた場合は死刑を、否認した場合は審判にかけられることを定めています。

一一四　そんなわけで彼はもう諸君を軽蔑しきって、区民名簿の再検査[5]があると、すぐさま二〇〇〇ドラクマを盗みました。というのはキュダテナイオン区のピロタデスを、市民の一人なのに自分の奴隷だったと申し立てて、区民を言いくるめて否認投票をさせたのです。あげくの果てに彼は陪審廷での告訴を取り仕切り[6]、犠牲式の供物を自分の手に入れておきながら、賄賂を取ってもいないし取るつもりもないと誓い、［誓いに反すれば］自分に破滅の呪いが降りかかるようにと、誓約の証人である神にかけて誓いました。一一五　でもピ

ロタデスの義理の兄弟レウコニデスから、俳優ピレモンを介して二〇ムナ［二〇〇〇ドラクマ］を受け取った

(1) 他の市民とともに民会に出席していた政務審議会議員が、政務審議会議事堂に戻り、まず行なった仮投票では「追放」の票決を出したが、次の本投票で「復帰」させた、の意。パンピロスの申し立ては根拠のない誣告屋流中傷にすぎないとティマルコスが反論し、政務審議会議員がティマルコスの言い分を認めたとも考えられる。

(2) 政務審議会の議員定数は五〇〇人であった。政務審議会議員という名誉ある任務を一年間無事務めたことの記念となり、子々孫々家宝として大切にされるであろう冠を、退任議員たちから奪う、の意。

(3) 籤によらない、選挙による公職とは、アリストテレス『アテナイ人の国制』第四十三章によれば、軍事財務官、祭祀（観劇基金）財務官、水源監督官の三要職のほか、将軍や次に言及される（陸軍）監査官すなわち傭兵給料支払いの監査官（ἐξεταστής）など、軍事に関する職種も挙手選挙によった。

(4) エレトリアはエウボイア島中央部、アテナイから約五〇キロメートルに位置する重要都市で、前三五七年と前三四九／四八年にアテナイから出兵しているが、ここではおそらく後者が意味されていると思われる。傭兵に支給する金額は兵数の水増しによって容易に不正を生んだ。軍事費関連の監査官の悪行については『使節職務不履行について（第二弁論）』一七七参照。

(5) 七七節で言及された区民登録再検査事業のこと。四三頁註（1）参照。

(6) アリストテレス『アテナイ人の国制』第四十二章一によれば、両親とも市民であるなどの法規定を満たしているか否かが調べられ、市民資格なしと判定された者は陪審廷に控訴して、同区区民五名を原告に裁判を受けた。市民資格なしと判定されれば奴隷に売られた。

ことがばれたのですが、その金を遊女のピロクセネに注ぎ込んであっという間に使い果たしました。(1) ですから、彼は裁判を放り出して偽誓をしたわけです。私が真実を言っていることを示すために、金を与えたピレモンとピロタデスの義理の兄弟レウコニデスを呼んで、裁判を売った際の契約書の写しを読んでください。

証言（複数）　契約書（複数）

二六　市民と親戚とどうつきあっているか、父親の遺産をどんなに見苦しく使い果たしてしまったか、自分の身体に対する侮辱(2)をいかに軽視したか、これらを諸君は私から聞く前にもよくご存知でしたが、いま私の話で十分記憶を新たにされたでしょう。ですがまだ二点の告発が残っていて、私ははじめに意図したように、これらについて弁じることが国家のためになるよう、よろずの男神女神に祈り、諸君には以下の陳述をご静聴いただき、叡知をはたらかせて話についてきてくださるようお願いいたします。

二七　最初の一点は、聞くところ被告が用意している弁明演説に先んじて私が言いたいことで、これを言い忘れると、若者に弁論術を教えると吹聴する男(3)が、まやかしの議論で人をたぶらかし、諸君の国益を奪ってしまうのではないかと恐れるためです。第二の点は、市民の徳性を喚起するために弁じたいということです。見るところ、多くの青年が陪審廷に来ており、多数の年長者、それにギリシアの他の国の方たちも少なからず来聴しておられます。二八　この人たちは私を見るために来ているのではなく、諸君が立派に法律を立てる術を心得ているか、そして善悪の判断をつけられるかどうかをも見るために、さらに立派な人に誉れを与え、自分の生活を国辱ものにするような人間に懲罰を与える用意があるか否かを見るために来ている、どうかそう考えていただきたい。まず弁明演説について申しましょう。

一一九　あの弁才抜群のデモステネスは、諸君が法律を撤廃するか、さもなければ私の話に耳を貸してはならないと言っています。なぜなら政務審議会は毎年買春税徴収権を売りに出していて[4]、それを買う連中は誰がこの商売をしているかを、当て推量ではなく正確に知っているはずだと、それを諸君が知らないとすれば驚きだと彼は言うのです。ですから男娼だったティマルコスに民会演説は許されないと言って私が訴訟提起[5]

---

(1) この箇所で出される人名についてはいずれも未詳であるが、俳優ピレモンのみはレナイア祭における二度の優勝が碑文に記されている（*IG* II^2 2325, 1）。ピロクセネは有名な遊女であったと考えられるが、他に言及はない。

(2)「侮辱（ヒュブリス）」については二一頁註（2）参照。

(3) 一一九節で名指しされるデモステネスのこと。本弁論一一七、一七三、一七五、デモステネス『使節職務不履行について（第十九弁論）』二四六などから、デモステネスが一時青少年を対象にした職業的弁論術教師であったと推測されるが、懐疑的な研究者は悪意ある歪曲と見る。

(4) アテナイの徴税制度は、国家（政務審議会）が徴税権を入札制度で租税取立請負人（テローネース）に売って徴収予定税額をただちに国庫に立替納入させるという方式を取っていた。後で請負人が納税者から回収した額が国庫納入分を上回れば、その余剰額は請負人の収入として認められた。租税取立請負人は収税人に集金を依頼する場合があった。

(5) 対マケドニア第二次使節職務不履行でティマルコス（とデモステネス）から受けた告発への反撃として、ティマルコスの演説者資格審査（*δοκιμασία τῶν ῥητόρων*）を申し立てたことを指す。

に踏み切ったとき、事の性質上、必要なのは原告の非難攻撃ではなく、ティマルコスからこの税を徴収した租税取立請負人の証言だとデモステネスは言いました。一二〇 ではアテナイ人諸君、これを受けて立つ私が、率直な、自由人にふさわしい言葉を返すかどうかを見ていただきたい。すなわち民会に献策し、他のギリシア諸国に臆面もなく使節として出かけたティマルコスが、彼の行為のすべてを消し去ろうとするのではなく、こう言って逆に詰問するとすれば、すなわち、自分［ティマルコス］がどこで座ったか、その場所を言え、そして自分から売色税を徴収したことがあるかどうかを租税取立請負人に聞け[1]、と。そんなふうに言うなら、私はわがポリスを思って、恥辱に耐えないのであります。一二一 だから諸君のために、彼はそのような弁明をやめねばならない。私は君に別の、品位ある、正しい弁明を示そう。君に何もやましいところがないのであれば、それを使えばよいだろう。では堂々と陪審員の方を見て、節度ある人間が青年時代について語るなら、こう言うはずだという言葉を述べたまえ、「アテナイ人諸君、私は幼少年時代を通じて諸君のもとで養育を受け、うしろ暗い時間を過ごした覚えはまったくなく、いつも諸君とともに民会に出ている姿を見られています。一二二 思うに、いま私が裁かれている告発について、別の人たちに向かって弁明すると仮定した場合、諸君の証言をいただけるならただちに告発者を論破できるでありましょう。そんなことを一つでも私がしたとすれば、いや、彼によって告発された内容に似た生活を私が送ってきたと諸君に思われるのであれば、残る生涯を私は生きるに値しないものと見なして、私への懲罰がギリシア諸国に対するわがポリスの名誉の守りとなるよう、私は喜んで懲罰を待ちます。私がここに来たのは諸君に哀願するためではありません。いやそのような男と諸君に思われるのであれば、どうかお好きなように成敗していただきたい」と。

ティマルコスよ、以上が立派な品格ある人間、自分の生きる道に自信を持ち、あらゆる冒瀆を正当に軽蔑できる人間の弁明だ。一二三　デモステネスが君をまるめこんで言わせる弁明は自由人のものではなく、場所についてあれこれ言い抜けようとする男娼の屁理屈だ。君はどこで自分が座ったか、宿ごとに事を調べ上げて証明せよと、家の名前にかこつけて言い逃がれをしようとするけれども、私がこれから言うことを聞けば、そんな弁解は二度とできまい、かりにも分別があるならば。すなわち家や宿がその中に住む人間に名を与えるのではなくて、中に住む人間の方が自分の仕事の名をその場所に与えるものなのだ。一二四　そして多人数が金を出して住居を分けて借りる場合は、それを集合住宅と呼びますが、一人きりで住んでいるなら、それは一軒家です。そしてこういう道に面した仕事場の一つにたまたま医者が入って住むのであれば、それは診療所と呼ばれます。けれどもその医者が出て行って、同じ仕事場に鍛冶屋が入居するなら鍛冶場と、縮充工なら縮充工場と、大工なら工房と呼ばれます。女衒と娼婦であれば、そのなりわいそのものから売春宿と呼ばれます。だから君はその行為の練達によってたくさんの家を売色宿にしたわけだ。だからどこでやったかを問うのではなく、やってはいないというそのことを君の弁明にしたまえ。

(1) この箇所からいわゆる売春宿の所在が一般に知られ、売春税徴収者が徴収先を知っていたことが判明する。徴税対象とされることによって、売春が正統な市民の活動とはいえぬもののの、公認されていたことがわかる。「座ったか」は（売色の）商売をしたか、の意。補註D参照。

一二五　さてどうやら同じ詭弁術教師[1]のこしらえあげたもう一つの議論が出てくるようです。というのは、噂より人を傷つけるものはないと言って、アゴラで掻き集めた[2]、彼の生きざまにぴったりの証拠を提出するらしいのです。まずデモンの家と呼ばれているコロノス区のアパート[3]は、デモンの所有ではないのだから偽りの名だと言います。次に「アンドキデスのヘルメス」と呼ばれているヘルメス頭柱[4]はアンドキデスのものではなく、アイゲイス部族の奉納碑だと言います。一二六　それにデモステネスは自分の人づきあいを茶化してみせられる剽軽な男であるかのように、自分まで冗談の種にしてこんなふうに言います、「もし私が、幼時に乳母にそう呼ばれたからというので、デモステネスではなく、バタロス[5]と呼ばれたときだけ群衆に答えればいいのでなければ」。そしてティマルコスが眉目秀麗なため、自分の行ないのせいではなく、意地悪い中傷によってあのことをからかわれるのであれば、間違ってもそれが原因で不運に陥ってはならない、と言います。

一二七　しかしデモステネスよ、記念碑や家や財産やあらゆる声なき物一般については、多くの多種多様な、しかし二つと同じではない説が流布しているのを私は耳にしている。というのもそれら自体に品性の良し悪しいずれかの行為が内在するわけではなく、誰であれたまたまそれにかかわった人が、自分の世評の高さに応じてそれらの声価を決めるからだ。だが人間の生活と行動については、偽りない噂がおのずと市内を経めぐり、私的な行状を世人に知らせて、やがて起こることを予測させることさえまれではありません。一二八　そして私の言うことはかくも明白でこじつけではけっしてないので、わがポリスと父祖たちが最高神の一人として「噂」に祭壇を捧げたのをみなさんご覧になるでしょう[6]。またホメロスはしばしば『イリアス』の中

（1）ギリシア語ソピステース（σοφιστής、原義は「智恵ある人」）は、高等教育への需要に応じて前五世紀後半青年層の知育を看板に、弁論・政治・文法・歴史・物理等々を教えた職業的教授者を指す。他国からも来訪来住してアテナイで活躍した彼らは、啓蒙家として尊敬される一方で、「白を黒と言いくるめる」有害な人間とも見なされた。弁舌に長けた市民が議会、法廷を牛耳る傾向が著しくなると、ソピステースに対する警戒感、批判はいっそう顕著になった。プラトン『パイドロス』二五七d、イソクラテス『ソフィストたちを駁す（第十三弁論）』、クセノポン『狩猟について』第十三章一参照。ここではデモステネスのこと。

（2）いちはやく情報を手に入れられる市民広場であったアゴラは、一方で怠け者の暇つぶしの場所とされ、良識ある市民は立ち入らない（リュシアス『アリストパネスの財産について（第十九弁論）』五五、イソクラテス『財産交換（第十五弁論）』三八参照）といわれる側面もあった。

（3）コロノスはアテナイ北方の小区ではなく、アゴラ西部の小丘を指すと思われる。デモンの名を持つデモステネスの伯父、従兄弟のどちらかが、家を医神アスクレピオスに奉献したことから「デモンの家」なる通称が生じたという推測がある。

（4）アテナイ市の街角、公共建造物や私宅前に立っていたヘルメス頭柱は、石製の角柱にヘルメス神の頭を冠し、男根をつけて道祖神ないし厄除けとして祀ったもので、前四一五年一夜のうちに町中のヘルメス頭柱が破壊されるという事件が起こった。「アンドキデスのヘルメス頭柱」は、後にアンドキデスが自宅前のヘルメス頭柱を損壊されたと訴えて訴訟を起こしたこと（リュシアス『アンドキデスの瀆神行為告発（第六弁論）』一一参照）、逆に彼がヘルメス頭柱損壊事件首謀者として訴えられたこと（アンドキデス『秘儀について（第一弁論）』はその弁明演説とされる）から巷間に流布した呼び名。アイゲイス部族については補註O参照。

（5）アイスキネスは『使節職務不履行について（第二弁論）』九九においても、バタロスの名を誹毀の文脈で使っている。デモステネスはみずからこの名を口にしているが（『冠について（第十八弁論）』一八〇で「バッタロス」と）、吃音者、肛門の両義があると推測されている。

（6）キモンのパンピリアにおける勝利（前四六〇年代）のニュースがアテナイに届いたとき「噂（ペーメー）」の女神に感謝して祭壇が奉献された。パウサニアス『ギリシア案内記』（第一巻一七-一）が祭壇の存在を記録している。

で、何かが起こるときそれに先立って、「噂が軍勢中に拡がった」[1]と言い、またエウリピデスは以下の言葉で、この女神は生きている人間の本質を示せるだけでなく、死者についても同様だと明言しています、すなわち[2]

噂は善人を、地の底にいてさえそれと示す。

一二九　ヘシオドスははっきりと噂を女神として示しており、わかろうという気のある者には明瞭明快な言葉づかいで、こう言っています[3]、

あまたの人の口の端にのぼる噂は、死に絶えることのけっしてないもの、
噂もまた神なのだから。

品位ある生き方をしてきた人々がこれらの詩を賞賛していることはお分かりでしょう。広く世に認められたいと願う人たちはみな、高い世評はよい噂から得られると信じているからです。しかし恥ずべき生活を送っている人は、この女神を敬いません。女神を未来永劫に死なない告発者だと考えるからです。一三〇　だから思い出していただきたい、アテナイ人諸君、ティマルコスに関してどんな噂を耳にされるかを。名前が人の口にのぼるや否や、諸君はこう尋ねませんか、「どのティマルコスのことだ？　あの男娼か？」そして私が何かについて証人を立てたら、諸君は信用するのに、女神を証人に立てたら、信じないというのですか？いえ、女神は偽証罪で咎めることさえ畏れ多くてできない存在です。

一三一　デモステネスの綽名についても、いみじくもバタロス[4]と呼んだのは乳母ではなく噂であって、その

名は女々《めめ》しさと助兵衛根性からつけられたものです。なぜならかりに誰かが、友人を告発する弁論の作成中に[5]君が身にまとっている、そのしゃれた単衣《ひとえ》ものとふんわりした打ち掛け[6]を剝ぎ取って、陪審員たちの手から手へ回して見せたとすれば、前もってそう知らされないかぎり、手にした衣類が男のものか、女のものか、判断に苦しむだろうと思うからです。

（1）ホメロス『イリアス』に「噂（ペーメー）」は現われない。ただ第二歌九三—九四では、類似の職能を持つ女神オッサが全軍を呼び集めている。アイスキネスの誤りを説明する試み（後世散逸した『小イリアス』からの引用である、など）がなされているが、引用の不正確さは免れない。

（2）エウリピデス「断片」八六五（Nauck 2）。

（3）ヘシオドス『仕事と日』七六三—七六四。デモステネスは三年後のアイスキネス告発の弁論において、この引用を揶揄している（『使節職務不履行について（第十九弁論）』二四三参照）。

（4）一二六節および六五頁註（5）参照。

（5）デモステネス『ポルミオン擁護（第三十六弁論）』（前三五〇／四九年？）はポルミオンの依頼によって書かれたが、その訴訟相手アポロドロスにデモステネスは通じていたという説が古来ある（前三五一年と推測されるデモステネス『ステパノス弾劾、第一演説（第四十五弁論）』および『ステパノス弾劾、第二演説（第四十六弁論）』を参照）。アイスキネスは『使節職務不履行について（第二弁論）』一六五、『クテシポン弾劾（第三弁論）』一七三においても、依頼人の訴訟相手に弁論内容を漏らす代作者デモステネスの裏切り行為をあげつらっている。

（6）*χλανίσκια*（ひとえもの、肩口と両脇を縫い合わせた二枚の布を、ゆるく腰で止める襞の多い外衣）、*χιτωνίσκοι*（打ち掛け）ともに両性に着用可能な衣装を指すが、語尾の縮小形が *κομψά*（しゃれた、手のこんだ、高価な、上等の）、*μαλακοί*（ふんわりした、柔らかい）という形容詞と相俟って、女のような装いを思わせる。二世紀のラテン語作家ゲリウスは、デモステネスの装いの「たおやめぶり」を語って、この語句を引いている（『アッティカ夜話』第一巻五-一参照）。

一三二　でも聞くところによると、弁明のために将軍の一人[1]が登壇するそうです、そっくり返って自信満々に、レスリング道場や社交場[2]の常連気取りでこの裁判を根こそぎ潰してかかろうと、私［アイスキネス］が始めたのは訴訟ではなく、［若者を］恐ろしく無教養[3]にする第一歩だという言い草で。将軍はまずわが国の功労者ハルモディオスとアリストゲイトン[4]を引き合いに出して、彼らが互いに捧げ合った忠誠について述べ、それがいかに国益に資したかを事細かに述べるでしょう。一三三　ホメロスの詩や英雄の名さえ出さずには済まさず、恋から芽生えたといわれるパトロクロスとアキレウスの友情[5]を褒め称え、美について、それが徳性と結ばれるときの至上の幸福がついぞ知られなかったかのように、頌辞を捧げるのだそうです。人がこのような肉体の美しさを悪しざまに言い、その持ち主の不幸の種にするのであれば、諸君が市民として出す判決と個人的願望は自家撞着を起こすではないか、とそんなふうに言うのです。一三四　つまりこれから子を持とうとするみなさん誰しも、生まれてくる息子には容姿秀麗な、祖国に恥じない男となってほしいと願いながら、もう生まれていて国の誇りであるはずの息子たちが、抜群の美しさと華やかさで人の心を奪い、愛欲ゆえの争いの的になれば、アイスキネスに言いくるめられてか、そういう息子たちを市民権剝奪に処してしまうとすれば、それは大いなる矛盾なのだそうです。

一三五　そしてまさにこの点で私を徹底攻撃するらしく、体育教練場[6]でうるさがられたり、たびたび［少年の］愛人になった私が、この慣わしに汚名を着せ、危険にさらすことを恥じないのか、と詰問するらしいのです。そして最後には、聞くところによると、諸君を笑わせて悪ふざけの言い合いをさせる魂胆で、私が［少年の］だれかれに捧げた恋歌を全部出してみせるぞ、と、そしてこの行為がもとで私が巻き込まれた喧嘩沙汰と殴り合いの証言をさせるぞ、と言っているそうです。
一三六　さて私としては、正しい恋をそしる気もなければ、容姿秀麗だからといって男娼呼ばわりもせず、私自身愛を求めることは過去にも現在にもないと否認するつもりもありません。またこの慣わしゆえに生ずる張り合いや争いの経験はない、と白を切るつもりもありません。私が書いたという詩について、いくつか

---

(1) デモステネスが『ケロネソス情勢について（第八弁論）』で擁護する将軍ディオペイテスだという推測がある（六三節および三六—三七頁註（1）（2）参照）。

(2) レスリング道場（パライストラー）は上層市民の息子たちの教育の場（アリストパネス『蛙』七二九参照）。「社交場」と訳出したギリシア語「ディアトリバイ」の原義は時を過ごすこと。暇つぶし、娯楽、研究、交際など「サロン」に似た意味の語といえるが、ここでは上層市民が哲学など高尚な議論、社交談義を楽しむ場所および活動を指す。

(3) 「無教養」の原語アパイデウシアー（ἀπαιδευσία）は、少年愛パイデラスティアー（παιδεραστία）を匂わす。

(4) 「僭主殺し」の名で称えられる二人。アテナイを僭主専制政治から解放し（前五一四年）、民主制への道を拓いたとされ、その彫像がアゴラに建てられていた。アリストゲイトンはハルモディオスを寵童にしていたが、僭主ヒッピアスの弟ヒッパルコスが横恋慕したことから二人が「僭主殺し」（じっさいには弟ヒッパルコスの殺害）を果たす結果となり、この事件を契機にアテナイが僭主制から解放されたという伝承。トゥキュディデス『歴史』第六巻五四—五九はその経緯の誤伝を正しているが、アリストゲイトンとハルモディオスの子孫は公共奉仕負担免除などの特典を与えられ、前四世紀を通じてなお市民の崇敬を受けていた。

(5) 『イリアス』の主人公アキレウスとパトロクロスとの友情は、ホメロスでは同性愛関係とされていないが、プラトン『饗宴』ではそれが既定の事実であるかのように扱われている。

(6) 体育教練場は上層市民の子弟の集まる場所であり、練習は裸身で行なわれたため、美少年に接近し誘惑したいと思う者が好んで出入りした（アリストパネス『平和』七六二—七六三、プラトン『カルミデス』参照）。

はたしかに私の作であることを否定しませんが、ほかのものは、彼らが手を入れてから差し示すような性格のものではありません。

一三七　私はこう峻別します、美しく純潔な者を恋することは、情愛深く思いやりのある魂の感じ方であり、これとは反対に、金で雇った相手に淫行を強いるのは、思い上がった[1]無教養な男のすることだと、これが私の考えです。そして清らかに愛を受けることは高貴であるのに対して、金銭に釣られて色を売るのは醜いことです。この両者がどれだけ隔たりのある相容れないものであるか、話を続けて理解していただきたいと思います。一三八　われわれの祖先は、日常の習慣と人間の本性が強いる行動について法律を制定する際に、自由人によってなされるべきものと判断した事柄を奴隷には禁じました。「奴隷は体育訓練をしてはならず、レスリング道場で油を塗ってはならない」と法律は言っていますが、「自由人は油を塗り体育訓練をするべし」と書き足してはいません。というのも立法者は体育教練場から生まれる高い精神性を見て取って、それにあずかることを奴隷には禁じたのですが、彼らに禁令としたその同じ法文で自由人を奨励していると考えたのです。一三九　また同じ立法者は言いました、「奴隷は自由人身分の少年を恋してはならず、つきまとってもならない。違反の際は国家による鞭打ち五〇回の刑を受けることとする」。けれども自由人身分の男性には恋することも交際することも、ついて回ることも禁じず、これらは少年にとって害にならず、むしろ純潔の証しになると考えました。しかし少年に責任能力がなく、相手が本当に善意であるか否かの判断がまだできない間は、愛人に節度を持つことを立法者は教え、愛の言葉を少年が成長して分別のつく年齢になるまでお預けにさせます。［愛人が］少年について回って目を離さぬことは、少年の純潔の最も堅固な見張りであり守りであると立法者は考えたのです。一四〇　だからこそ、国の恩人で類いなく徳に優れたハルモディオスとアリストゲイトンをあのように育て上げたのは、節度あり法に適った恋だったのです。それを恋と、あるいはどのような名で呼ぶべきであろうと、人がその功績をいかに褒め称えても、二人の偉業は十分に称えられていないと思われるほどなのです。

一四一　君たちがアキレウスやパトロクロス、それにホメロスやほかの詩人を持ち出して、まるで陪審員たちは目に一丁字なき愚昧の衆、それにひきかえ自分たちは文雅の士だと言わんばかりに、知識をひけらかして民衆を見下しているから、われわれ(2)とても多少は聞いて知っているということをわからせるために、この種のことについて一言申し述べよう。被告らは賢人の言葉を貸りて詩の文句を隠れ蓑に逃げようとしていますから、アテナイ人諸君、詩聖として不動の評価を得ている人たちに注目し、節度をもって自分と同等の者を恋する人々と無軌道な思い上がった人間(3)に、どれだけの違いがあると彼らが考えたかを見ていただきたい。

一四二　まずわれわれが最も古く最も賢明な詩人と位置づけるホメロスについて申しましょう。パトロクロ

(1)「思い上がった男（ヒュブリステース）」については二一頁註（2）参照。

(2)「われわれ」は、自分と陪審員。陪審員（民衆）を「見下して」いる論戦相手（ティマルコスとデモステネス）を共通の敵とし、自分を陪審員と一体化して有利に弁論を進める戦略。

(3)「思い上がった人間（ヒュブリステース）」については二一頁註（2）参照。

スとアキレウスについて随所で物語るホメロスは、彼らの恋情を秘し、その友愛に名を与えていませんが、[1]それは二人の情愛の類いまれな深さが、教養ある聴き手には明らかだと考えてのことです。一四三　すなわちパトロクロスの死を嘆くアキレウスがどこかで言うには、[2]何よりも慙愧に堪えぬことの一つは、パトロクロスの父メノイティオスへの約束を心ならずも破ったことだ、と。というのはご子息をトロイアに一緒に行かせて私の手に委ねてくださるなら、無事にオプスに連れ帰りましょう、と宣言したからだ、と。このことからアキレウスが恋ゆえにパトロクロスの世話を引き受けたということは明白です。一四四　私が引用しようという叙事詩の詩句はこうです。[3]

　ああ、なんということか、かの日館《やかた》の中で、老雄メノイティオスを
　力づけようと私の言った言葉は、空しいものになってしまった。
　その時私はメノイティオスに、きっとまた誉れ高いご子息をオポエイスに連れて帰ります、
　イリオスを攻め取り、戦利の分け前も得られた後、と約束したものであったが。
　だがゼウスは人間の思惑など、けっしてみなかなえてくださるわけではない。
　しょせんわれらはともに、この同じ土塊を血で染める定めを受けているのだ。

一四五　ここでじっさいアキレウスは無念の思いを見せるばかりか、「パトロクロスを」痛切に悼んでいます。ですから母テティスが敵を深追いせずにパトロクロスの死への復讐をやめておけば、帰郷して老年を迎え、ふるさとで死ねるけれども、復讐に討って出れば、すぐにも生を終えなければならないだろうと予言したとき、アキレウスは生き永らえることよりも死者への誠を選んだほどでした。そしてかくも高貴な思いに駆ら

れて友の死への復讐を急いだので、誰もが宥めようとして沐浴と食事を取るよう勧めたのに、彼はヘクトルの首をパトロクロスの墓前に供えるまでは、そのどれもしないと誓ったのでした。一四六　そして詩人の歌うところによれば、アキレウスが火葬壇の側でまどろんでいると、パトロクロスの亡霊が立ち現われ、記憶を呼び起こし、こう言ってアキレウスに懇願しました。それは涙なしには聞けず、この二人の徳と情愛を羨まずにはおれないようなことでした。すなわちアキレウスもまた生の終わりから遠くないとパトロクロスは前置きして、ともに成長し、ともに生きてきたように、できることなら死んでもそのように同じ骨壺に入れるように計らってほしいと頼むのです。一四七　嘆きつつ、生前一緒に行なったことどもを詳細に語りながら、「パトロクロスの亡霊は」言います、「以前のようにほかの友だちから離れて二人きりで一緒に座って、相談し合うことはもうないだろう」。この信頼と純愛をこそ、この上なく望ましいものと考えているのでしょう

(1) アキレウスとパトロクロスの関係はホメロスと同様、ヘシオドス、アルキロコスにおいても同性愛として表現されていないが、アイスキュロス『ミュルミドン人たち』に次いで、プラトン『饗宴』では、恋人同士とされている。前四世紀には、高貴な人格形成の要件として少年愛、青年愛を重んじる思想が一般的であったと考えられ、アイスキネスはこれに拠って、徳に適う（同性）恋愛がいかに優れた市民の要件であるかを強調している（一四五節参照）。

(2) 古典の詩句の多量の引用にあたって、自分の教養をひけらかしたいからという印象を与えぬように、相手方への対抗策であるかのようにこの話題に入り（一四一節）、じっさいに引用するときは「どこかで」とさりげなさを装うところに、アイスキネスの巧妙な話術がうかがえる。

(3) ホメロス『イリアス』第十八歌三三四—三三九。現行のホメロスのテクストとの違いが一語（*ἐρεύθειν* 三三九）ある。

(私はそう思います)。では詩人の考えを詩のかたちでも聞いていただくために、これらについてホメロスが書いた叙事詩を書記の方に読んでもらいましょう。(1) 一四八　まずヘクトルへの復讐のくだりを読んでください。(2)

とすれば、わがいとしの友よ、(3) そなたに遅れて私が地下へ
赴く以上、ヘクトルめの武具と首とをここへ持ち来るまでは、
そなたの葬儀は行なわぬ、剛毅のそなたを倒した者ゆえ。

一四九　ではパトロクロスが夢の中で同じ墓所に葬られることについて、またともに過ごして情誼を交わした時間について言っていることを読んでください。(4)

これからはもうわれわれが生きて二人一緒に、戦友たちから離れて座り、
大事なことを相談し合うこともあるまい、忌まわしい死の運命が、
私に向かってぽっかりと口を開けたのだから。それが私の定めだったのだ。
そしてあなた自身をも、神にも似たアキレウスよ、生まれよきトロイエ人の
城壁の下で死ぬ運命が待っている、髪うるわしいヘレネゆえに敵と戦って。
もう一つ言っておこう、よく心に留めておいてもらいたい。
どうかアキレウスよ、私の骨をあなたの骨から離さずに、
一緒の場所に葬ってもらいたい。母上が用意された、
両の把手の黄金の壺に納めて、あなたと私を同じ土が覆うように。
ちょうどわれらがあなたの館でともに育ったように。

あれは父メノイティオスがまだ幼い私をオポエイス
からあなたの館に連れてきたときであった、おぞましい殺人の
咎ゆえに。あの日さいころ遊びをしていてかっとなった私が
思わずアンピダマスの息子を死なせてしまったのだった、弁えもなしに。
そのとき騎士ペレウスは私を館に迎え、いつくしみ養い育て
あなたの侍者にしてくださった。そのようにわれら二人の骨も、同じ骨壺に
納められたい。

一五〇　ではパトロクロスの死の報復をやめれば、天寿を全うできたということを証するために、以下のテ

---

(1) アイスキネスは一四四節でホメロスの詩句を自分で引用したが、これ以後のホメロス詩行は、書記に読ませている。一般に長文にわたる引用は書記に朗読させるのが慣習であったが、アイスキネスは、証言扱いであるかのように受け取られる効果をも狙っている。デモステネスは『使節職務不履行について（第十九弁論）』二四三において、通常の証言証人の代わりに詩人を証人にしたとアイスキネスを非難している。なお書記については補註J参照。

(2) ホメロス『イリアス』第十八歌三三三―三三五。

(3)「わがいとしの友よ（φίλ᾽ ἑταῖρε）」は、ホメロスのテクストでは「パトロクロスよ」。高貴な恋愛関係による同性の恋人を指して叙事詩で使われる「ヘタイロス＝いとしの友」にアイスキネスが変えた背景には、七三頁註（1）で言及した恋愛観がある。

(4) ホメロス『イリアス』第二十三歌七七―九一。現行のホメロスのテクストにない二行、異なる表現などがある。

ティスの言葉を読んでいただきたい[1]、

かわいいわが子よ、そう言うのであれば、そなたはいのち永らえられますまい、
ヘクトルに続いてすぐにも死ぬ運命が、そなたを待っているのですから。
駿足の神にも似たアキレウスが母に答えて言うには、すぐにも死んでしまいたい、
かけがえのない私のいとしの友が討たれるのを
救ってもやれなかったのですから。

一五一　そして詩人のうちの最高の賢人エウリピデスは、慎み深い恋を無上の美の一つと考えて、望ましいもののうちに恋を数えて、どこかで[2]こう言っています、

人を慎みと徳に導く、願わしい恋がある。
そういう恋の男となりたいもの。

一五二　さてまた同じ詩人は『ポイニクス』でこう明言しています[3]。父から受けた非難への弁解として、また世の人が疑惑や中傷からではなく、相手の生活を見て審判を下すよう求めて言う言葉です。

私はこれまで幾度も口論の裁定者にされたことがあって、
一つの出来事に証人たちが正反対のことを言って
争うのを見てきた。そこで私は賢人がそうするように、
人物の人となりと日々の暮らしぶりを
しっかりと見て、

真実を見極めるのだ。
悪人との交わりを喜ぶ者に、
私は問いかけはしない、一緒にいるのが嬉しいというその仲間と
同類だということを、知っているから。

一五三　詩人が明言している考えを、アテナイ人諸君、よく吟味してください。詩人はこれまで幾度も事件の裁定者にされたことがあると言っています、ちょうどいま諸君が陪審員を務めているように。そして証人たちではなく、[被告の]生活習慣や交友関係から、つまり審判を受ける人物が日々どんな生活を送っているか、どんなふうに自分の家を管理運営しているか——というのも国の政治も同じように管理運営するでしょうから——、どんな人と好んでつきあっているか、これらをしっかり見て審判を下すと言っています。そして最後にためらいなく、人は「一緒にいるのが嬉しいというその仲間と同類だ」と言っています。とすると諸君がティマルコスに判決を下すにあたって、エウリピデスと同じ論理に拠るのは妥当なことです。一五四

(1) ホメロス『イリアス』第十八歌九五—九九。現行のホメロスのテクストの改変、とくに九九行後半に全面的異動がある。これらの異伝は、現行テクストとは異なる伝承が流布していたことを示す、と出土パピュロスを傍証に唱える見解と、アイスキネスが発言の主旨に合うように改変したと見る見解とがある。

(2) エウリピデス『ステネボイア』断片六七二 (Nauck 2)。ギリシア語原文はイアンボス格の韻文。

(3) エウリピデス『ポイニクス』断片八一二 (Nauck 2)。ギリシア語原文はイアンボス格の韻文。デモステネスは三年後のアイスキネス告発の弁論において、この引用を揶揄している(『使節職務不履行について(第十九弁論)』二四五参照)。

ティマルコスは自分の財産をどのように管理したでしょうか？　祖先代々の遺産を蕩尽し、身体を売った儲けと国事で取った賄賂をすべて失くし、恥辱以外は何も手許に残っていません。どんな人間と一緒にいるのが嬉しいのでしょう？　ヘゲサンドロスです。ではヘゲサンドロスにはどんな生活習慣があるでしょうか？　法律によって民会演説をすることを禁じられているような生活習慣です。私がティマルコスを告発して言っていることは何でしょう？　そしていったい私は何の訴追に踏み切って攻撃しているのでしょう？　男娼となり祖先代々の遺産を使い果たした人間であるティマルコスが、民会演説をしていることです。そして諸君は何を誓いましたか？　いま訴追されている告訴事由について判定の票を投じることです。(1)(2)

一五五　でも詩人たちについてあまり長く講釈しすぎないように、美貌ゆえに多数の者の恋慕の的となった有名な人物、それに彼らより若い青年たちと少年たちの名を言おうと思いますが、その中にはいまなお華の盛りにあって愛人がいる者もいます。でもそのうちの誰も、かつてティマルコスと同じ告発を受けたことはありません。そして次にその反対で恥さらしにも公然と色を売った男たちの名前を言って、諸君がこれを念頭に、ティマルコスに彼相応の位置づけを与えられるようにするつもりです。一五六　まず、アテナイ人諸君、自由人として立派に生きた人々の名前がこれです、アステュオコスの子クリトン(3)とペリトイダイ一族のペリクレイデス、ポレマゲネスにクレアゴラスの子パンタレオン、走者ティメシテオスら、アテナイ市民だけでなく全ギリシア人中最高の美貌をそなえ、最も数多くの、あくまでも節度を知る愛人を得た人たちです。けれども彼らをそしる者は誰ひとりいませんでした。一五七　次に若者とまだ少年である者からは、まず最初にイピクラテスの甥で、ここにいる被告と同じ名のラムヌス区のテイシアスの子ティマルコス(4)を挙げましょう。

彼はすこぶる眉目秀麗ながら醜聞とはまったく無縁なので、過日田舎のディオニュシア祭(5)の折コリュトス区で喜劇が上演されて、喜劇役者パルメノン(6)が合唱舞踏隊に向かってアナパイストス調の詩句を詠唱して、その喜劇中の人物のことを「ティマルコスに似た」巨体の男娼と言ったとき、その青年を指しているとは誰も思わず、君のことだとみな思い込んだのだった。そこまでこの習癖は君のお家芸なのだ。二番目にスタディオン走者アンティクレス(7)とメレシアスの兄弟ペイディアスを挙げよう。そしてまだ多数挙げられますが、よしましょう、褒め言葉を並べてこの人たちに媚びていると思われては心外ですから。

一五八　さてティマルコスと同類の人間の方に話を移しますが、恨みを買わないように私と何の関係もない

---

(1)「訴追に踏み切って（*ἀντιγέγραμμαι*）」は、六一頁註（5）参照。

(2) 各年度に抽籤で選ばれる六〇〇〇人の陪審廷要員は、就任に先立って「ヘーリアイアーの誓い」と呼ばれる宣誓を行なった。「いま訴追されている……」はその一文。デモステネス『ティモクラテス弾劾（第二十四弁論）』一四九はそのテクストとされるが、信憑性は高くない。

(3) クリトンは資産家の出と碑文から知られるが、他は未詳。

(4) 被告と同名のティマルコスについては未詳。イピクラテスは前四世紀の代表的将軍の一人。

(5) 田舎のディオニュシアについては二七頁註（2）参照。

(6) 喜劇役者パルメノンは人の口まねで知られ、前四世紀中頃のレナイア祭における優勝が伝えられる（*IG* II² 2325, 194）。

(7) アンティクレスは前三四〇年のオリンピック競技会でスタディオン競走（ほぼ二〇〇メートルの短距離走）に優勝。五三節のアンティクレスとは別人。ペイディアス、メレシアスともに未詳。

人たちのことを言いましょう。みなさんのうちあの「孤児」と呼ばれるディオパントス[1]のことを知らない人はいないでしょう。彼はさる外国人を略式逮捕で捕まえてアルコーンのところに連行しましたが、そのアルコーンの補佐役[2]はアゼニア区のアリストポン[3]でした。ディオパントスの申し立てによれば、この種の行為でその外国人に四ドラクマ[4]を捲き上げられたので、孤児への配慮保護をアルコーンの職責とする法律に従って告発するのだそうですが、そう言うディオパントス自身は、徳性について定められている法律を侵しているではありませんか？　あるいはまた、絶世の麗しい容姿を見るも無惨に汚してしまった、モロンの子と呼ばれるケピソドロス[5]に嫌悪を覚えぬ市民がいるでしょうか？　それともあの屠殺人の子と呼ばれるムネシテオスを？　あるいはほかにも多数を？　でもその名を私はわざと忘れましょう。一五九　というのもこういう者ら一人一人の名前を苦々しく思いながら挙げるよりは、むしろわが祖国を愛すればこそ、それを言えなくて途方に暮れる方を私は望むからです。しかし両方から、つまり品性正しく愛を受けた者たちと、自分自身に非行を犯した者たちの両方から人を選んで詳細に述べた以上、諸君はどうかこう尋ねる私に返答をしていただきたい、どちらの集団に諸君はティマルコスを入れるか、恋い慕われた者たちか、それとも売色した者たちか[6]？　だからティマルコスよ、君が選んだ分担班[7]を棄てて、自由人の仲間へ走ることは許されないのだ。

一六〇　でも契約書に従って雇われたのでないかぎり、男色売買したことにはならないと彼らが屁理屈を言って、その書類や証人を出せと私に要求するのであれば、まず諸君に男色売買に関する法律を思い出していただきたい。そこに立法者は、契約については何も記していません。つまり文書によって身を卑しめたか否かは問わず、（どのようにしてその行為が行なわれたのであれ）それを行なった者は国事にあずかってはならないと全面的禁止を命じているのです。むべなるかなです。なぜなら若いときに、恥ずべき快楽ゆえに高貴な名誉心を忘れた人間は、年取ってから市民の特権を享受してはならないと、そういう考えなのです。

一六一　次にその議論の愚かしさを示すことはいとも簡単です。というのは誰しも異論はないところでしょうが、契約書なるものをわれわれが交わすのは、互いに相手を信用しないからで、契約履行者が法廷の判決によって契約違反者に償わせるためです。それゆえこの行為が法廷の裁定を必要とするのであれば、契約によって男色売買をした人間が不正を受けた場合は、彼らの主張によれば法律の保護が受けられることになる。

（1）ディオパントスについては未詳。

（2）上級のアルコーン（一三頁註（2）および一五頁註（1）参照）は、それぞれ補佐役を二人任命できた。籤で就任するアルコーンたちは政務法制などに詳しい補佐役を選任して助言を受けた。アリストテレス『アテナイ人の国制』第五十六章一参照。孤児虐待がアルコーン・エポーニュモス（筆頭執政官）の管轄事項であったことについては、同第五十六章六—七参照。

（3）アリストポンについては六四節および三七頁註（3）参照。

（4）四ドラクマが一回の売色行為の報酬か、一定期間のものか、全報酬額か、違約部分の額を指すのか、不明であり、他の例（リュシアス『シモンに答える弁明（第三弁論）』二二）との比較も不可能である。

（5）ケピソドロス、モロン、ムネシテオスいずれも未詳。「屠殺人（μάγειρος）」は犠牲獣の屠殺・料理を一人でこなす役を指す。

（6）ここで陪審員席、あるいは一般市民傍聴席から「ポルノイ（男娼）！」という叫びが返されたと思われる。すなわち「売色した者たち」の名詞形（複数）であり、単数形「ポルノス」はアイスキネスによれば、陰でティマルコスを呼ぶ綽名でもあった（一五七節参照）。

（7）「分担班」と訳出したギリシア語 συμμορία（シュンモリアー）は、戦時財産税納入と三段櫂船奉仕のため富裕者を組み分けた「班」を指す語。

そして双方がそれぞれ出す議論はどんなものになるでしょう？　ではこの一件を私の口から聞くのではなく、諸君自身が目の前に見ているものとして考えていただきたい。

一六二　ではかりに雇った方が事に忠実で、雇われた者が不正で不実だと、あるいは逆に雇われた方がおとなしく契約を履行し、若さを摘み取り雇った者が約束を違えた、と考えてみてください。そして諸君は陪審員として席についていると思ってください。そこで年長の方が水[1]を割り当てられて喋る番になるや、原告演説に勢い込んで、もちろん諸君を睨みつけんばかりにしてこう言うでしょう、一六三「アテナイ人諸君、私はデモステネスの手許にある契約書[2]に従って、ティマルコスを男色売買の相手として雇いました」。（こう言ってはいけない理由は何もありません）「けれども彼は合意事項を履行してくれません」。そしてもちろん彼はこういう人間がなすべきことを数え上げて、陪審員団に向かってそれらを詳述するでしょう。そうすると法律に違反してアテナイ人を雇った男は、石で打たれた上に罰金（エポーベリアー）のみか重い侮辱罪まで背負って法廷[3]を去るのではないでしょうか？　一六四　ではこの男ではなく、雇われた方が訴訟を起こしていると仮定してください。その者、あるいは代弁者としてかの賢人バタロス[4]に進み出て弁じさせてください。はたして何と言うか見てみましょう。「陪審員のみなさん、さる人が――誰であれ、違いはありません――自分に売色させるために私を金で雇いました。私は文書に基づいて売色者がなすべきことをすべて行ない、いまもやり続けています。ところが彼の方は契約違反を犯しています」。そこでたちまちその者は、陪審員団から激しく怒号を浴びせられないでしょうか？　誰がこう言わずに済ますでしょうか？「それでいてお前はアゴラに足を踏み入れるのか？　冠をかぶるのか？　われわれと同じ任務につくのか[5]？」ですから契約書は何の役にも立ちません。

一六五　ではどうして、だれかれは「文書に基づいて」男色を売買した、という言い方が流布して決まり文句になったのか、それを申しましょう。市民の一人が（名前は言いますまい、嫌われたくありませんから）[6]いま私が諸君にお話したような面倒を予見できなくて、アンティクレス[7]の手許にある契約書に基づいて売色したそうです。この人物は無名の一般人ではなく政界に進出してあれこれ悪口も言われましたが、この言い方をすっかり街中に流布させたため、それが理由でその行為が「文書に基づいて」起こったか、と人が尋ねるようになったのです。でも立法者は、その行為がどのようにして起こったかは問わず、とにかく金が動いて事が起これば、行為者の醜行を断罪したのです。

（1）裁判では原告、被告ともに所定の演説時間が割り当てられ、水瓶を工夫した水時計で時間が測られた。『使節職務不履行について（第二弁論）』一二六および一六七頁註（2）、『クテシポン弾劾（第三弁論）』一九七および三一三頁註（2）参照。

（2）契約書類は銀行家など第三者の管理に委ねられる場合が多く、ここでは誹毀効果を狙って、デモステネスをいかがわしい取り引きの契約書を預かる第三者に見立てた。

（3）「石で打たれて」はいわゆる石打ちの刑。「エポーベリアー」は、私訴において五分の一以下の得票で敗訴した係争者に係争額の六分の一を科す罰金。侮辱罪については一五節および一一頁註（3）、二二頁註（2）参照。なお補註D参照。

（4）デモステネスの綽名については一二六節および六五頁註（5）参照。

（5）二一節および一五頁註（7）参照。

（6）有力政治家の一人であり、デモステネス『アンドロティオン弾劾（第二十二弁論）』の被告であるアンドロティオンを指すとの推測がある。

（7）五三節および三一頁註（3）参照。

一六六　それでも、こんなにはっきり規定されているのに、デモステネスによって無関係な議論が山のように出されるでしょう。そしてこの行為を論じるかぎりでは、例の口汚い物言いもさほど憤慨するに当たらないでしょう。ですがその論題をはずれて国家の正義を傷つけるような余計なことを言い出すのであれば、それには怒りをぶつけなければなりません。ピリッポス[1]の名が何度も出てくるでしょうし、そこに息子のアレクサンドロス[2]の名も混ぜられるでしょう。というのもほかのもろもろの欠点に加えて、このデモステネスは礼儀知らずで無教養な男ですから。一六七　彼がピリッポスをそしって並べる御託はぶしつけな上に見当違いですが、これから言う過ちに比べればまだましです。というのは周知のとおり、自分自身男ではないデモステネスが、男子《だんし》に向かって冒瀆的言辞を吐くことになるからですが、その息子を貶《おとし》めてわざと曖昧な言い回しで破廉恥なことを匂わすとすれば、彼はわが国を笑いものにしてしまうでしょう。一六八　つまり、私が受けるべき使節任務の執務審査[3]で［私を］痛めつけようとして、こんなふうに彼が言うからです、ついこの間自分［デモステネス］が政務審議会で少年アレクサンドロスについて報告したとき――すなわちわれわれのための宴席でアレクサンドロスがキタラを弾き、ある詞句を口にして、当意即妙の応答を別の少年に返した場面のことですが――、その様子について自分［デモステネス］が知るところを政務審議会に報告したとき、アレクサンドロスをからかって言った冗談に、まるで私［アイスキネス］が使節団の一員ではなく親族であるかのように腹を立てた、と言うからです[4]。一六九　この私は、もちろんその年齢ですからアレクサンドロスとは言葉も交わしていません。ですがピリッポスについては、彼の口から聞いた幸先のよい言葉ゆえに、いまはよい評価を与えます[5]。もしこののちわれわれに対する行動においても、彼がいま表明している言葉に違わぬ人間であるとすれば、彼はこのよい評価を、確実に容易に手中に収めることになるでしょう[6]。私はたしかに政務審議会議事堂でデモステネスを非難しましたが、それはアレクサンドロスに諂うためではなく、諸君がそんな彼［デモステネス］の言葉を受け入れるのであれば、わがポリスも発言者そっくりにふしだらに見えてしまうと思ったからです。

一七〇　とにかくアテナイ人諸君、論題に関係ない弁明は、第一に諸君が誓われた誓約[7]のためにも、そして

(1) マケドニア王ピリッポス二世のこと。アテナイはこの年（前三四六年）講和および同盟条約を結んだ（＝「ピロクラテスの講和」）。

(2) のちのアレクサンドロス（アレクサンダー）大王。在位前三三六―三二三年。

(3) 第二次対マケドニア使節任務に対する執務審査（エウテューナ）を指す。

(4) アレクサンドロスはアテナイ人使節団の訪問時およそ一〇歳（前三五六年七月頃の生まれ）。少年愛の対象は十代半ばの少年であるので、あたかもアイスキネスが年端もゆかぬアレクサンドロスを相手にする荒淫者であるかのようにデモステネスは中傷する、とアイスキネスは難ずる。また「（ピリッポス側の）親族であるかのように」は、売国の濡れ衣を着せようとする、の含意。

(5) アイスキネスがここで好意的にピリッポスに言及していることは、講和維持派がなお支持を得ていたことの表われといえる。被告およびデモステネスは、成立して間もないピリッポスとの講和および同盟をすでに敵視しており、反マケドニアの気運を煽りつつあったと推測される。

(6) この訴訟の時期、講和維持派は「ピロクラテスの講和」（三九三頁註（1）参照）によるアテナイの国益増進への期待をなお棄てていなかった。しかしデモステネスら反対派は、ピリッポスの「背信」、「裏切り」を声高に非難していた。

(7) 陪審員が任期始めに、正義と良心に従って投票する旨を述べた誓約を指す。一五四節および七九頁註（2）参照。

第二には老獪極まる演説屋[1]に惑わされないためにも、断じて受け付けないでください。ですが少しばかり話を戻して諸君にお知らせしましょう。デモステネスは父親の遺産を使い果たしたとき、複数の金持ちの孤児、それも父親が死んで母親が財産管理をしている若者たちを追いかけて、街中をほっつき歩きました[2]。毒牙にかかった多数の者は省略して、一例だけを挙げましょう。一七一　金持ちで管理の悪い家を［デモステネスは］見つけました。そこには気位ばかり高いがお頭《つむ》の空っぽな女主人がいましたが、遺児で半分気の触れた若者、モスコスの子アリスタルコス[3]が財産管理をしていました。その若者の愛人であるかのように装い、そういう親密な交わりへと若者を誘い、すぐにも当代随一の弁論家にしてやろうと言ってリスト[4]を見せ、むなしい希望を吹き込んだのでした。一七二　とどのつまりはその若者の案内役兼指南役になってやらせたことが因《もと》で、アリスタルコスは祖国を追われる身になりました。ところがデモステネスは彼の亡命生活のための蓄《たくわ》えを取り押さえて、三タラントンを横取りしました。とうとうアピドナ区のニコデモス[5]がアリスタルコスの手にかかって無残な死を遂げるという顛末になり、かわいそうに両眼をくり抜かれ、法律と諸君を信じて自由闊達に発言していたあの舌を切り取られて、ニコデモスは死んだのでした。

一七三　それからまた、アテナイ人諸君、諸君は詭弁術教師のソクラテスを死刑に処しました[6]。民主政を転覆させた三十人政権の一人クリティアス[7]を教えたことがはっきりしたというのが理由です。だのにデモステネスの方は、諸君の手から仲間を赦免してもらうのですか[8]、民主政を守った一般市民[9]に、率直に発言したからというのでこんな復讐をした男だのに？　彼に呼ばれて何人かの弟子がこの場に聞きに来ています。私の聞いたかぎりでは、その者たちに向かって彼は諸君を食いもの[10]にこう請け合っているそうです、気付かれな

（1）デモステネスを指す。

（2）アイスキネスはデモステネスの過去を誇張歪曲して、ティマルコスの遺産蕩尽と金銭絡みの男色行為という二つの告発罪状をデモステネスにも負わせ、二人が同類と見られる効果を狙っている。

（3）裕福な青年アリスタルコスとニコデモスをめぐる事件は周知の事実であったらしく、前三四八年のデモステネス自身による言及（後註（5）参照）のほか、前三二三年のデイナルコスのそれ（『デモステネス弾劾（第一弁論）』三〇および四七）もあるが、真相は不明。

（4）デモステネスに弁論を学んで成功した青年たちの名の一覧表、と古註（Dilts, *Aes. in orat.*1. 171）。

（5）いずれも有力政治家であったメイディアスやエウブロスの支持者であったニコデモスは、戦列放棄罪でデモステネスを訴えようとしたが（前三四八年）、告訴にまで至らなかった。『使節職務不履行について（第二弁論）』一四八によればデモステネスはニコデモスを買収することで訴追を逃がれた。のちにニコデモスは惨殺され、犯人と目され有罪宣告を受けたアリスタルコスは亡命したが、メイディアスは執拗にデモステネスにニコデモス殺害の嫌疑をかけ続けた。デモステネスは『メイディアス弾劾（第二十一弁論）』一〇四―一〇七、一一六―一一九、一二一、一二二でこの一件について自己弁護している。

（6）弟子プラトンの対話編に描かれた有名な哲学者ソクラテスは、「不敬神の罪、青年を堕落させた罪」を訴因に前三九九年訴追され刑死。アイスキネスがソクラテスをどう評価していたかは不明であるが、一七五節で「若者を惑わした」というソクラテスの罪状と同じ罪状をデモステネスに当てはめようとする文脈に沿って、デモステネスを呼んだ「詭弁術教師（σοφιστής）」に訳語を合わせる。

（7）三十人政権については三九節および二五頁註（1）参照。クリティアスはソクラテスの弟子の一人。

（8）アイスキネスは三十人寡頭政権＝民衆の敵としてクリティアスの名を出し、デモステネスを並べて、デモステネス＝民衆の敵という類推を利かせる。「仲間」のギリシア語 ἑταῖρος は、寡頭派の人間を指す用法として前五世紀に定着していた。

（9）ニコデモスなどを指す。

（10）この訴訟に勝てばデモステネスの評判が上がって弁論の弟子ないし代作依頼が増えて収益が上がるので、陪審員は「食いものに」されたことになる。

いようにこの裁判と諸君が聞いた中身をすり替えて、[1] 一七四　彼が現われたとたん被告は元気百倍、でも原告はうろたえて怯えおののくようにしてみせると、そして私の民会演説を引き合いに出し、私とピロクラテスが成立させた講和[2]を散々にこきおろして、そのため陪審員団からひどい野次叫喚が浴びせられるようにして、あげくの果てには、使節任務の執務審査[3]を受けようとする私が、弁明のために陪審廷で彼と顔を合わせることさえできなくて、ほどほどの罰金で済んで死刑を免れれば、随喜の涙を流すようにしてみせると。一七五　ですからまかり間違っても諸君をこの詭弁術教師[4]のお笑いぐさと暇つぶしの種にさせないでいただきたい。いやそうではなくて、目に思い浮かべていただきたい、彼が陪審廷から家に戻って、若者相手の暇つぶしでもったいぶってみせて、この一件を陪審員団からまんまとくすね取ったとばかりに手柄話を聞かせる情景を。「ティマルコスの罪状告発から陪審員をはぐらかして、原告とピリッポスとポキス人[5]だけが目に入るようにさせて、聞いてる鼻先に恐怖をぶらさげてやったので、被告が原告になり、原告が被告になり、陪審員は審理すべきことを忘れて、審理しなくてよい問題を傾聴したというわけさ」と。一七六　この種のことに断固として立ち向かうことこそ諸君の務めです。そして抜かりなく追跡して、けっして彼を横道に逸れさせてはならず、裁判に無関係な議論に頼らせてはなりません。いえ、ちょうど戦車競争のときのように、まっしぐらに問題の走路を走らせてください。そうすれば諸君は軽蔑されることもなく、法を制定したときと同じ考えで裁判の判決を出すことになりましょうが、そうでなければ諸君は、将来起こるであろう犯罪にはそうと気付いて怒りを抱くが、起こってしまった犯罪はもはや気にもかけない輩だと思われるでしょう。

一七七　では締めくくって言いますと、諸君が犯罪者を罰するなら法律は立派な実効あるものとなりましょうが、無罪放免にするのであれば、法律は体裁ばかりで実効のないものとなるでしょう。私がなぜこのようなことを言うのか、その理由を忌憚なくみなさんにお聞かせすることにためらいはありません。例を出して説明しましょう。アテナイ人諸君、現行の法律は立派であるのに、国の民会決議はそれに劣るのはなぜでし

---

(1) 本件の問題すなわち売色者ティマルコスに民会演説が許されるか否かを、ポキスの破滅を引き起こしたアイスキネスの使節職務不履行という問題とすり替えて、の意。

(2) 前三四六年マケドニアのピリッポス王とアテナイ間で結ばれた、いわゆる「ピロクラテスの講和」。三九三頁註(1)参照。アテナイでは次第にピリッポスに不信を抱く反マケドニア派が力を得たが、アイスキネスが「ピロクラテスの講和」成立における自分の役割を誇るこの発言は、講和を有益と見る講和維持派の勢力がこの時点でなお強かったことを証している。その後反マケドニア派が優勢になり、前三四三年のピロクラテス断罪にまで至った後、アイスキネスは『使節職務不履行について(第二弁論)』(一四ほか)においてデモステネスをピロクラテスの協力者と難じている。

(3) いわゆる「ピロクラテスの講和」のための三度の使節派遣にアイスキネスは毎回加わったが、第二回目の使節任務について、職務不履行のかどでティマルコスとデモステネスによる訴追を受けた。

(4) 一七三節でソクラテスを呼んだ「詭弁術教師 σοφιστής」と同じ呼び名をデモステネスに当てて、若者を惑わしたというソクラテスと同じ罪状がデモステネスに当てはまるという主張を示唆する。

(5) ポキス戦争(=第三次神聖戦争)の結果のポキス壊滅はアテナイ市民にとって大きな衝撃であり、ピリッポスがポキス制圧の余勢を駆っていまにもアッティカ(アテナイ)に進攻するのではないかという恐怖を抱かせた。デルポイのアポロン神殿を冒瀆した不敬の徒ポキス人に懲罰を下すため、という大義のもとに前三五六―三四六年中央ギリシアで戦われた第三次神聖戦争は、ピリッポスのポキス無血入城をもって終わった。

ょう？[1] そして陪審廷の判決がときに批判を受けるのはなぜでしょう？ その原因を私が明らかにしましょう。一七八 それは諸君が法律となれば、不正な利益や恩義や憎しみを排し、もっぱら正義と公益だけを念頭に、一点曇りない良心に基づいて制定するからです。生来衆に優れた知性の持ち主である諸君のことですから、当然ながらこの上なく立派な法律を制定します。ところが民会や陪審廷となると、ややもすれば肝心の問題を放ったらかして欺瞞や大法螺に惑わされ、不正極まる習慣を訴訟に持ち込む始末です。なぜなら被告側に原告への反撃の告発を許しているからです。一七九 そして被告弁明演説には馬耳東風、ほかのことに気を取られて告発事項を忘れたあげく、当事者のどちらにも片をつけることができないまま、諸君は陪審廷を後にするという始末です（つまり原告の訴えへの票決はされずじまいですし、被告は本来の罪状を別種の告発で消し去って陪審廷から放免されますから）。こうして法律は無効になり、民主政は崩壊し、そういう習慣だけが大手を振ってまかり通るというわけです。諸君がまじめな生き方を伴わない議論に、しばしば無頓着に耳を貸すからです。

一八〇 ラケダイモン人[2]は違います。そして外国の人間であっても、その長所を真似るのはよいことです。というのは破廉恥な生活を送りながらとびきり能弁なある男がラケダイモン人の民会で演説したことがあって、ラケダイモン人はすんでのところでその男の提案を支持して採決しかけたそうですが、そのとき長老会議[3]のメンバーが一人進み出て、――彼らが畏敬し恐れるこの長老会議を、議員の年令ゆえにそう呼び、最高の公職と見なして、少年期から老年に至るまで徳性優れていた人々だけからその議員を選任しています――この長老会議のメンバー一人が進み出て、ラケダイモン人を一喝して、何かこんなふうに叱りつけたということです、民会でこんな献策者の言うことを聞いていたら、スパルタの健全な存立はおぼつかないだろう、と。一八一　同時に彼は口不調法だが戦功ゆえに名高く、正義感と忍耐心に優れた別のラケダイモン人を差し招いて、前の弁論家が言ったのと同じ内容の案件を彼なりに言える言葉で言うようにと命じました、その意図は、彼の言葉によれば「ラケダイモン人が高潔の士の言葉を聞いてから投票するように、そして札付きの卑怯者で邪《よこしま》な連中の声には耳さえ貸さないように」させるためでした。幼少時から品性優れていたその長老は、同胞市民たちにそう勧告したのでした。その人ならきっとティマルコスと色情狂デモステネスにいそいそと国政を担わせたでしょう。

一八二　でもラケダイモン人に諂っていると思われるのは心外ですから、われわれの祖先のことも申しましょう。父祖たちは恥ずべき行為に対してじつに厳格で、子供の純潔を何よりも重んじました。その一例ですが、娘が堕落して結婚まで身を清く保つことができなかったことを知ったある市民が、彼女を馬と一緒に

(1) 前四〇三年の民主政回復に伴う法改正以後、時局的問題に対して立法される民会決議（ψήφισμα）に対して、恒常的効力を持つ法律（νόμος）は優位に置かれた。法律の制定には厳格な手続きを要し、定期的に見直しも行なわれたが、民会決議は政務審議会と民会の議を経ることによって随時発効に至った。したがって安易に発効した民会決議が、後で差し止め要求や批判を受けることが少なくなかった。

(2) ラケダイモンはスパルタのこと。

(3) スパルタの長老会議は、伝説によればリュクルゴスが創設した政治組織の根幹をなすものの一つで、六〇歳以上の元老二八人（終身）に二人の王と五人の監督官（エポロイ）が加わって構成され、主として司法を管轄した。（ヘロドトス『歴史』第一巻六五、アリストテレス『政治学』一二六五b三八参照）

空家に閉じ込めました。一緒に押し込められればいずれ馬に殺されることは、自明だったのですが。そして今日でもこの家の遺構がこの街に残っていて、その場所は「馬と乙女のところ」呼ばれています[1]。一八三 最も高名な立法家ソロン[2]は、女性の貞潔について古風な厳粛さでこう書きました。間男と同衾の現場を押さえられた女には、身を飾ることも公の祭儀に出かけることも禁じ[3]、純潔な女性に接触することによって彼女たちを堕落させるのを防がねばならない、と。もし祭儀に出かけたり身を飾ったりすれば、誰であれその女に出会った者に、着衣を裂き、飾りを剝ぎ取って、鞭打て——ただし殺したり不具にしてはならない——と命じています。そのような女の名誉を剝奪し、生きることを耐えがたくするためです。一八四 そして男女の別なく取り持ち役は公訴にかけられ、有罪ならば死刑に処されるように命じています。欲情に駆られて罪に走る者らが、それでも密会をためらって恥じているときに、仲を取り持つ者たちは金とひきかえに破廉恥な役目を買って出て、話をつけてその行為を遂げさせるお膳立てをしたわけですから。

一八五 では父祖たちは恥ずべき行為と立派な行為についてこんなふうに判定したというのに、諸君は桁外れな不品行にまみれたティマルコスを見逃がすのですか？ 男でいて男の肉体を持ちながら、女の過ちに堕ちた彼を？ では諸君のうちの誰が、罪の現場を取り押さえた妻を処罰できますか？ あるいは本性のままに過ちを犯す女に厳しくしながら、本性に反してわが身を辱める男を[4]「民会の」献策者として遇する[5]のであれば、誰がうつけ者と見なされずに済むでしょうか？ 一八六 諸君は各自どんな気持ちで陪審廷から家路につかれるでしょう？ 被告は無名ではなく名を知られた人間ですし、それに演説者の資格審査を規定する法律は無用の法などではない、比類なく立派な法ですから、判決がどうなったかを若者や子供たちに家の者が尋ねられることはわかりきっています。一八七　では裁決の結果を左右できる諸君は、有罪に入れたか無罪に入れたかを子供たちに問われて、何と言うのですか？　ティマルコスを放免したと認めることは、取りも直さず、われらが共有する薫育の理念を破壊することではありませんか？　法を委ねられた者が厚顔無恥な行状に降参してしまうのであれば、付き添い養育係(6)を扶養し、体育トレーナーや教師を子供につけてやることは何の役に立つでしょう？

一八八　アテナイ人諸君、このことにも私は驚きを禁じえません。遊女屋の主人を嫌う諸君が、みずから色を売った連中を無罪放免にするとすれば。そして法律によって不浄と定義された身体ゆえに、いかなる神職

(1)この馬と乙女の話は様々な別伝巷説があったが、アイスキネスは往昔の性倫理の厳しさを示すという目的に合うかたちで紹介している。アリストテレス『アテナイ人の国制』ヘラクレイデス抜萃断片一ほか参照。

(2)六節および七頁註（4）参照。

(3)不倫現場を押さえられた男女市民に対する刑罰は峻厳を極め、ここに述べられる女に対する刑罰のほか、男に対しては、相手の女性の主人（κύριος）による免責殺害が許された。デモステネス『アリストクラテス弾劾（第二十三弁論）』五三、同『ネアイラ弾劾（第五十九弁論）』八七参照。

(4)「辱める」（名詞形はヒュブリス）については二一頁註（2）参照。金銭の介在する男色行為において、能動的に求める（買う）側ではなく、受け身で従う（売る）側に立つことは、社会的に地位の劣等な女に成り下がって女の役を演じる者として蔑まれた。

(5)「献策者として遇する」は民会演説をすることを続けさせる、の意。原告アイスキネスは、資格を欠く市民に民会演説を禁じている法律に被告は違反していると主張して、有罪判決を要求している。

(6)「付き添い養育係」については一〇節および九頁註（2）参照。

にも籤で選出されることを許されないその同じ男が、どうやら国家のために、畏き女神たち[1]への祈りの文句を民会決議に書き記そうとしているではありませんか？　こんな弁論家たちの名が民会の決議文に記される[2]とすれば、国事の空しさは怪しむに足らぬではありませんか？　そして国内で恥ずべき生活を送ってきた男を使節として国外に送り、最重要の国事を任せるのですか？　自分の肉体への凌辱を金で売った男[3]が、どうして金で売らないものがあるでしょうか？　自分の身に憐れみをかけなかった男が、誰に憐れみをかけるでしょうか？

一八九　ティマルコスの淫蕩ぶりは、諸君みなに周知の事実ではないでしょうか？　われわれは体育教練場に行かなくても、筋骨逞しさから運動選手を見分けられるように、その現場に居合わせなくても、恥知らずで野放図な生活習慣から、男娼をそれと知ります。再重要事についての法と徳性をないがしろにする男の正体は、だらしない生き方で白日のもとに晒されます。

一九〇　たいていの国家が瓦解するのはこういう男のせいであり、自分自身も途方もない不幸に陥るものです。罪のはじまりは、アテナイ人諸君、人間の暴慢からではなく神々から下されるなどとはかりそめにも考えてはならず、悲劇で起こるように瀆神の輩を復讐の女神（ポイネ）たち[4]が松明を手に追い立て懲らしめるなどとは、ゆめゆめ考えないでいただきたい。一九一　そうではなくて肉体のやみがたい快楽と足るを知らぬ欲望、これこそが追剝ぎの集団を人で満たすものであり、これこそが海賊船に人を乗り込ませるものであり、これこそが一人ずつの心に棲むポイネであり、これこそが同胞市民の殺戮に人を駆り立てて、独裁者の下僕となって仕え、民主政を転覆する一人にならせるものです。連中には不名誉や後でどんなつけが来るかなど計算外で、成功のあかつきにたっぷり楽しめるあれこれに有頂天になっているのです。ですから、アテナイ人諸君、こういう性根《しょうね》を取り除いて、若者の競争心を徳に向けてください。

一九二　どうか以上を肝に銘じて、これから言うことをしっかりとご記憶願いたい、ティマルコスにその生活習慣の償いをさせるのであれば、諸君はこの国に良風美俗を広める端緒を開くでしょうが、無罪放免にするならば、裁判ははじめから起こさなかったほうがましだったことになります。その理由は、ティマルコスが裁きにかけられる前は法律と陪審廷の名は、人に畏敬の念を抱かせていました。けれども不品行では人後に落ちない、この悪名高き男が、出廷させられながら無事に出て行くとすれば、多数の者を過ちに誘い、けっきょく諸君を激昂させるのは、言葉ではなくまさに直面する危機だということになりましょう。一九三ですから集団ではなく、一人の人間に怒りをぶつけ(5)、彼らの術策や代弁者を油断なく見張っていただきたい。

（1）「畏き女神たち」はアレイオス・パゴス山麓の祠に祀られ、「エリニュエス」と呼ばれた復讐の女神たちのこと。発言に違《たが》う言動があった場合、復讐の女神たちの追跡が自分に及ぶことを拒まない、という主旨の祈りを民会決議文に書き加えることによって、民会決議提案者は自信のほどを示した。

（2）法律、民会決議には、提案者の名が記された。

（3）ティマルコスの売色行為を指す。

（4）ポイナイ（復讐の女神たち、単数形はポイネ）のエリニュエスとの関係は定かでないが、同一視された、あるいは後代にエリニュエスの母と考えられたという。悲劇詩人アイスキュロスの三部作『オレステイア』では、エリニュエスが変身してエウメニデス（恵みの女神たち）になる。

（5）「集団」は前節の「過ちに誘われた多数の者」。そういう集団ができるまで待たずに、いまただちに「一人の人間」すなわちティマルコスに怒りをぶつけよ、の意。

その者らの誰かを名指しで言うのはよしましょう、人に名を言われなかったら登壇しなかったはずだと言わせて、発言のきっかけを与えてはなりませんから。いえ、こうしましょう。名は言いませんが、彼らの習癖を詳しく描写して、その顔かたちがわかるようにしましょう。とすればそういう人がここに登壇して恥をさらすとしても、それはぜんぶ身から出た錆です。一九四　被告のために三種類の男たちが弁護をするでしょう。浪費に明け暮れて父親の遺産を蕩尽してしまった連中、あたら青春とおのれの肉体を虐げて、ティマルコスのためではなく自分自身とその習癖ゆえに、いつか裁かれるのではないかと恐れている者たち、それに放縦無頼な輩《やから》と彼らをとことん利用した面々で、その者らの助けを頼りにもっと手っ取り早く極道者《ごくどうもの》が出るのを狙っている手合いです。一九五　彼らの弁護演説を聞く前にその生きざまを思い起こし、自分の身体に対して非行を犯した者に命じていただきたい、諸君を悩ますなと、そして民会演説をやめよと。というのは法律は私人のふるまいではなく、政治を行なう公人を審査するものだからであります。父親の遺産を蕩尽してしまった者には、働いて別のところから生計を得るように命じてください。たやすく罠にかかる若者を追いかける狩人には、外国人と居留外国人(1)に目を転じるよう命じてください。そうすれば彼らはその趣味を奪われることなく諸君が害を受けることもないでしょうから。

一九六　では諸君が私から聞くべきことはこれで全部です、法律についてお聞かせし、被告の生活を検証しましたから。とするといまや私の演説を審査するのは諸君であり、まもなく私は諸君を見る側に立ちます。本件は諸君の判断に委ねられるからです。されば諸君が正義と国益にかなう判定をすることにより、われわれは、お望みなら、よりいっそうの誉れを目指して法律違反者を詮議することになるでしょう。

古伝概説

アテナイ人はピリッポスを敵に回してオリュントス戦争を戦ったが、のちに得策と考えて、ピリッポスと和平協定を結んだ。そして彼とその子孫との同盟締結をも投票可決して、ピリッポスのもとに彼の誓約を取るための使節一〇人を送った。その中にデモステネスとアイスキネスがいた。使節団が帰国すると、弁論家デモステネスはスペットス区の人アリゼロスの子ティマルコスとともに、使節職務不履行のかどでアイスキネスを告訴した。ティマルコスは顕著な政治活動を行ない、民会で演説して、一〇〇件以上の民会決議案を上程していた。ごく最近にも政務審議会議員として、ピリッポスのもとに武器を運ぶ者は死刑に処すという民会決議案を上程したのである。だが提訴の後、裁判が始まる前に、アイスキネスはティマルコスが民会演説をしたのは違法であると言って告訴した。というのは男色売買の前歴のあるティマルコスに、民会演説は

(1) 居留外国人(メトイコイ)は、租税、(限定的)兵役、公共奉仕金負担の義務を負う一方で、市民を後見人としなければならず、不動産所有権はなく参政権もない、など生活に大きな制約を受け、蔑視される身分でもあった。アリストパネス『騎士』(前四二四年)八七六が男色売買禁止法の存在を証しているとすれば、法律成立後男色売買はもっぱら居留外国人、外国人の生業となったであろうと考えられている。

許されていないというのである。すると、一説では、ティマルコスは審理を待たずに首を括ったということであるが、また別説では有罪とされて市民権を剝奪されたという。これはデモステネスが『使節職務不履行について』で言っていることである。この事件は広く知れわたったので、この裁判以後、人は男娼たちをティマルコスと呼んだ。

序論は悲劇ふうである。そこでアイスキネスは自分を篤実な人間として示し、聴衆の好意をひきつけようとする。そしてティマルコスを糾弾し、政体について語り、係争事項に属する事柄ではなく、男色売買について審判を受ける人すべてに共通にあてはまる議論に論点を移す。すなわち以下のとおりである。古人は少年、青年、その他の年齢の者たちの規律について、見事に厳密に法律を制定したではないか。男色売買をした者に民会演説を禁じたのは正しかったではないか。

そして続いて、男色売買をしたのであるから、民会演説をしたティマルコスは法を犯したではないか、そうだとすれば、彼は公訴にかけられるべきではなかったか、と。この類いのことについては異常なミスゴラスのもとで金銭を受けて売色したではないか。アンティクレスのもとでもそうしたではないか。さいころ遊びの賭博場に入り浸ってさいころ遊びをしているところを、国の公共奴隷であるピッタラコスに拾われて、売色しつつ彼のところに逗留したではないか。ティモマコスの財務官へゲサンドロスのところに売色しつつ長逗留したではないか、と。

第二弁論

使節職務不履行について

第二弁論

序論　告発の不当性。陪審員への信頼（一―一一）

本論　ピリッポスとの和議　第一次使節（陳述）（一二―五五）

原告弁論への論駁（五六―九六）

和議への民会討議（五六―八〇）

ケルソブレプテス排除の真相（八一―九三）

第三次使節（九四―九六）

第二次使節と原告弁論への論駁（九七―一四三）

第二次使節（陳述）（九七―一一八）

帰国報告演説とポキスの破滅（一一九―一四三）

人格・親族誹毀への論駁（一四四―一七一）

結論　講和維持の意義（前四八〇年以降のアテナイ）（一七二―一七七）

正義の裁定への訴え（一七八―一八四）

古伝概説

一　諸君にお願いしたい、アテナイ人諸君、この危険の重大さ、私が弁明すべき告発事項のおびただしさ、そして原告の手練手管と酷薄さをとくと考えあわせて、私の発言に善意をもって耳を貸していただきたい。なにしろ原告は、係争当事者のいずれにも等しく耳を傾けることを誓った人々に向かって、不敵にも被告の声を聞くなとけしかけたのですから。二　そして彼は憤怒にわなないてそう言ったのではありません。なぜなら嘘をついている人間は誰であれ、不当なそしりを受ける相手に怒り狂うはずはなく、真実を語っている人は被告に弁明させまいとはしないものだからです。というのもおよそ告発なるものは、被告が弁明の機会を得ながら、申し立てられた罪状容疑を否定し去ることができなかったときに始めて、聞き手の心を動かせるからです。三　けれどもデモステネスは、察するに、まっとうな議論を好まず、その用意もありません。

（1）本訴訟の被告アイスキネス。
（2）本訴訟の原告デモステネス。原告弁論は同じ題名で現存している（デモステネス『使節職務不履行について（第十九弁論）』）。
（3）陪審員が任期始めに立てる職務遂行の誓いを指し、「係争当事者のいずれにも等しく耳を傾ける」はその宣誓文言の一部。
（4）原告デモステネスが弁論終結部（『使節職務不履行について（第十九弁論）』三三七―三四〇）近くで、被告アイスキネスの「美声」に惑わされるな、弁舌の才には疑惑の目を向けよ、と陪審員団に警告したことに対する反撃。

ただ諸君を怒りに駆り立てることだけを目指しているのです。そして収賄の告発[1]をしましたが、その種の嫌疑を縷々申し立てても、信じてもらえない人間です。というのも収賄行為に対して陪審員に怒りを抱かせようとする人は、みずからがそのような所業とはまったく無縁でなければならないからです。

四　しかしデモステネスの告発を聞いたこの私が、アテナイ人諸君、今日のこの日ほど戦慄を覚えたことはなく、いま以上に怒り心頭に発したことはなく、またこれほど歓喜に心踊ったことはありません。というのも諸君のうちのどなたかがこの陰険で悪意にみちた比較対照[2]にすっかり惑わされて、私を見損なうのではないかという恐怖に囚われ、いまもなお惑乱を抑えきれないからです。オリュントスの自由人の女性に私が侮辱行為をはたらき、酔ったあげくに狼藉に及んだと言って被告が告発の文句を並べたときは[3]、私はその讒言に耐え切れず、冷静さを失わんばかりでした。けれどもそんな中傷を続ける彼を諸君が黙らせたとき[4]、私は嬉しさに天にも昇る思いでしたし、慎みを旨として生きてきた私への、それは［諸君からの］ご褒美だと考えています。五　ですから諸君には、賞賛と格別の敬意を捧げましょう、なにしろ裁きにかけられる者の生き方を、その敵どもの讒言よりも信頼してくださるのですから。ですが私自身は讒言に対する弁明をせずには済ませません。というのも、かりに傍聴席[5]の誰かが――そこに市民の大多数が来ているようですが――あるいは陪審員諸君の誰かが、そのような所業を私が自由市民に、いやそもそも人にはたらいたと信じるのであれば、以後私の人生は生きるに値しないと思うからです。そこで私が弁明を進める中で、告発が嘘であること、そして平然とそれを口にした男は不敬な誣告常習犯[6]にほかならないことを証明できなければ、たとえほかのすべての点で潔白であることが明らかになっても、私は死刑をわが身に量刑提案[7]します。

六　それにまたあの言い分は、私には奇妙奇天烈《きてれつ》、かつ恐ろしく不当に思えました。同じ一つの国の中にいながら、ピロクラテス(8)が自分で自分の不正を断罪し審判を待たなかったからというので彼に死刑の有罪判決を出しておきながら、私の方は無罪放免にするということが可能なのかと、そう彼が諸君に問いかけたと

---

(1) 原告デモステネスは訴因として五つの使節職務不履行事項を数えるが、第五の「収賄」はそれらの総括的訴因。

(2) 被告の収賄容疑を強調するために、原告デモステネスが自分の功績や善行などを比較対照して述べたことを指す（『使節職務不履行について（第十九弁論）』三一、四〇、一四五―一四六、一六六―一七一、一八一、二二二―二二三、二二九、三三八参照）。

(3) デモステネスが原告弁論『使節職務不履行について（第十九弁論）』一九六―一九八において、オリュントスの市民身分の女性に、泥酔したアイスキネスが狼藉をはたらいたと言った非難の言葉を指す。

(4) 原義は「追い払った（ἐξεβάλλετε）」。観客が下手な俳優を、演技中に野次や罵声で舞台から「追い払う」の意の転用。

(5) 法廷内の陪審員席から仕切られた傍聴席を指す。

(6) 「誣告常習犯（シューコパンテース συκοφάντης）」は、微罪で他人を告訴したり、告訴すると脅して示談金をゆすり取るなど、市民に開かれた公訴権、参政権を悪用する人間の呼称。アイスキネスは本弁論中で五回デモステネスをこの名で呼んでいる（五、六六、九九、一八一、一八三節、なお「脅し文句」（三九節）も参照）。「告発屋」「告訴乱発者」などの訳語もある。

(7) 刑罰があらかじめ定められていない犯罪に対して有罪判決が出た場合、原告被告双方が「量刑提案」をして、どちらを採るかを陪審員が投票で決めた。ここでは無罪判決を勝ち取る自信のほどを示した修辞的表現。

(8) 有力政治家ピロクラテスはアテナイ―マケドニア間の和議を民会提案し、前三四六年使節団の団長格でマケドニア王宮に赴いた。この講和条約に、「ピロクラテスの講和」の名を残した。王ピリッポスから収賄したとして前三四三年に売国の罪で訴追され、判決前に亡命して、不在のまま死刑宣告された。

きです。[1] ですがまさにこの点にこそ、私が無罪放免されるべき最大の根拠があると思います。つまり出廷しないことをもってみずからを断罪する男が有罪であるとすれば、身柄を法と国家にゆだねて訴追を斥ける人は、有罪ではありえないからです。

七 それ以外の告発事項については、アテナイ人諸君、もし私が失念して触れずに終わってしまったら、私を問いただし、聞きたいことをはっきりさせて、先入観でもって断罪するのではなく、偏りのない善意をもって耳を貸していただきたい。でもどこから私はまず始めるべきか、告発があまりに支離滅裂なので、途方にくれてしまいます。私がまっとうな扱いを受けているると諸君の目に映るか否か、どうかよく見定めていただきたい。八 なんといってもいま生き死にの危険に晒されているのはこの私でありますが、彼がもっぱら告発の鉾先を向けたのはピロクラテスとプリュノン[2]とその他の同僚使節たちであり、ピリッポスと講和条約とエウブロス[3]の政策であり、私はそれら全部の中に入れられています。彼の演説によれば憂国の士はデモステネスただ一人であり、ほかの者は売国奴なのです。だってわれわれを侮辱して、口ぎたない嘘でたらめを、私だけでなくほかの人たちにも浴びせて中傷し続けたではありませんか。九 そんなふうに私を貶《おとし》めておいてから、どういう風の吹き回しかガラッと向きを変えて、まるであのギリシア最高の有名人アルキビアデスかテミストクレス[4]を裁きにかけているかのように、やれポキスの諸都市を潰滅させたの[5]、やれ諸君のトラキア領を人に取られてしまったの、やれアテナイの友にして同盟者なるケルソブレプテスの王権を失わ

（1）原告弁論の現存テクストにこのとおりの問いかけはない。 収賄のかどでピロクラテスへの弾劾が提起された民会におい

て、デモステネスはピロクラテス一人に収賄の罪を負わすのは不公平だ、身の潔白を示したい他の使節は名乗り出よ、と暗にアイスキネスを標的に挑発した(『使節職務不履行について(第十九弁論)』一一六—一一九参照)。その場面とアイスキネスの発言はややずれるが、告発全般を簡略化して言っているとも考えられる。

(2)プリュノンは前三四六年「ピロクラテスの講和」の和議のためマケドニアに赴いた一〇人のアテナイ人使節の一人。

(3)エウブロスはこの時期の有力政治家。前三五四—三四六年祭祀財務官として国家財政全般を監督し、傭兵賃金の削減、居留外国人(商業従事者が多かった)優遇策、ラウレイオン銀山再開発などを推進して国家財政を活性化し、同盟国戦争のため窮乏の極に陥ったアテナイに経済復興をもたらした。遠隔地向けの軍事費を極力抑え、アテナイ本土の防衛に比重を置いた講和維持の主導者として、アテナイをしばらく戦争から遠ざけた功績は特筆に値する。

(4)アルキビアデスは、ペロポンネソス戦争末期の前四一五—四一三年シケリア遠征を強行して完敗に終わらせ、自分はスパルタに寝返るなどして一代の嬌児といわれた。テミストクレスは、前四八〇年アテナイがペルシアの大軍に圧勝したサラミスの海戦の殊勲者として名高い将軍。のちに売国の嫌疑をかけられ、逃がれてペルシア王宮で死んだ。ここでアイスキネスは、デモステネスが「ピロクラテスの講和」によるアテナイへの損害(ポキス滅亡、トラキア亡失)の甚大さを強調し、その責めをアイスキネスに帰すとき、アルキビアデスやテミストクレスのような名高い歴史上の人物の失策を糾問するかのように大仰であるのに、逆にポキス滅亡の主因をピリッポスの武力に帰すとき、アイスキネスの政治外交の実力を矮小化していると難じている。じじつデモステネスは原告弁論において、「ピロクラテスの講和」の失敗をアイスキネスの大がかりな「収賄」にからめる一方で、アイスキネスがいかに取るに足らない人間であるかを強調している(『使節職務不履行について(第十九弁論)』二一九—二三〇参照)。訴訟後原告演説を文書として公刊したとき、この箇所のアイスキネスの発言を意識して加筆したものとも考えられている。

(5)アテナイが重要な同盟国ポキスを前三四六年の対マケドニア講和から排除したため、ポキス人の全市をピリッポスの攻略に委ねて壊滅させてしまったのは、収賄したアイスキネスの奸策によるという原告弁論の主張の一つ。

せたの[1]と非難追及するのです。一〇　彼は私をシケリアの独裁者ディオニュシオス[2]になぞらえようとして、躍起になって何度も大声を挙げて［私を］警戒せよと諸君を焚きつけ、シケリアの女司祭の夢[3]を延々と語り述べたのでした。ところがこんなふうに針小棒大に私を悪しざまに言っておきながら、中傷糾弾においてさえ私の功績を認めたがらず、一連の出来事は私の弁舌によるのではなく、ピリッポスの武力のなせる業だと言うのです。

一一　こんな傍若無人な珍聞奇聞を持ち出す相手に対しては、言われた言葉をいちいち記憶し、思いもよらない罵詈讒謗を恐れつつ弁明することは容易ではありません。そこで私の議論を最も明快にし、諸君によくわかってもらえて、しかも公正なものにすると私が考えるところ、すなわち和議[4]と使節の選出から始めることにしましょう。そうすればいちばんたしかに記憶をたどって、話を進められるでしょうし、諸君にも理解していただけるでしょう。

一二　さて諸君はみな少なくともこれは覚えておられるでしょうが、エウボイアの使節たちが自国との講和について［アテナイ］民会と折衝したとき[5]、彼らが言ったことはこうでした、ピリッポスもアテナイとの交戦国関係を解消して、講和を締結することを望んでいると[6]、そう諸君［アテナイ人］に伝えるよう求めた、と。その後間もなくラムヌス区のプリュノンが、オリュンピアの祭儀のための休戦期間[7]であるにもかかわらず――というのが彼の訴えでしたが――賊に捕まりました。そして身代金を払って解放され、アテナイに戻って来たプリュノンは、できることなら身代金を返してもらいたいので、ピリッポスのもとに送る使節を選出してほしいと民会に願い出ました。諸君は同意して彼のためにクテシポン[8]を使節に選びました。一三クテシポンは訪問から帰って民会に使節職務について報告をし、さらにピリッポスが、不本意ながら諸君と戦争したがいまは交戦状態の解消を望んでいると言った、と伝えたのでした。クテシポンがこんなことを言

(1) アテナイがトラキア東部の同盟者ケルソブレプテス王を前三四六年の対マケドニア講和から排除したため、トラキア東部の重要地点をピリッポスの攻略に委ねて奪取させてしまったのは、収賄したアイスキネスの奸策によるという原告弁論の主張の一つ。

(2) シケリアのディオニュシオスは一世(前四〇五—三六七年に支配権)、二世(前三六七—三五六年、前三四六—三四四年に支配権)ともに僭主、独裁者と呼ばれたが、ここでは前者を指す可能性が高い。この主旨の発言は、現存するデモステネス『使節職務不履行について(第十九弁論)』にはない。

(3) アイスキネス写本中の古註によれば、シケリアの女司祭がディオニュシオス支配の予兆を表わす夢を見た(Dilts, *Aes. in orat.* 2. 10)。

(4) いわゆる「ピロクラテスの講和」すなわち前三四六年に成立したアテナイ−マケドニア間の講和と同盟のこと。

(5) 前三四八年初夏アテナイはエウボイアのプルタルコス援助のため出兵したが、将軍ポキオンはプルタルコスの裏切りによって窮地に陥った。のちに制圧、しかしポキオンが後を任せたモロッソスは敗北し捕虜となった。プルタルコスは追放されたが、エウボイア人使節たちはその後の国交調整に来訪したのであろう。

(6) 前三五七年にアンピポリスを奪われて以来、アテナイはピリッポスと名目上交戦国関係にあった。

(7) オリュンピアの祭儀(四年周期のオリュンピア暦第一年ごとにオリュンピアで行なわれた汎ギリシア的祭典。現代のオリンピックはその体育部門の競技会に始まるもの)の直前、期間中のあらゆる戦争行為を禁止し、参加者および祭典そのものの安全と神聖を守ることを求めるエリスの伝令によって、全ギリシア諸国にオリュンピアス休戦がもたらされるのが慣わしであった。この一件は前三四八年夏のそれを指す。プリュノンは、オリュンピアス休戦期間中のマケドニア人による襲撃拉致は違法であるから、捕虜になっても解放のために身代金を払う必要はないと主張した。

(8) クテシポンはこの任務に引き続いて第一次、第二次対マケドニア使節を務めた。

い、丁重にもてなされた様子などもあわせて報告したので、民会も大乗り気で聞き入り、クテシポンへの賞賛決議をしたのです。誰ひとり反対する者はなく、そこでハグヌス区のピロクラテスが民会決議案を提出して、民会は満場一致で挙手採決しました。(1) すなわちピリッポスは講和について協議するべくアテナイに伝令と使節を送ることを許されるべし、という民会決議です。それまではそういう提案さえ妨害されたのでした。妨害するのが仕事という人間がいたのです、その後の成りゆきでわかることですが。一四　つまり彼らは、リュキノスの名を告発状に記し、その民会決議を違法だと訴え出て、一〇〇タラントンの罰金刑を要求したのです。(2) そしてこの後訴えは陪審廷に行きましたが、ピロクラテスは体調が悪くなり代理弁論人にデモステネスを指名しました、私ではなかったのです。(3) そこでピリッポス嫌いのデモステネスが演壇に立ち、一日がかりで弁明にこれ務めました。けっきょくピロクラテスは無罪となり、訴追者側は五分の一の票も得られませんでした。(4) これらはみなさんご存知のことです。一五　同じ頃オリュントスが攻略され、(5) わが同胞市民の多くが捕虜となりましたが、その中にエルゴカレスの兄弟イアトロクレスとストロンビコスの子エウエラトス(6) もいました。彼らのために親類縁者が願い出て、なんとか手立てを講じてくれと民会に請願しました。(7) そこで弁護人として演壇に立ったのはピロクラテスとデモステネスであり、アイスキネスではなかったのです。そして俳優のアリストデモス(8) が、面識もあり、芸で喜ばれもするから(9) というのでピリッポスへの使節として送られます。一六　ところが使節任務から戻ってきたアリストデモスは、何か用事があったのか政務審議会に出頭せず、そうこうするうちにさきにイアトロクレスの方が、捕虜にされていたのに身代金なしでピリッポスに解放されてマケドニアから帰還したものですから、イアトロクレスからピリッポスについて同

(1) 前三四七年(前三四八年説もある)。

(2) 違法提案に対する公訴(グラペー・パラノモーン)は量刑未定裁判であったため、罰金刑の金額を訴追者は提示できたが、一〇〇タラントンという高額は、アイスキネスによる誇張の可能性もある。しかし同程度の提示額の事例がないわけではない。要するに、これ以上の親マケドニア的提案を未然に封じ、提案者ピロクラテス一派の失脚を狙った訴追であったといえる。訴追者リュキノスはこの件以外は未詳。

(3) デモステネスは『使節職務不履行について(第十九弁論)』において、アイスキネスのピロクラテスとの親密さを繰り返し強調しているが、ピロクラテスと自分との連繋を否定する発言はしていない。リュキノスに勝利した公訴においてデモステネスがピロクラテスを弁護したことについては、デイナルコス『デモステネス弾劾(第一弁論)』二八によっても事実性が確認できる。アイスキネスは本訴訟より三年前の『ティマルコス弾劾(第一弁論)』(前三四六年)においては、自分とピロクラテスとの連繋を明言しているが(一七四節)、本弁論では否定している(一四、一九、二〇節)。ピロクラテスが売国容疑で死刑判決を受けるという事件が直前にあったためと推測される。

(4) 公訴で得票が五分の一に至らずに敗訴した原告は、一〇〇〇ドラクマの罰金を科された。以後公訴提起を制限されたという見解もある。いったん受理された提訴を取り下げた場合も同様で、支払えなければそれが国庫への負債となり、市民権剝奪処分に至ることがあった。公訴権乱用に対する防止策であった。

(5) 前三四八年秋のこととされる。

(6) イアトロクレスはこの後第一次、第二次対マケドニア使節を務めた(前三四六年)。エウエラトスは未詳。

(7) 個人あるいは集団による請願は各プリュタネイア(補註C参照)の第二回目の普通民会で受け付けられ、市民は嘆願のしるしであるオリーヴの枝を祭壇に置くなど所定の形式を踏めば、公私いずれの問題についても請願できた。

(8) この時期の人気悲劇俳優の一人。イタリアのタラス出身でアテナイ市民権を得ていた。デモステネス『使節職務不履行について(第十九弁論)』二四六によれば、かつて俳優であったアイスキネスはアリストデモスと競演したことがあった。

(9) ピリッポスが演劇を愛好したことについては、デモステネス『オリュントス情勢、第二演説(第二弁論)』一九参照。

じ話[1]を聞かされて、多くの人はアリストデモスが使節職務の報告をしないことに怒り出しました。一七　とうとうアピドナ区のデモクラテス[2]が政務審議会に出てきて、アリストデモスを召喚するよう議員たちを説得しました。政務審議会議員の一人はデモステネス、この私の告発者でした。さてアリストデモスは出頭して、アテナイに対するピリッポスの好意をあれこれ伝え、同盟国にさえなりたがっているとつけ加えました。そしてこれを政務審議会だけでなく、民会でも言いました。このときもデモステネスは何も反対せず、アリストデモスを授冠顕彰する動議まで出しました。

一八　その討議が済むと、ピロクラテスが講和、およびアテナイ人とピリッポスに共通の利益について協議するために、ピリッポスのもとに赴くべき一〇人の使節を選出するという民会決議案を提出しました。そこで一〇人の使節が挙手選出されましたが、私はナウシクレス[3]の、デモステネスはほかでもないピロクラテスの推薦を受けてのことでしたが、そのピロクラテスをいま彼は告発しています。一九　そしてデモステネスはこの仕事にそれはもう一生懸命で、政務審議会で動議を出し、アリストデモスが損害を受けずに同僚使節を務められるように、アリストデモスが競演する予定のある国に行かせて、彼のために違約金支払い免除[4]を得るための使節を選ぶよう提案しました。これらが事実であることを証するために、どうか民会決議を取り上げて、アリストデモスの不在証言を読み、不在証言がなされたときの立会人を呼んでください[5]。そしてピロクラテスの相棒[6]は誰であったか、またアリストデモスに報奨を与えるよう民会を説き伏せようと言ったのは誰であったかを、陪審員諸君は知っていただきたい。

二〇　とするとあらゆる出来事のそもそもの始まりは、私ではなくデモステネスとピロクラテスでした。彼は使節任務の間中われわれと同じ食卓につこうとして、私ではなく、私と一緒にいたテネドスのアグラオ

民会決議（複数）　不在証言

(1)ピリッポスが和議を望んでいるという、エウボイア使節やクテシポンが伝えたことと同じ話、の意。
(2)「僭主殺し」の名で有名なハルモディオスとアリストゲイトンの子孫の一人。雄弁で知られ、マケドニア寄りの政治姿勢をのちにヒュペレイデスによって攻撃されている（ヒュペレイデス『ピリッピデス弾劾（第二弁論）』二―三参照）。
(3)前三五二年テルモピュライ占拠を試みたピリッポスを撃退した功で授冠の栄を受けた（年代については補註R参照）。前三四六年に対マケドニア使節を務めた一〇人の一人。ここでアイスキネスはナウシクレスが自分を使節職務に推挙してくれたと言い、弁論終結部で支持弁論に立ってくれる弁護人の一人に数えているが（一八四節）、ナウシクレスはのちに立場を変えたのか（『クテシポン弾劾（第三弁論）』一五九、ただし文意は明確ではない）、後二世紀の擬プルタルコス『十人の弁論家の生涯』八四四―八四五では、デモステネス、ヒュペレイデスとともに反マケドニア派の一人に数えられている。
(4)使節任務のため生じる出演契約の不履行で、アリストデモスが違約金を取られるなどの損害を蒙らないように、示談調停のための使節を派遣する、の意。
(5)証人が病気や国外滞在で出廷できない場合、一人以上の立会人に対して証人が文書化された証言の真実性を保証し、立会人が代理で出廷して文書（不在証言）の真実性を保証した。
(6)「相棒」の訳語を当てたギリシア語「ヘタイロス」は、前五世紀末の民主制顛覆時に寡頭派が仲間を呼び合った名称であったので、含意されるデモステネスへの敵意（寡頭派寄りという非難はその一部）を示唆する語法。

クレオン[1]――諸君が同盟国代表として選んだ男ですが――とイアトロクレスをしつこく口説いていました。彼の申し立てによると、旅の道すがら一緒にあのけだもの、つまりピロクラテスに目を光らせようと私が彼に迫ったということですが[2]、まったく根も葉もないつくりごとです。だって違法提案で訴えられたときに［デモステネスが］ピロクラテスの代理弁論人を務めたことや、使節になるのにピロクラテスの推薦を受けたことを知っている私が、どうしてピロクラテスに用心せよなどとデモステネスを挑発するでしょうか？

二一　そのうえ、われわれはそんな話をしたのではありません、旅の間中デモステネスという堪えがたくうっとうしい人間を我慢し続けなければならなかったのです。われわれが何を発言すべきかを話し合ったとき、議論でピリッポスにやりこめられるのではないか心配だとキモン[3]が言うと、いや、懸河の弁で言い負かせる、とデモステネスは豪語しました。アンピポリス[4]の正当な領有権と戦争勃発の経緯について、これこれしかじかのことを言うつもりだから、ピリッポスの口を乾いたヨシで縫い上げるだろうし[5]、アテナイ人にはレオステネス[6]の帰還を迎えてやるよう、ピリッポスにはアンピポリスをアテナイに返すよう説得を果たせるだろうと。

二二　でもこの男の傲慢不遜をいちいち語って話を長びかせないようにしますと、われわれはマケドニアに着くとすぐに、ピリッポスとの接見では最年長者がまず発言して、残りの者は年齢順にしようと互いの間で取り決めました。デモステネスは、自分で言ったとおり、われわれのうちで最年少でした。ところが呼び出しが来たとき――どうかこのことにとくに注意していただきたい。というのもこれでこの男の並外れた嫉妬深さ、極度の臆病さと同時に卑劣さ、そして不倶戴天の敵に対してすらみだりには向けられないような悪巧みを、食卓仲間であり同僚使節である者たちに仕掛けたということを、諸君はしかと見届けられるでしょう。なにしろポリスの塩と公《おおやけ》の食卓を自分はいちばん大切にしていると宣《のたま》(7)ったのですから、この土地の

(1) 前三七八／七七年の第二次アテナイ海上軍事同盟結成後、前三五七年の同盟国戦争を経て加入国は激減したが、アグラオクレオンはなお存続していた同盟加入国会議（シュネドリオン）を代表した。第二次アテナイ海上軍事同盟についてはは補註M参照。

(2) デモステネス『使節職務不履行について（第十九弁論）』一三参照。

(3) 前三四六年の対マケドニア使節団の一員（少なくとも第一次、第二次）であったこと以外は未詳。前五世紀の高名な将軍キモンの子孫という推測がある。

(4) アテナイの三段櫂船建造用の木材などの輸入拠点、また戦略上の要衝の地であったアンピポリスは、前三五七年ピリッポスに占領された。第一次対マケドニア使節は、アンピポリス奪還が最重要課題の一であった。

(5) 簡単に黙らせられる、の意の慣用表現。

(6) アテナイ市民レオステネスは前三六一年ペライのアレクサンドロスとの海戦に敗北して、売国の罪で死刑と財産没収を宣告され、マケドニアに亡命していた。アンピポリスが返還されれば、アテナイ人の彼に対する怒りはおさまって、帰国を許されるだろう、の含意。

(7) 塩と食卓をともにした同僚使節やアイスキネスを告発すれば、ポリスの塩と公の食卓を重んじるはずのデモステネスは、これらを汚すことになる、との論法。デモステネスは『使節職務不履行について（第十九弁論）』一八九—一九一においてこの議論を先取りして、アイスキネスは収賄という裏切り行為によって塩と食卓を汚したと言い、また政務審議会議員における と同様、同じ食卓につき同じ塩を口にすることで同僚からの免責を得ることはありえない、とアイスキネス告発の正当性を主張している。ポリスについては補註N参照。

者でもなく、——言っておかねばなりませんが——われらが血を分けた同胞でもないにもかかわらず[1]。二三　それにひきかえ神殿と父祖代々の墓を祖国の地に持ち、自由人にふさわしい暮らしとつき合いをして、法に則った結婚と親戚と子供を持つわれわれは、アテナイにいる間は諸君に信頼されていながら——さもなくば［使節に］選出されなかったでしょうから——、マケドニアへ行くやたちまち売国奴になりました。ところが身体のひとかけらすら[2]売らずには済まさなかった男の方は、ギリシア人に貢納金を査定したアリステイデス[3]を気取って、苦虫を噛み潰して収賄に唾を吐きかけています。

二四　では私が順番に詳細にわたって告発事項の一つ一つに答弁できるように、われわれが諸君を代表して言った言葉と、次にわがポリスの大恩人なるデモステネスがした発言を聞いていただきたい。そして陪審員諸君、静粛に公正な態度で聞いていただいている諸君全員に、私は深甚なる敬意を表わします。もし万が一告発事項を突き崩せなかったら、諸君ではなく私自身にその責めを負わせましょう。

二五　さて年長者が使節の目的について述べた後、われわれが発言する順番が来ました[4]。そこで私が言ったことの一部始終とそれに対するピリッポスの答えは、民会で全市民に向かって包み隠さず報告しましたので、ここで要点を諸君に思い出していただきましょう。二六　まず私はピリッポスに、祖先代々諸君が示してきた友好精神と彼の父アミュンタスに施した恩義[5]を、どれ一つとして省略せずに順番に思い出させて、次に彼自身が受けた恩恵の生き証人である事柄を語り述べました。すなわちアミュンタスが死に、長兄アレクサンドロスも死んで間もなく[6]、ペルディッカスとピリッポスはまだ幼く、彼らの母エウリュディケが腹心と思われていた者どもに裏切られたときのことです。二七　パウサニアスが王権を狙って戻ってきていました[7]。

亡命の身の上ではあったもののパウサニアスは時を得て力を持ち、多数の者に支持されてギリシアの兵力を味方に、アンテムス、テルマ、ストレプサ[8]その他の地を手に入れていました。マケドニアがまだ統一されていない中で、大多数がパウサニアスに靡いていました。そういう状況の頃、アテナイはアンピポリス制圧の

---

(1) 論敵の出自、血統などへのこきおろしは法廷闘争の常套。ここではデモステネスが非アテナイ人の血をひく、というほのめかし。アイスキネスは前三三〇年の『クテシポン弾劾(第三弁論)』一七二で、デモステネスの母方の祖母はスキュティア人であったと言うが、侮蔑的発言ではあるものの、市民権を損なうものではない。前四五一／五〇年の父母ともにアテナイ人であることを市民権の条件とする法律は、ペロポンネソス戦争後期に事実上崩れ、前四〇三年の民主政再興によって復活したといわれる。デモステネスの母の生年が前四〇三年以前であれば、彼の市民権は否定されない。

(2) 多くの写本では「声の出どころさえも」の字句が入るが、Blass は削除記号を付している。読むならば、金銭を受けて演説することと性的暗示が隠されている。八八節参照。

(3) アリステイデスは前四七八年アテナイを盟主に結成されたデロス同盟で、各加盟国の貢納金査定役を公正に務めたことで「正義の人」と呼ばれた。ほかにも「正義」に徹した人となりを伝える逸話が多い。

(4) 使節団中最年少であったデモステネス(三八歳)と次に若かったアイスキネスに順番が回ってきて、の意。

(5) 前三八〇年代後半の二年間マケドニア王位にあったアルガイオスを排斥して、アテナイはアミュンタス三世(前三九三―三七〇年)を助けて復位させた。

(6) 前三六九年アミュンタス三世の後を襲った息子アレクサンドロス二世は、翌年に彼の兄弟ペルディッカスの摂政を務めたプトレマイオスによって暗殺された。

(7) アレクサンドロス二世のプトレマイオスによる暗殺後、プトレマイオスと愛人関係にあったエウリュディケ(ペルディッカスとピリッポスの母)が王権を支配したが、アミュンタス三世によって追放されていたパウサニアスがこれを脅かした。

(8) テルマはテルメ湾の北東岸に、アンテムスはその東寄りに、ストレプサは湾の先端に位置する。

ためにイピクラテスを将軍に選びました[1]——というのはアンピポリスでは原住民が街を支配して、土地の収益をひとりじめにしていたからです[2]。

二八　イピクラテスは最初街を包囲するというよりも情勢を偵察するつもりでわずかな船しか持たずに来ましたが、「そのとき」と私は言葉を継いで言いました、「殿下［ピリッポス］の母君エウリュディケはイピクラテスを呼び寄せられ、その場にいた者がみなこぞって証言するとおり、殿下のご兄弟ペルディッカスを彼［イピクラテス］の腕に抱かせて、幼い殿下を彼の膝に乗せてこう言われたのです。「この子たちの父アミュンタスは、生前そなたを息子と呼び[3]、アテナイと水魚の交わりを結びました。よってそなたは私人としてこの子らの兄弟であり、公人としてわが国の盟友なのです」。二九　そしてこの後母君はご兄弟のために、母君ご自身のために、王権のために、つまり生存のために懸命に嘆願されました[4]。これを聞いたイピクラテスはマケドニアからパウサニアスを追放し、殿下のために王権を救ったのです」。さてこの後私は摂政の地位についたプトレマイオスについて、いかなる忘恩非道の行ないをしたか、つまりはじめアンピポリスのためにわが国に敵して、アテナイがテバイと争うと［テバイと］同盟を結んだこと、そして次に王座についたペルディッカス[5]がアンピポリスをめぐってわが国と戦争をした、とそういう次第を話して聞かせました。三〇　そして不正を受けながらもなおわが国が示した寛容さについて委曲を尽くして語り、カリステネス[6]を将軍にペルディッカスと戦わせて諸君が勝ち、休戦条約を結んでとにかく公正な対応をしてもらいたいと願い続けていたことを話しました。ついでその関連で非難されないように、カリステネスを民会が死刑に処したのは、ペルディッカスとの休戦条約のせいではなく、別の罪状のためであったことを教えました。私はまたピリッポス自身についても言葉を控えず、［ペルディッカスを］引き継いでわが国に戦争をし続けていることを咎めました。三二　そして私の言ったこと全部の証拠として、そういう人たちの手紙と民会の決議文とカリステネスの休戦条約を揃えてみせました。ですからかの地とエンネア・ホドイと呼ばれる土地を［われ

（1）イピクラテスは前四世紀のアテナイの代表的将軍。前三九〇年のコリントスにおける戦勝をはじめとして、革新的軍事技術で名を挙げ、前四世紀前半のアテナイの軍事外交に貢献した。
（2）アテナイが前五世紀に入植者を送り込んだアンピポリスを、前四二四年スパルタのブラシダス将軍が奪ってラケダイモン人を入植させた。原住民は最初に入植したアテナイ人を嫌って、ブラシダスを慕った。デモステネスは『使節職務不履行について（第十九弁論）』一三七において、この後ペルシア王がアテナイのアンピポリス領有権を公認したかのように言っているが、歴史研究者は根拠薄弱と見る。アテナイは再領有を目指して軍事攻勢を繰り返したが、前三五七年ピリッポスによる包囲征服を許した。
（3）アルガイオスを斥けてアミュンタス三世を復位させたはたらきへの返礼として。
（4）ソポクレスの散佚悲劇『テレポス』の有名な命乞いの場面を模したとも言われるこの一件は、ペルディッカス、ピリッポス両兄弟ともに十代の少年であり、ピリッポスは人質としてテバイにあったという時間空間上の齟齬を指摘して、アテナイでのみ流布していたと考える論者がいる。
（5）ペルディッカスは、前三六五年プトレマイオスを暗殺してペルディッカス三世として即位した。
（6）カリステネスのこの将軍職は前三六三／六二年のこと。彼に対する死刑求刑は、ここではペルディッカスとの休戦協定ゆえではないと言われているが、確証はない。トラキア王コテュスに対する失策が訴因であった可能性がある。
（7）ピリッポス二世は兄ペルディッカス三世がイリュリア人との戦いで戦死した前三六〇／五九年、（おそらくその子アミュンタスの摂政を務めた後）即位した。
（8）九つの道、の意の地名で、アンピポリス市の西方に位置し、前四三六年アテナイによりアンピポリスの名のもとに植民地化された。

われが」最初に獲得したこと、そしてテセウスの子供たち[1]——そのひとりアカマスがかの地を妻の持参金として手に入れたと伝えられていますが——、それらについてはその機会に言うのがふさわしかったので、可能なかぎり正確詳細に話しましたが、いまはたぶん短く切り上げなければならないでしょう。そして古代の神話ではなく、われわれの時代の出来事による証拠についても、私は忘れずに言いました。[2] 三二 すなわちラケダイモン同盟と他のギリシア人が集まって、[3] ピリッポスの父アミュンタスもその一人だったときのことです。アミュンタスは代理を送って、自分の意図を万遺漏《ばん》なく実現する投票をさせましたが、それはアテナイ人のものなるアンピポリスを、[4] 他のギリシア人とともにアテナイ人の所有と認めるという投票でした。そしてこれらの証拠として、私はギリシ人の共同宣言と投票者名簿を公文書記録から出して見せました。三三 私は言いました、「アミュンタス王が言葉だけでなく投票をもって全ギリシア人の面前で放棄されたものを、王のご子息であられる殿下が要求されるのは正しくありません。たとえ戦争で獲得したのだから領有は正当だと反論されるとしても、[5] われわれを相手に戦って武力制圧されたのであれば、殿下は戦争の掟によって征服地を領有おできになるわけですが、アテナイの街なるアンピポリスをアンピポリス人から奪われたのであれば、彼らの土地をではなく、アテナイ人の土地を殿下は所持されていることになるではありませんか?[6]」

三四 こうしたことやそのほかの発言を私が終えると、いよいよデモステネスが使節として話す番が来たので、一同固唾を飲んでどんなすばらしい雄弁が聞けるかと待ちました。というのも後で聞いたところでは、彼のとてつもない豪語のことは、ピリッポスとその側近の耳にも届いていたからです。[7] そこでみながシーンとして耳を澄ましていますと、この人でなしは何かわけのわからない口上を、しかもまるで死人みたいに怯

(1) 伝説中のアテナイの国民的英雄。

(2) 底本の採る未来形を記す写本ではなく、過去形を記す写本、校訂に従う。

(3) アイスキネスがどの会議を指しているかの特定は困難であり、前三七一年のスパルタにおける和平協議を指す、またはデモステネス『使節職務不履行について(第十九弁論)』一三七で言及される会議(前三六九年あるいは前三六七/六六年)と同一のものを指す、など解釈が一定しない。

(4) 前四三六年アテナイが植民団を送り込んでアンピポリスと呼んだこの北方要衝の地は、爾来アテナイにとって不可欠の国外拠点となったが、ペロポンネソス戦争末期にこれを奪ったスパルタがのちに支配権を放棄したとき、土地の住民はアテナイの復権を拒否した。アテナイは幾度も海軍を派遣して復権を試みたが成功しなかった。即位後間もなくアンピポリス占拠という挙に出たピリッポスは、続くピュドナ侵攻の邪魔立てをしなければ、ピュドナ占拠後アンピポリスをアテナイに譲ると「約束」をした、ともっぱらアテナイでは言われたが、ピリッポスはその「約束」を反故にした(ただし「約束」の実体には懐疑的な研究者が多い。デモステネス『アリストクラテス弾劾(第二十三弁論)』一一六、同『オリュントス情勢について、第二演説(第二弁論)』六参照)。これがピリッポス-アテナイ間の一〇年余に及ぶ「アンピポリス戦争」(前三五七—三四六年)を引き起こしたと言われる。

(5) マケドニア王宮におけるアテナイ人使節のアンピポリス返還に関する発言について、デモステネスはアイスキネスがアンピポリスの名さえ出さず、一言も論じなかった、と言っている(『使節職務不履行について(第十九弁論)』二五三—二五四参照)。しかしアテナイのアンピポリス「領有」の正当性を神話時代に遡って説き起こしたこのアイスキネスの「語り」(二五—三九節)は、アテナイ使節団とピリッポスの接見場面を臨場感豊かに描き出して強く事実性を感じさせ、四四節の「証人」による裏付けもあるとして、研究者の多くが信憑性を認めている。

(6) このアイスキネスの議論は、前四二四年以後アテナイがじっさいには「領有」していなかったアンピポリスを「領有」していたとする前提で述べられているので、「領有」を主張していたアテナイ人の心情に支えられていたといえる。

(7) 原語ヘタイロイ ἑταῖροι は、マケドニア王宮ではピリッポスの饗宴仲間に使われた。「側近」「廷臣団」ほどの意か?

えきって言い、題目の始めからほんの少し喋ったところで急に黙りこくって立ち往生してしまい、とうとう一言も口が利けなくなりました。三五　彼の様子を見たピリッポスは、元気を出して、舞台に出ている「俳優の」ようにこれでもう駄目だとは考えないように、いや落ち着いて一つずつ思い出して用意したことを言うように、と励ましました。ですがデモステネスはいったん度を失って書いておいたことを忘れてしまうと自分を取り戻せず、[1]もう一度初めからやり直そうとして、同じように取り乱してしまったのです。沈黙が続き、触れ役がわれわれに退出を命じました。

三六　さてわれわれだけになったとき、この高潔の士デモステネスはおそろしく不機嫌な顔をして、私が祖国と同盟諸国を覆滅したと言いました。私だけではなく同行の使節たちみんながびっくりして、いったいどうしてそんなことを言うのかと尋ねますと、彼はアテナイがどんな状態にあるか忘れたのかと、そして民衆が疲労困憊して平和を切望していることを覚えていないのか、と私に問いかけました。三七「それともそんなに自信たっぷりなのは」と彼は言いました、「派遣決議はしたものの、乗員が乗り組むことは万に一つもない五〇隻の船[2]のせいか？　ピリッポスをすっかり怒らせて、あんな話のせいで戦争から平和ではなく、平和から宣戦布告なしの戦争[3]になるではないか」。私がこれに言い返そうとしたとき、ピリッポスの従者がわれわれを呼びました。

三八　われわれが入って行って着席すると、ピリッポスはただちに「われわれの」発言の一つ一つになにがしかの答えを言い始めましたが、当然のことながら私の発言にいちばん言葉を費やしました。というのはおそらく言うべきことを何一つ、私が言い落とさなかったからだと思います。そして答えながら何度も私の名を出しました。けれどもあんなふうに笑い者になってしまったデモステネスに対しては、一片の返答もなかったと思います。これはもう彼にとっては縛り首の苦しみでした。三九　それからピリッポスが友愛の話に転じると、彼［デモステネス］が私を非難してさきに同行の使節たちに言った脅し文句、すなわち私が戦争を引き起こし諍いのもとになるという言葉が、自分の身に降り掛かってきました。彼はもう明らかに完全に常軌を逸して、饗宴の席に招かれたときも、ひどくはしたないふるまいようでした。

四〇　使節任務を終わって帰国の途につくと、突然道中で彼はびっくりするような人懐っこい口調でわれわれ一人一人に話しかけてきました。それで「ケルコープス」とか「パイパレーマ」「パリンボロン」(4)と呼ばれるものとか、その類いの言葉がどういう意味なのか、以前は知りませんでしたが、いまやこうしてあらゆる悪習弊風を解説してもらって学び知ったというわけです。四一　われわれ一人一人を代わるがわるに脇

---

(1) デモステネスが即興演説は不得手で、つねに推敲を重ねた原稿に頼ったことへの辛辣な皮肉。アイスキネスは即興の演説が得意であった。

(2) 前三四六年初頭、南下の気配を見せたピリッポスを阻止するために、テルモピュライ防衛への助勢を求めたポキスに対し、アテナイは将軍プロクセノス率いる五〇隻の三段櫂船派遣を決議したが、ポキス側の違約で海軍は出動しなかった。第一次使節のピリッポスとの会談時、この民会決議は解除されておらず、五〇隻の三段櫂船は出動待機の状態のままであった（一三二―一三三節参照）。

(3) 原語「ポレモス・アケーリュクトス *πόλεμος ἀκήρυκτος*」は文字通りには「伝令によって布告されない戦争」で、交渉によっては和平あるいは休戦になりうる余地を残さない戦争の意。

(4) これらの語の正確な意味は不明だが、卑猥な連想を含む二重語義の俗語と推測される。

へ呼んで、ある者には友情出資（エラノス）(1)をして個人的なやりくりを助けてやろうと、また別の者には将軍に選ばれるよう取りはからってやろうと請け合いました。私にはついて回って［弁論の］才能を祝福するだの、さきに披露した弁舌がお見事だったのと褒めちぎるものだから、しまいには私もうんざりしました。ラリサで一同食事をともにしたときは、自分で自分をからかって発言中の失態を茶化してみせるかと思うと、ピリッポスは天下第一の傑物だと言うのでした。四二　それで私も相槌を打って、いやたしかにピリッポスはわれわれの発言をよく記憶してそれに答えた、と何かそんなふうに言い、いちばん年長だったクテシポンが、自分は非常に高齢だが、これだけの長《なが》の年月の間にこんなに気持ちのいい魅力的な人は見たことがないとつけ加えますと、このシシュポス奴(2)は、手を叩いて言いました、四三「だけどクテシポンよ、そんなことをあなたは民会の連中に言わない方がいいし、彼も――と私を指して――ピリッポスが弁舌に長け記憶力抜群だと、アテナイ人に向かって見境なく言いますまい」。私たちは無邪気に、いますぐお話する彼の悪巧みにも気付かず、これらを諸君に言うということについて、いわば合意の言質を取られてしまいました(3)。そして私には、アンピポリス奪回についてデモステネスもなにがしか発言をしたと忘れずに言ってくれとしつこく頼みました。

四四　ではここまでのことについては、同行の使節たちが私の証人です。その人たちをデモステネスは原告弁論でずっと罵詈罵倒し続けましたが、諸君を前にして演壇で彼が言ったことは諸君みずから聞かれましたから、私がこの後嘘をつくことはできません。そこで諸君に残りの話もどうか辛抱して聞いてくださるようお願いいたします。諸君が一人残らずケルソブレプテス(4)についての経緯《いきさつ》とポキスに関する非難(5)を聞きたがっておられることは、よくわかっています。ですから私も早くそれを言いたいのです。けれどもその前に起こったことを聞かれないと、その話にもついていけないでしょう。いま危険を冒しているのは私なのですから、私の立場から言わせていただくなら、私が不正を犯していないかぎり、諸君は十分な根拠に基づいて私を救うことができますし、原告被告双方が認める事柄を考量して、両者相対立する論点の是非を見ることもできましょう。

四五　さて帰国して政務審議会に使節任務の概要を報告し、ピリッポスの書簡(6)を届けたとき、デモステネスは審議会の同僚議員たちに向かってわれわれを賞賛する言葉を並べ、政務審議会の守護女神であるヘステ

(1) まとまった金額が必要になった人に無利子で友人などが貸し付ける金。

(2) 狡猾さの代名詞となった神話上の人物。欺瞞によって冥府から脱出したが、再度冥府に落とされ、巨岩を山頂まで転がして上げて、落下すれば再び転がし上げねばならないという永劫の罰を受けた。

(3) いまだ戦意を棄てていないアテナイ民会への帰国報告で、ピリッポスについて好意的に語るという、いわば危険な賭けの実行役をアイスキネスらに押し付けた、の意。

(4) トラキア東部の王。前三五七年以降アテナイと盟友関係にあったが、前三四六年にアテナイがピリッポスに対して結んだ「ピロクラテスの講和」に参加を望みながら果たせなかった。アイスキネスの謀略によってそうなったというのがデモステネスの告発の主要点の一。

(5)「ピロクラテスの講和」がアテナイ民会の協議を経て決議発効するまでのアイスキネスの企みによって、盟友国ポキスがピリッポスに殲滅された、というのがデモステネスの告発の主要点の一。

(6) 講和のみならず同盟をも希望する旨を表わしたアテナイ民会宛の書簡(デモステネス『使節職務不履行について(第十九弁論)』四〇、さらに擬デモステネス『ハロンネソスについて(第七弁論)』三三をも参照)。

ィア[1]にかけて、その雄弁さといい忠誠心といい、わがポリスにふさわしいこのような使節たちを送ったからというのでアテナイを祝福しました。四六　私については、使節職務のために私を選出した人たちの期待を裏切らなかった、と何かそんなふうなことを言いました。とどのつまりはわれわれ各人に民会への忠誠を賞してオリーヴの冠を授け、プリュタネイオンでの招宴[2]に翌日あずからせるようにと提案したのです。私が諸君に言ったことに嘘偽りがないという証拠に、書記の方は民会決議を取り上げ、同行した使節たちの証言を読んでください。

民会決議　証言（複数）

四七　さてわれわれが民会で使節職務の報告をしたとき、まずいちばんにクテシポンが進み出て、あれやこれやにあわせて自分が諸君に言うとデモステネスに同意していたこと、つまりピリッポスの受け答えや容姿、それに豪快な飲みっぷりなどを話しました。次にピロクラテスとデルキュロス[3]が短く報告をした後、私が進み出ました。四八　使節職務の一般的な報告をした後、私が使節仲間で申し合わせていた話に進んで、ピリッポスは記憶力抜群で弁舌すこぶるさわやかだと言いました。そして、デモステネスに頼まれていたこと、すなわち、われわれほかの者がもし言い落としたら、アンピポリスについて言うのを彼の役目とするという申し合わせを忘れていませんでした。四九　われわれみなに続いて、デモステネスが最後に立ち、例の仰山らしい身振りで頭を掻きながら、民会出席者が私の報告を諒として満足しているのを見て言いました、聴衆にも使節たちにも両方に驚きを禁じえない、なぜなら一方は協議するべき時間を、他方は献策するべき時間をいたずらに失って、自国の問題を考えるべきときに他国の噂話にうつつを抜かして時間を浪費しているとは！　だって使節職務の報告ぐらい簡単なものはないじゃあありませんか、と。五〇「それがどういうふうに行なわれるべきかを諸君にお見せしたいと思います」と彼は言いました。そう言いながら民会決議(4)の朗読を命じました。朗読が終わると彼は言いました。「この民会決議に従ってわれわれは使節として派遣され、ここに書かれている任務をわれわれは履行しました。ではわれわれがピリッポスから持ち帰った書簡を出してください」。それが読まれたところで彼は言いました、「これが諸君への返答です。後は諸君が協議するだけです」。

五一　そこでざわめきが起こって、なんという簡にして要を得た見事な言いようと叫ぶ者もいましたが、

(1) 家の守護神としてのかまどの神ヘスティアの祭壇が各家庭にあったが、政務審議会議事堂にも同様に、国家の守護神としてのヘスティアの祭壇があった。

(2) 顕著な功績のあった市民を顕彰するために、プリュタネイオンすなわち市の公会堂において、公費による会食に招くという慣わしがあった。外国からの賓客もこの饗応を受けた。デモステネスは「まだこの者たちの演説も不正行為も明らかになってはいなかったので」自分は使節任務を賞賛し、招宴を提案した、と言って(『使節職務不履行について(第十九弁論)』二三四参照)、予想されるアイスキネスの反撃をあらかじめ論駁している。

(3) 前三四六年「ピロクラテスの講和」締結のためマケドニアに派遣された一〇人の使節の一人。前三一九／一八年に将軍。

(4) 前三四六年(あるいは前三四七年か)、ピロクラテスの提案により和議のためマケドニアに使節を派遣することを決定した民会決議。

たいていの人はずるくて嫌味だと言いますと、「いいですか」と彼は言いました、「ほかのこともすべて簡潔に報告しましょう。アイスキネスにはピリッポスが弁舌さわやかだと見えましたが、私にはそうは思えませんでした。彼の幸運の衣を剝いで別の人間に着せれば、その者はさして見劣りしないでしょう。五二 クテシポンにはピリッポスが容姿端麗と見えましたが、私には精々俳優アリストデモス程度だと思えました」。(アリストデモスはわれわれ使節の一人でした。)「記憶力抜群だと言う人がいます。でもそんな人はほかにもいます。見事な飲みっぷりだと言う人がいます。でもわがピロクラテスにはかないません。アンピポリスについては私に出番が残されていた、と言う人がいます。けれども諸君にも私にも、この弁論家は演説の機会を譲ってくれないではありませんか。[1] 五三 ですからこれらはただの馬鹿話です」と彼は言いました、「ですが私としては民会決議案を提出して、ピリッポスの遣わす伝令と彼がアテナイに送る使節のために[安全確保の]休戦を敷くよう提案し、[2] その使節たちが到着すれば、講和だけでなく同盟締結についても協議するために、プリュタネイス[政務審議会執行部]が民会を二日連続で開くように、[3] そしてわれわれ使節たちには、その功ありと認めるならば顕彰を行ない、明日のプリュタネイオンでの食事に招待するよう動議を出しましょう」。五四 私の言うことが事実であることを示すために、どうか陪審員諸君、それらの民会決議を取り出して、この男がいかに支離滅裂で嫉妬深いか、いかに万事をピロクラテスと一緒にやったか、そして謀略に長けた、信用のならないその性格を見ていただきたい。そして一緒に務めた使節たちを呼び出して、彼らの証言を読んでください。

民会決議（複数）

五五　ところで彼はこうしたことだけではなく、これに続いて政務審議会で、ピリッポスの使節たちが到着したらディオニュシア祭での観劇[4]を許すようにという動議を出しました。その民会決議も読んでください。

民会決議

では同行使節たちの証言も読んで、アテナイ人諸君、見ていただきたい、デモステネスには国家のために弁ずる能力がなく、食卓と灌奠《かんてん》[5]を分かち合った友に弁駁するためにのみ訓練を積んでいるということを。

証　言

（1）デモステネス『使節職務不履行について（第十九弁論）』二五三―二五四参照。

（2）マケドニアは前三五七年以来名目上アテナイと交戦国関係にあったから、和議のためにはまず伝令を出して休戦を敷き、道中の安全を確保した上で使節を送る必要があった。

（3）民会は政務審議会執行部（プリュタネイス）（補註C参照）によって準備召集された。

（4）毎年春（三月末頃）行なわれる大ディオニュシア祭（市のディオニュシア祭）の呼び物は悲劇喜劇の上演であり、来訪使節は貴賓席での観劇に招かれた。

（5）食卓と灌奠をともにする、は友愛のしるしとされた。灌奠は同席者がともに神慮を願って神酒を灌ぎ供えること。

五六　とすると講和締結を共同して実現させたのは私とピロクラテスではなく、デモステネスとピロクラテスであることがおわかりいただけたでしょうし、私は自分が言ったことの十分な証拠を出したと信じます。なぜなら報告そのものについては諸君自身が証人であり、マケドニアで言われたことと道中われわれに起こったことについては、同行した使節たちを私は証人としたからです。そしてデモステネスによって述べられた原告弁論を諸君はたったいま聞かれてまだ記憶しておられるでしょうが、彼がその最初に取り上げたのは講和について私がした民会演説です。(1)　五七　原告弁論のこの部分でまったく嘘でたらめを言って、彼はあの演説がなされた時のことで怒りをあらわにしました。あの演説がギリシア諸国からの使節たちの面前で行なわれたと彼は言うのです。その使節たちは、必要ならば共同でピリッポスと戦い、講和の方が国益に適うと思うならそれを共有するために、［アテナイ］民会の招請に応えてギリシア諸国から［アテナイに］送られる使節たちでした。(2)　ではこの重大事におけるこの男の欺瞞とてつもない破廉恥ぶりを見てください。五八すなわちピリッポスとの戦争を諸君がまだ続行していたとき、ギリシア諸国に諸君が送った使節たちの、選出の日付けと名前は公文書に記されており、彼ら自身はマケドニアではなくアテナイにいます。他国の使節たちの民会における発言の機会は、政務審議会が先議によって決めます。(3)　デモステネスは、他国の使節たちが同席していたと言います。五九　ではデモステネスよ、私の答弁中にこの演壇に登って、使節がそのとき到着していたと君の言うギリシアの国の名を、どれでもいいから言ってみたまえ。そして政務審議会議事録の彼らに関する先議を［書記に］読んでもらいたまえ。そしてわれわれが諸国に送ったアテナイ人使節たちを証人に呼びたまえ。もし彼らがアテナイの講和締結のときに帰国していて国外に出ていなかったと証言するなら、あるいは彼らが政務審議会に対してした発言請求やそのとき決議されたと君の言う民会決議を出してみせるなら、私は降壇して死刑を［自分に］量刑提案しよう。(4)

(1) デモステネス『使節職務不履行について（第十九弁論）』一三―一六を指す。すなわち第一次使節帰国後の民会における演説。六三節および一三三頁註（1）参照。

(2) 前三四八年アテナイは他のギリシア諸国に対ピリッポス共同戦線を呼びかけて、その協議のため使節を派遣するよう招請したが（デモステネス『使節職務不履行について（第十九弁論）』三〇四参照）、失敗に終わった。約二年後再度共同戦線協議への招請を受けた諸国には、「得策と思われるならば講和を共有する」という選択肢も与えられていた。第一次対マケドニア使節団帰国後の講和締結の討議のための民会（エラペボリオン月十八、十九日）に出席が期待されていたそれら他国使節たちは、すでに到着していたとデモステネスが原告弁論で言ったことを（デモステネス『使節職務不履行について（第十九弁論）』一六参照）、アイスキネスは虚偽と非難している。一三年後の『クテシポン弾劾（第三弁論）』六八においてふたたびアイスキネスは、他国の使節の到着を待たずに講和条約の締結を急いだデモステネスを、拙速と非難している。その答弁『冠について（第十八弁論）』二三―二四（前三三〇年）において、デモステネスは「そのときギリシアのどの国にも使節は派遣されておらず、どの国も久しい以前に打診済みであったので」と、前言を翻している。

(3) 他国の使節たちがアテナイ民会で発言するためには、政務審議会に申請しなければならなかった。また民会の議事はすべて政務審議会の先議を経ていなければならなかった。アリストテレス『アテナイ人の国制』第四十三章六および第四十五章四参照。

(4) 五節および一〇三頁註（7）、『ティマルコス弾劾（第一弁論）』一五および一三頁註（1）参照。

六〇　では同盟諸国[1]の決議文には何と書いてあるか、それも読んでください。そこにははっきりこう書かれています。「アテナイ民会がピリッポスに対する和議を協議しており、ギリシア人の自由を守るべく諸国に呼びかける目的でアテナイ民会が各地に送った使節たちがまだ帰国していないため、同盟諸国は以下のことを決議した。すなわち使節たちが帰国して、アテナイ市民と同盟者たちに使節任務の報告を行なったならば、プリュタネイス［政務審議会執行部］は法に則って二回の民会を公告し、その民会においてアテナイ市民は講和について協議する。アテナイ民会による協議をもって、同盟諸国の共通の決議とすることとする」。では この同盟国会議の決議文を読んでください。

［第二次アテナイ海上軍事］同盟国会議の決議文

六一　ではどうか比較のために、デモステネスの動議による民会決議文も読んでください。それには市のディオニュシア祭とディオニュソス神域内における民会[2]後、十八日、十九日と二回の民会を政務審議会執行部は召集せよと書かれています。彼はギリシア諸国からの使節たちが到着する前に民会が開かれるようにと、何喰わぬ顔で[3]この日取りを決めました。さらに同盟諸国の決議文は──私もそれを支持しました──諸君が講和だけを協議することを命じていますが、デモステネスは同盟締結についても協議するよう命じています。みなさん［陪審員団］にその民会決議案を読んであげてください。

六二　両方の決議を諸君は聞かれましたが、アテナイ人諸君、それによってデモステネスが不在の使節たちを［アテナイに］いると言い、諸君が了承するつもりであった同盟国会議の決議を無効にしたことが証明されています。同盟国会議議員たちは、ギリシア諸国からの使節たちの到着を待つべきだとはっきり言っていましたが、誰よりも恥知らずに素早く手を変えるデモステネスは、すぐさま協議決着するように指図して、口舌ばかりか、実力行使と民会決議によって諸君が待つのを妨げたのです[4]。

六三　そして彼はこう言いました、一回目の民会でピロクラテスが演説した後、私が登壇して不面目でアテナイにふさわしくないと言ってピロクラテスの講和案に文句をつけておきながら、翌日にはピロクラテス支持の演説をして、戦争だの父祖たちの戦勝碑だのと言う連中に耳を貸すな、［他の］ギリシア人を助ける

（1）第二次アテナイ海上軍事同盟加入国を指す。加入諸国による同盟国会議（シュネドロン）が、アテナイ民会に対しては従属的であったことがこの節の記述などから判明する。前節で言及される「ギリシア諸国」は、シュネドロン以外の国々。

（2）大ディオニュシア祭終了後ディオニュソス劇場において行なわれる民会で、祭礼期間中に起こった問題が討議処理されるのが恒例であった。

（3）送り出されたアテナイ人使節の帰還（六〇節）とともに、ギリシア諸国からの使節の来訪も期待されていた。

（4）「実力行使」とは、早期協議決着を命じる民会決議案の可決を誘導したこと。デモステネスの提案を民会出席者は拒否しようと思えばできた。アイスキネスの誇張か？

な、と諸君を言いくるめて民会を手玉に取った、と。(1) 六四 彼のこの告発は嘘であるばかりかそんなことはありえないということを、彼自身自分で自分を否定するような証言一つを出して示すでしょう。第二には全アテナイ人と諸君の記憶が、そして第三には攻撃内容の信じがたさが証拠となりますが、第四の証拠は、政治で活躍している逸材アミュントル(2)が提出するでしょう。その彼にデモステネスは民会決議案を見せて、書記に手渡したものかどうかと相談していましたが、その文案はピロクラテスの文案の反対どころか寸分違わぬものでした。六五 ではどうかデモステネスの民会決議(3)を取り上げて読んでください。そこには第一日目の民会で望む者は誰でも献策意見を出し、第二日目の民会で議長団(4)が決議案を投票にかけ、演説は予定外とする、とはっきり書いてあります。しかるにその二日目に私がピロクラテス支持の発言をしたと、デモステネスは言うのです。

民会決議

六六 とすると民会決議は最初に書かれたままであるのに対して、誣告常習犯(5)たちの言い草はその日のご都合次第なのです。原告は私が民会演説を二度したと言っていますが、民会決議と真実によれば一度です。なぜなら議長団が二日目に討論を許さなかったのであれば、発言する機会はなかったはずですから。それに私がピロクラテスと同じ政策を採っていたとすれば、どうして同じ聴衆の前で一日目に非難しておいて、一夜明けて二日目に賛成演説をする気になったでしょうか？ 自分の評判を高めるためか、それともピロクラテスを助けるためだというのですか？　いえ両方ともできるわけがなく、みんなの憎しみを買うばかりで何も得るところはなかったでしょう。

六七　ではヘルキア区のアミュントルを呼んで、その証言を読んでください。ですがまずその内容を諸君とともに見てみましょう。「アミュントルはアイスキネスのために証言する。民会がピリッポスに対する同盟についてデモステネスの民会決議に従って協議した際、二日にわたる民会の第二日目に、演説は許されず、講和と同盟に関する民会決議への採決が行なわれるはずであったが、六八　その民会において、隣席にいたデモステネスは自分［アミュントル］にデモステネスの署名のある民会決議案を見せて、採決のためそれを議長団に提出すべきか否かを自分［アミュントル］に相談した。それには講和と同盟を結ぶというデモステ

（1）デモステネス『使節職務不履行について（第十九弁論）』一三―一六を指す。この発言をアイスキネスは七五、一三八、一七一節でも取り上げて再び反撃している。

（2）この箇所以外は未詳。

（3）六一節で言及されたデモステネスの動議によるもので、第一日目（エラペボリオン月十八日）を講和締結についての討論に、第二日目（エラペボリオン月十九日）をその投票に当てるなどの民会議事日程が記載された民会決議。

（4）前四世紀、政務審議会と民会では、政務審議会執行部（プリュタネイス）の当番に当たった部族以外の九部族から各一名の政務審議会議員たちが、会議開催当日の朝抽選で選ばれて九人の議長団（プロエドロイ）を構成して議事進行を司った。その中から籤で選ばれた一人がエピスタテース（議長）と呼ばれて議長団を代表した。

（5）誣告常習犯（シューコパンテース）は、金銭的利益を目的にゆすり、たかり、密告などによって裁判制度を悪用する告訴常習者を指し、ここではデモステネスを貶《おとし》めてそう呼んでいる。五節および一〇三頁註（6）参照。『クテシポン弾劾（第三弁論）』においても、アイスキネスはデモステネスを五回この名で呼んでいる。

ネスによる提案の条件が書かれていて、それらはピロクラテス提案の条件と同じものであった」。ではどうかヘルキア区のアミュントルを呼んで、ここへ来ることを望まないのであれば、強制召喚(1)をしてください。

証　言

六九　諸君は証言を聞かれました。ではいったい、アテナイ人諸君、デモステネスが私を告発したのか、それとも逆に彼が自分自身を告発しているのか、どちらなのかを考えていただきたい。それにまたデモステネスは私の民会演説を誹謗中傷して、発言内容を歪曲していますが、私は逃げる気はないし、そのとき言ったことのどれ一つ撤回もしなければ恥じもせず、むしろ誇りにさえ思っています。

七〇　ですが諸君が協議をした時と状況(2)を思い出していただきたい。というのはわれわれの戦争のそもそもの始まりはアンピポリス問題でありましたが、われらが将軍(3)がその戦争中に、七五の同盟国を失う(4)という憂き目にあわせてくれました。それらはコノンの子ティモテオス(5)が獲得して同盟国会議（シュネドリオン）に加入させた同盟国でした（遠慮会釈なく言うつもりです。そして自由に真実を語ることによって無罪放免とされたい。でも違う裁断をされるなら、お好きな処遇を私に与えていただきたい。私は言葉を控えはしません）。七一　そしてカレスの裁判で原告が決まって明かすことですが、一五〇隻の三段櫂船を造船所から持ち出しておいて持ち帰れなかったそうですし、演壇や民会がらみのお雇い人への支払い(6)は別としても、一五〇〇タラントンを兵隊ではなく、デイアレス某やデイピュロス某、ポリュポンテス某(7)といった、ギリシア中

から集めた流れ者の法螺吹き大将たちのために浪費したそうです。その者たちは哀れな島嶼の住民から毎年

(1) 証人が召喚に応じない場合、強制召喚（クレーテウシス）に訴えて、拒否すれば一〇〇〇ドラクマの罰金を科すことが可能であった。ここで証人が拒否する可能性を装っているのは、敵側の証言と見えるなら、それだけ証言の信憑性が高まり、アイスキネスに有利にはたらくからであろう。『ティマルコス弾劾（第一弁論）』四六および二九頁註（1）参照。

(2) 前三四六年初め、対ピリッポスの和平交渉について民会討議をした時点を指すが、その仕儀に至った前三五七年のピリッポスによるアンピポリス占領（同年に同盟国戦争勃発）に遡って論じる。

(3) 次節で名を出す将軍カレスを指す。カレスは前四世紀に最多数回将軍に選ばれた者の一人であり、その活動は前三六〇―三二〇年代にわたった。三四〇年代にかかる北方戦略では、ピリッポスの侵攻を食い止める功もあったが、盟友国への過酷な扱いや、配下の傭兵の略奪狼藉、みずからの浪費癖などのために批判者が多く（イソクラテス『平和演説（第八弁論）』五〇、アテナイオス『食卓の賢人たち』第十二巻五三二c―d参照）幾度も裁判にかけられたが、そのつど無罪放免された。デモステネスは『使節職務不履行について（第十九弁論）』三三二においてカレスを擁護している。

(4) 第二次アテナイ海上軍事同盟からの離反国として同盟国戦争（前三五七―三五五年）を戦ったビュザンティオン、キオス、コス、ロドスのほか、失われた同盟国は多数を数えるが、七五という数は極端な誇張とする研究者の指摘がある。

(5) 名将コノンの息子で、前四世紀前半のアテナイを代表する将軍の一人であるティモテオスは、第二次アテナイ海上軍事同盟の設立（前三七八／七七年）発展に寄与し、その活躍は前三五七―三五五年の同盟国戦争まで続いたが、前三五四／五三年売国のかどで一〇〇タラントンの重罰金刑を受け、エウボイアのカルキスに亡命して、その地で死んだ。イソクラテスの高弟としても知られた。

(6) 指揮官や将軍たちが民会の支持を得るために、弁論家を買収して自分の功績を民会で吹聴させた顕著な例として、カレスが応援演説、民会決議案可決のための資金をアテナイに残して遠征したことが知られる（アテナイオス『食卓の賢人たち』第十二巻五三二c参照）。

(7) カレス配下の傭兵指揮者たち。傭兵については補註P参照。

六〇タラントンの拠出金[1]を徴発し、公海領域から商船とギリシア人を捕まえてきました。七二　そこで名声と全ギリシアの覇権の代わりに、わがポリスはミュオンネソスと海賊の令名でいっぱいになりました[2]。ところがピリッポスは本拠地マケドニアを出て、もはやアンピポリスではなく、すでにわが領地であるレムノスやインブロス、それにスキュロス[3]をめぐってわれわれと争っていたのです。わが同胞市民たちは、アテナイの領土と公認されているケロネソス[4]を放棄し始めていました。諸君は恐怖と混乱のうちに、法定の民会よりも数多く臨時民会を開かねばなりませんでした[5]。七三　事態はかくも危急かつ切迫していましたので、カレスの友人で仲間の一人であるパイアニア区のケピソポン[6]が民会決議案を上程し、附属船隊の責任者であるアンティオコスは即刻出航して艦隊総指揮に当たっている将軍をどこかで見つけ出し、こう伝えるべし、と提案するしかなかったのです。すなわちアテナイ民会は、ピリッポスがアテナイの領土であるケロネソスに進軍しているのに、市民が派遣した将軍の所在も、軍勢がどこにいるのかも知らないことに驚いている、と。私が真実を述べていることを知るため、どうか諸君は民会決議を聞き、戦争を思い出していただきたい、そして講和を責めるなら、使節たちではなく、軍事指導者を問責していただきたい。

民会決議

七四　講和が討議されたときの状況はこうでした。弁論家[7]たちが結託して立ち、国家の安全について提案しようともせずに、アクロポリスのプロピュライア門[8]を見よ、サラミスの海戦[9]を、父祖たちの墓と戦勝碑を思い起こせと諸君を叱咤したのでした。七五　私は、これらすべてを記憶しておかなければならないが、祖先の英知には倣うが、その過ちや時を得ぬ競争心には用心すべきだと言いました。ペルシア人に敵したプラ

(1)拠出金（シュンタクシス）は、アテナイが第二次海上軍事同盟加入国から徴収した上納金。第一次海上軍事同盟（デロス同盟）加入国から徴収した貢納金（ポロス）の名称を替えたものであり、第二次海上軍事同盟の帝国主義化に伴い、任意から強制に変わった。

(2)ミュオンネソスはマリア湾沖、ギリシア本土とエウボイア島北岸の間にある小島。海賊の巣として有名。従軍を厭い、血税（戦時財産税）を取られてでも傭兵を使う方がましという風潮が濃厚になる前四世紀、傭兵を主とするアテナイ海軍の海賊まがいの略奪狼藉は各地で恐怖と憎悪を生んだ。イソクラテス『ピリッポスに与う（第五弁論）』九六、同『平和演説（第八弁論）』四四参照。

(3)これら三島は、アテナイ第一の穀物輸入先である黒海からの海路を結ぶ位置にあった。前三八七／八六年のアンタルキダスの講和でアテナイは小アジアの諸都市を失ったが、この三島の領有権だけは認められた。

(4)本来トラキア人の地であったが、アテナイが植民地経営をしていた半島。黒海からの穀物輸入海路上の重要拠点。

(5)臨時民会（エックレーシアー・シュンクレートス）については、法定の開催数に加えて召集される民会とする解釈と、四日前公示の原則より短い公告期間で召集される民会とする解釈と、諸家の見解が分かれる。

(6)時に応じてマケドニア敵対派と和平派との間を揺曳していたとされる政治家。

(7)「弁論家」は政治家と同義。

(8)プロピュライア門は、アテナイの守護女神アテナを祀るパルテノン神殿への前門。アテナイの伝統と繁栄のシンボルとされ、民会会場であるプニュクスの丘から西方に目をやると最初に見えた。

(9)前四八〇年アテナイがペルシアの大軍に圧勝したサラミス湾における海戦。

タイアの白兵戦(1)、サラミスの戦い、マラトンの戦闘(2)、アルテミシオンの海戦、一〇〇〇〇人のアテナイ精鋭軍を率いて敵地ペロポンネソスの真ん中を無人の野を行くごとく進撃した将軍トルミデス(3)の偉業には、これと競おうと努めるべきだが、七六 レオンティノイ人を助けるつもりで出兵させたシケリア遠征(4)などは避けねばならない、つまり敵兵がわが領土に侵入し、デケレイア(5)に城塞を築いたときのことであり、またあの最終的愚行(6)もしかり、すなわちわれわれが戦いに敗れたとき、ラケダイモン人がわが方にアッティカのみならずレムノス島、インブロス島、スキュロス島の保有を認め、法治民主制国家の維持を認めつつ講和を結ぶよう申し入れてきたとき(7)、市民たちはそのどれをも選ばず、兵力もないのに戦うことを望みましたが、あの竪琴造りのクレオポン(8)が、――なりふり構わず不正に区民登録簿に登録し、金をばらまいて市民を買収し、足枷をはめられていたことで多くの人に記憶されている男ですが――講和を口にする者は誰であれ、喉首掻き切ってくれようと短剣で脅したのでした。七七 とうとう国をあんな状態にしてしまったので、和議なら大歓迎という始末になり、何もかも放棄して城壁を取り壊し(9)、駐留軍とラケダイモン人の総督を受け入れ(10)、民主政を棄てて三十人政権(11)に従ったところ、その三十人は一五〇〇人の市民を裁判なしで死刑に付したのでし

(1) 前四七九年ペルシアの陸上部隊はプラタイアでアテナイとスパルタによる猛攻撃を受け、前年のサラミスの海戦における敗北にあわせて、ペルシア王クセルクセスはギリシア征伐意志を挫かれた。

(2) 前四九〇年アテナイがペルシア軍に圧勝したマラトンの野における戦い。

(3) トルミデスは前五世紀の第一次海上軍事同盟(デロス同盟)の帝国主義化の最前線で活躍した将軍。前四四七年中央

ギリシアのコロネイアで戦死した。トゥキュディデス『歴史』第一巻一〇八、一一三、第三巻二〇参照。
（4）スパルタとその同盟国を敵に回して前四三〇年に始めたペロポンネソス戦争で、アテナイは前四一五年敗色濃く、起死回生を期してシケリア遠征を試みたが、二年後に惨敗した。シケリア島には古くからギリシア人が入植していたが、前四二八年ドリス系植民都市のシュラクサイ人との戦いに、イオニア系植民都市のレオンティノイ人はアテナイの援軍を求めた。前四一五年のシケリア遠征は「レオンティノイ人を助ける」が大義の一つであった。トゥキュディデス『歴史』第三巻八六、第六巻二〇参照。
（5）ペロポンネソス戦争中の前四一三年から前四〇四年の終戦まで、アテナイの東北方パルネス山下の交通の要衝の地デケレイアをスパルタ軍が占拠していた。
（6）アテナイがペロポンネソス戦争最終盤で、和議を打診してきたスパルタ（前四一〇年、前四〇六年）の比較的緩やかな条件を拒絶して、前四〇四年の降伏に至ったことを指す。
（7）レムノス、インブロス、スキュロス三島の保有は、前三八七／八六年のアンタルキダスの講和においても認められた。
（8）クレオポンはアリストテレス『アテナイ人の国制』第二十八章三などによれば、ペリクレス歿後のクレオンに続く前四一〇年代の政治家で、主戦論者。市民への二オボロスの手当の創設者とされ（碑文に基づいて、疎開籠城市民に支給された貧窮民救済手当とする解釈がある）、前四一〇年キュジコスの戦い、前四〇六年アルギヌーサイの海戦でアテナイが勝利を得たとき、よりゆるやかな条件で和議を提案してきたスパルタに敵対し続け、前四〇四年死刑に処せられた。「竪琴造りのクレオポン」はしばしば喜劇で揶揄攻撃の的にされて流布した呼び名。
（9）前四〇四年ペロポンネソス戦争における敗北後、アテナイに与えられた懲罰の一つとして、市街地からペイライエウス港までの長城およびペイライエウス周囲の城壁取り壊しがあった。
（10）前四〇四年ペロポンネソス戦争に敗北したアテナイに、戦勝国スパルタは駐留軍および総督（ハルモステース）を置いた。それ以前にもスパルタは、占領地デケレイア、またアテナイの支配から解放されたイオニア地方諸都市に総督を派遣していた。
（11）前四〇四年ペロポンネソス戦争に敗北したアテナイの民主政は、三〇人のスパルタの傀儡政権に取って代わられた。暴政化したこの三十人独裁政権を逃がれて亡命生活を送っていたトラシュブロス率いる市民有志は、翌年アッティカ国境上のピュレに集結し、ペイライエウス港を奪取して独裁政権を打倒した。

た。こういう愚行に用心せよ、しかしさっき言ったことは真似よ、と私が主張したことは認めます。というのもこういう話を他ならぬ、誰よりも親しい人から聞いたからです。七八　すなわち私どもの父アトロメトスは(1)——その父を君は知りもせず、壮年期にどんな人だったかを見もせずに悪しざまに言うが——それを言うならデモステネスよ、君の母方の血筋は、スキュタイの遊牧民(2)だったというのに——、三十人政権時代に亡命した父は、のちに民主政の復興に参加しました。そしてわれらの母の兄弟(3)であり、われわれの叔父にあたるアカルナイ区のグラウコスの子クレオブロスは、ブジュガイ家のデマイネトスとともに、ラケダイモン人の艦隊司令官ケイロンに海戦で勝利しました。(4)ですから国の苦難はわが家の苦難であり、幾度も聞かされた話でした。

七九　君は私が一万人の聴衆を前にアルカディアでした演説と使節任務(5)を槍玉にあげ、私が豹変したと言うが、自分は奴隷根性で脱走兵の烙印を押されたも同然じゃないか。私は戦争継続中は、力の及ぶかぎりアルカディア人と他のギリシア人を対ピリッポス戦に結集させようとしました。でも誰もアテナイを助けようとはせず、あるいは情勢の推移を待って右顧左眄し、あるいは参戦して［わが国をピリッポスと］ともに攻めようとする(6)一方で、国内では弁論家たちが戦争だのみで贅沢三昧の暮らしをするありさまだった(7)ので、たしかに私は民会でピリッポスと和平交渉に入り、講和を締結するよう献策しました。その講和をいま絶えて武器に触れたこともない君は恥さらしと宣《のたま》うが、私に言わせれば、戦争よりははるかに尊いものです。

八〇　アテナイ人諸君、諸君は使節たちをその職務の時と場合に応じて、また将軍たちをその統率下に置いた戦力に従って評価しなければなりません。なんとなれば諸君が彫像を建て(8)、貴賓席に座らせ、冠を授け、

(1) アイスキネスの父については一四七節および一七七頁註(4)—一七九頁註(3)、『クテシポン弾劾(第三弁論)』一九一および三〇九頁註(5)参照。

(2) 『クテシポン弾劾(第三弁論)』一七二でも、アイスキネスは悪態まじりにデモステネスの母方の祖母のスキュティア出自をあげつらっている。

(3) アイスキネスの母については一四八節および一七九頁註(4)参照。

(4) ペロポンネソス戦争におけるアテナイの敗北を決定的にしたアイゴスポタモイの海戦後、キュプロス島のエウアゴラス王のもとに身を寄せてその軍事的才能を恃まれていた将軍コノンは、前三九七/九六年僅か一隻の船で到着したアテナイの指揮官デマイネトス(名門ブジュガイ家出身)とともにスパルタ艦隊の追撃を挫いて勝利を収めた。アイスキネスは誇張あるいは一族内に伝わる手柄話に基づいて、叔父の功績を過大に語っている。

(5) デモステネス『使節職務不履行について(第十九弁論)』一一への抗弁。前三四八年、対ピリッポス共同戦線を呼びかけるため使節として派遣されたアイスキネスは、アルカディア連盟加入国代表一万人を前に演説した。しかし、すでに親マケドニア派が勢力を得つつあるギリシア諸国の賛同は得られなかった。

(6) 「[わが国をピリッポスと]ともに攻めよう」はピリッポスに与したテッサリアの動き(一三二節)を指すか。

(7) 字義どおりには「戦争を日々の浪費をまかなうためのコレーゴス(合唱舞踏隊奉仕役)にして」。合唱舞踏隊奉仕役は、国家祭礼における演劇上演のために、合唱舞踏隊の準備訓練などの必要経費を負担する富裕市民。傭兵数を水増しして報告し、賃金支給額を増やす陸軍監査官や、出動艦船の新旧船長間に生じた諍いを自分に好都合に調停する水軍発送官など、軍事関連の公職者が職権を利用して悪事を行なう例が絶えなかったが(一七七節、『ティマルコス弾劾(第一弁論)』一一三、『クテシポン弾劾(第三弁論)』一四六参照)、国政を主導する「弁論家たち」が、これら軍事公職者に悪事暴露の脅しをかけ、金銭を得る、すなわち戦争から出る利益で日常の浪費をまかなう、の意。

(8) 国家への貢献が顕著であることを顕彰してアゴラなどに彫像を建てられることは、市民として受ける最高の栄誉であった。「貴賓席」は、ディオニュソス劇場で最前列席に座って観劇するという栄誉、「冠」は、金あるいはオリーヴの葉で編んだ冠を栄誉のしるしとして受けること、「プリュタネイオンにおける招宴」は、公費による公会堂での正餐に招かれるという栄誉。

プリュタネイオンにおける招宴の栄を与えるのは、和平の知らせを持ち帰った人々ではなく、戦争に勝ってきた人たちですから。とすると戦争の責任を問われるのは使節たちであるのに、報奨は将軍たちに与えられるのであれば、諸君がし続ける戦争は、休戦もなく、伝令によって布告もされない戦争(1)ということになるでしょう、なぜなら使節など誰もなり手がなくなるからです。

八一　ケルソブレプテスとポキス人(2)、またそのほかに私が中傷された事柄について、なお言うべきことが残っています。アテナイ人諸君、私は第一回目の使節においても第二回目の使節においても、見たものを見たままに、聞いたことを聞いたままに諸君に報告しました。そのそれぞれ、すなわち私がケルソブレプテスについて見たこと聞いたことは何だったでしょう？　私も同僚使節たちもみな、ケルソブレプテスの息子がピリッポスのところで人質になっているのを見ました(3)。そしていまもその状態は続いています。八二　さて第一回目の使節のときのことですが、私は同行使節とともに帰国の途につき、ピリッポスの方はトラキアに向かおうとしていましたが、諸君が講和を協議している間は、ケロネソスに武器をもって足を踏み入れないという約束をわれわれにしていました。諸君が講和の挙手採決をしたあの日(4)、ケルソブレプテスについては一言も触れられませんでした。ところが〔講和の〕誓約を取るため〔の使節〕にわれわれが選出されていて、まだ第二回目の使節には出発していなかったときに民会が開かれましたが、その日(5)、いま私を告訴しているこのデモステネスが籤で議長団の一人になりました。八三　その民会でランプサコスのクリトブロスが登壇して言いました、ケルソブレプテスが自分を使節として送ったのであり、ピリッポスの使節らに対して誓約をすること、そしてケルソブレプテスの名がアテナイの同盟諸国とともに記される(6)ことを要請する、と。こういう発言があった後、ペレケス区のアレクシマコスが動議案を読み上げるよう議長団に手渡しましたが、それにはケルソブレプテスの使節が他の同盟国と一緒にピリッポスに対する誓約をする旨の議案が書かれていました。八四　動議案が朗読されたところで――こうしたことは諸君全員の記憶にあると思いますが――議長団の一人デモステネスが立ちあがり、自分は動議案を採決する気はないし、ピリッポスに対する講和を瓦解させるつもりもない、いわば遅参すれすれで神前の灌ぎの儀式(7)に駆け込むような者は同盟国とは認められないと言いました。というのはそういうこと(8)については、別の民会で機会が与えられていたからだというのです。でも諸君が声を上げて議長団を演壇に登らせたので、彼の意思に反して採決がなされました。八五

(1)「伝令によって布告されない戦争（ἀκήρυκτος πόλεμος）」は、交渉によって和平あるいは休戦になりうる余地を残さない戦闘の意。三七節および一二一頁註（3）参照。

(2)東トラキア王ケルソブレプテスとポキス人の「ピロクラテスの講和」からの排除は、原告デモステネスによる告発の主要事項二点。九節および一〇五頁註（5）、一〇七頁註（1）、四四節および一二三頁註（4）（5）参照。

(3)人質に取られた時期については、前三五二年説もあるが、前三四六年の方がより事実に近いであろう。アイスキネスの口調から第二次使節時のことが語られていると思われるため、アテナイからの第一次使節来訪と第二次使節来訪との間と推測される。

(4)前三四六年エラペボリオン月十九日。

(5)前三四六年エラペボリオン月二十五日。

(6)「同盟諸国とともに記される（συναναγραφῆναι）」が第二次アテナイ海上軍事同盟の同盟諸国を意味するという解釈（Harris, 1995, p. 197 n. 23）は、アテナイ民会による「ピロクラテスの講和」の協議を検証する際に、重要な鍵になる。

(7)「灌ぎの儀式」は「講和」の語義もある一種の掛詞。

(8)「そういうこと」は、各国が宣誓に加わる意思があるか否かを表明すること。

私が真実を言っていることを示すために、民会決議案を動議したアレクシマコスとデモステネスとともに議長団を務めた人たちを呼び、証言を読んでください。

証　言

とするとたったいまここで涙を流してケルソブレプテスの名を口にしたデモステネスは、彼を同盟からはずそうとしたことがわかります。[1] そしてその民会が解散になったとき、ピリッポスの使節たちが軍事会館で同盟国の誓約を取ろうとしました。八六　だのに原告は臆面もなく諸君にこう言ったのです、ケルソブレプテスの使節クリトブロスを儀式から追い出したのはこの私［アイスキネス］だと![2]　同盟国代表がそこにいて民会がそういう採決をし、将軍たちも列席していたというのに、私がどんな権限を行使したというのでしょう?　どうしてそれが見逃されたでしょう?　もし私がそんな厚顔無恥なことをしたとすれば、デモステネスよ、君は黙っていただろうか、いま言ったようにこの私が使節を儀式から追い出すのを見たとすれば、アゴラ中に大声で触れ回ったのではないか?　では将軍たちと海上軍事同盟国会議代表を触れ役に呼んでもらって、その人たちの証言を聞いてください。

証言（複数）

八七　ではアテナイ人諸君、自分の（いや諸君の、と訂正せねばなりません）同胞たる市民[3]が生命の危険に晒されているとき、ここまで平然と嘘をついて攻撃するとは、沙汰の限りではありませんか？　まことにもってわが父祖たちが、パラディオン[4]の殺人の裁判で勝訴を得た者に、犠牲獣の肉を切ってこういう誓いをさせることを決めたのは故なきことではありませんでした。その伝統はいまもなお生きていますが、その誓いの文句は、自分に票を投じた裁判官は真実と正義の投票を行なったのであり、自分は嘘偽りを述べてはい

（1）エラペボリオン月二十五日の民会で、誓約式に参加することを求めたケルソブレプテスの使者がアテナイ民会によって拒否された次第は、細部はともあれ、証人を出しているアイスキネスのこの箇所の発言に信憑性が認められる。この日「議長団の一人になった」（八二節）と言われるデモステネスは、この一件について原告弁論『使節職務不履行について（第十九弁論）』においても前三三〇年の『クテシポン弾劾（第十八弁論）』においても一言も触れていない。

（2）デモステネス『使節職務不履行について（第十九弁論）』一七四のケルソブレプテスに関する発言を指していると思われる。

（3）「諸君の同胞たる市民」はアイスキネス自身を指す。七八節で暗に揶揄したデモステネスの非アテナイ系血筋をあてこすり（九三、一八〇節でもあげつらう）、正統な市民性を誇る陪審員たちとの一体感に訴えている。

（4）殺人の裁判は、殺害の状況や犠牲者の身分（市民か非市民かなど）に応じて、陪審廷以外の五つの法廷に振り分けられた。パラディオンの法廷で扱われる殺人は、過失殺人のほかに、アリストテレス『アテナイ人の国制』第五十七章三によれば、殺人予謀（殺人を計画した本人以外の者が、殺害の意図なしにその計画を実行した場合）、奴隷あるいは居留外国人あるいは外国人の殺害であった。エペタイと呼ばれる、五〇歳以上の市民五一人が裁判官を務めた（異説もある）。パラディオンはアテナイ市の囲壁の外、南東の地にあったと推測されるパラス・アテナの神殿境内（パウサニアス『ギリシア案内記』第一巻二八-九参照）。

ない、嘘偽りを述べたとすれば、自分と自分の一族に破滅の呪いをかけるが、裁判官にはご多幸あれと祈る、というものです。(1) アテナイ人諸君、じつに正しく市民にふさわしいことです。八八　というのはみなさん誰しも、かりに正当であっても人殺しの血に染まりたくないとすれば、生命と財産と市民権を奪うような不正な殺害を犯すことは、なんとしてでも避けるでしょう。つまり自分自身を死なせ、ほかの者をも国法によって死なせるような殺害です。では、アテナイ人諸君、この者を色狂いの、発声器官においてすら不浄な男と呼ぶだけでなく、(2) ケルソブレプテスがらみの彼の告発の残りの部分が虚偽であることを明白な証拠によって証明しても、私を許してくださるでしょうか?

八九　というのも諸君のもとには、中傷された者にとってすこぶる価値高い有用な慣行があると思います。つまり諸君は日付けの打たれた民会決議を、採決した者の名前とともに公文書中に永久保存しています。さてこの男は諸君に向かってこう言いました。ケルソブレプテスが破滅したのは、このせいだ、つまり使節団を私が引率して諸君をいいように操っているのに対し、彼［デモステネス］はわれわれを促して、ケルソブレプテスの包囲されているトラキアへ行って、それをやめよとピリッポスに厳重抗議すべきだと迫ったのに、私がそうしようとせず、オレオスに居座って、同行の使節たちも権益代表（プロクセノス）の依頼を受けようとして、その工作にかまけていた、(3) そのせいだと言いました。九〇　ではあのときカレスが民会に送った手紙を聞いていただきたい、すなわちエラペボリオン二十四日にケルソブレプテスが王権を失い、ピリッポスがヒエロン・オロス(4)を降したという内容です。そして使節の一人であるデモステネスは、その月の二十五日に議長団の一人でした。

九一　われわれはその月の残りの日々を無為に過ごしたばかりか、出かけたときはもうムニキオン月(5)になっていました。そして政務審議会をこの証人として提出しましょう。誓約を取るために出発せよと使節た

(1)アイスキネスは虚偽に基づく原告デモステネスの告発と、それに惑わされて無実の被告（アイスキネス）を死刑に処すことになる陪審員の不正義の重大さを、過失殺人裁判の誓いの重みに事寄《ことよ》せて強調している。

(2)二三節および一一五頁註（2）参照。

(3)デモステネスの告発事項の一つ（訴因第四）は、第二次使節時のアイスキネスの出発遅延であり、出発および往路を早めていたら、トラキア東部を制圧しつつあったピリッポスを阻止し、同盟者ケルソブレプテスを救えただろうが、不届きな遅延によってアテナイのトラキアにおける利権を失った、という非難である（デモステネス『使節職務不履行について（第十九弁論）』一五五―一六五参照）。八九―九二節はそれに応える発言。権益代表（プロクセノス）は、他国の利益を代表する依頼を受けた市民が、自国内でその務めを果たすもので、たとえばデモステネスは、アテナイにおいてテバイ人の利益を守る、依頼国テバイのプロクセノスであった。世襲の場合が多かった。ここでは、使節たちがそういう依頼を受けようと猟官運動に時間を費やして、使節の本分をなおざりにしていたと告発者デモステネスが非難した、と言われている。しかし原告弁論において第二次使節の遅延を批判する上記の箇所にその主旨の発言はない。「厳重抗議」は、証人として神と人に呼びかけて抗議する、の意。

(4)「聖山」の意の、東トラキア王国の根拠地。

(5)ムニキオン月は、エラペボリオン月の翌月（およそ四―五月）。附録「アッティカの祭暦」参照。

ちに命じた政務審議会決議(1)があるのです。ではどうかその政務審議会決議を読んでください。

政務審議会決議

ではどうかその日付けも読んでください。

日付け

九二　ムニキオン月三日に政務審議会決議が出されたことはお聞きのとおりです。ではケルソブレプテスは私の出発の何日前に王権を失ったでしょうか？　将軍カレスとその手紙によれば、前の月にです――たしかにエラペボリオン月がムニキオン月の前の月だとすればですが。そもそも私がアテナイを出るより前に破滅していたケルソブレプテスを救うことが、私に可能だったでしょうか？　そしてマケドニアあるいはテッサリアでの出来事(2)について、この男がいささかでも真実を述べたと思われますか、政務審議会や公文書や日付けや民会について嘘ばかり言っているのに？　九三　そしてケルソブレプテスをアテナイでは議長団の一人として条約から締め出しておきながら、オレオスでは憐れんでやったのか？　そしていま収賄で［私を］告発するのか(3)、自分は以前にアレイオス・パゴス審議会から罰金刑を受けたというのに。あれは自分で自分の頭に切りつけておいて、従兄弟のパイアニア区のデモメレスを有意傷害で訴えたが、訴追を取り下げたのだった。(4) それに刀剣づくりのデモステネスの庶子(5)だという君の素性を、この人たちが知らないとでも思って、もったいぶって演説するのか？

(1) デモステネスの動議による政務審議会決議（デモステネス『使節職務不履行について（第十九弁論）』一五〇、一五四参照）。

(2) マケドニアでの出来事とは、主にピリッポスの宮廷で起こったと原告弁論で言われた買収場面（デモステネス『使節職務不履行について（第十九弁論）』一六六—一六八参照）、テッサリアでの出来事とは、ペライの旅籠屋の前で行なわれたピリッポス側同盟国の誓約宣誓（同一五八節参照）を指す。

(3) 収賄は原告デモステネスが数える訴因第五。

(4) この箇所と『クテシポン弾劾（第三弁論）』五一以外に言及がなく詳細は不明であるが、七歳で父親に死なれて財産管理を委ねた後見人デモポン（デモステネスの従兄弟デモメレスの兄弟）との、デモステネス成人後の確執にかかわる事件と見られる。のちにデモメレスがデモステネスへの授冠提案者となっている（デモステネス『冠について（第十八弁論）』二二三参照）ところをみると、和解に終わったと考えられる。

(5) 前四五一／五〇年以後それまで父親がアテナイ市民であれば子に認められていた市民権が制限され、両親ともに市民であることが要件となった。しかしこの規定は前五世紀末にペロポンネソス戦争のための市民戦士の必要から事実上無効にされて、前四〇三年の民主政回復後再び効力を持ったといわれる。前四世紀半ばまでにはアテナイ市民の非市民との結婚が禁止された。デモステネスの母の生年が不祥であることをあわせると、二二節でほのめかされた「スキュティア生まれの祖母」が事実であるとしても、デモステネスの市民身分は否定できない。「庶子」は歪曲。

九四　だが君は、アンピクテュオニア神聖同盟会議への使節(1)を私が宣誓辞退したのに、後で行ったから使節職務不履行を犯したと言おうとして、民会決議の一つを読んで、もう一つを読まなかった(2)。しかし私はアンピクテュオニア神聖同盟会議への使節に選ばれたとき、健康が優れなかったのですが果たしてきた［第二次］使節任務については誠心誠意諸君に報告して、［第三次］使節任務を辞退したのではなく、健康が許すなら使節を務めましょうと約束したのでした。でも同僚使節たちが出発しかけていたので、私の兄弟とその息子と医者を政務審議会に行かせましたが、それは宣誓辞退を［私に代わって］させるためではなく、九五——それに民会で挙手選出された者が政務審議会で宣誓辞退することは、法律によって許されていないからですが——私の身体の不調を伝えさせるためでした。

でも同僚使節たちがポキスの出来事を知って取って返したとき、元気を回復していた私は開催中の民会に出席していましたが、最初に選出されたわれわれ全員がやっぱり使節として行くべきだと民会が迫ったので、私はアテナイ市民諸君に本当のところを言わねばならないと思ったのです(3)。九六　そしてその回の使節については、私が執務審査を受けているときに君は告発しなかったが、［ピリッポスの］誓約を取るための使節に関して君は告訴を進めている。それについて私は正々堂々と答弁をしよう。日付けをごちゃごちゃにするのが君や嘘つき連中みなのお得意の手だが、私のやり方は、誓約を取るための旅から話を始めて順序正しく語り進めることです(4)。

九七　まず一〇人いた使節のうち——というより同盟国代表も同行したので一一人でしたが(5)——二度目の使節に出かけたとき、誰ひとりデモステネスと食事をともにすることも、同じ宿に投宿することも望みませ

んでした、道中それが避けられたかぎりはです。それは前回の使節のときに、彼が使節全員に対して悪巧み

(1) アテナイがピリッポスのもとに送った第三次使節は、ピリッポスとの間に締結した講和と同盟（「ピロクラテスの講和」）を子孫の代にまで適用すること、ポキスが占拠したデルポイ神殿の聖財返還の妨害者をアテナイは出兵成敗すること、というスキロポリオン月十六日の民会決議にピリッポス側批准を求めるためであったが、途中で同盟国ポキスがピリッポスに降伏したことを聞いて使節たちは引き返し、アテナイ民会の意志を確認したのち再びピリッポスのもとに向かった。第三次使節を病気のため辞退したアイスキネスは、健康が回復してこの出直しの使節（第四次使節とも呼ばれる）に加わり、到着先でポキス懲罰のためのアンピクテュオニア神聖同盟会議に列席した。したがってアイスキネスは、これをアンピクテュオニア神聖同盟会議への使節と呼ぶ。アンピクテュオニア神聖同盟および第三次神聖戦争については、補註G参照。

(2) デモステネスが『使節職務不履行について（第十九弁論）』一三〇において読み上げる民会決議は、病気のアイスキネスが平癒しなかった場合、代理として兄（弟）を使節にする旨の決議（スキロポリオン月二十日頃の決議）と推測されるが、スキロポリオン月十六日の民会決議（アイスキネスを含む一〇人の使節を追加条約批准要求のために派遣する旨の決議）および同二十七日の民会決議（十六日の選出使節を再選あるいは再認する決議）をデモステネスが伏せているとアイスキネスは抗議する。デモステネスは、出直しの使節団（第四次使節）に加わったアイスキネスは、選出されていなかったと主張しているが（同一二六節）、同一七二節においてスキロポリオン月二十七日に再選（認）決議があったことを暗に認めている。

(3) 使節の任務に耐えるだけ健康が回復したという事実を民会に告げて、使節として出かける、の意。

(4) 第二次使節出発時に話を戻す。

(5) 第二次アテナイ海上軍事同盟加入国代表のアグラオクレオン（テネドス島）。二〇、一二六節参照。

さてトラキア沿岸沿いの旅程については、[1] 何の言及もありませんでした。つまり民会決議はそういう指示をわれわれに与えず、単に誓約を取って来いということとその他の仕事を命じただけでした。それにケルソブレプテスの方は、いまお聞きのとおりもう決着がついていましたから、[2] われわれが行ったところで何もできなかったのです。デモステネスは一言も真実を言わず嘘を並べて、本当に告発すべきことを何も持たないので荒唐無稽な話ばかりするのです。

九九　彼には二人の従者が寝袋を持ってついてきました。その一つに銀一タラントンが入っていると彼は自分で言っていました。それは同行の使節たちに彼の昔の綽名を思い出させるものでした。というのは子供のとき、ある種の恥ずかしいふるまいと助兵衛根性のため、バタロスと呼ばれたものでしたし、少年期を脱して後見人たちに各々一〇タラントンの訴訟を起こしたときはアルガスと呼ばれ、成人してからは、ごろつきに共通して使われるシューコパンテース［誣告常習犯］という綽名もつきました。[3] 一〇〇　さて彼は自分で言っていたし、いまも諸君に話したように、[4] 捕虜を解放するために出かけたのでしたが、戦争の期間中アテナイ市民の捕虜の解放に一度たりともピリッポスが身代金を取ったことはないのを知っていましたし、残りの捕虜も、講和が締結されれば解放するだろうとピリッポスの友人みなから聞かされていたのです。そして不幸な人は多数いましたが、デモステネスが携えてきた一タラントンは一人分、しかもさほど裕福でない人間に充当する身代金の額でした。

一〇一　さてマケドニアに着いてわれわれは打ち合わせのために集まり、[5] ピリッポスがトラキアから帰っていることを確認して、われわれの使節職務を指示した民会決議を読み上げ、誓約取りに加えてなすべき任務を数え上げました。ところが最大の懸案事項については誰も触れずじまいで、当たり障りのない話題に時を費やしているものですから、私はこう言いましたが、それを諸君に向かって繰り返さなければなりません。

一〇三　そして神々にかけて、アテナイ人諸君、原告が欲するままに弁ずる告発弁論に耳を貸しておられたように、どうか被告弁明演説にもご静聴いただき、最初からこれまでの私の言葉に耳を傾けてくださったのと同様に辛抱強く聞いていただきたい。さていま言ったとおり、アテナイ人諸君、使節たちが集まったとき、

(1) 原告デモステネスの告発事項の一つは、第二次使節時におけるアイスキネスの民会指示違反であった（訴因第三）。デモステネスによると（『使節職務不履行について（第十九弁論）』八参照）使節団はその時点のピリッポスの所在地であるトラキアに直行すべし、という民会指示があったというが、デモステネスが書記に読ませるムニキオン月三日付けの民会決議（同一五四節参照）がその主旨の文言を含んでいたか否かは不明。

(2) ピリッポスがエラペボリオン月二十四日にケルソブレプテスを降したことを指す。

(3) バタロスは「吃音者」「幼小哺乳類」などの意味が推定されているが、ここでは文意に合わない。「アルガス」は毒蛇の意とも怠け者の意とも。デモステネスの後見人に対する訴訟については、『ティマルコス弾劾』九四参照。「シューコパンテース」については五節および一〇三頁註（6）参照。

(4) 原告弁論『使節職務不履行について（第十九弁論）』一六六―一七二および二二九において、デモステネスは、第二次使節でマケドニアに滞在中、自分の金を身代金として提供し、アテナイ人捕虜の解放に尽くしたことを詳述した。「いまも諸君に話した」はそれを指す。オリュントス陥落（前三四八年）の際に兵士として戦ったアテナイ市民などが捕虜にされていた。

(5) 接見交渉の準備のためにアテナイ使節たちが集まって話し合ったことを指す。二一節で第一次使節時のそれに触れている。

私はこう言いました、民会のいちばん大切な用命を、あろうことかみな見落としているではないかと。一〇三「誓約を取って来たり、その他の用事について話し合ったり、捕虜について話を持ち出すことなら、国が走り使いの者に全部託して送り出したとしても、すべてきちんと処理されるだろう。だが全体的な状況について、わが国とピリッポスにできるかぎり[1]首尾よく解決を見出すためには、どうしても見識ある使節のはたらきが必要だ。私が言いたいのは」と私は続けました、「テルモピュライ[2]への進軍のことであり、見てのとおりその準備は着々と進められている。この事態について私の言うことがさほど的外れではないことを、君たちに有力な証拠を出して示そう。一〇四　つまりテバイから、そしてラケダイモンから使節たちがここに来ており、他方われわれは民会の決議をもってここに来ている。そこにはこう書いてある、使節団は何であれその力の及ぶ他の良きことをも交渉すべし、と。ギリシア中の人たちがどうなることかと見守っている。もし民会がピリッポスに向かって、テバイの傲慢を打ちひしぎ、ボイオティアの城壁[3]を再建せよと歯に衣着せず言うべきだと考えたのなら、民会決議でそう要求しただろう。ところがじっさいは、そう説得できなかった場合のために、言葉を濁して逃げ道を用意しておき、われわれ［使節］にきわどい賭けをやらせればいいと考えたのだ。一〇五　だからポリスのために尽くしたいと熱望する者は、アテナイ市民がわれわれではなく、代わりに送り出せるようなほかの使節の領分に甘んじて、自分はテバイ人の憎しみを受けぬよう身を避けるべきでは断じてない、そのテバイ人の一人エパメイノンダス[4]はアテナイの威望を恐れず、アテナイのアクロポリスにあるプロピュライア門をカドメイアの前庭[5]に移さずには済まさないぞと、テバイの民衆を前にして言い放ったではないか」。

一〇六　私のこういう言葉を遮って、デモステネスは大声で喚いて言いました。同行の使節がみな知っているとおりです。彼は他の欠点に加えてボイオティアびいきなのです。とにかく彼はこう言いました、「この男は暴走と無鉄砲しか知らない。たしかに私は引っ込み思案で遠くにある危険を恐れていることは認めるが、それでも諸国を互いにいがみ合わせるのはやめておけ、と忠告したい。われわれ使節は要らぬお節介をするな、それが良きことだと私は思う。一〇七　ピリッポスはテルモピュライに進軍し、私は［恥ずかしさに］顔

(1) ポキスを救うことを意味する。ポキスの破滅は、アテナイ市民が敵対感情を募らせるテバイの勢力増大を意味し、アテナイにとって大きな危険を招くことは必至であったため、講和によってポキスをピリッポスの「瀆神者懲罰」から守ろうとしたアテナイは、第一次使節帰国後の民会に臨席したピリッポスの使節をその主旨で説得しようとしたが失敗した。アテナイ民会は、なお第二次使節たちがピリッポス自身を説得することを期待していた、とアイスキネスは言う。

(2) 北方からの中央ギリシア進攻への関門にあたる地。第三次神聖戦争を終わらせることは、ピリッポスにとってテルモピュライ進軍の大義名分となったが、ピリッポスのアッティカ、ペロポンネソス、エウボイアへの侵入は、ポキスがテルモピュライを押さえている間は阻止されえた。解説三八一―三八二頁および三八三頁註（1）参照。

(3) 前三七一年のレウクトラの戦い前後にテバイによってその支配下に入れられ、復興独立を期待して前三五〇年代にポキス側についていたボイオティア地方の諸ポリス（オルコメノスなど）を指す。オルコメノスの比喩的呼称とも解される。

(4) テバイのエパメイノンダスは、ボイオティアの南部に位置するレウクトラの戦い（前三七一年）とそれに続く戦争で、二〇〇年以上に及ぶスパルタの支配を終わらせたが、マンティネイアの戦い（前三六二年）で戦死。一〇年足らずのテバイの覇権は終わり、ピリッポス二世のギリシア進出への道を開いた。

(5) カドメイアは、テバイの伝説的始祖カドモスの名にちなむ国防の中心的城塞。

を覆うとする。[1] でも誰もピリッポスの軍事行動ゆえに私を裁きはしないが、私が言うべきでないことを言い、指示されてもいないことをすれば、それゆえに私を裁くだろう」。けっきょくのところ、使節一人ずつが意見を聞かれたら、それぞれが何が国益かを考えてそれを言うべきだ、と一同投票で決めました。

私の発言が真実であることを示すために、同行した使節を呼んで、その証言を読み上げてください[2]。

証　言

一〇八　さて、アテナイ人諸君、使節たちがペラに集まり、ピリッポスが館にいて触れ役がアテナイ人使節を呼んだとき、まずわれわれは第一次使節のときのように年齢順ではなく――その慣わしはあまねく賞賛され、アテナイの美風と見なされたのでしたが[3]――デモステネスの僭越に圧《お》される態《てい》で接見に臨みました。みなの中で自分はいちばん若いとはいえ、第一番に発言する順番を絶対譲らないと彼は口を切り、ピリッポスの聴く耳をさきに独占してほかの者に喋らせないでおくなど、誰にも――と暗に私を指しながら――許さない、と言いました。

一〇九　そこで演説を始めるや彼はまず同僚使節を遠まわしに中傷し、われわれ一同かならずしも同じ目的のために心を一つにして来たわけではないと言って、これまでの自分のピリッポスへのご奉仕を数え上げました。すなわち第一に、ピロクラテスが提案して、ピリッポスは講和についてアテナイに使節を送ることを許されるべしという議案を出したため違法提案のかどで訴追されたとき、自分が弁護人として立ったこと、第二に、ピリッポスからの伝令と使節に道中の安全を敷くべしという、彼自身が提案した民会決議を読みました。第三に、講和について、民会は定めた日に協議を行なうべしという民会決議です。二〇　そしてこんな議論をつけ加えて言いました、講和の道を閉ざそうとする者に、自分は言葉によってではなく、日時を決めることによって最初に「猿轡をかましてやった」と。(4) それから彼は、同盟についても民会は協議すべきであるというもう一つの決議案も出して見せて、さらにディオニュシア祭でピリッポスの使節たちを観客席の最前列に招くという決議案を出したことも言いました。二一　それから自分がいろいろ心づかいをしたこと、（［ピリッポスの使節たちに］クッションを用意してやったこと、(5) 嫉妬に駆られて彼の熱誠の発露を辱めようとする連中を、寝ずの番さえして見張っていたことなど、(6)）なんとも笑止千万な話をしたので、同行の使節たちが恥ずかしさに顔を覆う始末でしたが、ピリッポスの使節たちをどんなふうにもてなしたか、お帰りの際

（1）羞恥の表現としての「顔を覆う」動作については、『ティマルコス弾劾（第一弁論）』二六、『クテシポン弾劾（第三弁論）』五五、エウリピデス『ヒッポリュトス』二四三参照。

（2）他の使節の証言はアイスキネスの発言の事実性を裏付ける。

（3）アイスキネスは『クテシポン弾劾（第三弁論）』二においても、こうした長幼の序を美風として語っている。

（4）「猿轡をかます ἐπιστομίζειν」はデモステネス文献として現存するものでは、ヘゲシッポスの作とされる『ハロンネソスについて（第七弁論）』三三にも見られる奇矯な表現。アイスキネスは『クテシポン弾劾（第三弁論）』七二、一六六においてもデモステネスの用語をこきおろしている。

（5）テオプラストス（『人さまざま』二-一）が、へつらいの典型的行為として挙げている。

（6）マケドニア人使節が観客席最前列で観劇できるようにした準備をぶちこわすなどして、デモステネスに恥をかかせようとする者を警戒した、の意。

にはラバ車を雇ってさしあげて自分は馬でお見送りしたと、ほかの人たちなら物陰に身を隠すだろうところを、おおっぴらに阿諛追従ぶりをひけらかしたのです。(1) 一一二　そしてとうとうあの発言(2)を念入りに訂正しました「私は、殿下が美しくあらせられるとは言いません。なぜなら生ける者のうち最も美しいのは女だからです。それに飲みっぷりがお見事だとも言いません。それはスポンジへの褒め言葉だと思いますから。また記憶力抜群であられるとも言いません。それは金を取って詭弁を教える者への褒め言葉だというのが私の理解ですから」。いえ、端折って言えば、ギリシアのほぼ全域からの使節たちが居合わせるところで彼はこう言ったので、聞いたこともないような爆笑が起こりました。

一一三　どうにか彼が話をやめてみなが沈黙したとき、私はこんな無教養と恥知らずも尋常でないおべんちゃらを聞かされた後で、どうしても言わずにはおれませんでした。何よりもまず彼が口にした同僚使節の悪口だけは聞き捨てならず、私は手短かにこう言いました、アテナイ人がわれらを使節として送ったのは、マケドニアで自分たちの弁解をさせるためではなく、日常の言動から国の任務に耐えると評価されたからだ、と。一一四　そして来訪の目的である［ピリッポスの］誓約受け取りに簡単に触れてから、ほかの若干の民会指示事項について話しました。というのは端倪すべからざる雄弁家デモステネスは、必須の論題に一片の言及すらしなかったからです。何はともあれ私は、テルモピュライへの侵攻について、それから聖域とデルポイとアンピクテュオニア神聖同盟構成員について述べ、とりわけそこの問題を武力によらず投票と審判によって解決するようにピリッポスに要求しました。そしてそれが駄目だというなら（じつはそうだというのは自明のことでした。もう軍勢は集結してそこにいたのです）、ギリシアの諸聖域について決定を下す人物たるもの敬神の心得を十分に弁えなければならないし、伝統について教えようという人たちにはとくに耳を傾けるべきだと、そう私は言いました。[3]　一一五　同時にそもそもの始まりから聖域の創設、アンピクテュオニア神聖同盟の最初の会議について話し、彼ら構成員の誓いの文言を読み上げました。その誓いは父祖たちを拘束するもので、いわく、アンピクテュオニア神聖同盟に連なる国をけっして攻略せず、平時戦時を問わず流水から締め出すことをしない、もしかりにこれを侵す者あれば、その者に兵を向け国を攻略する、またもしかりに人が神殿荒らし[4]またはその幇助をするか、あるいは神殿聖域への不敬を企むならば、手と足と声と全膂力をもって懲罰を下すと。そしてその誓いには凄まじい呪いが付されていました。一一六　これらの朗読

(1) マケドニア人使節へのもてなしについて、デモステネスは『使節職務不履行について（第十九弁論）』二三五において、マケドニアで受けた饗応を「上回る気前のよさをみせつけてやるため」、とあらかじめ攻撃を予測して反論しているが、デイナルコス『デモステネス弾劾（第一弁論）』二八も、「マケドニア人へのお追従（κολακεύειν τοὺς Μακεδόνας）」と切り捨てている。

(2) 第一次対マケドニア使節からの帰国後のアテナイ民会で、デモステネス以外の使節らが言ったという言葉（四七、五一―五二節参照）。

(3) ここで言及されるアイスキネスの演説は他の現存弁論との齟齬がなく、事実を述べていると思われる。アイスキネスの演説は、当然ポキス非難の発言が期待されたであろうマケドニア宮廷で、ポキスに敵対するテバイを非難するという「無鉄砲な」（一〇六節、デモステネスの言）内容であった。しかしアンピクテュオニア構成員であるボイオティアの諸国を蹂躙するテバイへの非難は、アテナイの世論に支えられていた。

(4) 現在なお神殿への参詣道沿いに見られる宝物庫群の遺構は、各国から献じられた夥しい奉納品を彷彿させる。

の後、私はボイオティアの諸ポリスが破壊されたままなのを見過ごすのはよくないと思うと言いました[1]。それらのポリスがアンピクテュオニア神聖同盟の構成員であり、誓いにあずかっているということを示すために、私は神域を共有する十二の種族、すなわちテッサリア人、ボイオティア人（つまりテバイ人だけではないのです）、ドリス人、イオニア人、ペライビア人、マグネシア人、ドロピア人、ロクリス人、オイタイア人、プティオティス人、マリス人、ポキス人を数え上げました[2]。そしてこれらの種族一つ一つが平等な投票権を持つこと、ということはいちばん大きい種族もいちばん小さい種族と同等なので、ドリオンとキュティニオンの代表がラケダイモン人代表と同じ権利をもつこと、つまり各種族が二票をもち、エレトリアとプリエネからのイオニア人代表はアテナイ人代表と同じ権利をもち[3]、以下同様だということを言いました。

一一七　さて私はこの出兵のそもそもの始まりは神意に適った正しいものだと断言しました。しかしアンピクテュオニア神聖同盟のメンバーが、安全を保証されつつ神殿聖域に集まって投票できるようになれば[4]、最初の神殿破壊の主謀者に罰を与えるべきであると主張しました[5]。つまりその国家ではなく、それを企み実行に移した者らであり、その犯罪者を審理のために引き渡せば、国民は罰されるべきではない、と。「ですが殿下が出撃され、兵力を投じてテバイの不正を是認補強されても[6]、助けた者からは感謝されますまい。なにしろかつてのアテナイほどの恩恵を施すことはとうていおできにならず[7]、しかも彼らはそれらを記憶にもとどめないからです。そして他方で窮地に見棄てる人たちには[8]不正を加えることになり、今後ますます味方どころか手強い敵にしておしまいになるでしょう」。

一一八　いいえ、かの地で語られた言葉をいま諸君に逐一述べて時間を無駄に費やすことのないように、全体を締めくくって終わることにしましょう。運命とピリッポスは現実を動かすことができましたが、私の力が及んだのは、諸君への忠誠心とこれらの言葉でした。そして私の口からは正義と国益が語られました。しかし結果はわが国が祈願したとおりにではなく、ピリッポスが手を打ったとおりになりました。ではいったい

---

(1) 一〇四節および一五五頁註(3)参照。

(2) ドリス人(スパルタ人を含む)とイオニア人(アテナイ人を含む)を除いて、すべてデルポイ神殿周辺に住む中央ギリシアの種族。

(3) ドリオンは西部ペロポンネソス、キュティニオンはデルポイの北西部にあるドリス人のポリス。エレトリアはエウボイア島、プリエネは小アジアにあるイオニア人のポリス。

(4) 毎年春秋一回ずつデルポイ(とテルモピュライ)で行なわれるアンピクテュオニア神聖同盟代表者会議は、この時期ポキス人による神殿占拠のため開催不能の状態にあった。

(5) 「最初の神殿破壊の主謀者」「それを企み実行に移した者ら」は、失脚から復権してアンピクテュオニア神聖同盟軍に敵対したポキス人将軍パライコスらを指すという解釈と、テバイ人を指すという解釈に分かれる。アイスキネスは敗北後のポキスへの懲罰を議す会議で、個人と国を区別することを強く主張したが(一四二節参照)、その考えをすでにピリッポスに向かってペラで主張したことを、前者は示唆する。後者は、「……テバイの不正を是認補強されても」と続く文脈から、またじっさいの聖域占拠者ポキス人ではなく占拠を企てたとされるテバイ人からの損害返済を求める世論が、アテナイに根強くあったと推測されるところから導かれる解釈である(デモステネス『使節職務不履行について(第十九弁論)』二一参照)。

(6) テバイを援けてそのボイオティア支配を是認しても、の意。

(7) アイスキネスが厳密にどの事件を指しているかは不明であるが、前三九四年には、スパルタに抗してアテナイはテバイと連合軍を組み、スパルタによるカドモス門占拠の際には、テバイの亡命市民をアテナイが受け入れ保護している(前三八二年)。レウクトラの戦い(前三七一年)の直前に、アテナイはテバイの婦女子の疎開を受け入れた。

(8) ポキス人を指す。

どちらが賞賛に値するでしょうか、良きことをする気のまったくなかった者でしょうか、それとも自分にできることは何一つやり残さなかった者でしょうか？　ですがいまは時間がないので多くを言わずに済ませましょう。

一二九　さて私が二、三日もすればテバイが傲慢の鼻をへし折られるだろうと言って嘘を吐いただの、エウボイア人を怖がらせて諸君にむなしい期待を抱かせただのと、デモステネスは言いました[1]。しかし彼が何をしているか、アテナイ人諸君、よく知っていただきたい。ピリッポスのところにいる間に私は要求もしましたし、帰国してから諸君に報告もしましたが、テバイはボイオティアの一部であるべきであって、ボイオティアがテバイの一部となるべきではないというのが私の考えでした[2]。デモステネスの言うには、そう私が報告したのではなく、約束したのだそうです。一三〇　私が諸君に言ったのは、カルキスのクレオカレス[3]がこう語ったということです、アテナイ人とピリッポスの突然の合意は青天の霹靂だ、とりわけわれわれ［アテナイ人使節たち］が受けた［民会の］指示が、自分たちにできる良きことなら何であれ交渉するように、という趣旨であったのならば、と。というのも自分［クレオカレス］のような小国の人間は大国同士の秘密外交にびくびくしているから、と。こういう話を私がしたというのではなく、エウボイアを引き渡すと私が約束した、とデモステネスは言うのです[4]！　私はただ、総合的な状況について協議しようとする国民は、他のギリシア人の言うことに耳を閉ざしてはいけないと考えたまでです。

一三一　そして彼がとくに強調して悪しざまに言うには、自分が真実を報告しようとしたときに、私とピロクラテスに妨害されたのだそうです[5]。でも私は諸君に聞きたい、かつてアテナイから送り出された使節のうちで、使節職務を民会に報告しようとして妨害された者がいるかどうか、しかも同僚使節にそんな屈辱的な目に合わされたのに、そういう無礼者への賞賛決議と正餐への招待を提案した者がはたしていたか否かを。それにデモステネスは第二次使節――彼によればこれがギリシアを滅ぼしたのだそうですが――から帰った後、民会決議案でわれわれを賞賛しただけではありません。

一二三　私が民会に向かってアンピクテュオニアやボイオティアについての［マケドニア王宮で述べた］所見を、それもいまのように大急ぎで端折るのではな

（1）デモステネス『使節職務不履行について（第十九弁論）』二二、一〇二、二二〇、三二六、三三四（訴因第一および二）への抗弁。使節団は訪問時、第三次神聖戦争（ポキス戦争）を終わらせるという名目を大義に、ピリッポスがポキスに向かってギリシア本土を南下することは予知していたが、彼の真意と次なる行動は予測しかねていた。各国使節の発言を聞くピリッポスはいずれにも好意的に耳を貸した（一三六節）と、ユスティヌス『ポンペイウス・トログスによる『ピリッピカ』抄訳』第八巻四-一一は伝える。アイスキネスがピリッポスに希望を託して帰国し（『ティマルコス弾劾』一六九、デモステネス『講和について』一〇、同『使節職務不履行について（第十九弁論）』二一、七四参照）、民会にその希望的観測を交えて報告したと想像できる。一二〇節へ続けて述べられる、エウボイアをアンピポリスの埋め合わせにアテナイのものにするというピリッポスとの合意なるものについては、デモステネスの原告弁論における三回の言及（『使節職務不履行について（第十九弁論）』二二と二二〇と三二六）間に微妙なずれが認められる。アイスキネスは自分の関与を否定して強く抗議するが、デモステネスは『講和について（第五弁論）』一〇においても同旨の発言をしている。

（2）テバイが前三七〇年代からボイオティア連盟の名のもとにボイオティア諸国（オルコメノス、プラタイア、テスピアイ、コロネイアなど）を傘下に収めて属国化していたことを指す

（3）未詳。

（4）デモステネス『使節職務不履行について（第十九弁論）』二二、一〇二、二二〇、三二六、三三四などへの抗弁。

（5）デモステネス『使節職務不履行について（第十九弁論）』三五、四六参照

く、できるだけ正確に一語一語言ったままを伝えたところ、民会がすこぶる好意的に聴いてくれたので、私はデモステネスと他の使節に声をかけました。ピリッポスに言ったとおりに私が真実をアテナイ市民に語ったかどうかと尋ねたところ、同行使節がみなそのとおりだと言って私に賞賛の言葉をかけてくれたのに対して、デモステネスは最後に立って、違う、かの地における話しぶりは今日のようではなく、かの地においては二倍も見事に話した、と言ったのです。そして、このことの証人は、これから票決をするみなさんです。

一二三　しかしながらもしかりに私が国を欺いていたとすれば、そのときその場で私を断罪するよりよい機会が彼にあったでしょうか？　君の言うところでは、第一次の使節のときに私が国に陰謀を企んでいたのに君は気付かず、君が明らかに私を支持した第二次使節時に気付いたそうだ。だが第一次使節のことを告発しながら告発していないと言い、誓約取りのための使節職務ゆえに告発している。しかし講和を貶《けな》すのであれば、同盟まで結ぶ動議を出したのは君だ。そもそもピリッポスがわが国を欺いたとすれば、その欺瞞は「ピリッポスが」自分の利益に合うかたちで講和を手に入れるためだった。だから最初の使節訪問こそ決定的な機会だった、後の使節のときには、もう事は済んだ後だったのだ。

一二四　デモステネスのまやかしがどのようなものであったか——というのは妖術使いのしるしはそれですから——、彼の言葉から推し量ってください。彼の言うところによると、私は木彫りの小船でロイディアスの河を夜陰に乗じてピリッポスのところまで下って行き、アテナイ民会宛の書簡をピリッポスのために書いてやったのだそうです[1]。なぜなら誣告常習犯にひっかかってマケドニアに亡命したレオステネス[2]には、たくみに書簡文を書く能力がなかったからだと。彼のことを当代きっての雄弁家アピドナ区のカリストラトス[3]に次ぐ人物だと言って憚らない人もいるのにです。一二五　またデモステネスが諸君のために弁じようとして立ち向かえなかった[4]ピリッポス自身にも書けず、あの文章家と自負するビュザンティオンのピュトン[5]をしても及ばず、どうやら私を必要としたらしいのです。そして君の言うにはこの私が日中幾度もピリッポスと二人きりで話をしたそうで、夜には私が河を下って行ったと非難するのですが[6]、事態は夜中の書簡をそんなにも必要としたのでした。一二六　しかし君の話には一片の真実もないことを、私と食卓をともにした人たちが証言するために来ている、すなわちテネドス島のアグラオクレオン、パシポンの子イアトロクレスであり[7]、私

(1) 第二次使節帰国時に使節らが持ち帰った書簡を指す。デモステネス『使節職務不履行について（第十九弁論）』三六―四〇で言及非難されているが、ロイディアス河を下った云々は無く、デモステネスが演説後文書として刊行した際に削除したか、あるいはアイスキネスの潤色かと考えられている。

(2) レオステネスについては二一節および一一三頁註（6）参照。

(3) アピドナ区のカリストラトスは、前三七〇年代第二次アテナイ海上軍事同盟設立に尽力した将軍。雄弁家としても知られたが、前三六一年売国のかどで死刑を宣告され、亡命した。のちに帰国後処刑された。

(4) 三四―三五節参照。

(5) ビュザンティオンのピュトンは雄弁をもってピリッポスに重用され、前三四四年末あるいは前三四三年初頭、ピロクラテスの講和に対するアテナイの不満を受けて改正の交渉の用意があることを伝えるため、ピリッポスの使節として来訪した。イソクラテスの高弟の一人。

(6) デモステネスは『使節職務不履行について（第十九弁論）』一七五においてアイスキネスのピリッポスとの「単独会見」を非難しているが、「河を下って行った」という言及は現存のテクストにはない。

(7) テネドス島のアグラオクレオンとイアトロクレスについては一五節および一〇九頁註（6）、二〇節および一一三頁註（1）を参照。

は期間中毎晩ずっとこの人たちと夜一緒に寝ていたし、二人は私が一晩すら、あるいは夜のいっときすら彼らのもとを離れなかったことを知っています。召使いの奴隷も〔証人として〕連れてきているので、拷問のために差し出そう。(1)そして原告側が同意するなら私は弁明を中断し、諸君の命令があれば、執行官に来てもらい、諸君の前で拷問をしてもらいましょう。これらは、今日の残りの時間で執行可能です。一日を分けて割り当てられた時間内に、一一個の水瓶で測られて、私は審理にかけられているからです。(2)一二七　そして奴隷たちがこれら食卓仲間からいっときでも私が離れて寝たと言うなら、アテナイ人諸君、容赦せず、立ち上がって私を亡き者にしてください。だが君が嘘をついたと証明されるなら、デモステネスよ、こういう罰を受け給え。この人たちの前で君が「おんなおとこ」であり、自由人ではないことを認めるのだ。どうか演壇に私の奴隷を呼び、同僚使節たちの証言を読んでください。

証言　出頭催告

一二八　では出頭催告を受けて立たず、拷問された奴隷の証言に頼る気はないと彼は言うのですから、ピリッポスが送って寄越したこの書簡を取り上げてください。われわれが夜を徹して書いた書簡が、わがポリスに手酷い欺瞞を仕掛けていることは一目瞭然だからです。

書簡

一二九　お聞きのとおり、アテナイ人諸君、「私は貴国の使節たちに宣誓誓約をしました」とピリッポスは言い、自分の同盟者で列席した者を、それぞれの名と国名を書き、間に合わなかった同盟者についてはアテナイに向かわせる、と言っています。(3) 君はこれだけのことを、ピリッポスが日中に私の助けなしでは書けなかったと思うのか？

一三〇　しかし神々にかけて少なくとも私には、この男の頭にあるのは演説をして喝采を浴びることだけだと思われます。けれどもそのすぐ後で、ギリシア中でいちばん劣悪な人間と見なされるか否かについては、ほんのこれっぽっちも気にかけないようです。というのもピリッポスは自分の戦略によってではなく、私［アイスキネス］の演説のおかげでテルモピュライのこちら側に侵入しえた(4)などと言おうとした人間に、いっ

(1) アテナイの裁判で、奴隷の証言は拷問にかけられた上でなければ有効とされなかった。求められるなら、自分の持ち時間を削って拷問に当ててもよいと相手方を挑発する問いは、係争者が自分の勝訴への自信を示す常套手段の一であった。

(2) 原告被告の演説時間が平等になるように、水瓶の底に開けた穴から水を流出させて時間を測る「水時計」が使われた。裁判の種類に応じて水量（演説時間）が定められていた。計測を中断するとき（私訴で証言文が朗読されるときなど）には穴を塞ぐという方法を取った。アリストテレス『アテナイ人の国制』第六十七章三―五参照。

(3) デモステネスは原告弁論『使節職務不履行について（第十九弁論）』三六、三八でこのピリッポス書簡の別の文節を引用して、ピリッポスはひそかに贈賄すら重ねた、と主張する。

(4) 対マケドニア第二次アテナイ人使節接見後の、ピリッポスによる中央ギリシア南進を指す。

たい誰が信を置くでしょうか？　そしてこの私が使節職務の報告をし、ポキス人の独裁者パライコスの飛脚がアテナイの状況を彼に知らせに行っている間に、ポキス人が私を信じてテルモピュライのこちら側にピリッポスを入らせて自分たちのポリスを明け渡した、というその間の日数を諸君の前で数えてみせたのでした(1)。

〔一三一〕　とするとこれらはすべて原告の捏造であり、ポキスが滅びたのは第一に万事万象の主なる運命のせいであり、第二には一〇年にわたる戦争という長い年月(2)のせいです。なんとなれば同じものが、ポキスの独裁者たちを強大にもし、滅ぼしもしたからです。彼らは不敵にも聖財に手をつけて覇権を握り、傭兵を使うことによって国制を変えましたが(3)、現有財産をことごとく傭兵のために使ったあげく、資金に窮して破滅しました。〔一三二〕　第三には、資金不足の軍勢にきまって起こる内紛が彼らを滅ぼしたのであり、破滅の第四の原因は、パライコスが来るべき事態を見通せなかったということです。すなわちテッサリア人とピリッポスが軍を起こすだろうということは、アテナイとの講和が成立する少し前に誰の目にも明らかになっていて、援軍を求めるため使節らがポキスから来て、アルポノスとトロニオン、それにニカイアというテルモピュライへの進入路を制する地点の引き渡しを申し出たのでした。〔一三三〕　ところが諸君がポキス人はこれらの地点を将軍プロクセノスに委ねるべし(4)、また五〇隻の三段櫂船に乗員を搭乗させるべし、そして四〇歳以下の市民は出征すべしという民会決議を出したとき、独裁者たちはそれらの土地をプロクセノスに委ねる代わりに、要塞をアテナイに引き渡そうという申し出を伝えた［ポキス側の］使節たちを捕らえ(5)、おまけに秘儀の期間(6)の休戦を触れて回った伝達者に対して、全ギリシア中ポキスだけが休戦に応じなかったのです。それにまたラコニア人アルキダモス(7)がそれらの土地を引き受けて守備する用意があると申し出たのに、ポキス人は断って、自分たちにはスパルタこそが脅威であって足許の危険ではない、と答えたのでした。一三四　そのときは

(1) パライコスは、前三五一年以後前三四七年まで将軍であったが、いったん失脚した後、前三四六年に復権した。ピリッポスと取り引きして、自分と配下の傭兵軍の逃走を見逃す代わりに、ポキスをピリッポスに明け渡すという売国行為に及んだ。デモステネスは『使節職務不履行について（第十九弁論）』五七—六〇において、アイスキネスの「嘘とペテン」の民会演説が市民ばかりか傍聴していたポキスの使者をも欺いたとして、その間の時間的推移を日数で数えている。パライコスへの言及はいっさいない。

(2) 第三次神聖戦争は前三五六—三四六年。

(3) 民主制から独裁制に変えた、の意。

(4) 将軍プロクセノスは、「僭主殺しハルモディオス」（『ティマルコス弾劾（第一弁論）』一三二および六九頁註（4）参照）の子孫で、前三四九／四八年および前三四七／四六年の将軍職が知られる。デモステネスは『使節職務不履行について（第十九弁論）』二八〇—二八一の、国家功労者を祖先に持ちながら告発された者への言及で、名を明言しないものの、将軍プロクセノスを指していると考えられるので、おそらくアテナイが不満をつのらせていたマケドニアとの講和と同盟に関連して、前三四三年までにプロクセノスは訴追断罪を受けたと思われる。

(5) パライコスとその一派。

(6) アッティカ郊外のエレウシスで毎年祝われる女神デメテルとペルセポネの祝祭のこと。期間中全ギリシアからの参詣者の安全のため、休戦が敷かれる慣行があった。晩夏（ボエドロミオン月）の大祭と冬（ガメリオン月）の小祭があり、ここは後者で前三四六年初頭。

(7) アゲシラオス王の息子アルキダモスの登位（前三六〇年）までにスパルタはテバイの勢力に押され、アルキダモスはスパルタにメッセニアの支配権奪還の資金力をつけるために、父王と同じく傭兵として働いた。前三三八年イタリアで歿。ラコニア人、ラケダイモン人はいずれもスパルタ人の別称。

まだアテナイはピリッポスと和議を結んでいませんでしたが、諸君は講和に関する協議の日に同時に、プロクセノスからの手紙も聞かされました。手紙にはポキス人が約束の土地を引き渡さなかったことが書かれ、また秘儀通知の伝達者の報告では、全ギリシアのうちポキス人だけが休戦を拒み、アテナイに来た使節たちを捕縛したということでした。私が真実を語っていることを証するために、どうか休戦布告の伝達吏と将軍プロクセノスのもとからポキスへ行った使節カリクラテスとメタゲネス(2)を呼び出して、プロクセノスの手紙も朗読してください。

証言（複数）　書簡

一三五　お聞きのとおり、アテナイ人諸君、公文書から読まれた日付けに照らし合わせ、さらに加えて証言する証人たちによれば、私が使節に選ばれる前に、ポキスの独裁者パライコスはわれわれやラケダイモン人に不信を抱き、ピリッポスの方を信用していたのです。

一三六　しかしパライコスだけが将来を見通せなかったのでしょうか？　ここアテナイの総意はどうだったでしょうか？　テバイ人の思い上がりをピリッポスが見れば、不実な人間の兵力を増強する気になれず(3)、その高慢の鼻をへし折ってくれるとみながみな期待したのではなかったでしょうか？　ラケダイモン人もわれわれに同調してテバイに敵対する使節を送り、とうとうマケドニアであからさまに衝突して、テバイ人使節を威嚇までしたのでなかったでしょうか？　テバイの使節の方は困惑して恐れを抱いたのではなかったでしょうか？　テッサリア人は他の者を嘲笑って、出兵は自分たち自身のためだと言わなかったでしょうか？

一三七　ピリッポスの側近の何人かは、われわれのうちの何人《なんにん》かの者に向かって、ピリッポスがボイオティアの諸国を建て直すだろうと、きっぱり断言しなかったでしょうか？　テバイ人は事態に疑念を抱いて、国を挙げて出動していなかったでしょうか？　これを見たピリッポスは、諸君に書簡(4)を送って、正義の援軍として全兵力をもって来るようにと言わなかったでしょうか？　いま戦争、戦争と叫んで、和平を軟弱ときめつ

(1)前三四六年初頭の、対マケドニア第一次アテナイ使節派遣を協議決定した民会（一八節参照）。プロクセノスの手紙はこの日の民会で読まれた。

(2)カリクラテスは未詳。メタゲネスは『ティマルコス弾劾（第一弁論）』一〇〇の証人と同一人物の可能性がある。

(3)第三次神聖戦争に疲弊し、前三四七年援軍を求めてきたテバイに対して、ピリッポスは要請に応えつつも、テバイの必要以上の強大化を警戒していた。

(4)スキロポリオン月二十一ないし二十二日頃の民会で読まれたピリッポスの書簡を指す。ピリッポスが敵とするのはポキスではなく自分たちではないかと恐れたテバイ人が、「国を挙げて」出動したのを受けて、ピリッポスは出動要請の書簡をアテナイに送った。第三次神聖戦争終結という大義のために戦う自分の軍に合流することを求める内容であり、すでに「ピロクラテスの講和」を発効させていたアテナイは、同盟国として応ずる義務を負うと見なされたが、デモステネスは兵士を人質に取るためのピリッポスの罠と見て、民会を説得し、出兵をやめさせた。デモステネス『使節職務不履行について（第十九弁論）』五一―五二参照。

けている連中は、[1] 講和と同盟がすでに成立していたのに諸君の出征を邪魔立てしなかったでしょうか、わが軍の兵士をピリッポスが人質に取らないか心配だと言って？　一三八　ではいったい父祖たちに倣おうとする民会を妨げたのはこの私だったのか、それとも国益に背こうとする君と君の共謀者だったのか？　そしていったいどちらの時点における出兵がアテナイ人にとってより安全で立派な行動だっただろうか、ポキス人の狂気が極まってピリッポスと戦いながらまだアルポノスとニカイアを手放さず――というのはパライコスはまだマケドニアにそれらを引き渡していなかったからだが――、われわれが援軍を申し出た者どもはといえば［エレウシス］秘儀の休戦を受け入れず、われわれがテバイ人を背後に置いていたときか、それともピリッポスの誓約も取って同盟が成立した後、彼［ピリッポス］が進軍を要請してきて、テッサリア人も他のアンピクテュオニアのメンバーも出動していたときか？　一三九　後の方が前の時よりはるかによい時機だったのではないか？　ところがそのとき君の軟弱さと嫉妬心ゆえに、アテナイ市民は家財道具を田舎から運び込んだのだった。[2] 私はもう三回目の使節に出かけてアンピクテュオニア神聖同盟の会議に向かっていました――選出されずに出かけたと鉄面皮にも君の言う使節職務だが、[3] それでいて政敵たる君は今日のこの日に至るまで、いまだに使節職務違反で私を弾劾裁判にかけようとしないではないか、私に極刑を与えることを、君が手控えているのでないことは確かだが。

一四〇　さればこそテバイ人が［ピリッポスに］懇願して迫り、わが国はといえば君のせいで大混乱に陥って、アテナイ人重装歩兵は［ピリッポスのもとに］来ておらず、[4] テッサリア人は君たちの無為無策とポキス人への憎しみのおかげで――ポキス人がテッサリア人を人質に取ってなぶり殺しにした[5]過去以来テッサリア人の心に染み付いた憎しみなのだが――テバイに加勢して、他方でパライコスが私やステパノスやデルキュロス[6]や他のアンピクテュオニア神聖同盟使節の到着前にもう戦闘停止を取りつけて立ち去ってしまい、 一四一

(1)「……ときめつけている連中」はデモステネスを指す。アイスキネスはこの出兵とりやめをポキス滅亡の直接因と見てデモステネスを非難する（一四〇―一四一節）。出兵とりやめによってアテナイはピリッポスの不信を買い、神聖戦争に決着をつけたこの戦いへの不参加ゆえに、アンピクテュオニア神聖同盟会議における発言権を著しく低下させた。

(2) スキロポリオン月二十七日にポキス殲滅のニュースが伝わり、ピリッポスによるアテナイ侵攻を恐れた市民は、農村地帯在住の婦女子の城壁内への疎開を決議した。『クテシポン弾劾（第三弁論）』八〇、デモステネス『使節職務不履行について（第十九弁論）』一二五および『冠について（第十八弁論）』三六参照。

(3) スキロポリオン月十六日に第三次使節派遣が決議されたが、選出されたデモステネスは辞退し、同じく選出されたアイスキネスは病気を理由に兄を代理に立てた。第三次使節団はまもなく出発したが、途中でポキス降伏を知り引き返してきた。スキロポリオン月二十七日ピリッポスのいるデルポイへの使節団の出直し――第四次使節と呼ぶ歴史家もいる――が決議されたとき、平癒したアイスキネスはこれに加わった。デモステネスは『使節職務不履行について（第十九弁論）』一二六において、デルポイへのアイスキネスの使節資格に疑義を呈したが、同弁論一七二では暗に疑義を無効にする発言をしている。

(4) 一三七節および一七一頁註（4）、本頁前註（1）参照。

(5) ギリシア語原語 *καταλοᾶν* の意味はかならずしも明確でないが、この事件に言及するプルタルコス『女の美徳』二四四Bによると、石打ちによらず、踏みつけ、めった打ちによって死に至らしめる、の意と推測される。

(6) 第三次使節をアイスキネスとともに務めたステパノスは、有力政治家エウブロスの友としてデモステネス『ネアイラ弾劾（第五十九弁論）』四八に名が出る。同弁論における愛人あるいは妻ネアイラとの関連で記憶されるアテナイ市民。政治活動では反マケドニア強硬路線に対立的であった。デルキュロスについては四七節および一二五頁註（3）参照。

オルコメノス[1]の人間が震え上がって、ボイオティアから出て行くからいのちだけはと停戦を哀願したとき、テバイの使節たちはそこにいて、ピリッポスは明らかにテバイ人とテッサリア人の憎悪を受ける立場にあったとき、そのとき事態は瓦解したのだったが、それは私のせいではなく、君の裏切りと君がテバイのプロクセノス[2]であるためだった。そのことのまぎれもない証拠を、じっさいに起こったことから提出できると私は信じます。一四二　かりに君の発言にいささかでも真実があったなら、私が追放したというボイオティアの亡命者と、帰郷を私が阻止したというポキス人の誰かが、この私を告発しただろう。ところがじっさいはそういう災難を彼らは問題にせず、私の友情を多として、ボイオティアの亡命者は集まって私のための弁護人を選んでくれたし、ポキスからは、アンピクテュオニア神聖同盟の会議のために第三次使節に私が行ったとき、私にいのちを救われた代表たちが来てくれている。オイタイア人が［ポキスの］成人男子の崖からの突き落とし[3]を提案しようとしたとき、私はポキス人をアンピクテュオニア神聖同盟の会議に連れて行って、その結果彼らは弁明の機会を得たのでした。というのもパライコスは休戦を取りつけて行ってしまったのに、無辜の民は死の淵に立たされていましたから、私は弁護の言葉を尽くして彼らのいのちを救ったのです[4]。一四三　私が真実を言っていることを証明するために、どうかポキス人ムナソンと同行の者たち、それにボイオティアの亡命者から選ばれた人たちを呼んでください。ここに登壇して、リパロスとピュティオンよ、あなたたちのいのちを救った私のいのちを救って、同じだけのお返しをしていただきたい。

ボイオティア人とポキス人によるアイスキネス弁護

では私への処遇はあまりに理不尽ではありませんか、テバイのプロクセノスでギリシア一のならず者であるデモステネスに告発されて、ポキス人とボイオティア人に弁護してもらいながら有罪にされるとすれば？
一四四　さてデモステネスは図々しくも、私が自分自身の言葉に足をすくわれて転倒したとまで言いました。(5)私がティマルコスを訴追したとき、あの男の男娼歴の噂は誰でも知っていると言って、良き詩人ヘシオドスの言葉を引用したことをいうのです、

あまたの人の口の端にのぼる噂は、死に絶えることのけっしてないもの、
「噂」もまた神なのだから。

(1) 一〇四節で「ボイオティアの城壁」と呼ばれたポリス群の一。一五五頁註（3）参照。
(2) プロクセノスについては八九節および一四七頁註（3）参照。
(3) 崖からの突き落としは、デルポイ神殿の聖財冒瀆者への伝統的処罰法（パウサニアス『ギリシア案内記』第十巻四-二、エウリピデス『イオン』一一〇二行参照）。アンピクテュオニア神聖同盟会議は、ポキス人と傭兵の武器を崖から投げ捨てるという象徴的懲罰行為にとどめた（補註H参照）。
(4) アイスキネスによる擁護は、テバイやテッサリア代表の苛酷な懲罰（全成人男子殺戮）の主張から、僅かながら譲歩を引き出した。ポキス将軍パライコスの売国によってポキスへの無血入城を果たした戦勝者ピリッポスの意向もはたらいたと推測される。
(5) デモステネス『使節職務不履行について（第十九弁論）』二四三―二四四参照。『ティマルコス弾劾（第一弁論）』一二八―一二九への応酬。以下に引用のヘシオドスの詩句は『仕事と日』七六三―七六四。

この同じ神がいまや私の告発者としてやってくる、と彼は言いました。ピリッポスから私が金をもらったと、誰もが言っているからだそうです。一四五　しかしながら、アテナイ人諸君、噂と誣告とはいちじるしく異なることを、よくご承知おきください。噂は中傷と共通するところはありませんが、中傷は誣告の姉妹です。両者の違いを明確にしましょう。噂とは、不特定多数の市民が誰言うとなく、取りたてた理由なしに、これこれしかじかの出来事が起こったと言うときのものです。誣告とは一個人が多数者を前に告発を行なって、民会ごとに、そして政務審議会に非難中傷するときのものです。「噂」には、われわれは女神として公共の名において生贄を捧げますが、誣告常習犯には、悪事犯として公共の名において民会予備告発（プロボレー）を行ないます(1)。ですから最も高貴なものと最も醜悪なものを一緒にしないでください。

一四六　じっさい私が憤激に耐えなかった告発事項は数多くありますが、中でも売国奴呼ばわりされたときでした。そのような罪を着せられては、私は畜生みたいに情も何もない男で、多数の過去のほかの罪科にもまみれた人間として公衆の目に晒されることは必至だからです。でも私の生活と日常の行動については、諸君が十分審査してくださると思います。しかし多くの人の目には見えないものの、誠実な人間には何よりも大切なこと、それらを私は少なからず、また誇るに足るものとして諸君にお見せできます。それを見てもらうために私の家族をこの壇上に登らせて、私がどんな担保を故国に残してマケドニアに使節として出かけたかを諸君に知っていただきましょう(2)。一四七　デモステネスよ、君は私を陥れようとしてあんなでっちあげを並べ立てたが、私は自分がそう教えられて育ち、良心にも恥じない仕方で話をしよう。

ここに私の父アトロメトスがいます。市民の中で最高齢といってもいいでしょう、九四歳ですから。父は若いとき、戦争[3]のために財産を失う前は運動選手でしたが[4]、三十人政権によって亡命を余儀なくされ、アジアで兵士として働き[5]、危急のときは優れた武勇を発揮しました。生まれはエテオブタダイと同じ祭壇にあず

（1）誣告常習者すなわちシューコパンテースに対して民会でなされる予備的告訴を指し、アリストテレス『アテナイ人の国制』第四十三章五によれば、この手続きの利用限度は、告発対象者が六人（市民三、居留外国人三）まで、一年につき一人一回で、時期は第六プリュタネイア。

（2）ディナルコス『デモステネス弾劾（第一弁論）』七一によれば、公職者は原則的に、正嫡の息子と土地をアッティカ内に所有していることを資格とした。この法律の運用については疑問が残るが、公職者個人の利害が国家の利害に吸収され、国運を担う際の忠実な職務履行を求める主旨は理解されたであろう。*ἐκ τῶν ἐμῶν* の代わりに *ἐκ τῶν νόμων*（i写本）を読み、この箇所のアイスキネスの発言はこの法律を踏まえていると見れば、「担保（*παρακαταθήκη*）」という商取引きからの比喩とともに説得力は増すともいえる。

（3）ペロポンネソス戦争（前四三一―四〇四年）を指す。

（4）運動選手として余暇を楽しめるほど裕福であった、の含意。

（5）三十人政権は前四〇四年のスパルタの傀儡寡頭政権。一年足らず続いたと見られる恐怖政治の後、国外追放されていた民主派市民によって倒された。父のアジアにおける軍務は、恐らく傭兵としてであろう。貧困化ゆえに他国の傭兵となる市民は少なくなかった（イソクラテス『民族祭典演説（第四弁論）』一六八、『ピリッポスに与う（第六弁論）』一二〇参照）。

かる氏族であり[1]、アテナ・ポリアスの女祭司と出自を同じくします。そしてさきほど言ったように[2]民主政再建を担った一人[3]でもありました。

一四八　そして母方の家族もみな自由人であります。その母は今日私の無事を心配して途方にくれた顔で私の目の前に来ています[4]。だがデモステネスよ、私の母は夫とともにコリントスへ亡命し、祖国の不幸を分かち合った。しかるに男であるとごねている君が――君が男子であると、私はとうてい言えないが――かつて戦列放棄で訴追され[5]、訴追者アピドナ区のニコデモス[6]を金で言いくるめて自分の身の安全を手に入れておきながら、後になってアリスタルコスと共謀して殺したのだから、君は不浄の身でありながらアゴラに足を踏み入れている[7]。一四九　そこにいる長兄ピロカレスも[8]、(君は口汚く罵ったが)卑しからぬたつきで身を立て、体育教練場で日を過ごし、イピクラテスの僚友[9]として前線にも立ち、今年で通算三年将軍を務め、私の無罪放免を要求するためにここに来ている。われら兄弟中最年少のこのアポベトスは、諸君のためにペルシア大王への使節を務めて国威を辱めず、諸君が国家財政の担当者として選出したときは立派に良心に恥じない歳入処理を果たし[10]、法に違わず子を儲けて――、君のように自分の妻をクノシオン[11]と同衾させたのではないの

(1) いずれかのプラートリアー(種族改編前のアテナイの四種族がそれぞれ三つの同族者集団プラートリアーに分かれていた。「氏族」あるいは「兄弟分」の訳語がある)に属すること、いずれかの区(デーモス)に属することと同様、真正のアテナイ市民であることの重要な条件であった。ゲノスが共通の歴史伝説的人物あるいは神話の人物を祖先に持ち、共通の宗教的慣習を守る同家系者集団であったのに対し、プラートリアーはゲノスを包摂し、地縁的意義も有したと説明される。ここでアイスキネスが父アトロメトスの生まれを、アテナ・ポリアスの家系(ゲノス)に属することと

女司祭を伝統的に出す家系であるエテオブタダイとのつながりのあるプラートリアーに結び付けているのは、厳しくアテナイ市民としての正統性を問う当時の社会通念を反映するものであろう。

（2）七八節参照。

（3）前出の三十人政権を打倒した民主派市民であったことを指す。

（4）後の一七九節で言及されないことから、すでに物故した母が眼前にいるかのように語っていると解釈される。

（5）デモステネス『メイディアス弾劾（第二十一弁論）』一〇三によれば、前三四八年エウボイアに出兵したデモステネスは、その前にディオニュシア祭の奉仕役を自発的に申し出ており、祭礼挙行のため帰国した。そのために、戦列放棄罪の告発を受けた。しかし訴追にまで至らなかった。

（6）アピドナ区のニコデモスは、デモステネスの告発相手ともなった有力市民メイディアスと交友があり、デモステネスをメイディアスが劇場で殴って二人の敵意が頂点に達した前三四八年に、デモステネスに対して行なわれた戦列放棄罪による告発に加わった。その後ニコデモス殺害の犯人とされたアリスタルコスは、デモステネスの若い朋友（『ティマルコス弾劾（第一弁論）』一七一によれば、デモステネスはアリスタルコスの念者（*ἐραστής*））。事件はしばしばデモステネス攻撃の材料にされた。しかし攻撃はいずれも失敗に終わった（同弁論一七二および一〇三―一〇四、デイナルコス『デモステネス弾劾（第一弁論）』三〇、四七参照）。

（7）アゴラは政治、経済、宗教など市民生活の中心となった広場であったが、入り口に聖水を撒いた「浄められた場所」があり、殺人の血ゆえに不浄とされる者の侵入は禁止されていた。

（8）ピロカレスについては、デモステネス『使節職務不履行について（第十九弁論）』二三七―二三八と、それへの反撃であるこの箇所からのみ知られる。

（9）「イピクラテスの兵士」は前四世紀、アテナイ人兵士に対する最高の賛辞。前四世紀を代表する将軍イピクラテスについては二七節および一一七頁註（1）参照。

（10）アイスキネス三兄弟の末弟アポベトスが選出された「国家財政の担当者（*ἐπὶ τὴν κοινὴν διοίκησιν*）」の正確な内容は不明。前記エウブロス（八節および一〇五頁註（3））の推挙による祭祀財務官を指すとの推測がある。

（11）ヒュペレイデス『ピリッピデス弾劾（第二弁論）』一三は、デモステネスの友人としてクノシオンの名を挙げている。デモステネスの若い同性愛相手であったという記述が古代の文献に見られるが（*Prosopographia Attika*, ed. J. Kircher, Berlin 1901–3, No. 8687）、信憑性は低い。

だ――、君の罵詈雑言(1)を気にも留めずにここに来ている。嘘でたらめは耳より先には届かないからだ。一五〇　君はまた烏滸《おこ》がましくも私の姻戚関係について喋った。そこまで恥知らずで救いようもなく恩知らずなのだ、ピロンとエピクラテスの父ピロデモス(2)に敬愛の念も持たず、跪拝の礼(3)も取らない君は。パイアニア区の長老がみなご存知のとおり、君が区民名簿に登録してもらったのはピロデモスのおかげじゃないか(4)。君が平気でピロンの悪口を、しかも最も模範的なアテナイ市民の前で言うのには呆れてものが言えない。この人たちは国家のための最善を願って裁定を下すためにここに来ているが、弁舌ではなく、むしろわれわれの生き方に注目しているのだ。一五一　なぜならこの人たちは心身壮健にして節度を知るピロンのような重装歩兵一万人か、それとも君にそっくりの色情狂(5)三万人か、はたしてどちらを恵まれたいと願っていると君は思うのか？そして君はピロンの兄弟エピクラテス(6)の育ちの良さまで貶《おとし》めているではないか。でも誰がいったい彼のみっともないふるまいなるものを、君の言うように昼の日なかにディオニュシア祭の行列においてであれ、夜にであれ、見たためしがあるだろうか。誰も気付かなかった、とだけはまさか言えまい、無名の匹夫ではないのだから。一五二　私は、アテナイ人諸君、ピロデモスの娘でピロン、エピクラテス兄弟の姉妹である女によって二男一女を儲けています(7)。これらをほかの者たちと一緒にここに連れてきていますが、それは質問を一つして陪審員たちに証拠を示すためです。それをいま申しましょう。アテナイ人諸君、そもそも私が祖国と友への誼《よしみ》、神殿と先祖の墓にあずかる絆に加えて、誰よりもいとしいこの者たちをピリッポスに売り渡すような、そしてこの者たちの無事息災よりもかの男の厚情を重んじるような、そんな人間だと思われますか、これが私の質問です。私がどんな欲望の虜になったでしょうか、いったい金ゆえにどんなあさましいことをしたでしょうか？　人を不徳のやからあるいは有徳の士にするのは、マケドニアではなくもって生まれた性質です。われわれは使節任務で別人になったのではなく、諸君が送り出してくれたときのままの人間

(1) デモステネス『使節職務不履行について（第十九弁論）』一九九—二〇〇、二三七—二三八、二四九、二八一ほかにおける個人攻撃の罵詈雑言を指している。デモステネスはなお『冠について（第十八弁論）』一二九—一三〇、二五八—二六〇においても激しく誹毀の言葉を投げている。

(2) デモステネスが区民登録でアイスキネスの義父ピロデモスの特別の計らいを受けたと主張するこの箇所および一五二節以外に、ピロデモスに関する資料はないが、アイスキネスは重責を果たす長老市民を義父に持つことを誇っている。

(3)「拝跪の礼を取る（προσκυνεῖν）」は、身を地に伏して恭順尊崇の意を示すという東方の国々特有の作法で、人間の本質的平等を信条としたギリシア人は対人礼儀作法としてけっしてこれを用いなかった。アイスキネスは「拝跪の礼」を故意に口にして、スキュティア人の血を引くデモステネスならしかねないという皮肉を利かせている。

(4) アテナイ市民の息子は、一八歳で資格審査（ドキマシアー）を受け、合格すれば市民として区民名簿に登録された。「おかげ」はデモステネスの血筋の（アイスキネスのいう）非正統性へのあてこすり。

(5)『ティマルコス弾劾（第一弁論）』一八一でアイスキネスは、同じ言葉 κίναιδος（色情狂）でデモステネスの性的醜聞を暗示している。

(6) デモステネスは原告弁論において（『使節職務不履行について（第十九弁論）』二八七参照）、キュレビオン（ぬか、ないしふすまをもじった人名で、取るに足らぬ、の意）と綽名で呼んで、エピクラテスを嘲笑している。

(7) 義父ピロデモスの二人の息子ピロンとエピクラテスのアイスキネスに対する関係は、この訴訟および一三年後のデモステネスとの再対決からのみ知られる。『使節職務不履行について（第十九弁論）』二八七においてデモステネスは、エピクラテスをキュレビオンなる綽名で呼び、仮面をつけずにディオニュシア祭の行列に加わったと、おそらく卑猥な動作を匂わせてあげつらった。デモステネスは、『冠について（第十八弁論）』三一二において、アイスキネスが「義理の兄弟ピロンの財産から五タラントン以上を相続し」たと言っている。

として帰ってきました。
一五三　でも私は政務で、たとえ偶然にでも真実を言えそうもない妖術使いのならず者にひどく絡まれました。嘘を言うときはまず破廉恥なその目にかけて誓いをして、次に起こってもいないことを起こったと言うばかりか、それが起こったという日付けまで言うのです。そしてさらに真実を語る人の真似をして、そこに居合わせたという誰かの名前までこしらえてつけ足します。けれども不正と無縁なわれわれは、一点だけ幸運に恵まれています、つまり彼が例のまやかしと名前の捏造を裏打ちするだけの知性を持っていないという一点です。というのもあんな出まかせを言ったこの男の無知無能を見ていただきたい。例のオリュントスの婦人について私を中傷した嘘のことですが[1]、それを喋っている最中に彼は諸君に放り出されました[2]。なにぶんその類いのことからはおよそ縁遠い人間を、そうと知っている人たちに向かって中傷したのですから。
一五四　けれどもこの非難をするために、どれだけ早くから彼が手を回して準備したかを見てください。アテナイ在住のアリストパネス[3]なるオリュントス人がいます。誰かを通して知りあいになって、この人物がなかなか弁が立つのを知ったデモステネスは、卑屈なまでに取り入って信用させたところで、諸君の前で嘘の証言をさせて私［アイスキネス］を陥れようとしました。アリストパネスが法廷に出て怒りをぶちまけ、捕虜にされている身内の女に私［アイスキネス］が酔っぱらって乱暴した、と言うことに同意するなら、すぐにも五〇〇ドラクマ渡そう、そしてその嘘の証言をじっさいにし終わったら、さらに五〇〇ドラクマ払おうと約束したのです。一五五　でもアリストパネスは、自分で言ったことですが、こう答えたそうです。亡命の身と目下の困窮からいえば、デモステネスの狙いはあながち的はずれとはいえず、というより可能なかぎり的を射ていた、しかし人物をこれ以上にないほど見誤っていた、とにかく自分はその類いのことをするような人間ではないのだから、と。私の言うことが真実であることを示すために、アリストパネス自身に証人として出てもらいましょう。どうかオリュントス人アリストパネスを呼んで、証言文を読んでいただきたい、そして彼からこの話を聞いて私に伝えた者たち、アウトクレスの子のハグヌス区民デルキュロスとエウピレトスの子のケピシア区民アリステイデス(4)を呼んでいただきたい。

証言(複数)

一五六　証人たちが真実を誓って(5)証言するのを諸君は聞かれました。他方で若者たちに教えてやるというデ

(1)この「嘘」については四節およびデモステネス『使節職務不履行について(第十九弁論)』一九六—一九八参照。

(2)「放り出された(ἐξερρίφη)」は四節の「諸君が黙らせた」の意で使われた比喩的表現と同種の語法。一〇三頁註(4)参照。

(3)オリュントス人アリストパネスについてはこの箇所以外は未詳。

(4)アリステイデスは前五世紀に富裕をもって知られた一族の出。本公訴でアイスキネスの弁護人ともなった高名な将軍ポキオンと交友関係があったらしく(ネポス『英雄伝　ポキオン』四-三)、ポキオンとアイスキネスのつながりから、この箇所での証人役がうなずける。デルキュロスについては四七節および一二五頁註(3)参照。

(5)殺人裁判以外は証人に誓約の義務はなかったが、自発的に誓いを立て、それによって相手方の証人に誓約を要求することは可能であった。

モステネスの触れ込みで、いま私に向けて使ったいかがわしい弁論術(1)ですが、どんなふうに彼がギリシアのために涙を流し悲嘆にくれてみせたかを覚えておられるでしょう。また喜劇役者サテュロス(2)を褒めて言った言葉、つまり自分［サテュロス］の客人が捕虜にされて、鎖に繋がれてピリッポスの葡萄園で土掘りをしているのを見たサテュロスが、酒杯を交わしながらピリッポスに解放を訴えた云々を。一五七　こういう前置きの後あの甲高い瀆神的な声をはりあげて言いました、「カリオンやクサンティアス役(3)を演じる男がこんなに高貴に鷹揚にふるまっているのに、超大国の献策者にして一万人のアルカディア人の指南役(4)なるアイスキネスが放恣横暴を慎まず、ピリッポスの廷臣の一人クセノドコス(5)にもてなされてのぼせ上がり、捕虜の女の髪をわしづかみにして鞭を取って打擲したとは、まさに言語道断ではないか」。一五八　というわけですから諸君がもしデモステネスを信じたか、あるいはアリストパネス(6)が彼の嘘を支持したとすれば、私は不当にも恥ずべき非難のもとに破滅したでありましょう。では諸君はこのように身の浄めを必要とする人間を自分たちの間に住わせておこうというのですか——願わくはその穢れが国家に降り掛からぬことを！　民会では浄めの儀式を執り行なう諸君(7)が、この男の提議した民会決議に祈りを込めるのですか、そして陸海の軍勢を送り出すのですか？　ヘシオドスの言葉(8)をよくご存知でしょう、

しばしば国民《くにたみ》すべてが、一人の悪しき男ゆえに苦しむもの、
悪に染まり不遜のわざをたくらむ者ゆえに。

一五九　ではこれまでに言ったことに、一つだけつけ加えて言いたいと思います。人類の悪の領域で、デモ

ステネスがその第一人者であるところを私が示せないとすれば、私は死刑の量刑提案をしましょう。(9) 思うに、審判を受ける者には数知れぬ困難がつきまといますが、その危険が怒りに燃える心を告発事項に振り向かせて、そのどれをも見落とさないように、無罪放免を勝ち取る議論に集中させます。したがって諸君にも、そして私自身にも告発事項を思い出させる方向に進みたいと思います。一六〇 どうかアテナイ人諸君、私が裁きにかけられている事項を一つずつ調べていただきたい、どんな民会決議案を私が提案したからか、どんな法律を撤廃したからか、どんな法律の制定を妨害したからか、どんな協定を国家の名において結んだからか、

(1)『ティマルコス弾劾(第一弁論)』一二五、一七五参照。

(2) デモステネス『使節職務不履行について(第十九弁論)』一九三―一九五では、サテュロスは亡友の娘たちの解放を実現した義侠《おとこぎ》の人物として語られていて、葡萄園の話はない。喜劇役者サテュロスは、アテナイオス『食卓の賢人たち』第十三巻五九一eによればオリュントス出身。

(3) カリオンやクサンティアスは喜劇に頻出する奴隷名。喜劇役者は奴隷役が多い。

(4) 超大国とはアテナイのこと。「一万人のアルカディア人の指南役」は、前三四八年アイスキネスが、アルカディア連盟加入国代表一万人を前に演説したことを指す。七九節および一四一頁註(5)、デモステネス『使節職務不履行について(第十九弁論)』一一参照。

(5) アテナイ人使節たちをもてなしたクセノドコスは、デモステネス『使節職務不履行について(第十九弁論)』一九六では名前がクセノプロンで、アテナイ人(三十人政権の一人であったパイディモスの息子)になっている。

(6) オリュントス人アリストパネスのこと。一五四節参照。

(7) 民会開始時には浄めの儀式と祈祷が行なわれる慣わしであった。『ティマルコス弾劾(第一弁論)』二三参照。

(8) ヘシオドス『仕事と日』二四〇―二四一。

(9) 自分が有罪判定を受けた場合の量刑未定裁判の手続きを示唆しているが、前出の五節同様、ここでは無罪を主張する修辞的一句。

講和に関する決議文言のどれを削除したからか、[1] あるいは諸君が可決しなかった何を私がつけ加えたからなのか？　一六一　弁論家の中には講和に不満な人がいました。それならば彼らはいま私を裁きにかけるのではなく、そのとき反対すべきではなかったでしょうか。戦争で潤った者、諸君の戦時財産税[2]と国家歳入のおかげで金持ちになった者は、いまは儲けがなくなりました。[3] 平和は怠惰を養ってはおかないからです。とすると不正を受けた者ではなく、国家に不正を加えた者が平和の推進者を罰し、平和の恩恵にあずかっている者が国への貢献者を窮地に見棄てるのですか？　一六二　ポキスの国々が根こそぎ破壊されたとき、私がピリッポスと一緒にパイアーンを歌ったと原告は言います。[4] どんな証拠でそれをはっきり証明できるのでしょうか？　たしかに私は同行の使節たちと一緒に招待客へのもてなしを受けましたが、招かれて饗応の席に連なった人間は、他のギリシア諸国の使節たちを合わせて二〇〇人を下りませんでした。その中で私が沈黙していずに唱和しているのがはっきり見えたと、デモステネスは自分はそこに行かず、出席者の誰をも証人として出さずに言います。一六三　でも誰の目に止まったでしょう、少なくとも私が合唱舞踏隊をいわば先導して歌ったのでなかったかぎりは？　ですから私が黙っていたのであれば、君の告発は虚偽になる。しかしわが祖国が安泰で、市民が国として不幸にあっていずに、私が他の使節と一緒にパイアーンを歌い、神が称えられ、アテナイ人が何ら不名誉にあわなかったのであれば、私の行動は敬神と正義に適い、それゆえ当然のこととして無罪放免されるべきでありましょう。それでは、私はこうしたことのために同情の余地のない人間とされ、灌ぎの儀式と食卓を分かち合った仲間を告発する君は敬神の男だというのか？

一六四　君は私を政治的に無節操だと言って責めたてる、以前にギリシア諸国を反ピリッポス戦線に誘っておきながらピリッポスへの使節を務めたからと言って。[5] しかしながら、君はその告発を、よいか、国家としてのアテナイの他の成員にも向けることになる。[6] 諸君はかつてラケダイモン人と戦い、レウクトラにおける

（1）デモステネス『使節職務不履行について（第十九弁論）』一五九の告発文言をそのまま使っている。

（2）戦時財産税は一定の資産をもつ市民を対象に戦時に徴収された臨時税。国家（政務審議会）が徴税権を入札制度で租税取立請負人（テローネース）に売って徴収予定税額を国庫に立替納入させた。請負人が納税者から回収した額が国庫納入額を上回れば、その余剰額を請負人の収入として認めるという制度を巧妙に利用して、金儲けをする者がいた。

（3）七九節および一四一頁註（7）参照。アイスキネスは『クテシポン弾劾（第三弁論）』一〇三―一〇四、一七三で、デモステネスの政務による金儲けを揶揄している。

（4）「パイアーン」は戦勝歌。デモステネス『使節職務不履行について（第十九弁論）』一二八参照。それまで盟友国であったポキスの破滅を祝う勝者の祭典に列席したという同じ非難を、デモステネスは一三年後の『冠について（第十八弁論）』一八七でも持ち出している。将軍パライコスによるテルモピュライ防衛の拠点委譲拒否がアテナイを激怒させるなど、ポキスとの盟友関係は不安定であり、神殿財物を資金源にしたポキス人を成敗するというアテナイ民会決議（九四節および一五一頁註（1）参照）は、敬神の大義をかかげるピリッポスを支持するものであった。

（5）デモステネス『使節職務不履行について（第十九弁論）』九―一六に対する論駁。前三四八年アテナイは有力政治家エウブロスの提議に基づいて、対ピリッポス共同戦線への決起を他のギリシア諸国に呼びかけるため、アイスキネスを使節としてペロポンネソス（アルカディア）へ送った。前三四六年に同様の使節派遣が行なわれたが、和平を協議する可能性も含まれていた。五七節および一二九頁註（2）参照。

（6）陪審員席に向き直って言う。次の「諸君」は、過去に遡ってアテナイ市民全体を意味する。

不運の後はその同じ人たちを助けました。[1] 諸君はかつてテバイの亡命者を故国へ返してやりましたが、今度はマンティネイアでその人たちと戦いました。[2] エレトリア人やテミソンと戦ったかと思うと、また今度は彼らに救いの手を差し伸べました。[3] そしてこれまでほかにも無数のギリシア人とこのようにしてつきあって来ました。人も国家も最良のものを手に入れるためには、その時々に応じた変化を避けられません。一六五　とするとよき献策者は何をなすべきでしょうか？[4] 現下の情勢における最善を国家に勧告することではないでしょうか？　ならず者の告発者は何を言うでしょうか？　そのときの実情を隠蔽して、行為だけを告発するのではないでしょうか？　生まれつきの裏切者をどうやって見分けるべきか？　君に出会って信頼を寄せてくれた人間に金を受け取って法廷用の演説を書いてやりながら、その中味を係争相手にばらすという君のやり方と同じ扱いをすることではないか？　君は金を取って銀行家ポルミオンに演説を書いてやりながら、ポルミオンを裁判で死刑に追い込もうというアポロドロスにその演説を手渡した。[5] 一六六　君はモスコスの子アリスタルコス[6]の幸せな家庭に入り込んで、その家を破滅させた。やむなく異郷に逃がれようとするアリスタルコスから、君は三タラントンを受け取った。亡命生活に必要な金を巻き上げたのだ。あの若者の初々しい美しさの崇拝者だという、自分で触れて回った評判を汚すことも恐れずに。でたらめもいいとこだ。なぜなら真実の愛に邪悪のしのび入る余地はないからだ。裏切り者とはこうしたもの、またそれに似たものです。

一六七　ですが彼は前線での働きにも触れて、私を「ご立派な戦士[7]」と呼びました。私としては彼にこんなに傷つけられたからというよりは、いま身に迫っている危険にこそ対処したい。そしてこのことについて述べても、みなさん辟易されないと思います。というのも今日という日を措いてどこで、いつ、誰に向かって

（1）前三七四年アテナイはスパルタと和睦したが、ほどなく戦争を始め、前三七一年には和平協議に入った。しかしテバイのボイオティア支配意思に不満なスパルタはボイオティアに進攻し、レウクトラでテバイに敗れた。勝者テバイがペロポンネソスにまで進攻しようとしたとき、アテナイはスパルタに援軍を送った。

（2）テバイの亡命者については一一七節および一六一頁註（7）参照。マンティネイアの戦いとは、前三六二年のテバイによる四回目のペロポンネソス進攻を指す。

（3）前三六六年エウボイア島のエレトリア人が独裁者テミソンに率いられてオロポスをアテナイから奪い、のちにテバイに引き渡した。アテナイは前三五七年と前三四八年に、エウボイア島に援軍を出して「救いの手を差し伸べた」。

（4）一一八節参照。デモステネスは一三年後の『冠について（第十八弁論）』一九〇、一九四、二〇九、三〇一において、この問題を再び取り上げている。

（5）もと奴隷であった銀行家ポルミオンと、その主人パシオン（奴隷身分からの解放後、国家への寄与によってアテナイ市民権を獲得）の息子アポロドロスとの長年にわたる確執については、デモステネス『ポルミオン擁護（第三十六弁論）』、『ステパノス弾劾、第一演説（第四十五弁論）』、『ステパノス弾劾、第二演説（第四十六弁論）』の三作が現存するが、第三十六弁論は真作としても、偽作の疑いが極めて濃い第四十六弁論は、じつはアポロドロスによるという説がある。アイスキネスは『クテシポン弾劾（第三弁論）』一七三においてもこの話題に触れている。

（6）ニコデモスのアリスタルコスによる殺害はこの折のこととされ、アリスタルコスは亡命した。一四八節および一七九頁註（6）および『ティマルコス弾劾（第一弁論）』一七一参照。

（7）デモステネスが『使節職務不履行について（第十九弁論）』一一三において使った形容詞*θαυμάσιος*は「すばらしい」「驚くべき」の意もあるが、異様な、おかしな、わけのわからない、など悪い意味にも使われる。アイスキネスはここで*θαυμάσιος*の代わりに*καλός*（立派な、高貴な、よい、等）の語を使っている。

これを話せるでしょうか？　少年期を脱するや否や、私はこの国の国境巡察隊兵士として二年務めました。[1] そしてその証人として私の兵役見習いの同期生と士官に出てもらいましょう。一六八　最初に従軍したのは分隊出動[2]と呼ばれるもので、同年輩の兵とアルキビアデス配下の傭兵部隊と一緒にプレイウスへの輸送をする仕事でした。[3] ところがネメアと呼ばれる峡谷のあたりで危険に遭遇して戦闘を余儀なくされましたが、[4] 指揮官たちから私はお褒めの言葉をいただきました。そして続けざまに年齢別に召集される出征に加わり、一六九　マンティネイアの戦い[5]では見苦しからぬ、祖国の名に恥じない戦《いくさ》をして、エウボイアへの出兵にも参加し、タミュナイの戦闘[6]では選抜精鋭軍で危険をものともせず戦ったので、その場で授冠の栄を受け、帰国したときは再び民会から冠を贈られましたが、その折私はわが国の勝利の報を携えて帰り、パンディオニス部族の部隊長[7]で一緒に軍陣から送られたメニテスは、いかに私が襲い掛かった危険に怯まなかったかを報告したのでした。

一七〇　私が真実を語っていることを証するために、この民会決議を取り上げ、メニテスと一緒に国のために出征した同輩たちと、将軍ポキオン[8]を、陪審員団の意に適わないならいまだ弁護人としてではなく、虚偽を語れば誣告常習犯の攻撃に晒される証人として[9]呼んでいただきたい。

民会決議　証言（複数）

一七一　それでは祖国の勝利と諸君の子弟の成功を最初に伝えた者として、私は最初のお返しに、いのちの

（1）一八歳に達した（おそらくは重装歩兵階級以上の）アテナイ男子市民の兵役義務（初年度はペイライエウス守備、次年度は国境守備の計二年）で古い起源の慣習とされるが、前三三八年のカイロネイアにおける敗北以後改変されたと思われる。

（2）アリストテレス『アテナイ人の国制』第五十三章七によると、前三二〇年代までは兵士全員の出動が必要とされない場合、年齢に基づく兵役登録票によって「二〇―三〇歳の兵士」「二〇―四〇歳の兵士」というふうに部分的に出動した。この種の部分的出動を「分隊出動（στρατεία ἐν τοῖς μέρεσιν）」と呼んだ。

（3）前三六六年の、ペロポンネソスの敵国に包囲されたプレイウスへの物資輸送を指す。将軍カレスはこの機に乗じてシキュオン軍を敗った（クセノポン『ギリシア史』第七巻二―一七―二三参照）。

（4）前三六三年、クセノポン『ギリシア史』第七巻二―一七参照。

（5）一六四節および一八九頁註（2）参照。

（6）アテナイは前三五七年と前三四八年にエウボイアへ出兵し、アイスキネスはそのいずれにも従軍した。前三四八年のそれは、エレトリアのプルタルコスの要請でアテナイが出兵し、プルタルコスと対立していたカルキスのカリアス相手に、アテナイの重装歩兵隊がタミュナイで戦った。『クテシポン弾劾（第三弁論）』八六参照。

（7）部隊長（タクシアルコス）は一〇に分けられているアテナイの部族ごとの重装歩兵部隊の指揮官。この場合はパンディオニス部族隊の指揮官。メニテスはこの箇所以外は未詳。

（8）ポキオンは本公訴のアイスキネス側弁護人としてのちに登場する（一八四節）。前四〇二／〇一年生まれ。武勲の誉れ高く、生涯に四五回将軍に選出され、また正義の士として人望篤かった。前三三八年（カイロネイア戦争）と前三二二年、（ラミア戦争）アテナイ敗北後の対マケドニア和平交渉の使節を務めた。前三一八年に刑死。アイスキネスはポキオン麾下エウボイアで前三四八年に戦い、戦功を挙げて以来（一六九節および前註（5）（6）参照）ポキオンを強力な後楯としたらしい。

（9）証人は偽証罪に問われる可能性があり、有罪ならば被害者側への補償の刑罰を受け、有罪三回で市民権剥奪もありえた。「誣告常習犯」はデモステネスを指す。

救済を諸君からいただきたい。私は原告の言うような民主政憎悪者ではありません。そうではなくて邪悪を憎み、デモステネスの父祖たち——そんな者はいないからですが——を真似ることを諸君に許さず、(1) 国家にとって立派で有用な献策を競え、と呼びかける者です。ではそれらを過去に遡ってもう少し詳《つまびら》かにしてみましょう。

一七二　過ぎし日わがポリスは、(2) ペルシアに抗したサラミスの海戦以来令名高く、城壁を異民族に取り壊されはしましたが、ラケダイモン人に対して平和を保ち、民主政体をずっと堅持していました。しかしながら騒擾を起こす者がいて、われわれはラケダイモン人と戦うに至り、数多の不幸をみずからも被り与えもし、ついにラケダイモン人のプロクセノスであったキモンの子ミルティアデス(3)がラケダイモン人との交渉に入り、われわれは五〇年の休戦協定を結んで、それを一三年間守りました。(4) 一七三　その間にわれわれはペイライエウスに城壁を築き、(5) 北壁を建造し、一〇〇隻の三段櫂船を従前の艦隊に加え、三〇〇人の騎兵を増員し、三〇〇人のスキュティア人を買い、(6) こうして民主政治を不動のものにしました。

ところが自由人ならず品性よからぬ者どもが政治に立ち入ったあげく、再びアイギナ人問題(7)で戦争する仕儀に至りました。一七四　そこで少なからぬ損害を被ったため、われわれは平和を渇望して、アンドキデス(8)とその他の使節をラケダイモンに送り、三〇年間講和を守り、そのおかげで民主政は栄えました。われわれは貨幣にして一〇〇〇タラントンをアクロポリスに蓄え、さらに一〇〇隻の三段櫂船を作り、造船所を建設し、

---

(1) 写本間で異なる読みがある。ここでアイスキネスはデモステネス『使節職務不履行について（第十九弁論）』一六に一

矢を報いた、と見る読みを訳者は採る。エラペボリオン月十九日の民会でアイスキネスが、父祖たちの偉業は真似よ、しかしその愚行は真似るな、という主旨で言ったことをデモステネスは曲解誹謗した、とアイスキネスは六三、七四—七八節でも論難している。「そんな者はいない」は、非アテナイ人の血をひくデモステネスごときに「父祖たち」は存在しない、の意。

(2) 前四八〇年のサラミスの海戦を起点に語られる以下一七二—一七六節の歴史記述の主旨は平和礼賛であるが、前三九二／九一年のアンドキデス『ラケダイモン人との和平について（第三弁論）』への追随が著しい（年代誤認を含む）。アンドキデスはスパルタからの和議勧誘を受けるにあたって、平和がアテナイ民主政を存続させ、戦争がこれを危険にさらすと論じている。デモステネスは、被告弁論でアイスキネスが平和礼賛を繰り広げると予想して、前もって反論していた（『使節職務不履行について（第十九弁論）』八八—九一参照）。

(3) 前四八〇—四七九年のペルシア撃退以後活躍した将軍で政治家。デロス同盟設立に寄与した。スパルタとの友好関係維持に務めたが、前四六一年陶片追放され、一〇年後に帰国。前四四九年従軍中に歿。スパルタ人のプロクセノス（八九節および一四七頁註（3）参照）であったことは、アンドキデス『ラケダイモン人との和平について（第三弁論）』三による。

(4) アンドキデスが『ラケダイモン人との和平について（第三弁論）』四において前四五一年から五年間の講和を五〇年としている誤謬をそのままなぞっている。和平は一三年間ではなく五年未満であった。

(5) ペイライエウス港とアテナイ市街を結ぶ三つの城壁の一を指す。じっさいはテミストクレスによって前四五一年より二〇年以上前に建造された。アンドキデス『ラケダイモン人との和平について（第三弁論）』五に追随。

(6) スキュティア人奴隷は弓をもって民会などの集まりの秩序治安維持にあたった。

(7) 前四五八年アテナイがアイギナ島を支配下に置いたことを指す。アンドキデス『ラケダイモン人との和平について（第三弁論）』六に追随。

(8) 弁論家アンドキデスの祖父。アンドキデス『ラケダイモン人との和平について（第三弁論）』六は、誇らしげに言及している。この講和は前四四六／四五年から、じっさいには一五年しか続かなかった「三十年和平」を指す。

一二〇〇人の騎兵、さらに同数の弓兵を増補し、南側の長壁を築きました。[1] そして民主政を顛覆させようという人は誰もいませんでした。

一七五　けれどもまたメガラ人のためにわれわれは戦火に耐える覚悟を決めました。[2] そして国土を攻略されるに委せ、多くの財物を奪われて平和を切望し、ニケラトスの子ニキアスによる平和を結びました。[3] そしてその間に平和のおかげで七〇〇〇タラントンをアクロポリスに蓄え、三段櫂船はといえば、航行可能な装備万全のものを三〇〇隻近く揃え、[4] 貢納金は毎年一二〇〇タラントン以上が入ってきて、われわれはケロネソス、ナクソス、それにエウボイアを領有し、[5] この期間に最多の数の植民を送り出しました。一七六　ところがこれだけの財を手にしながら、われわれはまたもやアルゴス人に説き伏せられてラケダイモン人相手の戦争に突入し、[6] とうとう戦争を煽る弁論家のために［スパルタの］駐留軍を市内に置かれるに至って、[7] 四百人政権とあの神をも畏れぬ三十人政権を持つ羽目に陥ったのです。[8] それはわれわれの和平交渉の結果ではなく、押し付けられてやむをえずしたことでした。けれども政治が正常に戻り民主派がピュレから戻ってきて、[9] ア

（1）一〇〇〇タラントンの備蓄は前四三一年勃発のペロポンネソス戦争の後のこと。造船所建設は「三十年和平」の前のこと。より古いパレロン港とアテナイ市街を結ぶ南側長城の建設時期は北側のそれと同時期。いずれもアンドキデス『ラケダイモン人との和平について（第三弁論）』七に追随。

（2）前四三一年勃発のペロポンネソス戦争のこと。トゥキュディデス『歴史』第一巻ではメガラ人の民会決議は瑣末な問題であったかのように書かれているが、その民会決議を撤回すれば戦争は回避されうることをスパルタ側が固執したという事実から、開戦の責任をこの民会決議に帰すアテナイ市民もいて、のちにその見解が一般化した。「国土を攻略されるに委せ、多くの財物を奪われて」は、戦争初期のスパルタ兵

によるアッティカ農村地帯攻略を指す。

（3）前四二一年の「ニキアスの平和」のこと。「平和」条項は当初から部分的にしか守られず、まもなく全面戦争に逆戻りした。ニキアスは前五世紀末の高名な将軍で政治家。前四一五—四一三年のシケリア遠征で将軍の一人となり、遠征軍全敗後処刑された。アイスキネスが踏襲しているアンドキデス『ラケダイモン人との和平について（第三弁論）』八—九にはペリクレス時代の出来事との混同が著しい。

（4）アンドキデス『ラケダイモン人との和平について（第三弁論）』九では四〇〇となっているが、アイスキネスのこの箇所およびトゥキュディデス『歴史』第二巻一三・八により三〇〇に修正されることが多い。

（5）アンドキデス『ラケダイモン人との和平について（第三弁論）』九はアテナイの植民地をすべて挙げるには時間がかかる、と続けているが、アイスキネスは現有植民地ではなく、新規の植民地と解しているようである。

（6）前四二〇年アテナイはアルゴス、マンティネイア、エリスと同盟を結び、これがラケダイモン人との戦争再開につながった。アンドキデス『ラケダイモン人との和平について（第三弁論）』九および三一による。

（7）スパルタがアテナイ市内に駐留軍を置いたのは前四〇四年のアテナイ降伏後のことなので、二つの独裁政権（次註参照）を混同したか？　しかしアッティカ内のデケレイアにスパルタが城塞を建てた前四一三年の敗戦を指す表現とも受け取れる。

（8）四百人政権は前四一一年に四ヵ月で倒れた寡頭政権。前四〇四年の三十人政権については七七節および一三九頁註（11）、一七七頁註（5）参照。

（9）前四〇三年少数の亡命中のアテナイ市民がアテナイとボイオティア国境のピュレに集結し、そこからペイライエウスを拠点に市内へ攻め込み、三十人政権を倒して民主政を再建した。

ルキノスとトラシュブロスが指導者となり、[1]「互いに過去を水に流す」という誓いを立てたとき、[2]わが国は最高の知性をそなえた国と世に評価されました。一七七　そこで民主政治は甦って最初の活力を取り戻しましたが、不正な登録によって市民になった者どもが、国の病弊を絶えず取りこんで戦争また戦争の政策で突っ走り、平和時には喋々しく困難を予告して功名心にはやる過敏な連中を煽るくせに、戦時には武器に触れようとさえせず、陸軍監査官や水軍発送官[3]におさまり（ヘタイラに子供を生ませて、誣告罪で市民権を剝奪されているのですが）、そういう輩が国を存亡の危機に立たせて、人格品性によってではなく阿諛迎合によって民主政の名にかしづき、民主政治のいのちを守る平和を破壊して、民主政の崩壊を招く戦争に手を貸しているのです。

一七八　さて彼らは結託して私を攻め、ピリッポスは講和を金で買った、協定事項においてことごとくわれわれを出し抜いた、自分の利益になるようにこしらえ上げた講和に自分で違反している、と言います。そして私を使節としてではなく、ピリッポスと講和の保証人として裁判にかけています。つまり弁論のみに力を持つ人間に、予測されてじっさいに起こった事の責任を問うているのです。諸種の民会決議で私の賞賛者として名を挙げられるその同じ男を、私は法廷では原告にしているというわけです。一〇人で務めた使節のうち、私だけが執務審査を受けているのです。[4]

一七九　私のために嘆願するために父がここに来ておりますが、その老いの希望をどうか奪わないでいただきたい。そして私から引き離されては生きることも選ばないであろう兄弟たち、また婚姻の絆に結ばれた者たち、そしていまだこの危険を理解できずにいるが、私が零落すれば惨めな境遇に落とされる幼い子供たちが来ています。[5] この者たちのために私はお願いし、嘆願したい、どうか親身に思いやって、彼らを敵の手に、また軟弱で女のごとき性《さが》の人間に引き渡さないでいただきたい。

一八〇　何はともあれまず神々に私は救いを祈り、希《こいねが》い奉りますが、次に票決をその手に持つ諸君にお願いしたい、諸君の前で私は自分が思い出せるかぎり、訴追事項の一つ一つに対して弁明しました。どうか私を無罪放免し、この弁論代作者なるスキュティア人[6]の手に渡さないでいただきたい。息子を持つ父であり、

（1）アルキノスは三十人政権の穏健派であったがのちに追放され、民主派とともに前四〇三年アテナイに戻った。ステイリア区のトラシュブロスは、ピュレの民主派を率いて三十人政権打倒を果たし、前三九〇年代アテナイの国力回復に尽くしたが、前三八九年アジアで戦死した。

（2）前四〇三年独裁政権打倒後、三十人政権時代の対立、罪を不問に付す「和睦（ὁμόνοια）」が宣された。

（3）陸軍監査官（エクセタスタイ ἐξετασταί）はアリストテレス『政治学』一三二二bによると、会計監査官（ロギスタイ）などとも呼ばれて、公金の適正な使用を検査した。水軍発送官（アポストレイス ἀποστολεῖς）は艦隊の適切な発進を指揮した。「ヘタイラに子供を生ませる」は非嫡子にアテナイ市民権を与えようとする違法行為を含意している（『ティマルコス弾劾（第一弁論）』一一三、『クテシポン弾劾（第三弁論）』一四六参照）。

（4）広義の執務審査（エウテューナ）の第一段階にあたる会計検査は完了していたと思われる。さもなければアイスキネスは第三次使節を務めることはできなかったであろう。第二段階にあたる狭義の執務審査でデモステネスらが告発したと推測される。『ティマルコス弾劾』によるアイスキネスの反撃を経て、前三四三年の現在に至った。補註E参照。

（5）被告が肉親を陪審員の前に出して、子供に泣かせるなどして憐憫の情に訴えるのは法廷闘争の常套であった。

（6）デモステネスのスキュティア血筋については二二節および一一五頁註（1）、『クテシポン弾劾（第三弁論）』一七一、デイナルコス『デモステネス弾劾（第一弁論）』一五など参照。蔑称としての「弁論代作者」については『クテシポン弾劾（第三弁論）』一七三および二九九頁註（4）参照。

弟たちを大切に思う諸君は、永遠に記憶されるべく慎みの心得をティマルコスの裁判(1)によって私が訴えたことを思い起こしていただきたい。一八一　そして私が不快な思いをさせたことは一度もないその他の諸君全員、運の良し悪しという点ではごくふつうの人間で、出過ぎた真似をしないところは諸君とまったく同じだが、政争に巻き込まれては、ただ一人諸君を害する悪巧みに加わらなかった私は、諸君に救済を乞い求めます。誠心誠意国のために使節を務めた私、そして武勇の誉れ高いつわものの多くすら負いかねた誣告常習犯の讒訴をひとり耐え抜いた私です。なぜなら恐ろしいのは死ではなく、辱めを受けた死こそが恐れるべきものですから。一八二　せせら笑う敵の顔を目にしつつ、そしりの言葉をもって耳朶《じだ》を打たせることが、どうして惨めでないでしょうか？　にもかかわらず私は危険に挑みました。身を危険にさらしました(2)。諸君のもとで私は育ち、諸君の生き方が私の生き方でした。諸君の誰ひとりとして私の欲望の満足のために暮らしを落とされた者はいないし、諸君の誰ひとりとして区民登録再検査の投票(3)のときに私に告発されて祖国を奪われた者はいないし、公職を務めて私ゆえに執務審査で身を危うくされた者はいません。

一八三　なおわずかなことを述べて私は降壇しましょう。アテナイ人諸君、諸君に対して不正を行なわないということだけは、私の手の中にありました。しかしながら讒謗を受けないことは運命の手の中にあり、運命が私に振り当てたものは誣告常習犯にして蛮人、神聖なる供儀も灌ぎの神酒も食卓も敬わず、将来彼に敵するであろう発言者に怯えるあまり、われわれを告発する虚偽を捏造してここにきた人物です。したがってもし諸君が平和と諸君の安全のために共闘する戦士をすすんで無罪放免されるなら、国家の利益は、諸君のために危険をも厭わない多数の援軍を獲得するでしょう。

一八四　では私は弁護人として、良識ある政治家からエウブロスを、将軍からは正義の士としても万人に抜きんでたポキオンを、友人で同年輩の者からはナウシクレスを、(4) そして親しく苦楽をともにしてきた他のすべての同志(5)を呼びましょう。

私の弁論は以上で終わりです。ではこの私のいのちを、私と法律が諸君の手に委ねます。

(1) ティマルコスを被告にアイスキネスが起こした裁判を指す。前三四六年スキロポリオン月（現在の六―七月頃）帰国した第二次使節について、職務不履行のかどでティマルコスとデモステネスがアイスキネスを告発したが、アイスキネスは逆に、売色の前歴のあるティマルコスが以前民会で提案演説をしたのは違法であったという訴えを起こして（演説者資格審査請求公訴）勝訴し、ティマルコスを市民権剝奪に追いやった。

(2) 本訴訟の初回の告発に対抗して、自分がティマルコス裁判を起こしたことを指す。公訴で敗訴した原告は所定の刑罰を受けるので、訴追者は自分の身をも危険に晒すことになる。

(3) 前三四六／四五年デモピロスの民会決議によって全区民（＝市民）の市民資格再審査が行なわれた。市民権を否認された者は陪審廷に訴えることができた。勝訴すれば区民名簿に復帰、敗訴すれば奴隷に売られた。

(4) エウブロスについては八節および一〇五頁註（3）、ポキオンについては一七〇節および一九一頁註（8）、ナウシクレスについては一八節および一一一頁註（3）参照。

(5) アイスキネスの支持者。

アテナイ人はピリッポスに対して戦争をしたが、のちにアリストデモスとネオプトレモスとクテシポンによってピリッポスと講和を結ぶように説得された。そして二回使節団を送り出したが、一回目は和議について、二回目はその誓約を取るためであり、その二回ともにデモステネスとアイスキネスは使節を務めた。さて二回目の誓約取りの使節から帰国したとき、デモステネスとティマルコスは、使節職務不履行のかどでアイスキネスを告訴した。そこでアイスキネスは、使節職務不履行の裁判が行なわれる前にティマルコスを男色売買のかどで告訴し、市民権を剝奪させたが、デモステネスに対しては弁明演説をした。しかし両弁論とも書かれはしたが、［法廷で］口演されなかったという人たちがいる。だが別説によると、［法廷で］口演されてアイスキネスは三〇票の差で危うく有罪になるところであったが、指導的政治家のエウブロスが彼の弁護人として弁じたため有罪を免れたという。ただしアイスキネス自身序論で明らかにし、デモステネスも『冠について』で言っているとおり、ピリッポスびいきの立場は万人に容認されてはいない。

さて序論の冒頭では、まず陪審員に好意を求めることから始め、原告と告発に対して非難の言葉を並べ、自分がいかに大きな危険に身を晒しているか、いかにゆえなく誣告常習犯の標的にされたかを示す。第二の段落では、告発演説で言われた事柄を非難し、それが嘘であることを陪審員団も見抜いているかのように、信頼に値する口調で確言する。これも論敵を非難するためであり、それに続くところも同様に自分への好意と原告への非難を得るためである。

第三弁論

クテシポン弾劾

第三弁論
序論および提題　悪徳政治家の専横、違法提案を封じるべき陪審員団の責務（一―八）
本論　デモステネスへの授冠の違法性二点（九―四八）
執務審査未了の公職者への授冠の禁止の法に違反（九―三一）
授冠の公布場所の法規定に違反（三二―四八）
公文書への虚偽記載禁止の法に違反（違法性第三点）（四九―一六七）
クテシポンの賞賛文の虚偽（四九―五三）
悪政に終始したデモステネスの政歴（陳述）（五四―一六七）
国益を害うデモステネスへの授冠（一六八―二五四）
私人デモステネスが授冠に値しないということ（一六八―一七六）
安直な授冠は民主政の苦難の歴史への冒瀆（一七七―一八九）
高潔高邁な父祖たちに倣うべきこと、予想される被告弁明の諸論点への論駁（一九〇―二二九）
被告無罪放免の罪悪（二三〇―二三五）
告発事由の確認（二三六―二四〇）
弁明演説は弁護人ではなく被告によるべきこと（二四一―二四八）
デモステネスへの授冠はカイロネイアの戦死者、民主政への冒瀆（二四九―二五四）
結論　父祖の誉れを辱めず、陪審員は正義と国益のために投票すべきであること（二五五―二六〇）
古伝概説

一　アテナイ人諸君、どれほどの詭計と陰謀がめぐらされているかを、[1] そして正義の常道がこの国から失われるように、アゴラ[2]中で頼んで回っている連中がいるのをみなさんご覧になっているでしょう。しかしながら私は、まずは神々への、そして法と諸君[3]への信頼あればこそ、いかなる企みも諸君のもとでは法と正義にまさる力を持ちえないと確信してここに来ています。

二　私が願うところは、アテナイ人諸君、五百人政務審議会と民会が進行役によって正しく運営され、[4] ソ

(1) 被告クテシポンの支持者たち（デモステネスを含む）が結集して、原告アイスキネスの敗訴を狙って様々な事前工作をし、そのための要員を配備している、の意。

(2) アゴラはアクロポリスの北側にある広場で、食糧、日用品の売り買い、社交、政令公布場所になるなど、日々多数の市民の集まる場所であった。「頼んで回っている連中」とは、この訴訟の被告勝利を目指して、陪審員役の市民や、傍聴席から応援してくれそうな知人に頼んで回る者、の意。

(3) 本訴訟を審理裁定する陪審員たち。公訴の陪審員団人数は五〇一人であったが、本訴訟は広く世間の耳目を集めたので（五六節参照）、陪審廷の規模が拡大されて陪審員数一〇〇一人、あるいは一五〇一人でもあったかと推測されている。二〇七頁註（2）参照。

(4) 五百人政務審議会、民会、および議長団については補註B、Cを参照。

ロンが弁論家(1)の規律のために制定した法律(2)がきちんと守られることであります。そうすれば法の規定どおり、まず市民の中の最年長者がおのずからなる威厳をもって登壇して、野次も騒擾もなしに経験に照らして国家にとっての最善を献策し、それが終わってはじめて残りの市民のうちの有志の者が、年令順に一人ずつ個々の問題について順次意見を述べる、そういう議事進行が可能になるでしょう。それによって国家運営は最も健全に行なわれ、訴訟沙汰(3)は最小限で済むと思われるからであります。

三　しかし以前に万人が良しとした規範はすべて壊され、臆面もなく違法な提案を上程する輩《やから》がいるかと思えばその議案を投票にかける者がいるというありさまで、（それも籤による公正な手続きを踏まずに、策を弄して議長団の一人に(4)なるのですが、）正しく籤で議長団員に選ばれた他の政務審議会議員が諸君の採決結果を正直に発表すれば、まるで国事が公《おおやけ》のものではなく自分たちの専有物であるかのように、弾劾するぞ、とその議員を脅し、一般市民をまったく奴隷化して権力を一手に収め、四　法律に基づく裁判をなくして、民会決議による、怒りに任せた審判をさせる(5)始末ですから、この国のあの最も麗しく最も叡智ある呼びかけは、もはや耳にすることができなくなっています。すなわち「五〇歳以上で発言したい方はおられますか？　そして次に残りのアテナイ市民の方は順番に」という呼びかけです。そして法律もプリュタネイス(6)も議長団も、市民の一〇分の一を占める監督役の部族(7)も、もはや弁論家たちの放恣放縦を取り締まれなくなっています。

五　このような事態に直面して、国家がいかなる危機的状況にあるかは諸君みずからが認識しておられるとおりでありますから、国政に残された唯一の道は——この私の理解が正しければ——違法提案に対する

公訴(8)であります。ですがもし諸君がこれをも無くしてしまうか、無くそうとする連中の言うなりになってし

(1) 弁論家(レートール)は政治家と同義。
(2) ソロンは前五九四/九三年にアルコーンを務め、民主的改革を行なった政治家・立法家として長く後世に尊敬されたアテナイ市民。古くからある権威ある法律に名を冠せられるなど、なかば伝説的存在になっていた。ここに述べられる議事進行の規定に関する法律がソロンに遡るものか否かは解明しがたい。
(3) 民主政のアテナイにおいて，個人が起こす訴訟が頻繁であったことはつとに知られているが、国家意志の決定など、行政司法上の諸問題が法廷における採決に委ねられる場合は少なくなかった。補註A参照。
(4) 民会の議長団(プロエドロイ)は、五〇〇人の政務審議会議員のうちプリュタネイス(執行部)にあたっていない九部族から各一人を選出して構成した。九人の中から籤で選ばれた一人が、議長を務めた(一日任期)。補註C参照。
(5) アテナイでは、原告が五分の一以下の票数で敗訴すれば一〇〇〇ドラクマの罰金を科される(同種の提訴の禁止など市民権の部分的剝奪も行なわれたか否かについては研究者の議論が分かれる)という、公訴(グラペー)に適用された罰則は、前三三〇年頃まで「弾劾裁判(エイサンゲリアー)」には適用されなかった(ヒュペレイデス『リュコプロン擁護(第一弁論)』八参照)。民会決議を左右するほどの弁才を自負する政治家がこれを悪用して、民会出席者の怒りを煽り、担当官を通さず民会で提訴できる「弾劾裁判」で政敵を失脚させる風潮をアイスキネスは批判している。「民会決議」より上位にある「法律」に基づいた裁判であれば、こうした審判誘導が困難であるとアイスキネスは見る。
(6) プリュタネイスは五百人政務審議会の執行部。補註C参照。
(7) 正常な議事進行が妨げられないように、一〇の部族(ピューレー、補註O参照)のうちの一部族が演壇に最も近い聴衆席に配され、演説者および民会出席者を監督して規律を維持するという役割が前三四六/四五年頃設けられたらしい。『ティマルコス弾劾(第一弁論)』三三および二一頁註(7)参照。
(8) 違法提案に対する公訴(グラペー・パラノモーン)は、現行の法律に違反する民会決議を、政務審議会あるいは民会で提案・制定した人物および民会決議そのものを訴追する公訴。補註F参照。

まえば、諸君はなし崩しに国政を誰かに手渡してしまいながら、それに気付かずにいるだろう、そう私は警告しておきたいのです。

六　そもそも人類のもとでは、アテナイ人諸君、三つの国制、すなわち独裁制、寡頭制、民主制があること(1)とは、よくご承知のとおりであります。独裁制と寡頭制にあっては、支配者の気質によって統治が行なわれるのに対して、民主制国家は現存の法律によって運営されます。したがって諸君のうち一人といえどもこのことに無知であってはならず、違法提案の審判のために陪審廷に入るときには、その日に自分自身の発言の自由について一票を投じるということを、各自しっかりと弁えていなければなりません。さればこそ立法家は陪審員の誓いの言葉に(2)、まずこういう文句を置いたのです、「私は法律に従って投票します」と。なぜなら立法家は法律が国のために遵守されれば、民主政治も守られるということをよく知っていたからです。七　これらのことを諸君はつねに念頭に置いて、違法提案をする者を憎み、この種の不正をどれも些細なこととは考えず、どの一つも極めて重大であることを認識して、何人《なんぴと》にもこの「違法提案を告発する」正当な権利を諸君から奪わせてはなりません。弁論家の誰かと結託してもう久しく国政を損なっている将軍たちの弁護演説も、違法な政務をしながら審判を逃がれようとして彼らが出廷させた外国人による嘆願も「この正当な権利を諸君から奪わせてはならないの」です。そうではなくて、諸君の誰もが戦闘で与えられた部署を放棄することを恥と心得るように、まさにそのように、今日のこの日、法によって民主政の番人として割り当てられた部署を放棄することを恥と心得ていただきたい。

八　そしていま全市民が、ここに来て審理を傍聴している人も、所用で来ていない人も、諸君に厚い信頼を寄せて、国家と国政を諸君の手に委ねているということも胸に刻み込まなければなりません。その人たちに対して恥を知り、また宣誓した誓いと法律を思い起こして、アテナイ人諸君、クテシポン[3]が違法であり虚偽であり国益を損なう提案をしたことを私が[4]実証してみせるなら、その違法な民会決議案を撤廃し、国家のために民主政を守り抜き、法律と諸君の利益に反して政務を行なう者どもに懲罰を下していただきたい。そしてそういう考えで以下の言葉を聞いてくださるなら、諸君の投ずる一票は正しく誓いに沿ったものとなり、

(1) 政治形態を独裁制、寡頭制、民主制の三種に分ける考えは、すでにピンダロス『ピュティア祝勝歌』第二歌八五―八六に認められ、その得失を論じ、民主制を最良と結論する思想は、ヘロドトス『歴史』第三巻八〇―八二、プラトン『国家』第八―九巻にも認められる。『ティマルコス弾劾(第一弁論)』四参照。

(2) 裁判要員として毎年三〇歳以上の市民から籤で選ばれる六〇〇〇人が、その任務につく年度はじめに立てた誓いの文言を指す。デモステネス『ティモクラテス弾劾(第二十四弁論)』一四九にその文言があるが、後世の註釈者による復元とも考えられて、信憑性はかならずしも高くはない。投票するにあたって法律(民会決議)を遵守する、原告被告両者に等しく耳を傾ける、(無関係な問題にではなく)当該の係争点について票を投ずる、賄賂を受けない、等が文言の内容である。この誓いがあるために、陪審廷の審判は権威を持つと見なされた。

(3) この裁判の被告。前三三六年デモステネスの国家に対する貢献が顕彰に値するとして授冠提議を出した。違法提案であるとしてアイスキネスによって告訴されたが、すぐに裁判には至らず、前三三〇年の現在被告席に着いている。裁判は実質的にはクテシポンの弁護人デモステネス断罪を目指すものであった。

(4) この裁判の原告アイスキネス。前三三六年デモステネスに対する授冠動議を出したクテシポンの提案を違法として、違法提案に対する告発(グラペー・パラノモーン)を行なったが、裁判に至らず、前三三〇年の現在、この原告弁論を述べている。

かつまた諸君自身と国家全体に裨益することを私は信じて疑わないのであります。

九　さて告発全般については以上の前置きが妥当なところだと思いますが、提案者クテシポンがそれに違反している現行の法律、すなわち執務審査を受けるべき公職者に関する法律そのものについて、簡単に述べたいと思います。

以前のことですが、最重要の公職について国家歳入を管理しながらその一つずつで収賄した役人が、政務審議会や民会の弁論家を味方に抱き込んで、手回しよく褒め言葉と冠と授冠布告でもって執務審査[1]を骨抜きにしておいたため、告発者は執務審査でどうすることもできず、いわんや陪審員団は、という事態がありました。一〇　つまり執務審査を受ける人間の多くが、国庫金窃盗の現行犯であることが証明されながら、法廷からは無罪放免されて出てきたのです。それも無理からぬことでした。なぜなら陪審員たちはばつの悪い思いをしたに違いありません、同じ国の同じ人間が、つい最近競演の折[2]に人徳と正義ゆえに民会から黄金の冠を授与されたのに、その同じ男がほんのしばらく後に窃盗で執務審査の有罪判決を受けて法廷から出て行く姿を見られるのは。そこで陪審員たちは仕方なく、目の前の不正を断罪するためではなく、民会が恥をかかないようにするための投票をしてしまったのです。

一一　そこでこうした実態を見たある立法家が、執務審査未了者に授冠を禁止すると明言した、まことに立派な法律を制定します。ところがこうして立法家が賢明に先手を打ったにもかかわらず、この法律を押さえ込む理屈が考え出されていて、それを誰かに言ってもらわなければ諸君は騙されていることに気付かぬままになるでしょう。というのは法律に違反して執務審査未了者に授冠しようとする人のうち几帳面な質《たち》の者は――いや違法提案をする人間で几帳面なのがいるとすればの話ですが――少なくとも恥を覆い隠すためにある細工をします。つまり民会決議案に「その職務の会計報告と執務審査を済ませたならば(3)」その執務審査対象者に授冠すること、という一条を書き足すのです。一二 でも国家が受ける損害の大きさに、変わりはありません。なぜなら執務審査は褒め言葉と冠で前もって骨抜きにされているからです。ですがこの民会決議案を提議した人は、違法な提案をしたけれども自分が犯したその過ちを恥じている、ということを聞く者に示しているわけです。ところがクテシポンは、アテナイ人諸君、執務審査未了者に関する現行の法律を跳び越えて、しかも私がいま言った但し書きさえ入れないで、会計報告以前、執務審査以前に、職務期間の真最中にデモステネスに冠を授けよと提案したのです。

一三 しかしアテナイ人諸君、彼らはいま言ったこととは反対の、何かこんなふうな別の議論も持ち出すでしょう(4)。すなわち人が民会決議によって選ばれてすることはすべて公職ではなく、お世話でありご奉仕だ、

(1) 執務審査（エウテューナ）とは、アテナイの公職者すべてが任期満了の時点で受けることを義務づけられていた審査。任務期間中不正がなかったか、正当な金銭出納がなされたかなどが問われた。ここから一一節にかけて語られる執務審査未了者への授冠禁止を定めた法律制定の由来は、かならずしも正確な史実に基づくわけではないと見る研究者がいる。

(2) 毎年春にディオニュソス劇場で奉納神事として行なわれる演劇などの競演のこと。上演に先立って授冠の公式布告が行なわれた。

(3) 執務審査は会計報告と狭義の執務審査の二段階に分かれていた。補註E参照。

(4) 予測される被告弁論の議論をあらかじめ封じる体《てい》で述べられるが、現存の被告側弁論であるデモステネス『冠について（第十八弁論）』に、該当する発言は見当たらない。

と。つまりテスモテタイ[1]がテセイオン[2]で抽選にかけるものが公職[3]であり、民会が公職者選挙[4]で挙手選出する将軍や騎兵隊長やその関連職が公職であるのに対して、他はすべて民会決議によって割り当てられたお役目だ、と言うでしょう。

一四　そこで彼らの理屈に対抗して、私は諸君の法律を出しましょう。そんな言い抜けを無効にしようと考えて、諸君自身が制定したものですが、それにははっきりこう書いてあります、「挙手採決による公職」と立法者はすべてを一句でまとめ、民会が挙手採決するものはすべて公職であると言って、「公的業務の責任者」と続けています。そしてデモステネスは城壁修復官[5]という最も重要な事業の責任者です。「国家業務のいずれかに三〇日以上携わり、係争裁定の統轄権[6]を執る者すべて」。——公的業務の責任者はみな係争裁定を統轄するわけですが——これらの者に立法者は何をせよと命じているでしょうか？　一五　奉仕することではなくて、「陪審廷で資格審査[7]に合格した後、公職につくこと」と。なにしろ籤で選ばれた公職者も資格審査なしでは済まされず、資格審査に合格してはじめて公職につくのですから。そして「会計監査官に会計報告書を書面で提出すること」と。まさにほかの公職者と同じようにです。私が真実を述べていることを示すために、法律そのものをみなさんに読んでもらいましょう[8]。

法律（複数）

一六　とすると、アテナイ人諸君、立法者が「公職」と名付けたものを彼らが「お役目」だの「お世話」

(1)テスモテタイ(法務執政官)は一年任期で執務する九人のアルコーン(執政官)のうちの上位三人(筆頭執政官＝アルコーン・エポーニュモス、祭事執政官＝アルコーン・バシレウス、軍事執政官＝アルコーン・ポレマルコス)を除く六人を指す。法務関連の事柄を主要な職務としたが(アリストテレス『アテナイ人の国制』第五十九および六十三章参照)、ここで述べられているように、籤による公職者の選挙を主宰する役目もあった。

(2)テセイオンはアゴラの東にあったとされ、後世しばしばヘパイストス神殿と混同された建物か? 名称は伝説上のアテナイの王テセウスにちなむ。

(3)成員の平等・機会均等という民主制の理念に基づいて、原則的に抽籤によって一年任期、再任なしで務めた役人を指すが、職種によっては選挙の場合もあり、祭祀財務官のように四年任期のものもあった。アリストテレス『アテナイ人の国制』第二十四章三は、前五世紀後半の国内公職者数を七〇〇としている。前四世紀についても同数の試算がある(Hansen, 1999, p. 240)。

(4)公職者選挙(アルカイレシアー)は民会の重要な行事の一つとして行なわれたが、軍事関係者の選出は最も重視され、交戦の季節(三―十月、とくに夏期)に間に合わせるため、第六プリュタネイア(二月頃)後の吉兆を見た後のできるだけ早い時期の民会で行なわれた。四年任期の財務関係の公職者、成人教練の公職者、また一年任期の籤による公職者の選挙も、選出後資格審査(ドキマシアー)を行なう必要があったことを勘案して、これよりさほど遅くない時期に行なわれたと推測される。アリストテレス『アテナイ人の国制』第四十二、四十三、六十一章参照。

(5)アテナイ市街地からペイライエウス港に至る長城壁の修復のため、デモステネスは前三三七年、所属部族から城壁修復官(テイコポイオス)に選出された。必要経費として支給された国庫金に加えて自費を寄付し、修復官の任にあたった。

(6)各種公職の責任者は、在任中その部署の業務従事者を監督する責任を負い、業務従事者間の係争の解決のための裁判を統轄した。

(7)公職者の就任前に行なわれる資格審査(ドキマシアー)は、三〇歳以上のアテナイ市民であり、市民権剝奪あるいは制限を受けていないこと、同じ公職への再任ではないこと、寡頭政支持者でないこと、公職者にふさわしい生活態度を維持していること、などが通常陪審員団によって審査された(ただし政務審議会議員と九人のアルコーンの資格審査は、現行の政務審議会による審査を経てのち、陪審廷による資格審査に進んだ)。

(8)書記に読ませる。

だのと呼ぶのであれば、諸君のなすべきことはこの法律を思い出させ、恥知らずな彼らにこれを突きつけて、言葉のあやで法律を無効にしようと目論む悪辣詭弁術教師など諸君は受け付けないということ、違法提案をする人間がたくみに話せば話すほど、諸君の怒りを買うということ、それを彼らにわからせるのが諸君の仕事です。もとより、アテナイ人諸君、弁論家と法律は同じことを語るべきです。法律と弁論家が別々のことを言うのであれば、諸君は法が要請する正義に票を投ずるべきであって、演説屋の破廉恥に対してではないのであります。

一七　さてデモステネスが言う「反論不可能な議論」なるものについて、まず簡単に言っておきたいと思います。(1) 彼はこう言うでしょう、「私は城壁修復官です。たしかにそうです。ですが私は一〇〇ムナを国家に寄付して、〔城壁修復官の〕業務以上のことを果たしました。とすれば私は何の執務審査未了者なのでしょう、愛国心に対する執務審査があるのでなければ?」こんな言い逃がれを許さないよう、正義と国益に資する私の言葉をどうか聞いていていただきたい。

かくも古くかくも偉大なこの国において、どのようにであれ公《おおやけ》の仕事をした者は、何人といえども執務審査対象外ではありません。一八　まず意外な実例を挙げてお話しましょう。たとえば神官や女神官に法律は執務審査を、しかも全員一緒に、そして一人ずつ個別に受けることを義務づけています。心付け(2)を貰うだけで諸君のために神々に祈る人たちが、一人ずつでは済まず一族ともに執務審査を受けねばならない、エウモルピダイやケリュケス(3)その他みながそれです。一九　それからまた三段櫂船奉仕役(4)も執務審査を受けるように法律は義務づけています。公金を扱ったわけではなく、諸君のものからごっそりくすねてわずかばかりを返した人たちでもなく、諸君のものを返納するだけだのに寄付をすると吹聴する連中でもありません。諸君に尽したい一心で相続財産を使った(5)と誰もが認める人たちです。

それに三段櫂船奉仕役だけではなく、国の最上位の集団に属す人たちも陪審廷の票決を受けなければなりません。二〇　まずアレイオス・パゴス審議会(6)は、会計報告を会計監査官に書面で提出し、執務審査を受けるよう法律によって義務づけられていますし、あのいかめしく最高の権威を有する議員たちですら、諸君の票決を受けなければなりません。ではアレイオス・パゴス審議会が授冠されることはないのでしょうか？

(1) じっさいにデモステネスは被告弁護演説『冠について（第十八弁論）』一一一―一一八においてこういう議論を出している。

(2) チップのこと。神前で犠牲獣を焼いた後食する肉など、神官の職務から生ずる役得。

(3) エウモルピダイ一族とケリュケス一族は、エレウシスの神官職を世襲で務めた二家系。

(4) 国家事業の経費および付帯業務を国に代わって富裕市民が負担する「公共奉仕（レートゥールギアー）」は諸種あったが、三段櫂船奉仕（トリエーラルキアー）は、合唱舞踏隊奉仕（コレーギアー）とともに二大奉仕に数えられ、国家への貢献度が最も高いと見なされた。補註K参照。

(5) 父親の遺産を蕩尽することは、両親虐待あるいは扶養義務放棄、兵役忌避（戦列放棄を含む）および男色売買とともに、重罰をもって禁じられていた（『ティマルコス弾劾（第一弁論）』二八―三二参照）。よって「相続財産を使った」は法を犯してまで国家に尽くそうとした市民、の意。

(6) アレイオス・パゴス審議会は、民主政改革により前五世紀中葉まで持っていた権威を失い、主として宗教的権能のみが残された。前四世紀、殺人を裁く法廷のうちでは最も権威ある法廷と見なされた。前四世紀後半には、次第に政治的影響力を取り戻した。アルコーン職経験者が任務明けに資格審査を経て、終身のアレイオス・パゴス審議会議員になった。

ありません、そういう伝統はないからです。ではあの人たちには〔国家に尽くすという〕名誉心はないのでしょうか？　ありますとも！　名誉を志す気持ちでは人後に落ちず、審議会に罪人がいないだけで十分とはせず、間違いを犯せば同僚議員であっても罰します。だのにわが弁論家たちはやりたい放題です。さらに立法家は五百人政務審議会にも執務審査を受けるよう義務づけました。二一　そして執務審査未了者を容易に信用しないことといったら、法文の最初に「執務審査未了の公職者は出国してはならない」と書いているほどです。「おお、ヘラクレスよ！[1]」と問い返す人もいるでしょう「私は公職についたからといって、国を出てはいけないのか？」そう、国庫金や公務を利用しておいて、その後で逃亡しないように、です。それからまた執務審査未了の者に、財産を〔神に〕寄進することも、奉納品を奉献することも、養子になることも[2]、自分の財産を遺言によって処分することも、その他いろいろなことも禁止しています。一言で言えば、立法家は、執務審査未了の者の財産を会計報告を済ませるまで国への抵当に取っているのです。二二　「たしかに。でも国庫金を受け取りもせず使いもしなかったけれども、何らかの公共業務に携わった者がいる」。そういう人も会計監査官に会計報告をせよと、立法家は命じています。でも国庫金を受け取りもせず使いもしなかった者が、どうやって国に会計報告をするのでしょう？　法律そのものが書くべき内容を示し教えています。つまりこう書くように命じています、「私は国庫金を受け取りもせず、使ってもいません」と。執務審査を受けず、調査を受けず、検査されないものは国中に一つもありません。私の言うことが真実であることの証拠に、法律そのものを聞いてください。

二三　ですからデモステネスが厚かましくも、寄付なのだから執務審査を受ける必要はないと言うなら、彼にこう言い返してください、「デモステネスよ、君は会計監査官たちの触れ役に、父祖伝来のこの法によって定められた口上を言わせるべきではなかったか、「告発したい人はいますか」と。君は市民のうちの望む者にこういう疑問を呈することを許すべきだ、すなわち君〔デモステネス〕は寄付をしたのではなく、国から城壁修復のために一〇タラントンを受け取って、自由にできる多額の金銭からほんのわずかをそのために使っただけだ、と。栄誉を強奪するな、陪審員の手から票をひったくるな、法律の先に立つのではなく、法律の後ろにつき従って政治にかかわりたまえ。そうすれば民主政は正しく実践されるのだから」と。

二四　彼らが持ち出すであろう空っぽな言い訳に対して私が言うことは以上です。しかし被告クテシポンが〔授冠の〕民会決議案を上程したとき、デモステネスはじっさい執務審査未了であったということ、すな

（1）ギリシア語では間投詞として神の名が用いられたが、「おお、ヘラクレスよ」は主として驚きを表わすとき、「おお、ゼウスよ」は重々しさを伴う内容のとき、というふうに使い分けられた。

（2）執務審査未了の公職者が法律違反の嫌疑をかけられた場合、他家の養子になることによって、自分の父の財産を罰金として取られることを防ぎ、財産を自分の息子に（＝祖父から孫に）相続させることができた。また罰金額が資産を上回る場合、国庫への借金を払うまでの市民権剥奪が息子に及ぶことも防げた。養子を迎える側は、嫡男不在による家系断絶を防ぐことができた。

わち彼［デモステネス］は祭祀財務官[1]と城壁修復官在任中であり、このどちらの官職についても会計報告も執務報告も出していなかったということを、公文書記録[2]をもとに諸君にお知らせしようと思います。では誰がアルコーンの年に[3]、どの月のどの日に、どの民会においてデモステネスが祭祀財務官に挙手選出されたか、どうか読んでください。

日付けの読み上げ

とするとこれ以上何も私が示さなくても、クテシポンは当然有罪です。なぜなら被告に有罪を宣告するのは、私の告発ではなく公文書記録ですから。

二五　さて、アテナイ人諸君、以前は各プリュタネイア[4]ごとに民会に歳入報告を行なう国の監査役[5]が、挙手で選ばれていました。けれども諸君の間に生まれたエウブロスへの信頼[6]ゆえに、祭祀財務官に選ばれた者たちは、（ヘゲモンの法律[7]ができるまで）監査役を務め、受領官[8]を務め、船渠を管理して、武器庫を建て、

（1）テオーリカ（観劇基金）など国家財務を担当する祭祀財務官は、抽籤ではなく選挙により選ばれて、四年任期で再任可という例外的公職であったので権力集中につながった。デモステネスは前三三八／三七年から少なくとも前三三五／三四年まで祭祀財務官を務めた。

（2）アゴラ西のメートローオンと呼ばれる建物にすべての法律・民会決議など公文書のパピュロス原本類が保管されており、市民の自由な閲覧に供されていた。もと神々の母神を

祀った神殿であったことが建物の名の由来。

(3)アテナイでは、「○○がアルコーンの年」というふうに、その年度のアルコーン・エポーニュモス(筆頭執政官)の名を年の名とした。月名については巻末附録「アッティカの祭暦」参照。

(4)プリュタネイアとは、一年を一〇に分けた執行部執務期間を指し、五〇〇人の政務審議会議員(=プリュタネイス、一〇の各部族から各五〇人ずつ)が輪番で執行部を構成し、執務した。第一—四プリュタネイアは各三六日、第五—十プリュタネイアは各三五日。アリストテレス『アテナイ人の国制』第四十三章二参照。補註C参照。

(5)監査役(アンティグラペウス)は前三五〇年代には、国庫金出納の監査役であったが、エウブロスの在任期にその役割が祭祀財務官に吸収され、のちにプリュタネイス(政務審議会執行部)書記の補佐的役職者がこの名称で呼ばれたと推測される。

(6)エウブロスは前三五四—三四六年祭祀財務官を務め、遠隔地の在外アテナイ権益保有および拡張のために多額の軍事費を振り向けることをやめ、国内の防衛費にとどめる和平政策をもって広く市民の支持を得た。傭兵賃金の削減のほか、居留外国人(商業従事者が多かった)優遇策、ラウレイオン銀山再開発による銀増産などにより、同盟国戦争(前三五七—三五五年)のため窮乏の極に陥ったアテナイに経済復興をもたらした。

(7)ヘゲモンの法律(*IG* II^2 1628, 300)は、前三五四年以後祭祀財務官が観劇基金以外の予算分配管理もあわせ行なうようになり、長い任期(四年。ただし一年ごとの再選と見る論者もいる)と相俟って権力を集中的に掌握する事態が生じたため、これを掣肘するための法律であったとされる。じっさいには反マケドニア派のデモステネスの祭祀財務官就任(前三三七/三六年)によって彼とその一派に集中した権力を、制限する目的を持った立法であったといわれる。デモステネス『冠について(第十八弁論)』二八五では、親マケドニア派のアイスキネスやデマデスに与する人物として、ヘゲモンの名が挙げられている。

(8)受領官(アポデクタイ)は政務審議会と連繋して、法定の予算に従った国家歳入の各行政機関への分配、国庫からの貸付金ならびに借金の返済受け付け、記録などを行ない、国家財政の実務面で極めて重要な役割を果たした。一〇の部族(ピューレー)(補註O参照)から各一人が籤で選ばれ、計一〇人で構成された。

道路造設官(1)にもなって、国の行政部門ほとんど全部を掌握していました。二六　私は彼らを告発しようとか非難しようとかいうつもりでこう言うのではなく、諸君にこのことを明らかにしたいからです、すなわち、どんな軽微な公職一つでも、会計報告と執務審査を終えていなければ、その人に授冠することを立法家は許していないのに、アテナイの官職を全部ひっくるめてやっていた(2)デモステネスに、クテシポンはためらいもなく冠を与えようと提案した(3)、ということです。

二七　そしてクテシポンが民会決議案を上程したとき、デモステネスは城壁修復官の職にあって国庫金を扱い、他の役人同様罰金（エピボレー）(4)を科し、係争を統轄していたということ、その証人として私はデモステネス自身を出すつもりです。つまりカイロンダスがアルコーンだった年、タルゲリオン月二十九日に民会があって(5)、デモステネスが各部族集会をスキロポリオン月二日と三日に開くことを提案し、各部族から城壁修復の監督と財務を担当する者を選ぶようにという指示や――まことに妥当にも――国に経費の支出報告がきちんとされるように、その説明責任者を置くということを民会決議案に書き込みました。どうかその民会決議を読んでください。

民会決議

二八　そうです。しかしデモステネスは自分が城壁修復官になったのは籤によるのでもなく、民会で挙手選出されたのでもない、と言ってすぐにこれをごまかそうとするでしょう。そしてこの点についてデモステネスとクテシポンは長々と議論を展開するでしょうが、法律は単純明快で、彼らの手管《てくだ》をたちまち無効にするものです。まず前もってそれらについて、諸君に手短かに言っておきたいと思います。二九　アテナイ人諸君、そもそも公職者［役人］には三種あって、誰にでもわかる一つは、抽選か挙手選挙による公職者、二つ目は国の業務を三〇日以上扱う者たち、そして公共事業の監督者、さらに三つ目には法律に書いてあるとおり、もし誰か他の者が選ばれて係争の統轄権を執るならば、[6]「その者たちも、資格審査[7]に合格次第、公職を務めることとする」というものです。三〇　では民会で挙手選出された公職者と籤による公職者を除外す

（1）道路造設官（ホドポイオイ）は五名からなる役人団で、公共奴隷を使って道路の建設維持を担当した。アリストテレス『アテナイ人の国制』第五十四章一参照。

（2）「アテナイの官職を全部ひっくるめてやっていた」は誇張。アイスキネスはデモステネスを独裁者＝民主政の敵として描こうとしている。

（3）デモステネスへの授冠提案は、現訴訟の六年前すなわち前三三六年に出された。

（4）「エピボレー」は、国営事業で任されている部署の監督責任を負う公職者が、その部署の業務従事者に不正があった場合、略式で科す権限を持つ罰金をも指す。一四節および二一一頁註（6）参照。

（5）カイロンダスがアルコーンだった年（前三三八／三七年）の春（タルゲリオン月＝現代のおよそ五月）、すなわちカイロネイアの敗戦後九ヵ月目。巻末附録「アッティカの祭暦」参照。

（6）一四節および二一一頁註（6）参照。

（7）一五節および二一一頁註（7）参照。

るなら、残りは部族とトリッテュスと各区[1]の成員が、公金を扱うべく自分たちの間から選んだ人たちになります。これはちょうどいまのように、塹壕掘りとか三段櫂船建造とか何かの業務が部族に割り当てられたときのことです。私が真実を述べていることは、法律そのものからみなさんご理解なさるでしょう。

法律（複数）

三一　では言われている文言を思い出していただきたい。すなわち立法者は部族から選出された者に、陪審廷における資格審査に合格したのち公職につくようにと言っており、パンディオニス族[2]はデモステネスを公職の城壁修復官に任命した、と言っていますが、彼はこのために予算から一〇タラントン近くを受け取りました。そして別の法律は、執務審査未了の公職者に授冠してはならないと命じ、諸君は法律に従って投票することを誓いました[3]。だのにあの演説者［クテシポン］は、「会計報告と執務報告を済ませたならば」という文を書き足さずに、執務審査未了の者への授冠を提案したのですから、私は法律と民会決議と訴訟相手を証人に出して、これが違法行為であることを証明します。人が違法提案をしたことを、どうすればこれ以上に明瞭に示せるでしょうか？

三二　それからまた授冠の発表も違法な仕方でなされるようにこの民会決議案には指示してあるということ、それも諸君にはっきりさせましょう。法律は政務審議会が授冠するときは政務審議会議事堂[4]で、民会がするときは民会場[5]ですることを明確に定めており、「それ以外のどこであってもならない」と言っています。

この法律も読んでください。

法　律

三三　アテナイ人諸君、じつに立派な法律です。というのもこの立法家によれば、弁論家は外国人に栄冠を見せびらかすためではなく、自国内で民衆の手から栄誉を受けることをこそ喜びとするべきであるし、この種の顕彰布告で利得を得てはならない、そういう考えなのでしょう。立法家はそう考えたのです。ではクテシポンはどうでしょう？　彼の民会決議案を読んでください。

(1) 前四世紀アテナイ市民は一〇の部族（ピューレー）に分けられ、各部族はさらに三つの下部組織トリッテュスに分けられ、合計三〇のトリッテュエス（トリッテュスの複数形）はさらにそれぞれ区（デーモス）に細分されていた。これらの区分は行政単位として機能した。補註O参照。

(2) パンディオニス部族はアテナイの一〇の部族（ピューレー）の一。伝説上のアテナイ王パンディオンを始祖とする部族で、デモステネス一家はこれに所属していた。補註O参照。

(3) 陪審員（三〇歳以上の市民から毎年籤で選ばれる六〇〇〇人）が、その任務につく年度はじめに立てる誓いのなかに「法律に従って投票する」という文言がある。二〇七頁註(2)参照。

(4) 政務審議会議事堂（ブーレウテーリオン）はアゴラの西南部にある建物で、主要祭礼日と忌み日を除きほぼ毎日（年間約二七五日）ここで政務審議会が執務した。

(5) 国民総会というべき民会（エックレーシアー）は、アゴラから南西へ約四〇〇メートルの所に位置するプニュクスの丘（三四節参照）で行なわれた。補註B参照。

三四　アテナイ人諸君、民会によって授冠される者を民会場で、プニュクスの丘で発表することを立法家は命じており、「それ以外のどこであってもならない」と言っているのを諸君は聞かれました。だのにクテシポンは「劇場で」と、法律に違反するばかりか場所まで違えました。しかもアテナイ市民が民会を開いているときではなく、新作悲劇が上演されているときに、さらにどんな男にわれわれが栄誉を与えているかを外国人にも知らせるために、市民団の前ではなく、他国のギリシア人(1)の前で、というのです。

三五　ですからこんなに明らかに法に違反して提案をした被告は、同志デモステネスと組んで、法律をごまかす口舌を弄するでしょう。その口舌をみなさんに前もって明かしてさしあげましょう、知らない間に騙されていたということのないように。

そうです、民会によって授冠される者を民会場以外で公式布告してはならないと法律が禁じているということは、彼らといえども否定できないでしょう。しかしディオニュシア祭(2)に関する法律を弁明に持ち込んで、その一部分だけを引き合いに出して諸君の耳をたぶらかすでしょう。三六　この公訴には何の関係もない法律を引っ張ってきて、公式布告についてこの国には二つ法律が通用していて、一つはいま私が引用したもので、民会によって授冠される者を民会場以外で公式布告することを明確に禁じた法律、もう一つはこれに対立するもので、「民会が票決するなら」悲劇の上演時に劇場で授冠の公式布告をすることを許した法律だ、とこう言うでしょう。きっとこの後者の法律に従ってクテシポンは提案をしたと彼らは言うでしょう。

三七　さて、彼らのこういう手管に対して、私は諸君の法律をここに出して私の支持者として語らせましょう。そしてこの告発の間一貫してその方式を取るつもりです。なぜならもし彼らの言い分が正しく、そういう慣習が国政の中に紛れ込んだ結果有効な法律に混じって無効な法律が刻字され(3)、一つの事項について二つの相《あい》矛盾する法律が存在するとすれば、同一のことを法律がせよと命じ、するなと命じるというような、そんな国政をどうして人は国政と呼ぶことができるでしょうか？　三八　ですがこれはそういうことではないのです。願わくは諸君がこれほどまでに法の混乱に陥ることのありませんように。民主政治を樹ち立てた立法家はこういうことをけっして等閑《なおざり》にせず、一年ごとに民会で諸法律を見直すことを明確にテスモテタイ

(1) 毎年エラペボリオン月（三月頃）にディオニュソス神のために行なわれたディオニュシア祭で観劇する他国人を指す。航海可能な春に行なわれるこの祭礼は、観客席最前列に居ならぶ他国からの来訪使節たちに国威を誇示する機会でもあった。当日は上演に先立って、戦没市民の遺児の行進（一五四節参照）、アテナイ市への貢献著しい他国人の顕彰などが行なわれたが、デモステネスへの授冠がそのような場で行なわれるよう提案されていることを、アイスキネスは非難する。

(2) アイスキネスの言う「ディオニュシア祭に関する法律」を、デモステネスは『冠について（第十八弁論）』一二〇—一二一で引用している。

(3)「刻字する」の原語 ἀναγράφω は公式に記す、の意。通常法文はパピュロスに記されたが、重要法文などは青銅や碑石（ステライ）に印刻された。

の職務としました[1]。どれか法律が他の法律に抵触して刻字されていないか、有効な法律の中に無効な法律が混じっていないか、または同一の事項について複数の法律が刻字されて存在していないか、それを細大もらさず徹底的に調べて見直す、という任務です。三九　そして何かそのようなものを見つけたら、告知板に書き出して名祖英雄像[2]の前に掲示するようにと、一方プリュタネイス［政務審議会執行部］は立法委員会[3]開催を決定するために民会を召集し、議長[4]は当該の法律の撤廃するものと残すものとの挙手採決を取って、一つの事項に一つの法律が存在してそれ以上ではなくなるようにせよと命じています。どうかそれらの法律を読んでください。

法律（複数）

四〇　ですからかりに、アテナイ人諸君、彼らの言う議論が真実であり、公式布告について二つの法律が現存していたのであれば、テスモテタイが見つけ出し、政務審議会執行部が立法委員会に委託して、公式布告の権限を与えた方か、禁止した方か、どちらかの法律が撤廃されたはずです。でもそういうことは何も起こっていないのであれば、彼らが嘘をついているばかりかまったくありえないことを言っていることは、覆うべくもなく明らかにされているのであります。

四一　いったいどこから彼らがこんな嘘を引っ張ってきたか、私が諸君にお教えしましょう、まず劇場における公式布告に関する法律が何のために制定されたか、そこから始めます。すなわち悲劇が市[5]で上演されたとき、民会の承認を得ずに、誰某《だれなにがし》が部族によってあるいは区民によって冠を授与されたから、というので公式布告した人がいたり、またほかに家内奴隷を解放して自由人にしてやると触れ役に公式布告させて、全ギリシア人をその証人にした者らがいました。四二　そして最も憤慨すべきは、他国でプロクセノス(6)の地

(1) 法務執政官が一年ごとに諸法律間に矛盾齟齬がないかを調べて、その結果を年度初めの最初の民会(ヘカトンバイオン月十一日)で確認することが、法律で決められていた。

(2) アテナイの一〇部族それぞれの始祖とされる伝説上の英雄一〇人の立像がアゴラの南西部政務審議会議事堂近くに建てられており、その台座は民会開催通知や議題一覧、法律・民会決議案文、裁判公示、徴兵通知など各種の公報掲示場所として使われた。

(3) 立法委員会(ノモテタイ)は常設ではなく、開催権を持つ民会が必要を認め、人数、開催日、委員への日当額などを決めると、誓いを立てたその年の陪審員六〇〇〇人の中から籤で選んだ委員(通常一〇〇〇人、一日任期)が立法委員会を構成し、法律の存廃を挙手採決により決定した。

(4) 民会議長団の議長(エピスタテース・トーン・プロエドローン)と政務審議会執行部の議長(エピスタテース・トーン・プリュタネオーン)はともに議長(エピスタテース)と呼ばれた。前者は、九人の議長団(プロエドロイ)から籤で選ばれて、一日任期で政務審議会および民会の議長を務め、後者は五〇人の執行部委員(プリュタネイス)から籤で選ばれて一日任期で国家代表を務めた。立法委員会の議長は、おそらく前者であろう(デモステネス『ティモクラテス弾劾(第二十四弁論)』七一、ただし疑義あり)。

(5) ディオニュソス神に奉納される演劇の競演は、「市のディオニュシア祭」のほか、個々の区で催された「田舎のディオニュシア」でも行なわれた。

(6) プロクセノスは自国の権益代表として国家が選任する外国人で、その外国に居留あるいは滞在する自国民や使節の世話を依頼された。世襲が多かった。たとえばデモステネスは、アテナイにおけるテバイ人の権利を擁護するべくテバイから公的に選任されて、テバイのプロクセノスを務めていた。

位にありついて、そこの民会が ―― たとえばロドス、[1]あるいはキオス[2]あるいはどこかほかの国の民会が ―― 人徳と廉直さを称えて自分に冠を贈ってくれたと公式布告させるように策を弄した者がいることです。しかもこれらをわが政務審議会あるいは民会によって授冠される者のように、諸君の賛同と民会決議を受け、熱い感謝を受けながら、というのではなく、諸君の議決もなしに自分で手を回してやるのです。四三　こんなやり方をされた結果、観客や上演世話人や俳優たちは迷惑千万なのに、他方劇場で授冠を発表してもらった者は、民会から冠を与えられる者より大きな栄誉を受けることになりました。前者には授冠されるべき民会場という場所が指定されて、「ほかのどこにおいても」公式布告されてはならないと禁じられたのにひきかえ、後者は全ギリシア人の前で公式布告されたからです。前者は（諸君の賛同を得て）民会決議によっているのに、後者は民会決議なしでした。

四四　そこでこれを知った立法家が、民会による授冠者に関する法律と何の関係もない法律を、もう一方を廃止せずに制定します。というのは悩まされたのは民会ではなく、劇場だったからです。そしてその立法家は、既存の法律に矛盾する法律を立てたわけでもありません、それは許されないことですから。そうではなくて諸君の民会決議なしに部族や区民によって授冠される者に関する法律、および家内奴隷を解放する者に関する法律、そして外国からの授冠に関する法律を制定したのです。立法家は家内奴隷の解放を劇場で発表することを明確に禁じ、部族や区民による授冠の発表も禁じ、「他の誰による授冠も」と言い、「さもなくば［授冠の］触れ役は市民権を剝奪されることとする」と言っています。

四五　とすると政務審議会によって授冠される者には政務審議会議事堂を、民会によって授冠される者には民会場を発表の場所と立法者が指定し、区民や部族によって授冠される者には悲劇の会場における公式布告を禁じて、(冠や布告を集めてにせの名誉を手にする人が誰もいないようにして、)さらにほかの誰によっても授冠の公式布告があってはならないと法律で禁じて、政務審議会と民会と部族と区民を除外したのであれば——これらを除外すれば、残りは外国人からの授冠[3]以外の何でしょうか?

四六　私が真実を言っていることの確実な証拠を、複数の法律そのものから示しましょう。すなわち市の劇場で発表される黄金の冠を、法律は受冠者から取り上げてアテナ女神への奉献品とせよと定めています。しかしこれをけちくさいといってアテナイ民会に対して非難の声をあげる人が諸君の中にいるでしょうか?

(3) アテナイからの援軍によって勝利を得た同盟国が、謝意を表して金冠を贈ってきた例などを指す。

(1) ロドス島はエーゲ海東岸、アジア大陸に近い島で、第二次アテナイ海上軍事同盟加入国であったが、前三五七年離反して同盟国戦争の終結(前三五五年)時に独立国となった。続く数年ペルシアの属領長官の寡頭支配をのがれて亡命した島内の民主派が故国救援をアテナイに求めたが、アテナイではロドスに与したデモステネス(『ロドス人解放のために』(第十五弁論))を退けて、対外不干渉を旨とする勢力(エウブロス)が支持された。

(2) キオス島はエーゲ海東岸に位置し、第二次アテナイ海上軍事同盟加入国であったが、前三五七年離反して同盟国戦争の終結(前三五五年)時に独立国となった。

だって、みずから授けた冠を布告すると同時に取り上げるというほど狭量な国家は、そして私人も、ただの一人も、おそらくいないでしょう。でも思うに、それは冠が外国からのものだから奉献されるのです。外国からの好意を祖国のそれよりもありがたがって堕落する人間が出ないようにという配慮なのです。四七 しかし民会場で発表される冠は奉献せず所有することが誰にでも認められていて、それは本人だけでなく、子や孫が記念の家宝として持ち続けて、民会に対してけっして害意を抱かないようにするためです。そして立法家が「民会が票決しないかぎりは」外国からの授冠を劇場で公式布告してはならない、という条項も入れた理由はこうです、すなわちアテナイ市民のうちの誰かに授冠したいと望む国は、使節を送って民会に請願するように、そして公式布告を受ける者は、公式布告で名を呼ばれるよう計らってくれたからというので、授冠する国よりも諸君の方により深く恩義を感じるようにというわけです。私が真実を述べていることを示すために、みなさん法律そのものを聞いてください。

法律（複数）

四八 ですから彼らが騙そうとして諸君にこう言うとしましょう、すなわち「民会が票決するならば」授冠して構わないと法文につけ加えられている、と。そう言うなら、彼らにこう答えることを忘れないでください、「たしかにそのとおり、でもどこかほかの国が授冠するならばだ。しかしアテナイ人の民会が授冠するのであれば、それがなされるべき場所が指定されており、民会場以外で公式布告することは禁じられている。「それ以外の場所でなされてはならない」とはどういう意味かを説明するのに一日かけても結構、でも彼［クテシポン］の提案が合法であるとは金輪際証明できないだろう」と。

四九　しかしながら、私がいちばん強調したい告発事由がまだ残っています。これこそ彼［クテシポン］が［デモステネスを］授冠に値すると主張する名目なのです。民会決議案で彼はこう言っています、「そして触れ役は劇場でギリシア諸国の人々に向かって、アテナイ民会は人徳と廉直さのゆえに彼［デモステネス］に授冠する、と布告することとする」と。そしていちばんひどいのは「つねに民会のために最善の発言を行ない、最善の行動を取り続けていることによって」と。五〇　そしてここからは間違いなく、われわれの議論はまったく簡単明瞭で、聞いて判定する諸君にとっても、分かりやすいことこの上なしです。というのは、原告である私は、諸君にこのことさえ示せばいいわけですから。すなわちデモステネスへの賛辞は嘘であり、駆け出しの頃から「民会のために最善の発言」などしていませんし、いまなお「つねに民会に利益になる行動を取り続けて」などいないからです。そしてこれを私が示せばクテシポンは間違いなく敗訴するでしょうし、それは当然のことです。あらゆる法律が、何人も国家の民会決議案に虚偽を記してはならない、と禁じているからです。被告弁護側はその反対であることを示さなければなりません。そして諸君がわれわれの議論を判定するのです。

五一　つまりこうなのです。デモステネスの私生活を検証しようとするとあまりに話が長くなる、というのが私の考えです。いったいどうしていまこんな出来事をいちいち話す必要があるでしょうか？　自分の従兄弟パイアニア区のデモメレスをアレイオス・パゴスに訴えたときに、傷害事件の訴訟をめぐって彼の身に起こったこととか(1)、頭の切り傷のこととか、あるいはケピソドトス(2)の将軍職やヘレスポントスへの航海に関することとかですが、あのときデモステネスは三段櫂船船長(3)の一人として　五二　将軍を搬送し、その食卓と供犠と灌奠《かんてん》の席にともに連なり、父祖の代からの誼《よしみ》でこういう栄誉に浴しながら、将軍が民会から弾劾されて死刑か否かで審判にかけられたとき、ためらいもなく告発者の一人になったのでした。それにまた例のメイディアスと拳固の一件です(4)。デモステネスは合唱舞踏隊奉仕役(5)を務めたときにオルケーストラーで拳骨を食らったのでしたが、自分が受けた侮辱行為と、民会がディオニュソス劇場で出したメイディアス非難の挙手決議をひっくるめて、三〇ムナで売りました(6)。　五三　これらのことや似たようなほかのことには触れずにおくのがいいでしょう。それは諸君を裏切るためではなく、この訴訟を［被告側に］譲ってやるためでもなく、私の話は真実であるとはいえ陳腐な万人了解済みの一件じゃないかと、そんな印象を諸君が持つのを恐れるからです。しかしクテシポンよ、こうしたあくどさの限りはたしかにそのとおり、聞く人には先刻承知のことだ。だから原告の言葉は嘘ではないものの誰もが頷くただの旧聞と受け取られるだろう。いったいぜんたいそんな男が、嘲罵どころか黄金の冠を授けられてよいものか？　そして虚偽にみちた違法な提案を臆面もなくやる君は、陪審廷を侮辱すべきか、それとも国家に対して罪をつぐなうべきか？

五四　さて公人としての不正について、もっと分かりやすく述べようと思います。というのは聞くところによるとデモステネスは、演説の順番が彼らに(7)回って来れば、自分が政治家として国に尽くした四つの時期

(1) デモステネスが成年に達するまで管財を任せてあった後見人デモポン（デモステネスの従兄弟デモメレスの兄弟）を訴

えたことに始まる従兄弟との軋轢。『使節職務不履行について（第二弁論）』九三および一四九頁註（４）参照。

（２）ケピソドトスは前三五九年将軍としてヘレスポントスへ出航したが、トラキアからのケロネソス半島返還に関して、屈辱的協定を結んだという理由で国家反逆罪を負わされ、陪審廷で弾劾裁判を受けて有罪となり、五タラントンの重罰金を科された。デモステネスはケピソドトスの艦船長を務めたが、訴追時に原告の一人となった。古註（Dilts, *Aes. in orat.* 3. 52）およびデモステネス『アリストクラテス弾劾（第二十三弁論）』一六七―一六八参照。

（３）前四世紀、将軍による指名を受けて三段櫂船長を務める富裕市民は、これを大きな栄誉として、また国家への貢献実績として誇りにしたが、三段櫂船の艤装や乗組み員雇用の経費および業務負担は莫大な出費を伴った。補註Ｋ参照。

（４）デモステネスの仇敵メイディアスが、前三四八年春ディオニュソス劇場において、衆人環視の中デモステネスを殴った一件を指す。デモステネス『メイディアス弾劾――殴打について（第二十一弁論）』はこれを告発する弁論。

（５）合唱舞踏隊奉仕（コレーギアー）は三段櫂船奉仕（トリエーラルキアー）と並んで、「公共奉仕（レートゥールギアー）」の最も重要なものに数えられる。毎年春（三月頃）のディオニュシア祭の演劇上演の費用を負担し、合唱舞踏隊の訓練なども受け持って、競演優勝の栄誉を目指した。補註Ｋ参照。

（６）メイディアスによるデモステネス殴打事件に対しては、ディオニュシア祭直後に行なわれた民会告発（プロボレー）において民会出席者がメイディアス有罪の挙手裁決を下した。しかし仮投票の位置づけにある民会告発の後で、正式な提訴に踏み切るか否かは原告の自由であった。そこでデモステネスは提訴するべく『メイディアス弾劾――殴打について（第二十一弁論）』なる現存の弁論を作成した。しかし作品中に見られる疑問点とこの箇所のアイスキネスの発言から、裁判には至らなかったと結論づける研究者が多い。

（７）「彼ら」は被告クテシポンとその弁護人デモステネスを指す。

なるものを、諸君に向かって数え上げるそうです。(1) その一つで第一のものは、私の聞いたところでは、われわれがアンピポリスをめぐってピリッポス(2)と戦っていたあの頃だそうです。彼はこの時期を講和と同盟の成立によって区切りますが、それを提案したのはハグヌス区のピロクラテス(3)であり、彼と組んだデモステネス(4)自身であったことをこの私が明らかにしましょう。五五　第二の時期は、われわれが講和を守っていた間ということで、明らかにそれはこの同じ弁論家デモステネスが、国が享受していた平和を破壊して、戦争開始を提案したその日までを指します。(5) 第三期は、カイロネイア戦(6)までの、われわれが戦っていた期間で、第四期は現在です。これら四つの時期を数え上げた上で私に声をかけ、この四期のうちのどれゆえに自分を告発するのか、いつ自分が国民のために最善の政治を行なわなかったというのか、と詰問するのだそうです。そしてもし私が答えたがらずに顔を覆って逃げ出すなら、(7) 追いかけて覆いを剥ぎ取り、演壇に連れ戻して無理矢理返事させるのだそうです。

五六　ですから彼の成算を挫くように、また諸君にあらかじめ承知していただき、私が陪審員と、デモステネスよ、手すりの外側に立っている他の市民たち、(8) そしてこの審判を傍聴しようとつめかけている他国のギリシア人――その数は少なくないというより、公訴傍聴人の数としては誰の記憶にもないほどの多数ですが――その人たち全員を前にして君に返答できるように、君が分ける四つの時期のいずれについても私は告発する、と答えよう。五七　そして神々が望まれ、陪審員団が公平にわれわれ側にも耳を傾け、君について知っていることを洩れなく私が思い出せるなら、かならずや陪審員諸君にこう証明してみせることができると私は確信している。すなわちこの国の安全を守ったのは神々であり、国民の危難を人道的かつ寛大に処理

(1) アイスキネスは以下デモステネスの政歴の四時期を検証する。第一期——「ピロクラテスの講和」まで（六二—七八節）、第二期——アンピッサ戦争まで（七九—一〇五節）、第三期——カイロネイア戦まで（一〇六—一五八節）、第四期——カイロネイア戦以後現在まで（一五八—一六七節）。

(2) 前四三六年アテナイが植民団を送り込んだ北方の植民都市アンピポリスは、爾来アテナイにとって三段櫂船建造用の木材等の輸入拠点、また戦略上の要衝の地として不可欠の国外基地となった。ペロポンネソス戦争末期にこれをスパルタに奪われた後も、アテナイは幾度か領有権奪回を試みたが成功しなかった。マケドニア王ピリッポスは即位二年目にアンピポリスを占拠し（前三五七年）、これがピリッポス－アテナイ間の一〇年に及ぶ「アンピポリス戦争」の始まりとなった。前三四六年の「ピロクラテスの講和」をもって「アンピポリス戦争」は終わったが、その間じっさいに干戈を交えることはなかった。

(3) マケドニア王ピリッポス二世のこと。兄ペルディッカス三世の後を継いで二三歳で即位。在位前三五九—三三六年。

(4) アテナイとマケドニア王ピリッポス二世との間に前三四六年成立した講和および同盟を主導した政治家。その名を取って「ピロクラテスの講和」と呼ばれた。

(5) 「……講和を守っていた」は、「ピロクラテスの講和」を指す。第二期の始まりを前三四六年に置くのは、デモステネス、アイスキネスとも共通であるが、終わりの時期は一致しない。デモステネスはアテナイによる講和破棄、戦争突入の時期を、ピリッポスがアテナイの商船群を拿捕、搭載穀物を売り払った前三四〇／三九年（メタゲイトニオン月前？）に置き、さきに戦争をしかけたのはピリッポスであったと主張して、「デモステネスが……戦争開始を提案」に強く抗議する（デモステネス『冠について（第十八弁論）』七六、一三九参照）。しかし前三世紀前半のアッティカ通史の作家ピロコロスは、デモステネスが開戦の民会決議案を上程したと記している（*F. Gr. H.* No. 328 F55, 162 参照）。

(6) カイロネイアの戦いは前三三八年。

(7) 恥ずかしさに顔を覆う動作を指す（『ティマルコス弾劾（第一弁論）』二六、『使節職務不履行について（第二弁論）』一〇七、エウリピデス『ヒッポリュトス』二四三参照）。

(8) 法廷内の陪審員席から仕切られた傍聴席の市民を指す。『使節職務不履行について（第二弁論）』五、アンティポン『合唱隊員殺人（第六弁論）』二四参照。

した人たち[1]であるのに対して、すべての不運のもとはデモステネスであるということです。そして私はこの男が辿ると聞いている順序で話を進めるつもりであり、まず第一の時期について、次に第二の時期について、三番目にそれに続く時期について、四番目に現在の状況について申し述べましょう。ではまず遡って、君とピロクラテスが提案した講和[2]を取り上げよう。

五八　アテナイ人諸君、諸君はあの前回の講和[3]をギリシア諸国の連帯[4]を得て締結することができたはずでした、もしあの危急のとき、ピリッポスへの抗戦を呼びかけるためにギリシア諸国に送った使節の帰国を待つことをさる人たちが諸君に許し[5]、その後ギリシア諸国の了承を得てアテナイが主導権を取り戻していたとすれば。ところがデモステネスとピロクラテス、そして彼らが国益に反して共謀して取った賄賂のせいで、諸君はこれらを奪われてしまいました。

五九　とはいえこういう話をいきなり聞いても信じがたいとおっしゃる向きには、どうか残りをこんなふうに聞いていただきたい。すなわちかなり前にまで遡る支出金の監査の席につこうとするとき、われわれはどうしても何か誤った印象をもって家を出てくることがあります。にもかかわらず収支決算の帳尻が合えば、その数字が示すものを、何であれ事実と認めて承認するでしょう。そうせずに監査の席を後にするほど、それほどつむじ曲がりな人はいないでしょう。六〇　ですからいまもそのように耳を傾けていただきたい。デモステネスがピロクラテスと共謀して、ピリッポスを利するような発言をしたことはもちろん一度もない、という過去の思い込みをそのまま持って家を出てきた人が諸君のうちにいれば、そのような人は誰であれ、聞き終わるまでは無罪票も有罪票も投じてはなりません、それは公正とはいえませんから。しかし私が手短かにそのときの状況を言い、ピロクラテスとともにデモステネスが上程した民会決議文をここに出して、最初の講和と同盟について、粉飾なしの決算そのものが、ピロククラテス以上に民会決議案を多数上程したデモステネスを進退窮まらせるならば、六一　そしてピリッポスとその使節たちに我慢できないぐらい恥ずか

（1）対マケドニアのカイロネイア戦を主導したアテナイに対し、勝者ピリッポスが予期に反した寛大な措置を取ったこと、またアレクサンドロスによっても、蜂起の兆しにもかかわらず穏便な扱いを受けたことを指す。

（2）アイスキネスは、ほぼ一六年前の『ティマルコス弾劾（第一弁論）』では、この講和を「私とピロクラテスが成立させた講和」（一七四節）と呼んだ。

（3）いわゆる「ピロクラテスの講和」（前三四六年）を、現在（前三三〇年）の平和（＝カイロネイアにおける敗北後の平和）と区別してこう呼んだ。

（4）前三四六年ピリッポスとの講和締結を目的に派遣決議された第一次対マケドニア使節の出発前に、アテナイは他のギリシア諸国に対ピリッポス共同戦線に参加するか、それとも和平を選ぶかを問うていた。和平が選ばれればそれらのギリシア諸国と連帯してアテナイは交渉に進むべきであったのに、デモステネスらがギリシア諸国の返答を得る前に、拙速にアテナイ単独の講和に走った、とアイスキネスは非難する。

（5）第一次対マケドニア使節団帰国後の講和条約締結の討議のための民会（前三四六年エラペボリオン月十八、十九日）に、他のギリシア諸国使節たちの臨席が期待されていた。「さる人たち」は、その要請のため派遣されたアテナイ人使節たちの帰着を待つべきであったのに、待たずに事を進めた人たち、すなわちデモステネス一派を指す。

デモステネスは『使節職務不履行について（第十九弁論）』一六で、他国使節たちはすでに到着していたと言ったが、アイスキネスは答弁で、それを虚偽と攻撃した（『使節職務不履行について（第二弁論）』五九参照）。一三年後のこの『クテシポン弾劾（第三弁論）』では、本節および六八で再びアイスキネスは、他のギリシア諸国の使節来訪を呼びかけるためのアテナイ人使節もまだ帰国していなかった、と言う。デモステネスは『冠について（第十八弁論）』二三―二四において、前言を翻している。

しいへつらいぶりを見せたということ、また民会がギリシア諸国との連帯会議なしに突っ走った講和締結の音頭取りはデモステネスであったということ、トラキアの王ケルソブレプテス（わが国に好意的であり同盟者であったのですが）[1]をピリッポスの手に渡したということ、もしこれらのことを私が明確に示したとすれば、諸君にこの控え目なお願いをしたい、すなわち神かけてこの四期間の最初に、彼は政治家としてまっとうな働きをしなかったと言う私に賛意を表わしていただきたい。では、みなさんがいちばんついて来やすいように話しましょう。[2]

六二　ピリッポスは当方［アテナイ］に講和に関する伝令と使節を送ることを許されるべし、という民会決議案をピロクラテスが出しました。[3] その決議案は違法であると訴えられました。審判の時が来ました。提訴者リュキノス[4]が原告演説をしたのに対し、ピロクラテスが弁明演説をし、その弁護人としてデモステネスが立ちました。[5] ピロクラテスは無罪放免になりました。この後テミストクレスがアルコーンに就任しました。[6] そこでデモステネスが政務審議会議員になりましたが、籤でそうなったのでもなければ代理の籤に当たったのでもなく、[7] 違法な手段で買い取ったのであり、それはあらゆる面でピロクラテスを言葉と行動で助けるためであったことが、その後の行状そのものから判明しました。六三　というのはピロクラテスはもう一つの民会決議案を通過させたのですが、[8] それは使節を一〇人選んでピリッポスのところへ行かせて、講和締結のための全権使節を当地に送るよう要請させるというものでした。この使節の一人がデモステネスでした。そして帰国するや講和を賛美して他の使節と同じ内容の帰国報告をし、政務審議会議員の中で彼だけがピリッポスからの伝令と使節に休戦協定を適用することを提案しましたが、[9] それはピロクラテスに追随したもので

(1) アテナイは前三四六年の「ピロクラテスの講和」から、同盟関係にあったトラキア東部のケルソブレプテス王を排除した。排除はデモステネスによれば、ピリッポスのトラキア征服を助けようとするアイスキネスの奸策によるものであった(デモステネス『使節職務不履行について(第十九弁論)』一七四、三三四参照)。他方アイスキネスは『使節職務不履行について(第二弁論)』八二―九〇およびこの箇所において、ケルソブレプテス王排除の実行者をデモステネスとする。

(2) 強硬な反マケドニア路線を主導してカイロネイアの決戦に持ち込んだデモステネスが、「ピロクラテスの講和」締結前に親ピリッポス的政治行動を取ったことを語っても、もはや聴衆には信じられないであろう、と会計検査の比喩を前置きに(五九節)、アイスキネスは一三年前の第一期について詳述する。「ピロクラテスの講和」締結前にピリッポスに対して友好的姿勢を取ったことは、デモステネス自身短く触れている(『冠について(第十八弁論)』二八参照)。

(3) 前三四七年のこと。『使節職務不履行について(第二弁論)』一三参照。前三四八年説もある。

(4) 訴追者リュキノスについては、この一件以外は未詳。

(5)『使節職務不履行について(第二弁論)』一四ではアイスキネスは、ピロクラテスが病気だったのでデモステネスを代理に立てた、と言っている。

(6) テミストクレスがアルコーンの年は前三四七/四六年。この年デモステネスが政務審議会議員を務めたことは、この箇所以外に『使節職務不履行について(第二弁論)』八二、八四、八五およびデモステネス『メイディアス弾劾(第二十一弁論)』一一一参照。デモステネス自身は籤によって選ばれた、と言っている。

(7) 選出された政務審議会議員が就任前の資格審査で不合格になった場合、代わりの者が籤で選ばれた。

(8) 前三四六年初頭のこと。提案された一〇人の対マケドニア使節の派遣はいわゆる第一次使節として実行に移され、同年のうちに第二次、第三次、(第四次、を数える研究者もいる)と続く。

(9) アテナイとマケドニアは、ピリッポスによるアンピポリス占領(前三五七年)以来名目上交戦関係にあったため、伝令・使節の往来には休戦協定を結んで旅路の安全を計らねばならなかった。

した。つまり一人は当地に伝令と使節を送る許可を与え、もう一人はその使節団に安全を用意したからです。六四　これ以後のことについて、どうか特別の注意を払っていただきたい。すなわち協議は、他の使節たち[1]――ではなく、ピロクラテスとデモステネスによって誣告常習犯まがいのひどい攻撃を受けた使節たち――後で変節したデモステネスが取り仕切って行なわれました[2]。あたりまえです。なぜなら二人は使節でもありましたが、民会決議案を上程した当人たちだったからです。その狙いは、まず第一にピリッポスへの抗戦を呼びかけるために派遣した使節の帰還を待たないということでしたが、それはギリシア諸国を含めず、わが国だけで講和を結ぶためでした。六五　第二は、ピリッポスに対して講和だけでなく同盟をも結ぶよう投票可決することでしたが、それは諸君の民会の動向を注視していた諸ポリスが、自分たちには抗戦を呼びかけながら、諸君が国内では講和のみか同盟まで結ぼうと投票可決しているのを知って、すっかり気力を失うようにさせるためでした。そして第三には、トラキア王ケルソブレプテスが誓約することなく、講和からも同盟からも排除されるためでした。彼を攻撃する遠征がすでに布告されていました[3]。六六　でもこれらを買い取った人[4]は不正をはたらいたわけではありません（なぜなら宣誓と協定締結以前なら、彼は自分の利益を図っても非難される謂われはなかったからです[5]）。でもこれらを売り渡し、国力の中枢をともに乗っ取った男たち[6]には激しい怒りを浴びせるべきでした。いまアレクサンドロス嫌い[7]を名乗り、当時ピリッポス嫌いを名乗っていた男、そしてアレクサンドロスによる客人待遇[8]ゆえに私を責める男デモステネスが、国の貴重な

（1）アイスキネス自身をも指す。誣告常習犯（シューコパンテース συκοφάντης）は、市民に開かれた公訴権、参政権を

悪用して、金銭目的で訴訟を起こす人間の呼称。アイスキネスは本弁論中で六回デモステネスをこの名で呼んでいる（六四、一七二、二一六、二二六、二三一、二五六節）。「告発屋」「職業的告発者」などの訳語も常用される。

（2）第一次対マケドニア使節時のデモステネスの講和推進姿勢を強調するために、誇張している節がある。のちに講和派に転じたアイスキネスが、最初強硬に反ピリッポスを唱えたことを、デモステネスは『使節職務不履行について（第十九弁論）』九―一一、三〇二において激しく糾問した。

（3）第一次使節団のマケドニア王宮訪問前に、すでにピリッポスによってトラキア王ケルソブレプテス攻撃の軍勢が召集されていたことを指す。第一次使節団は、ピリッポスのトラキア遠征を既定の軍事行動として容認した。

（4）ピリッポスのこと。

（5）アテナイとまだ講和を結ばず敵国関係にあるピリッポスが、アテナイと同盟関係にあるケルソブレプテス王を攻撃しても非難される謂われはない、の意。前三四三年のデモステネスによるアイスキネス告発事項の一つは、講和成立直前にトラキア諸都市を占領したピリッポスの不正を、アイスキネスが助けたという非難であった（デモステネス『使節職務不履行について（第十九弁論）』一七四、三三四参照）。本訴訟の被告弁護演説においても、デモステネスは同じ主張を述べている（『冠について（第十八弁論）』三〇―三二）。ピリッポス自身デモステネスらのその主旨の非難に反論して、自分はそもそもケルソブレプテス王をアテナイの同盟者とは認めない、と返答している（デモステネス弁論集『ピリッポス書簡（第十二）』八参照）。

（6）デモステネスとピロクラテスのこと。

（7）二〇歳でピリッポス二世の後を継いだマケドニア王アレクサンドロス三世は、在位前三三六―三二三年。

（8）「客人待遇（クセニアー ξενία）」は「主客関係」「賓客待遇」などとも訳され、一般にポリスを異にする上層男性市民同士が、「客人（クセノス ξένος）」であるという宣言、握手と贈り物の交換などを含む一定の儀式によって、相互信頼、扶助を誓い合う個人間の絆を指す。相手が自分のポリスを訪問滞在している間、さまざまな便宜をはかった。

機会を盗み取るために民会決議案を提出したからです。六七　その内容は、政務審議会執行部はエラペボリオン月八日——アスクレピオス神の燔祭の日であり［ディオニュシア祭の］プロアゴンの日、という神聖な日(1)——に民会を開くべしというという、前代未聞のものでした。どんな口実を設けたでしょうか？「ピリッポスの使節たちがそのときまでに到着していれば、民会が可及的すみやかに対ピリッポス事項を協議できる、という配慮からである」だそうです。こうしてまだ到着していない使節たちよりさきに民会を自分のものにし、何喰わぬ顔で諸君の時間を切り詰めてこの一件を大急ぎで片付けましたが、それは諸君の使節たち(2)の帰着を待って他のギリシア諸国もともに講和を結ぶという道を棄てて、諸君が単独で講和を締結するようにという目論見からでした。

六八　この後、アテナイ人諸君、ピリッポスからの使節が到着しました。ギリシア諸国に対ピリッポス統一戦線を呼びかけた諸君の使節たちは、まだ国外にいました。そこでデモステネスはもう一つの民会決議案を通過させますが、それには諸君が派遣した使節の帰りを待たずに、市のディオニュシア祭の後ただちに、十八日と十九日(3)に、講和だけでなく同盟をも協議することが提案されていました。私が真実を言っていることを示すために、その民会決議を聞いてください。

民会決議（複数）

六九　さてアテナイ人諸君、ディオニュシア祭が済んで民会が開かれたとき、一日目に［第二次アテナイ海上軍事」同盟国会議(4)の決議文が読まれましたが、その主要な点をまず私が手短かに述べましょう。第一には、アテナイ民会は講和を協議すべきであるとしただけで、同盟という語を彼らは入れませんでしたが、それはうっかり忘れたからではなく、講和をもはや名分《めいぶん》云々ではなく、避けられないことと考えたからでした(5)。第二に彼らはデモステネスの収賄に対処する見事な処方を講じましたが、七〇 それはギリシア諸国のうち望むものには、三ヵ月以内にアテナイとともに同じ石碑に記名し、誓約と条約に参加することを認める、とい

(1) 医療の神アスクレピオスの神事の日エラペボリオン月八日が十日に始まるディオニュシア祭本祭に数えられなかったとすれば、デモステネスの提案は違法ではなかったが、異例ではあった。通常祭礼のある日は政務審議会も民会も開催されなかった。プロアゴンとは、ディオニュシア祭の演劇競演者として選ばれた劇作家が、合唱舞踏隊とともにあらすじなどを紹介する行事。

(2) ピリッポスへの連帯抗戦あるいは和平を審議するためにアテナイに代表を送れ、という要請のためにギリシア諸国に送られたアテナイ人使節のこと。五八節参照。

(3) 前三四六年のエラペボリオン月十八日と十九日は、ほぼ現在の四月十五日と十六日。

(4) 第二次アテナイ海上軍事同盟は、前三七八年スパルタの覇権拡大に対する防衛を大義に発足した後、前三七一年のレウクトラの戦いにおけるスパルタの敗北までが盛時と言われるが、加盟国の自治尊重を謳いながら、次第にアテナイによる帝国主義的支配が強まり、同盟諸国の反発を招いて前三五七年同盟国戦争に至った。前三五五年の戦争終結時には、加盟国の離脱が続いた。前三四六年の時点で少数になった加盟各国は同盟会議を維持していたが、その発言力は小さく、おおむねアテナイ民会の意志に従うことを旨とした様子がうかがえる（次註参照）。

(5)『使節職務不履行について（第二弁論）』六〇でも引用される第二次アテナイ海上軍事同盟国会議案は、講和のみで同盟を記していないが、アテナイ民会に最終判断を委ねるという一条があり、アテナイが同盟をも望むならその協議に入ることを妨げないという意思表示と解釈できる。

うものでした。こうして彼らは二つの極めて重要な事項の用心を怠りませんでしたが、それはまずギリシア諸国の使節たちが到着するのに十分な三ヵ月という時間を用意し、次に共通会議とともにわが国へのギリシア諸国の好意を確保することで、万一協定が破られた場合でも、われわれが単独で戦備も不十分なまま戦わなくてもよいようにとの配慮があったからでしたが、まさにその不幸がデモステネスのせいで現実には起こってしまいました。私が真実を言っていることは、決議文そのものを聞けば、みなさんおわかりになるでしょう。

同盟諸国の決議文

七一　この決議文を私が支持したことは認めますし、一日目の民会で演説した者はみなそうでした。そして民会も、講和は締結されるだろうが（しかし同盟については、ギリシア諸国への呼びかけがあるのだから協議しないほうがいい）、全ギリシア諸国とともに締結されるだろう、と了解して解散しました。一夜明けてわれわれは二日目の民会に参集しました。するとそこでデモステネスが人よりさきに演壇を占領して誰にも喋らせず、(1)ピリッポスの使節が納得してくれなければ昨日の提案は何の役にも立たないし、同盟なしの講和など考えられない、と言いました。七二　つまり彼はこう言ったのです、（その言い回しが言った人間に劣らず下品だったので、その言葉を私は覚えています(2)）同盟を講和から「ぶっちぎって」はならないし、おたおたしているギリシア諸国を待っていてもならない、むしろ自分たちが戦うか、自分たちだけで講和を結ぶかだ、と。そして最後にアンティパトロス[3]を壇上に呼んで質問をしましたが、それはあらかじめ何を質問するかを教えて、この国に不利益になるようにこう答えよ、と言い含めておいたものでした。そして有無を言わせぬデモステネスの説得とピロクラテスの決議案上程で、けっきょくそのとおりになったのです。七三でももう一つ彼らには残された仕事がありました。ケルソブレプテスとトラキアの地を［ピリッポスに］渡してやることでした。それを彼らはエラペボリオン月二十五日に果たしましたが、それはデモステネスが誓約取りのための第二次使節に出かける前でした。（アレクサンドロス嫌いを名乗り、ピリッポス嫌いを名乗るこの弁論家は、二回も使節としてマケドニアに行ったのです、マケドニア人には唾をひっかけろ、と言う男ですから一回でさえ行くのはおかしいのに。）うまく立ち回って政務審議会議員になっていたので、二十

（1）『使節職務不履行について（第二弁論）』六四—六六でアイスキネスは、二日目の民会は演説、討論なしで採決だけを行なうことが予定されていたため、自分が二日目に演説したというデモステネスの非難（デモステネス『使節職務不履行について（第十九弁論）』一五—一六）は事実に反する、と抗弁しているが、ここでは、両日とも演説があったと言う。

（2）デモステネスの口真似をしてからかったと思われる（デモステネス『冠について（第十八弁論）』二三二参照）。アイスキネスはほかでもデモステネスの語法をこきおろしている（一六六節、『使節職務不履行について（第二弁論）』一一〇参照）。

（3）アンティパトロスは、ピリッポスとアレクサンドロスに仕えた廷臣で、すぐれた武将でもあった。ここでの言及は、前三四六年エラペボリオン月ピリッポスの使節として、パルメニオンとともにアテナイの講和誓約を取りに来たときのこと。

五日の民会の席(1)につくや、ピロクラテスと共謀してケルソブレプテスを［ピリッポスの手に］渡しました。七四　というのはピロクラテスが誰にも気付かれずに他の条項に紛らせて決議案に挿入し、デモステネスがそれを投票にかけたのですが、「海上軍事同盟国会議代表は、本日ピリッポスからの使節たちに誓約を立てること」という一文がありました。(2)海上軍事同盟国会議代表は誓約を立てること、と提案することによって、海上軍事同盟国会議に加入していないケルソブレプテスを誓約からはずしたのです。七五　私が真実を言っていることを示すために、この提案を上程したのは誰であり、それを投票にかけたのは誰であったかを読んでください。(3)

民会決議

素晴らしいことです、アテナイ人諸君、公文書の保管(4)は素晴らしいことです。なぜならそれは改竄不可能で、政治の変節漢と一緒に寝返るということがなく、かつて卑劣漢であったのに変節後は誠実な市民と自称する男を、いつなんどきでも民会に見つけ出させてくれますから。

七六　さて私の残りの仕事は彼の阿諛追従ぶりを述べることです。すなわちデモステネスは、アテナイ人諸君、一年間政務審議会議員を務めながら［他国の］使節を［ディオニュソス劇場の］貴賓席(5)に招待したことは、一度もなく、あのとき一回きり、しかもそれが初めてだったことがわかるでしょう。いえ、あのとき一回きり、初めて使節たちを貴賓席に招待したのでした。そしてクッションを置き真紅の布を敷きつめて(6)、夜が明けるや使節を劇場に案内したものですから、その卑屈なへつらいぶりに罵声を浴びせられるほどでした。そして使節たちがテバイに向かって出発したときは、ラバ車三台を雇ってお見送りしてさしあげ、この国を笑いものにしてくれました。でも本題から逸れないように、どうか貴賓席に関する民会決議を取り上げてください。

（1）アイスキネスは一三年前に『使節職務不履行について（第二弁論）』八二―九〇でも、ケルソブレプテス切り棄てを、当日議長団の一人であったデモステネスの責めに帰した。デモステネスは『使節職務不履行について（第十九弁論）』において（とくに一七四、一七九―一八一）ケルソブレプテス切り棄ての責めをアイスキネスに帰したが、その際も、また『冠について（第十八弁論）』においても、この日（エラペボリオン月二十五日）の民会には一言も言及していない。

（2）ケルソブレプテスはアテナイと前三五七年同盟を結んだが、第二次アテナイ海上軍事同盟とは別種の同盟であった。その後ケルソブレプテスは陣営を変えるなどアテナイとの関係は不安定であった。

（3）講和と同盟に参加するアテナイ側同盟国は第二次アテナイ海上軍事同盟加入国であることが、エラペボリオン月十九日の民会決議で了解されていたとすれば、ピロクラテスが二十五日に「挿入」した一文、およびそれを議長として投票採決したデモステネスは、単に形式上必要な手続きを取った、といえる。

（4）公文書の保管は公共奴隷の仕事の一つであった。

（5）最前列の席のこと。アイスキネスは一三年前に『使節職務不履行について（第二弁論）』五五、一一〇でもデモステネスの「阿諛追従ぶり」を揶揄している。

（6）クッションを置き真紅の敷物を敷くことは、阿諛追従の典型として同時代人テオプラストスの『人さまざま』二―一一に挙げられている。

七七　さて、こうまで大した追従屋のこの男は、ピリッポスが死んだことを誰よりも早くカリデモス[1]のスパイから聞きつけましたが、神様が夢でお告げになったと嘘をつき、その事件をカリデモスではなくゼウスとアテナから知らされたと言い、昼間にはその名にかけて偽誓をするくせに、夜には自分と言葉を交わして未来のことを予告してもらうのだと言います。そして自分の娘が死んで七日目だというのに、しきたりの弔いも済ませないうちに[2]、頭に冠を被って白衣を身につけ、犠牲獣を捧げて伝統を汚しました、自分を最初に「お父さん」と呼んでくれたたった一人の娘を亡くした不幸な男だというのに。七八　いえ、私は彼の悲運を悪しざまに言っているのではなく、彼の人柄を吟味しているのです。子供に愛情を持たない人でなしの父親は、けっして優れた民衆指導者になりえず、自分のいちばん親しい身内を大事にしない者は、他人である諸君を大切にしないでしょうし、私生活でのならず者は公の場において有用な市民ではありえず、自国での碌でなしがマケドニアにおいて使節として善美の男[3]であったためしがありません。彼はところを変えただけであって、こころ[4]を変えたのではありませんから。

七九　さて彼が豹変したのはいったいどうしてなのでしょう、つまり第二期のことですが、デモステネスと同じ政策をかかげていたピロクラテスが弾劾されて亡命したのに[5]、デモステネスの方はにわかに人の告発者となったのは[6]何が原因だったのでしょう？　そしてどうやってこの穢らわしい男はわれわれを非運に突き落としたでしょう？　これこそまさに聞いていただかねばならないことです。八〇　ピリッポスがテルモ

ピュライのこちら側に来るや否や[7]、そして予期に反してポキスの町々を破壊する一方で[8]、テバイをとてつも

（1）カリデモスは前三五七／五六年頃にアテナイ市民権を得たエウボイア出身の傭兵隊長。エーゲ海を股にかけ、次々に主人を替えながら、戦略家としてのすぐれた才能を重用され、トラキアの王家に二代にわたって仕えて婚姻関係も結んでいたが、前三三六年のピリッポスの暗殺時にはアテナイの将軍として北方戦線にあった。前三三五年王アレクサンドロスが引き渡しを求めた一〇（あるいは八）名のアテナイ要人に含まれていたが、前三三三年ペルシア王宮において生涯を閉じた。

（2）親族の死後三〇日は服喪期間として、黒衣を着る慣習があった。

（3）善美の男（καλὸς κἀγαθός）は、ギリシア人男性の理想の人間像。

（4）「ところ τόπος」、「こころ τρόπος」の原文は、押韻あるいは同音反復の文彩形式。

（5）前三四六年「ピロクラテスの講和」を主導して条約にその名を冠されたピロクラテスは、反マケドニアの空気が濃くなり、講和に対する市民の不満が高まった前三四三年に、マケドニアへの使節職務に伴った収賄を告発され、収賄事実を認めて（とデモステネスは言う）、弾劾裁判による死刑宣告を受ける前に亡命した（デモステネス『使節職務不履行について（第十九弁論）』一一六―一一九参照）。

（6）前三四三年に、第二次使節時のアイスキネスの職務不履行を告発して執務審査再開を申請したことを指す。

（7）テルモピュライは、北方から中央ギリシアへ進入するための関門となる要衝地。前三四六年マケドニア王ピリッポスが、テルモピュライを南へ越えてポキス制圧に向かった。「こちら側に来る」はアテナイに向かう南進方角を指す。

（8）デルポイのアポロン神殿冒瀆者ポキスの懲罰を大義に、テバイは第三次神聖戦争に突入したが、アテナイにとって同盟国ポキスは、宿敵テバイの強大化に対する防壁であった。第三次神聖戦争に介入したマケドニア王ピリッポスが、最終的にテバイかポキスか、どちらの味方につくかをめぐって、アテナイではさまざまに取り沙汰された。ポキス降伏の知らせはアテナイ市民を驚かせた（『使節職務不履行について（第二弁論）』一三九参照）。

なく諸君の利益を損なうほどに強大にし――というのが当時の諸君の意見でした(1)――、諸君が動転して田舎から家財道具を運び込んで(2)、講和の任務で出かけた使節たちが喧喧囂囂の非難を浴びせられ(とりわけ使節になっただけでなく複数の民会決議案を上程したために、ピロクラテスとデモステネスが誰よりも非難されましたが)、八一　まさにそのときピロクラテスとデモステネスがひどく仲たがいをして――その理由は諸君の想像にも難くなかったのですが(3)――、こうした上を下への大騒ぎのさなかに、デモステネスはもって生まれた病、つまり臆病とピロクラテスの取った賄賂への妬みに身を苛まれながら行く末を考えて、こういう結論に達しました、すなわち自分が同僚使節とピリッポスの告発者になれば、確実にピロクラテスを破滅させられるし、残りの同僚使節は身の安泰を失うだろう、そして自分は評判を傷つけずに(友人を裏切った卑劣漢だのに)民衆への忠誠を守ったと見なされるだろうと。

八二　さて国家の平和を乱す連中が彼を見つけて大喜びし、この国でただ一人賄賂を取らない人という名を奉って幾度も演壇に迎えました。登壇した彼は戦争と騒擾のきっかけを彼らに作ってやりました。セリオンの城塞とドリスコス、エルギスケにミュルティスケ、それにガノスにガニアスだの(4)、それまでわれわれが名前さえ知らなかった土地を最初に見つけたのは、アテナイ人諸君、彼でした。そして事態を牽強付会したあげく、ピリッポスが使節を送らなければ、わが国を見下していると言い、送って寄越せば、使節でなくスパイを送り込む、と言ったのです。八三　そしてピリッポスがわれわれの苦情をどこか公平で偏りのない国の調停に委ねようとしたら(5)、ピリッポスとわれわれ双方に公平な判定者などいないと言いました。ピリッポスがハロンネソスをくれました。すると彼は「返還する」のではなく、「贈与する」のであれば受け取るな、

と音節のあるなしに難癖をつけて、民会に拒否勧告をしました。(6) そしてとうとう講和の条項に違反してテッ

(1) ポキスを相手に第三次神聖戦争で苦戦したテバイは、ピリッポスの援助を求めた。戦争はポキスの降伏をもって終わり、勝者ピリッポスはテバイの支配圏を拡大させた。

(2) 前三四六年、三回目にピリッポスのもとに向かったアテナイ使節たちは、海路エウボイアまで来たとき、ピリッポスに対するポキスの降伏を聞き知り、引き返した（スキロポリオン月二十七日）。知らせを受けたアテナイ市民は、使節たちにピリッポスのもとへ出直すよう決議したが、他方でカリステネスの提議により、市の囲壁内に婦女子を疎開させて、恒例のヘラクレスの聖儀も囲壁内で行なう旨の決議をした。『使節職務不履行について（第二弁論）』一三九、デモステネス『使節職務不履行について（第十九弁論）』一二五、同『冠について（第十八弁論）』三六―三七参照。

(3) 故意にぼかした表現は、取った賄賂の分け前をめぐる争い、をほのめかしている。

(4) ピリッポスの計略（トラキアのケルソブレプテス王の領地を講和締結前に占領する）幇助のかどで、アイスキネスを告発するデモステネスが挙げる地名であるが、アイスキネスは「われわれが名前さえ知らなかった土地」と揶揄する。ミュルテノスをエルギスケに語末音をあわせて「ミュルティスケ」にしたり、ガノスの代わりに「ガニアス」を造語したりしてからかっている。

(5) 調停を第三国に委託しようというピリッポスの提案については、擬デモステネス『ハロンネソスについて（第七弁論）』七参照。アテナイ側の「苦情」は、デモステネス弁論集第十二の『ピリッポス書簡』などからもうかがえる。

(6) ピリッポスは、エーゲ海の小島ハロンネソスをアテナイから奪った海賊ソストラトスを駆逐したが、領有権を主張してきたアテナイに「贈与する δίδωμι」と返答したところ、アテナイの反マケドニア派の政治家が「返還する ἀποδίδωμι」と言わないかぎり受け取るなと民会に勧告したことを指す。ギリシア語原語では「与える」の意の動詞に二音節が付くか付かないかの違い。ピリッポスにとっては、この小島を「返還」することは、アテナイから奪った他の重要地域をも「返還」せねばならなくなる可能性を意味した。擬デモステネス『ハロンネソスについて（第七弁論）』五―六参照。

サリアとマグネシアにアリストデモスが連れて行った使節団[1]に授冠の栄を与えることによって、講和を潰し悲惨な戦乱を招くきっかけを作りました[2]。

八四　そうです、彼は自分で言うとおり青銅と鋼の城壁でわが国の防備を固めました、エウボイアと、そしてテバイとの同盟という防備です[3]。ですがアテナイ人諸君、まさにこの点で諸君は最大の被害を受け、それをまったく理解しておられません。そしてあの素晴らしいテバイとの同盟について言いたいと私の心は逸るものの、順序立ててお話するために[4]まずエウボイアとの同盟について申し述べましょう[5]。

八五　諸君はカルキスの男ムネサルコス[6]から甚大な被害を受けました、あのカリアスとタウロステネス[7]の父親です。その息子たちを、金をもらったデモステネスがいまアテナイ市民にしようと図々しくも提案しています。それからまたエレトリアのテミソン[8]、講和条約がありながらわれわれからオロポスを奪ったあのテミソンからも甚大な被害を受けました。けれども諸君はこんなことを心寛く水に流して、テバイ人がエウボイアに侵入して市民を奴隷化しようとしたとき[9]、五日のうちに陸海両方の援軍を送って、三〇日も経たないうちにテバイ人を降伏させて追い返し、エウボイアを制圧しました。そして公正と正義に則って、国土そのものと国政を諸君に委ねた人たちに返還しました。信頼してくれたからには、いつまでも怒りを抱くのはよくないと考えたからです。

八六　カルキスの住人は諸君からこのように測り知れない恩恵を受けながら、同じだけのお返しをするど

(1) アリストデモスは「ピロクラテスの講和」締結の契機を作った一人であったが、のちに「講和」に疑念を持って反マ

ケドニア派に転じたのか、前三四三／四二年マケドニア－アテナイ関係が悪化に向かった時点で、マケドニアに対する反乱を使嗾する意図で派遣された、と古註（Dilts, *Aes. in orat.* 3. 83）。俳優でもあったことは『使節職務不履行について（第二弁論）』一五および一〇九頁註（8）参照。

（2）アテナイが「ピロクラテスの講和」の条文を刻んだ石碑を打ち砕いたのは前三四〇年。

（3）デモステネスは被告弁護演説で「青銅と鋼の防壁でわが国の防備を固めた」に似た表現で応酬している（『冠について（第十八弁論）』二九九参照）。「自分で言うとおり」は、デモステネスが日常あるいは他の演説でこの言葉を使ったことを指すか？

（4）テバイとの同盟は前三三九年末、エウボイアとの同盟は前三四三年、恐らく『使節職務不履行』裁判の後。カイロネイアの敗戦に大きくかかわるテバイとの同盟（一三八―一五一節）を、エウボイアとの同盟（八五―一〇五節）より厳しく糾弾したいが、時間軸に沿った叙述を優先して、わかりやすさを武器とする弁論戦略を守ろうとする意図がうかがえる。

（5）デモステネスはエウボイアとの同盟について『冠について（第十八弁論）』九五―一〇一で詳述している。

（6）エウボイア島の西岸。エウリポス海峡を挟んでボイオティアに面している。

（7）カリアスの経歴は、以下に続くアイスキネスの叙述が最も詳細に伝えるが、エウボイア人としてのカリアス自身の視点からいえば、最終的にエウボイアの独立を目指していたと言える。カリアスへのアテナイ市民権付与におけるデモステネスの役割は、デイナルコス『デモステネス弾劾（第一弁論）』四四、ヒュペレイデス『デモステネス弾劾（第五弁論）』二〇でも批判されている。

（8）前三六六年カルキスの南東に住むエレトリア人が、独裁者テミソンに率いられてオロポスをアテナイから奪い、テバイに引き渡した。オロポスはボイオティア－アッティカ間国境に接するアテナイのオロピア区の拠点都市で、その領有をめぐってテバイ－アテナイ間で抗争が絶えなかった（『使節職務不履行について（第二弁論）』一六四および補註Q参照）。

（9）エウボイア島の諸都市はカルキスとエレトリアの二大都市を中心に二派に分かれて対立していたが、前三五七年、カルキス側がテバイに、エレトリア側がアテナイに軍事援助を求めた。

ころか、諸君がプルタルコス(1)を助けるためにエウボイアに上陸したとき、最初は味方であるようなふりをしていたのに、われわれがタミュナイに着いてコテュライオンという名の山を通過するや否や、カルキス人カリアス、あのデモステネスが金を取って賞賛演説をした男が、八七　わが国の軍勢がけわしい隘路に閉じ込められているのを見て取るや——それは戦って勝たないかぎりそこから撤退することは不可能であり、海からも陸からも援軍は望めないというものでしたが——エウボイア全土から兵を集め、ピリッポスにも加勢を頼んだのでした。そして彼の兄弟のタウロステネス、いまやわれら全員に笑顔をふりまいているタウロステネス(2)がポキスから傭兵を引き連れてきて、一丸となってわれらを皆殺しにせんものと襲撃してきたのでした。八八　そして第一にはいずれかの神が軍勢を救われ、第二にはわが軍が歩兵も騎兵も勇敢であったのでなければ、またタミュナイの戦車競走場における迫り合いを制して、降参させて敵を追い返した(3)のでなかったとすれば、わが国は恥辱の極みにひんしていたはずです。というのは戦争に敗北を喫することが最大の不幸なのではなく、つまらぬ敵との戦いにいのちを賭けて敗北の憂き目を見ることが、けだし禍を二倍にするからです。

しかしながらこんな目にあいながら諸君は彼らと和解しました。八九　そしてカルキス人カリアスは諸君の赦しを得るやたちまち本性に逆戻りして、表向きはエウボイア連盟をカルキスに召集したのですが、じっさいには諸君を標的にエウボイアの勢力を糾合し、自分は独裁権という特選品を確保しようとしたのです。それからカリアスはピリッポスを味方につけようという魂胆でマケドニアへ行って、一緒に移動して回って廷臣団の一人に数えられました。九〇　ところがピリッポスに不義理をはたらいたためそこから逃亡し、今度はテバイ人のご機嫌を取ることにしました。かと思うとまたテバイ人とも別れて、自分の昔の住処《すみか》に接するエウリポス海峡よりもせわしなく変節を繰り返したあげく、(4)テバイとピリッポスの憎悪の真ん中にはまってしまいました。どう身を処してよいやらわからない上に、もう自分を標的に軍勢の集結布告が出されていたので、助かるために残された一縷の望みは、アテナイ民会を同盟者の名の誓約で縛って、誰かに攻められたとき救援軍を出してもらうことでした。というのも諸君が阻止しないかぎり攻められるのははっきりしていたからです。九一　こう考えて使節としてグラウケテス、エンペドン、それに長距離走者ディオドロスを

---

(1) エレトリアの独裁者プルタルコスによるアテナイへの援軍要請は、おそらく前三四九／四八年。ピリッポスに使嗾されたマケドニア派とアテナイ派の衝突が原因とデモステネスは言う（『ピリッポス弾劾、第三演説（第九弁論）』五七参照）。

(2) タウロステネスはカリアスの兄弟で、アテナイ将軍ポキオンがエレトリアのプルタルコスの援軍として戦っているときに、ポキスの傭兵を連れてカルキスに戻り、カリアスを助けた。のちにカリアスが親アテナイに転じたとき、ともに親アテナイに転じたらしい。「全員に笑顔をふりまいている」は、「歓迎の挨拶をして笑顔をふりまいている（*δεξιούμενος καὶ προσγελῶν*）」と二語が入るものと、写本間で二分されている。

(3) 「降参させて（*ὑποσπόνδους*）」は、字義通りには「休戦条約を結んで」。敗者側は戦死者の遺体を収容して戦場を去るので、勝者は「敵を追い返し」たことになる。

(4) エウリポス海峡はエウボイア島とギリシア本土の間の激流。変節、変わり身の早さを揶揄する慣用句。ヒュペレイデス『デモステネス弾劾（第五弁論）』二〇でも類似の意味でデモステネスに関して使われている。

送って寄越しましたが、(1) その者らはアテナイ民会にはむなしい希望を、デモステネスとその一党には金を携えて来たのです。カリアスが同時に買おうとしたものは三つありました。第一は諸君との同盟獲得をやり損なわないこと。というのはもし前科を民会が憶えていて同盟を受け入れてくれないなら、彼はカルキスから亡命するか、捕まって死刑に処されるかで、その中間というのはなかったからです。そんなにも彼に向かっている軍勢、ピリッポスとテバイとの軍勢は強大だったのです。第二には、カルキス人がアテナイの〔第二次海上軍事〕同盟会議メンバーにならないように同盟締結議案を上程してくれる者への礼金でした。(2) 第三には、拠出金(3)を出さなくてよいようにするためでした。九二　さてこれらの方策のどれにもカリアスは失敗しませんでした。そして独裁者嫌いと自称し、国家に最善の献策をするとクテシポン(4)のいうデモステネスは、国民のものである貴重な機会を売り渡し、われわれが同盟者としてカルキス人を助けるという文言を議案に入れ、そのお返しに、いかにも響きのよい言葉だけ、すなわち「何人《なんぴと》かがアテナイを攻撃するなら、カルキス人は援軍を出すこととする」と〔議案に〕書き足しました。九三　彼は世にも情けない行為を世にも麗しい言葉にくるんで提案し、その演説で諸君を意のままに引き回して、〔第二次アテナイ海上軍事〕同盟会議加入権と拠出金――これらはやがて起こった戦争の資金になるはずでした――をまるごと売り渡しました。つまりどのギリシア人からであれ、求められればまず援軍を送って、恩恵を与えた後に同盟を結ぶべきだと言ったのです。では私の言うことが真実であることを諸君に知っていただくために、どうかカリアスのために提議された同盟案を取り上げてください。民会決議を読んでください。

九四　でも不埒なことはこれで済みませんでした。貴重な機会と［第二次アテナイ海上軍事］同盟会議加入権と拠出金がこんなふうに売り渡されただけではありません、はるかに不届き千万なのはまぎれもないこと、それを私が申しましょう。すなわちカリアスの傲慢と野望、そしてクテシポンが誉めそやすデモステネスの

（1）前三四一年のこと。グラウケテス、エンペドン、ディオドロス三名の使節はカリアスの意を受け、ピリッポスとテバイに攻撃されようとしていたカルキスをアテナイとの攻守同盟締結に導いた。

（2）前三四八年以来独立を認められていたエウボイアは、かつて加入していた第二次アテナイ海上軍事同盟に戻れば、アテナイに事実上隷属している他の加盟国と同等の位置づけになり、同様の戦費分担を強いられるであろうから、これを避け、アテナイに対して対等の地位で独自に同盟を結ぶことを目指し、じじつそうなった。「同盟締結議案を上程してくれる者」はデモステネスを指す。

（3）第一次アテナイ海上軍事同盟（通称デロス同盟）は、対ペルシア防衛の軍事資金として加盟国に国力に応じてポロス（貢納金）を課したが、盟主アテナイの施策は次第に帝国主義的支配に移行した。第二次アテナイ海上軍事同盟はその轍を踏まないように、ポロスの名をシュンタクシス（拠出金）と変えて加盟国の独立を尊重する方針を内外に示していたが、次第に旧帝国主義路線に傾き、任意であった拠出金も強制に変わった。

（4）クテシポンによる授冠提案の民会決議中の語句「つねに民会のために最善の発言……」。四九節参照。

金銭上の無節操は際限もなく、けっきょくオレオス[1]とエレトリアからの拠出金一〇タラントンという額を、生きて分別も視力も失っていない諸君からまんまとくすね取り、これらの国からの同盟議員を諸君からもぎ離して再びカルキスに連れ戻し、いわゆるエウボイア連盟として一緒にさせたのです。しかしどんな方法で、どんな犯罪的手段でやったかを、いまこそ聞いていただかねばなりません。九五　そうです、カリアスは、もはや使者によらず自分自身で諸君のところへやってきて[2]、民会に登場してデモステネスが用意してくれた演説をぶちました。自分はついこの間ペロポンネソスから来たところで、対ピリッポス戦の費用にするため一〇〇タラントンにのぼる拠出金を徴収できるよう手筈を整えてきた、こう彼は言って各国が各々どれだけ支払うはずであるかを計算してみせました、全アカイア人[3]とメガラ人[4]が六〇タラントン、エウボイアの諸ポリス全体で四〇タラントンと。九六　そしてこの金で海陸両軍がまかなえると言い、ほかにも多数のギリシア人が拠出金を分担したがっているから、資金も兵隊も不足はないと言いました。そしてこれらは誰の目にも明らかなことだが、自分は秘密裡に別の交渉もした、その証人になる者はこのポリスの市民に幾人かいる、そう彼は言って最後に名指しでデモステネスを呼び、自分の言葉を証明してほしいと頼みました。

九七　そこでデモステネスがひどくもったいぶって登場し、カリアスをやたらに褒めて秘密の交渉を知っているかのようなふりをしました。そして自分が行ってきたペロポンネソスとアカルナニア[5]への使節任務を諸君に報告したいと言いました。その報告をかいつまんで言えば、こういうことです。すなわち、自分のおかげで全ペロポンネソスがこちらについているし[6]、アカルナニア人全部が反ピリッポス路線に合流している、そして拠出金は一〇〇隻の快速船の乗員、歩兵一万、騎兵一〇〇〇を養える、九八　そしてこれに加えて市民兵[7]もペロポンネソスから重装歩兵二万以上、アカルナニアからもこれと同数が来るだろう。その指揮権はアテナイ市民のものになっている。これらのことが実行に移されるのは遠いことではなく、アンテステリオ

(1) オレオスはエウボイア島北端の都市ヒスティアイアの区の一つで（あるいはヒスティアイアの別名）、前五世紀にアテナイから二〇〇〇人の植民が送り込まれた。前三四三年にオレオスに生じた内紛でピリッポスに内通する者たちの策謀により（とデモステネスは言う）、前三四二年ピリッポスの手に落ちたが、間もなくカリアスとデモステネスによるエウボイア連盟設立推進にあたってエレトリアとともにはたらきかけを受け、ピリッポスを後楯にした独裁者（ピリスティデス）から解放された。かつて加盟国としてシュンタクシス（拠出金）を納入していた第二次アテナイ海上軍事同盟にではなく、成立したエウボイア連盟（その長カリアス）に一（あるいは五？）タラントンを払う仕儀に至る。そのための金策が本弁論一〇三―一〇四で語られているが、政敵デモステネスを貶《おとし》めるための色付けが著しいとして信を置く研究者は少ない。

(2) 前三四〇年春のこと。

(3) アカイアはペロポンネソス半島北部の地。カイロネイア戦でギリシア連合軍に加わった。

(4) メガラはアテナイの西隣りのポリス。前三四四―三四三年頃ピリッポスが親ピリッポスの政治家ペリロスとプトイオドロスの手を借りて占拠を試みたが、アテナイに阻まれて不成功に終わり、メガラは独立を保った。カイロネイア戦でギリシア連合軍に加わった。

(5) カリアス攻撃をとりやめた（前三四三／四二年）ピリッポスは、征服目標をエペイロス（のモロッソス人）、カッソピア（エリス）、アンブラキアに転じた。ピリッポスによるエペイロス占拠が周辺のギリシア人を恐慌に陥れたとき、アテナイは使節（デモステネスら）をペロポンネソス、アカルナニア、アンブラキアに送って抗戦のための連携を呼びかけた。ピリッポスの侵攻は阻止された。

(6) ペロポンネソスの国々のうち、誘いを受けたがカイロネイア戦で中立を保ち「われわれを見棄てた」国として、デモステネスは『冠について（第十八弁論）』六四で、アルカディア、メッセニア、アルゴスを挙げている。

(7) 傭兵の数が増大した前四世紀、「市民兵」は国防の義務に基づいて応召した市民兵士を指した。

ン月十六日[1]までになされるだろう、その理由は自分が直接各ポリスで知らせて、合同会議出席[2]のため、代表の人たちは満月までにアテナイに来られたし、と召集をかけたからだと言いました。つまりこれがこの男独特のほかには見られないやり方です。九九　ほかのいかさま師は、嘘をつくときは反論を恐れて、非断定的で曖昧模糊とした話し方をしようとします。ですがデモステネスがいかさまを仕掛けるときは、まず自分に破滅の呪いをかけて、誓いを立ててから嘘をつきます。次に万に一つも起こらないと百も承知のことを、いついつ起こるとまで平気で言います。そして顔も見たこともない人の名前を言って聞き手をたぶらかし、真実を語る人の真似をします。それゆえにこそ、すなわち自分が邪悪なだけでなく誠実な人を見分けるしるしまで抹殺するからこそ、彼は猛烈な憎悪を受けてしかるべきです。

一〇〇　さてこれらを言い終わると、書記に朗読させるため民会決議文を手渡しますが、『イリアス』よりも長くて[3]、いつもの彼の演説よりも、また彼が生きてきた生涯よりも空っぽな代わりに、実現されもしない期待と結集しもしない軍勢が一杯につまった民会決議案です。そして諸君の目を欺瞞から逸らし期待を持たせておいて、そこで全部をひっくるめて民会決議案を上程し、エレトリアへの使節を選び、五タラントンの拠出金を以後諸君にではなく[4]、カリアスに渡してくれとエレトリア人に頼みこみ——まさに頼みこまねばならなかったからですが——、それからまた別の使節をオレオスに送って、アテナイの味方は彼らの味方、アテナイの敵は彼らの敵と見なしてくれと頼みこませることを提案しました。一〇一　そしてここでも彼がいかに策謀のための民会決議に徹しているかがわかります、五タラントンを諸君にではなくカリアスに渡すよう使節たちはオレオス人に要求すべしという提案なのですから。では私が真実を言っていることを示すために、三百代言と三段櫂船と大嘘を飛ばして読んでください。そして「アテナイの民衆のためにつねに最善を語りかつ行動する」とクテシポンがこの民会決議案に言うところの、この穢らわしい不敬な男が仕掛けたひそかな策略を取り押さえてください。

民会決議

一〇二　とすると三段櫂船と歩兵と満月と合同会議云々なる言葉を散々聞かされた諸君は、じっさいには同盟国からの拠出金一〇タラントンを失ったわけです。

一〇三　この後私が言うべきことは、デモステネスが三タラントンの報酬を受け取ってこの動議案を出した

(1) アンテステリオン月十六日（前三四二年三月九日頃）に予定されたこの「合同会議」（次註参照）は実現されなかったと見る研究者が多い。

(2)「合同会議」は既存の第二次アテナイ海上軍事同盟ではなく、新たにマケドニア支配に抗して形成されつつある連帯組織のこと。カリアス（エウボイア島カルキス）とデモステネスによって勧誘され、結集すると期待されたアカイア人、メガラ人、エウボイア諸市（オレオス、エレトリア、カルキス）、アカルナニア人、ペロポンネソス人ら。

(3)『イリアス』はホメロス作と伝えられるギリシア最古の叙事詩。一万五六九三行、歌い終わるのに三日かかったと言われる。

(4)「五タラントンの拠出金」は以前第二次アテナイ海上軍事同盟国として払った拠出金すなわちシュンタクシス。そのときからすでにある年数が経っている。

ということです。カルキスからカリアスの手で一タラントン、エレトリアから独裁者クレイタルコス(1)の手で一タラントン、オレオスから一タラントンという勘定ですが、まさにこの最後の一件で彼の正体がはっきりしました。オレオス人は民主政を行なっており、あらゆることを民会決議で決めているからです。つまり戦乱で国費は底をつき、打つ手のまったくない彼らは、かつてオレオスの支配者だったカリゲネスの子のグノシデモス(2)を送って、自国に課せられている一タラントンを免除してほしいと頼み、彼［デモステネス］の青銅像をオレオスに建ててさしあげようという申し出をさせました。一〇四　すると彼［デモステネス］は青銅像の必要はないとグノシデモスに答えて、カリアスを使って一タラントンを払わせようとしました。金銭的余裕のないオレオス人は追いつめられて、一タラントン借り入れるために国家歳入を彼への抵当にして、さらに賄賂の利子として一月に一ムナにつき一ドラクマを元金完済までデモステネスに払いました。(3)一〇五　そしてこれは民会の決議によって執行されました。私が真実を言っていることを証するために、オレオス人の民会決議を取り上げてください。

民会決議

民会決議はこの通り、アテナイ人諸君、国辱ものであり、デモステネスの政略を少なからず暴露するものであり、まぎれもなくクテシポンへの告発となるものであります。なんとなればこんなあざとい賄賂取りは、クテシポンが厚顔無恥に提案推挙する立派な市民では断じてありえないからであります。

一〇六　さてここで第三の時期になりますが、[4]最も痛恨極まりない時期です。この期間にデモステネスは、デルポイ神殿に不敬をはたらき、不正かつ不平等なテバイとの同盟を提案することによって、全ギリシアとわが国に破滅をもたらしたからです。では神々に対する彼の大罪から始めましょう。

一〇七　アテナイ人諸君、キラという名の平野[5]と、現在「いまわしき」「呪われし」という名のある港があります。この地にかつてキラ人やクラガリダイ族が住んでいましたが、まことに無法な種族で、デルポイの

(1) 前三四三年クレイタルコスは、ポキオンによって前三四一年に倒されるまで僚友ヒッパルコスとアウトメドンとともにエレトリアを支配した。クレイタルコスの敗北は、エウボイア連盟の成立への道を開いた。親マケドニア派クレイタルコスから反マケドニア派デモステネスへの「賄賂」は、信を置きがたいとされる。

(2) この箇所以外は未詳。

(3) 一月に一ムナにつき一ドラクマの利子は一二パーセントにあたり、アテナイの金利では正常。オレオスがデモステネスに借金をしたということは、民会決議が次に引用されることから疑えないであろう。しかし利子は賄賂よりは、むしろ戦費に関わるものと見る方が事実に近そうである。

(4) デモステネスの政治経歴第二期について、アイスキネスはこの期間のマケドニア勢力の伸長を伏せて、デモステネスの好戦的言動に叙述を集中させている。ピリッポスの講和条約修正申し出などの和解努力が強調され（八二―八三節）、ピリッポスへの批判の声は封じ込まれた（八〇節）まま叙述は終わっている。前三四〇年のピリッポスによるアテナイの穀物輸送船拿捕を契機とする敵国関係発生の責任からピリッポスを守り、カイロネイア戦をデモステネスの好戦的対外政策の結果とする弁論戦略といえる。他方デモステネスは穀物輸送船拿捕事件に先立つビュザンティオンとの同盟復活を自分のめざましい功績として強調して、講和破壊の責めをピリッポスに帰して前三四〇年を第三期の始まりとする。

(5) キラは、デルポイの南西、コリントス湾岸に横たわる平野。

神殿と奉献物に瀆神行為をはたらき、アンピクテュオニア神聖同盟(1)にも許しがたいふるまいをしたのでした。こういう事態に誰よりも諸君の父祖たちが、そしてほかのアンピクテュオニア神聖同盟の加盟種族が憤慨して、この種の人間にはいかなる罰が下されるべきかを神託に尋ねたと伝えられています。一〇八　するとピュティアの託宣(2)はこうでした、昼夜を分かたずキラ人ならびにクラガリダイ族と戦い、彼らの土地を完全に破壊して住民を奴隷化し、ピュティアなるアポロンとアルテミスとレトとプロナイア・アテナ(3)にその地を捧げ、未来永劫に犂を入れることなく、彼ら自身これを耕してはならず、他のいかなる人間にも耕作させてはならない、と。アンピクテュオニア神聖同盟の加盟議員たちはこの神託を受け取ると、優れた立法家で詩や哲学にも造詣の深いアテナイ人ソロン(4)の動議によって、神託どおりこの呪われた種族に向けて出兵するという決議をしました。一〇九　そしてアンピクテュオニア神聖同盟加入国の大軍を集めて住民を奴隷化し、彼らの港と市街地を破壊し、その地を神託どおり奉献しました。そのうえ自分たちもこの聖地をけっして耕さないし他のいかなる人間にもこれを許さず、神とこの聖地を、手と足と声と全膂力をもって守るという固い誓いを立てました。一一〇　そして彼らはこういう誓いを立てるだけでは満足せず、これらのために祈願と恐ろしい呪いをかけました。その呪いにはこう書いてあります、「国家であれ、(5)個人であれ、種族であれ、これを侵す者は、アポロンとアルテミスとレトとプロナイア・アテナによって呪われてあれ」。一一一　そしてその地が稔りをもたらさず、女たちは親に似た子の代わりに怪物を産み、家畜は自然な子孫を儲けず、戦争と訴訟とアゴラ(6)では敗北が、そして彼らみずからと家と彼らの種族とに完全な破滅が下るように、という祈願なのです。さらにこう続きます、「願わくは、アポロンにもアルテミスにもレトにもプロナイア・アテナにも聖なる生贄を捧げることを赦されず、またこれらの神々が聖儀を嘉し受けたまわぬことを」。一二三　私の言葉が真実であることを証するため、神託を読んでください。呪いを聞いてください。諸君の父祖たちがアンピクテュオニア神聖同盟の加盟種族たちとともに誓った誓いを思い起こしてください。

(1) アンピクテュオニア神聖同盟は、ここではデルポイ神殿聖域を中心に祭神アポロンの聖儀の維持・管理を目的に結ばれた隣保連盟のこと。一二の種族から成り、いわゆる第三次神聖戦争（前三五六—三四六年）はこの同盟加入国間で戦われた。ここに語られるキラ人、クラガリダイ人に対する第一次神聖戦争はおよそ前五九〇年のこと。補註G参照。
一〇七—一二三節に語られる出来事、とくにアイスキネスの演説（一一九—一二一節）がアンピッサ戦争（＝第四次神聖戦争）、ひいてはカイロネイアの戦いを引き起こしたと、デモステネスは非難する（『冠について（第十八弁論）』一四二—一五九参照）。

(2)「ピュティア」はデルポイ神殿の巫女のこと。五〇歳以上の農婦が神殿内で三脚床几に腰掛けて、月桂樹の葉を噛み、憑依状態になって神託を告げた。隣室でこれを聞いた神官が英雄六脚韻形式に翻訳して、参詣者に伝えた。

(3)「ピュティア」はデルポイの別名として使われる。アポロンとその双児の姉妹アルテミスは、ゼウスを父に、レトを母として生まれた。デルポイの祭神アポロンの神殿への参詣者は、まず八〇〇メートルほど東にあるプロナイア・アテナの神域に詣でるのが通常の順路であった。したがって「神殿（ナオス）の前の（プロ）」の意である「プロナイア」は、添え名としてデルポイのアテナにのみ使われたが、時代が下るに連れて「プロノイア（前もって考える力、の意）」と混同または同一視された。写本の多くは *πρόνοια*.

(4) じっさいにソロンの動議であったか否かは検証しがたい。その主旨の伝承があったか、あるいはアイスキネスが権威づけのためにソロンの名を出した可能性がある。二〇五頁註(2) 参照。

(5) *πόλις* の後の *ἡ* を読む。

(6)「アゴラの敗北」とは、アゴラで活発な政談政論が行なわれたことから、政治的抗争における敗北、の意。

神　託

街の城塔を汝らが占拠転覆させることはかなわぬであろう、
聖なる岸辺にとよもす、黒い目の女神アンピトリテの波が、
神域に打ち寄せるときまで。(1)

誓い（複数）　呪い

一一三　これらの呪いと誓いと神託はいまも印刻されてありますが、それにもかかわらずアンピッサのロクリス人は、(2)というより彼らの指導者である最も無法な者たちは、禁を犯して平野を耕し、「いまわしき」「呪われし」港にまた防壁を建てて住み、入港する船から税を徴収して、デルポイに参集するピュラゴロス(3)の幾人かに収賄させたのです。その一人がデモステネスでした。一一四　というのも諸君からピュラゴロスに挙手選出された身でデモステネスは、そのことをアンピクテュオニア神聖同盟に絶対に洩らさない見返りに、二〇〇〇ドラクマをアンピッサの人たちから受け取ります。そしてそれ以後アテナイにいるアンピッサ人を彼［デモステネス］があらゆる面で助けることを条件に、毎年そのいまわしき呪われし金から二〇ムナがアテナイ［のデモステネスのところ］に送られることが合意されたのでした。その結果以前にも増して、彼に接する相手は、ふつうの人であれ、支配者であれ、はたまた民主政国家であれ、いずれも取り返しのつかない災難に見舞われることになったのです。

一二五　そこで神の摂理と運命がいかにアンピッサの人たちの瀆神行為にとどめを刺したかを見ていただきたい。すなわちテオプラストスがアルコーンだった年に[4]、アナプリュストス区のディオグネトス[5]がヒエロム

（1）写本中の神託はアイスキネスが引用したものとは明らかに異なり、後世の編者あるいは書写生が（おそらくパウサニアス『ギリシア案内記』第十巻三七-六から）引いたものとされる。
（2）ロクリスは、デルポイをはさんで東ロクリスと西ロクリスに分かれるが、アンピッサは、デルポイの西北西のオゾリアのロクリス人の町。
（3）ピュラゴロス（テルモピュライに召集される人の意。ピュラゴラスとも）は、アンピクテュオニア神聖同盟会議において発言権はあるが、投票権はなかった。一年任期のヒエロムネーモーン（神事忘備係の意）と異なり、会議のあるごとに選挙で選ばれた。デモステネスは前三四三年春これを務めた。アイスキネスがメイディアス、トラシュクレスとともにこれを務めたのは前三三九年春。このときヒエロムネーモーンだけの会議にアイスキネスは特別に許されて演説したが、デモステネスによればそれがアンピッサ戦争を引き起こした。補註G参照。
（4）すなわち前三四〇／三九年。
（5）反マケドニア派の政治家リュクルゴスの死（前三二五／二四年）後、その息子たちを襲った事件に関連する人物（擬プルタルコス『十人の弁論家の生涯』八四二E）と推測されている。

ネーモーン[1]になりましたが、ピュラゴロスにはあのアナギュルス区のメイディアス[2]──まだ生きていてほしい理由がたくさんある人物ですが──とオエ区のトラシュクレス、そして三番目に私が選ばれました。ところがわれわれがデルポイに着いたところで急にヒエロムネーモーンのディオグネトスが熱を出し、メイディアスにも同じ症状が出ました。一一六 さてほかのアンピクテュオニア神聖同盟議員は出席していました。そしてわが国に好意を示したい人たちから次のことが知らされました。すなわち、当時テバイ人のご機嫌を取り見苦しいまでにへつらっていたアンピッサ人たちが、アテナイの民会に五〇タラントンの罰金を科すという、わが国を敵視する決議をしようとしているという話でしたが[3]、その理由は、われわれが聖別以前に新しい神殿に黄金の盾を奉献し、「ギリシア人に敵して戦った折のペルシア人とテバイ人から、アテナイ人が［奉献する］」とあたりまえのことを銘にしたからだというのです[4]。ヒエロムネーモーンが私を呼びに来て、神聖同盟会議に出て同盟議員たちに向かって祖国のために弁じるよう──私自身そのつもりでしたが──促しました。一一七 そこで神聖同盟会議の場に私がやや急《せ》き込んで入り、演説を始めますと、ほかのピュラゴロスたちはもう退席していましたが、一人のアンピッサ人が大声を上げました。下品な男で教養というものをひとかけらも持たない人間と見受けられましたが、おそらく何か鬼神にでも憑かれてこんな大それた過ちを犯したのでしょうが、こう言ったのです、「ギリシア人諸氏よ、諸君が正気なら、まかり間違ってもこの［神聖な］日にアテナイ市民の名を口にしたりはしないだろう。いや呪われた者として神域から締め出しただ

(1) ヒエロムネーモーンは宗教使節で、発言投票権を有する種族代表としてアンピクテュオニア神聖同盟会議を構成運営し

た。デルポイ神殿周辺に住む一二の種族から各二名出した計二四名がこれであるが、イオニア人の場合アテナイから一人（籤で選ばれ一年任期＝アリストパネス『雲』六二三行参照）、他のイオニア人（エウボイアと小アジア?）から一人のヒエロムネーモーンを出した。補註G参照。

(2) メイディアスは、私的公的に生涯デモステネスと敵対した富裕な有力市民。成年に達したデモステネスの管財人告発にまつわる訴訟にはじまり、前三四八年、ディオニュソス劇場でメイディアスがデモステネスを衆人環視の中で殴って二人の敵意が頂点に達した。

(3) デルポイのアポロン神殿は前三七三年の大火後（あるいは地震とも）、アンピクテュオニア神聖同盟諸国による修復が、前三五六―三四六年のポキス戦争（＝第三次神聖戦争）によって中断されつつも、完了に近付いていた。アテナイ人がプラタイアの戦い（前四七九年）の戦利品として再び神殿に掲げようとした盾は、過去一〇〇年近くテバイ人にとって憤懣抑えがたい奉納品の一つであった（次註参照）。アンピッサ人はこれにかこつけてアテナイの専横を非難した。アテナイは罰金を科されるという屈辱に耐えるか、さもなくばアンピクテュオニア神聖同盟諸国による宣戦布告を受けるかの危機に直面した。アイスキネスはこの危機を救った（と主張したい）自分の演説を再現して見せるが（一一九―一二一節）、デモステネスは『冠について（第十八弁論）』一四九―一五〇で、この演説を「美辞麗句をふんだんに並べたでっちあげ」と糾弾して、この演説からアンピッサ戦争、ひいてはカイロネイア戦が起こったと非難する。

(4) 前四八〇年ペルシア人が陸海両面からアテナイ制圧を目指したとき、テバイ人はペルシア側についた。銘文は、ギリシア人の敵ペルシア人とテバイ人から得た戦利品の盾、あるいは戦利品をもって鋳造された盾をアテナイ人がここに奉献する、の意。

ろう」と。一二八　同時にその男はあのちょんまげ野郎(1)が提案したポキスとアテナイとの同盟に言及し、ほかにも延々とわが国に対する悪口を連ねたので、聞いていて私は、そのときもとうてい我慢できませんでしたが、いまも口にするさえ不快極まる始末です。じっさい聞き終わってあんなに激しい憤りを覚えたことはそれまで一度もありませんでした。ほかに私が何を言ったかは省略しましょう。でもアンピッサ人の聖地にかかわる瀆神行為だけは言わなければ、という思いに駆られて、その場で立ち上がってアンピクテュオニア神聖同盟議員に聖地を指して見せました。キラの平野は神殿のすぐ下にあって、一望のうちに収められるのです。

一二九　私はこう言いました、「アンピクテュオニア神聖同盟議員諸君、アンピッサ人によってこの平野が耕され、陶器工房や農具小屋が建てられているのが見えるでしょう。「いまわしき」「呪われし」港に防壁が建てられているのをその目でご覧になるでしょう。彼らが入港税を取り、聖なる港から金銭を得ていることは、諸君自身がご承知で、ほかに証人を必要とすることではありません」。同時に神託と、先祖たちの誓言と唱えられた呪いの文言を読むようにと私は命じ、それからこう宣言しました、一三〇「私はアテナイ民衆と自分自身と子供たちと私の家の名において、誓言どおり手と足と声とできるかぎりの膂力をもって神と聖地を助け奉り、神々への不敬の罪よりわが国を解き放ちます。諸君は諸君自身のためにどうか協議されたい。聖籠は用意が整い(2)、諸君は犠牲獣を祭壇に揃えて、国として個人として神々の恩寵を希《こいねが》おうとしています。
一三一　ではよく考えていただきたい、このおぞましい呪いに取りつかれた者たちを罰も与えぬまま見のがして、どんな声、どんな心、どんな顔で、どこまで不遜に諸君は嘆願をするつもりなのか？　なぜなら罰されるべき瀆神の徒と、それを許した人々が受けねばならぬ罰は、謎めかした言葉ではなく明晰明瞭に書かれ、その呪いの最後にこうあるからです、『願わくは、懲罰を与ええぬ者はアポロンにもアルテミスにもレトにもプロナイア・アテナにも聖なる生贄を捧げることを赦されず、またこれらの神々が聖儀を嘉し受納したまわぬこと』」。

一二三　以上のように、またほかにも縷々述べて、それで終わりにして私が会議の席から出て行きますと、［アンピクテュオニア神聖同盟会議の］議員たちは大声で叫んだりして騒いでいましたが、われわれが奉献した盾についてはもはや何の発言もなく、もっぱらアンピッサ人の懲罰について侃々諤々の議論になったのでした。もう日暮れ近くなっていたので触れ役が進み出て、デルポイに住む成年男子はみな、奴隷も自由人も翌

（1）デモステネスの同志と見られたアテナイの政治家ヘゲシッポスの綽名。前三六〇年代半ばに政界に登場したらしく、ピリッポスとの講和条約の締結反対の先鋒に立ったと古註（Dilts, *Aes. in orat.* 3. 118）は伝える。前三五六年第三次神聖戦争勃発直後、ポキス－アテナイ間の同盟を提起した。前三四三年「ピロクラテスの講和」修正の交渉に至ったとき、挑発的な要求をもって使節としてマケドニアを訪れ、両国関係の悪化を速めた。擬デモステネス『ハロンネソスについて（第七弁論）』として伝えられる作品は、じつはヘゲシッポスの作と古来一般に認められている。「ちょんまげ野郎」は旧式のヘア・スタイルをからかった綽名と言われる。同じく反マケドニアを唱え、遠征将軍の財務官、聖財財務官も務めた弟ヘゲサンドロスとともに、しばしばアイスキネスによって攻撃される。『ティマルコス弾劾（第一弁論）』五六、九五、一一〇参照。

（2）聖籠の中には犠牲獣に振り掛ける大麦にしのばせて、喉を切り裂くためのナイフがあった。

日夜明けとともにシャベルとつるはしを持ってかのテュテイオン(1)と呼ばれるところに参集するように布告しました。そして同じ触れ役が神と聖地を助け奉るために、ヒエロムネーモーンとピュラゴロスたちに同じ場所に来るように触れます、「参集しないポリスはすべて、神域から締め出され、罪を負って呪詛のもとに置かれるであろう」と。

一二三　翌朝われわれは言われた場所に行き、キラの平野に行って港を破壊して家々を焼き払い、戻ろうとしました。われわれがそうしているときに、デルポイから六〇スタディオン(2)離れたところに住んでいたアンピッサのロクリス人が、われわれめがけて完全武装で一塊《ひとかたまり》になって襲い掛かってきました。そこでもしひた走りに走ってようやくデルポイへ逃がれなかったなら、われわれは危うくいのちを落とすところでした。

一二四　さて次の日動議を採決する役のコッテュポス(3)がアンピクテュオニア神聖同盟の総会を召集しました。ピュラゴロスとヒエロムネーモーンだけでなく、犠牲式執行者や神託伺いの係の者も召集するので、「総会」と呼んでいるのです。そこでたちまちアンピッサ人を告発する発言が相次ぎ、他方でわが国への賞賛が重ねて述べられました。けっきょく議論の結果、ヒエロムネーモーンは次回のピュライアー(4)の前に、アンピッサ人が神と聖地とアンピクテュオニア神聖同盟に対して犯した罪をどう償うべきかの決議を携えて、所定の日時にテルモピュライに参集するということが投票可決されました。私が真実を語っていることを証するために、書記の方に同盟会議決議文を読み上げてもらいましょう。

アンピクテュオニア神聖同盟会議決議

一二五　この決議が「アテナイの」政務審議会と民会で報告されると、われわれの行動が民会に承認され、国を挙げて敬虔公正の道を歩む決意が固められました。デモステネスはアンピッサからの預託金があったため反対したのですが、それを私が諸君の前で単刀直入に詰問すると、彼はおおっぴらに国を誤らせることができないものですから、政務審議会議事堂へ行って議員以外の人たちを退出させ、[5] 動議提出者の未経験を利用して先議議案を民会に出すのです。[6] 一二六　彼は民会でもこの同じものが投票にかけられ、民会の決議として成立するように、巧妙な手口で事を運びました。民会がもう散会になろうとして、私も退席し（居れば絶対許さなかったでしょうから）、多くの人が帰ってしまっていましたから。その民会決議の要旨は、「アテナ

（1）動詞「テュエイン θυεῖν（犠牲獣を）屠る）」との関連を示す場所名か？

（2）約一一キロメートル。

（3）前三四三―三三七年間アンピクテュオニア神聖同盟会議へのテッサリア代表の一人であったパルサロス人。会議の議長を務め、のちにアンピクテュオニア神聖同盟軍の将軍に選ばれたことは、この時期のアンピクテュオニア神聖同盟におけるテッサリア人の勢力を示す。

（4）ピュライアーはアンピクテュオニア神聖同盟会議の通称で、開催地テルモピュライ（通称ピュライ）にちなむ。会議はテルモピュライとデルポイで行なわれ、春秋の年二回の定例会議のほか、臨時召集もあった。アポロン神殿再建などに関する議事が行なわれたことが議決記録断片から判明する。

（5）政務審議会は通常公開であったが、必要に応じて秘密会議に移行できた。

（6）未経験な政務審議会議員に民会決議案を提出させることによって、想定外の（しかしデモステネスが狙ったとおりの）結果が生じるように、民会議決にまで持ち込んだ、の意。

イのヒエロムネーモーンおよびそのとき任にあるピュラゴロスたちは、祖先の定めた日時にテルモピュライとデルポイに参集することとする」という耳ざわりのよい文言ながら、じっさいは不面目なものでした。なぜなら規定の時より前に必要に迫られて開催されるテルモピュライの集会に行くことを妨げるからです。一二七　そしてまた同じ民会決議案に、彼はもっとあからさまにもっと質《たち》の悪いことを書きました。「アテナイのヒエロムネーモーンおよびそのとき任にあるピュラゴロスたちは、その地で行なわれる集会に、言葉においても実践においても、決議においても行為においても、参加してはならない」。でも「参加してはならない」とはどういう意味でしょうか？　私は真実を言いましょうか、それとも諸君の耳にこの上なく心地よいことを言いましょうか？　真実を申しましょう。なにしろこの国をこんな状態にしてしまったのは、つねに最も心地よいことを言う連中に耳を貸すという習いだからです。それはわれわれの祖先が立てた誓いも、呪いも、神託も、思い起こすことを許さないのです。

一二八　そこでわれわれは、アテナイ人諸君、この民会決議があったため国にとどまっていましたが、ほかのアンピクテュオニア神聖同盟加盟国はテルモピュライに集まりました、ただし一国を除いて。その国の名[1]を私は言いたくありませんし、その国を見舞った悲惨と同じものが他のギリシアのいかなる国をも見舞わないことを願いたいものです。さて参集した国々はアンピッサに進軍することを投票議決し、そのとき議長を務めていたパルサロス[2]のコッテュポスを将軍に選びました。ピリッポスは当時マケドニアにもギリシアにもいなくて、はるかスキュティアまで出向いていました。そのピリッポスをこの私がギリシア人を討たせるために連れてきたと、すぐにもデモステネスは言って憚らないでしょう。一二九　最初の進攻では、アンピッサ人に対する彼らの扱いは穏やかなものでした。というのも最悪の犯罪を罰金刑で済ませ、しかもそれを取り決めた納期内に神殿に納めるよう申し渡したのですから。そしてこんな所業の呪われた犯人たちを追放して、敬神ゆえに亡命していた人々を連れ戻しました。ところがアンピッサ人が神への弁済もせず、あまつさえ呪われた犯人たちを連れ戻し、アンピクテュオニア神聖同盟が帰還させた敬神の人々を追い出したので、とうとう二度目の出兵が断行されました。といってもかなり後のことで、ピリッポスはスキュティアへの遠征から戻っていました。その神意に適った出兵の指揮権は、神々によってわれわれに委ねられたのに、デモステネスの収賄のために邪魔されたのでした。

一三〇　しかし神々は用心するようにと前もって警告し、予兆を表わされなかったでしょうか、ただ人間の声でおっしゃることだけはなかったのですが？　少なくとも私は、神々によってこれほどまでに守られていながら、何人かの政治家によって破滅させられた国をいまだかつて見たことがありません。あの秘儀に顕わ

(1) テバイを指す。テバイは、前三三八年カイロネイアの敗戦後のピリッポスによる厳しい報復懲罰の後、前三三五年アレクサンドロス死亡の噂に蜂起したが、降伏勧告に従わず殲滅された。

(2) パルサロスはパガサイ湾の西に位置するテッサリアの小国。ピリッポスの同盟国になっていた。コッテュポスについては二七一頁註（3）参照。ここで語られるアンピッサ戦争＝第四次神聖戦争については補註Ｉ参照。

れたしるし、すなわち秘儀参加者の死に方[1]で十分だったのではないでしょうか？　これを見てアメイニアデス[2]が、注意せよ、何がなされるべきかを神に伺うためにデルポイに使者を送れと警告したのに対し、デモステネスがピュティアはピリッポス贔屓だと言って反対しなかったでしょうか、諸君に甘やかされるのをいいことに、放埒無比の無教養な男が。一三一　そしてとうとう生贄の炎はくすぶって不吉なまま、彼は明々白々な危険のまっただなかにわが軍勢を送り出したのではなかったでしょうか？　だのに彼がぬけぬけとほんの昨日言うことには、ピリッポスがわが国を攻めなかったただ[3]一つの理由は、供儀のしるしが吉と出なかったからだ、と。とすれば、このギリシアの罰当たり奴《め》、君はどんな懲罰を受けるべきか？　もし勝者が自分の供物が吉と出なかったからというので敗者の国土に侵入しなかったのに、君の方は少しも将来を見抜けず、吉兆が出る前に軍勢を送り出したとすれば、はたして君は国家が被った悲惨ゆえに冠を与えられるべきか、それとも国境の外に放り出される[4]べきか？

一三二　とすればこのわれわれの時代に、想像を絶する、予測不可能な出来事で起こらなかったものがあるでしょうか？　なにしろわれわれが生きてきた生活は、尋常の人間の生活ではなく、後世の者にとっては奇聞珍説[5]でしかないのですから。かのペルシアの王[6]、すなわちアトス山地に運河を掘り、ヘレスポントスに橋の軛を架け、ギリシアの土と水を献上せよと要求した王、「日出ずるところより日没するところに至る、すべての民の王なり」と人もなげに書簡に記した王、その彼はいまや他人を支配するためではなく、わが身の安全を守るために死にものぐるいで戦っているではありませんか[7]？　そしてわれわれは、ペルシア征伐の総帥という名誉とその指揮権に値すると見なされている人々が[8]、デルポイ神殿を解放[9]した同じ人々であるのを

（1）古註（Dilts, *Aes. in orat.* 3. 130）によると、エレウシスの秘儀を始めるために行なわれる海での聖水浴で、参詣者が鮫あるいは怪物に襲われて死んだ。このすぐ後に起こった類似の事件をプルタルコスは『ポキオン伝』二八-三で語っており、これも予兆と見なされた。古註者が過ってプルタルコスから鮫を混入させたという推測もある。

（2）古註（Dilts, *Aes. in orat.* 3. 130）によればアテナイの占者。

（3）カイロネイアの決戦後、勝者ピリッポスがアッティカに侵攻しなかったことを、アテナイ市民は意想外としつつも安堵した。ピリッポスのアテナイに対するその後の処遇は、寛大であった。

（4）「国境の外に放り出される」は、死刑に処された遺体に国土内埋葬を禁ずる、という国家反逆者に対する刑罰。

（5）敬虔の国アテナイが未曾有の惨禍（カイロネイアの敗戦）に襲われ、非ギリシア人と見なされたピリッポスの敬神の行ないによってその子アレクサンドロスが空前絶後の権力を手にしたことを指す。

（6）アイスキネスは代々のペルシア王を、一つの王統と見なした言い方をする。アトス山地の運河、ヘレスポントス架橋はいずれもクセルクセス王の前四八〇年の遠征時の事業。わが身の安全を守るために戦っている王は現在のダレイオス三世。

（7）この裁判の前年にガウガメラの戦いでペルシア軍はアレクサンドロス三世に討ち敗られ、次いでペルセポリス王宮も焼き払われ、ペルシア王ダレイオス三世は逃走した。この演説の時点（前三三〇年晩夏）でダレイオス三世はすでに死んでいたが、その知らせはまだアテナイに届いていなかった。

（8）コリントス同盟（前三三七年）がペルシア征討の軍を起こすことを決定し、その指揮者にピリッポスを、その死後アレクサンドロスを選んだことを指す。

（9）ピリッポス指揮下の第二回目アンピッサ戦争（前三三九年春＝第四次神聖戦争）によるデルポイ神殿解放を指す。第三次神聖戦争（前三五六―三四六年）をも指す可能性はある。

目にしないでしょうか？　一三三　だがテバイだ、隣国テバイはたった一日でギリシアの真ん中から放り出されましたが、(1)それは当然であったとはいえ根本的な誤算(2)の結果であり、そうはいうものの人のなせる業ではなく、鬼神に魅入られた狂気と無思慮のためでした。そしてあの哀れなラケダイモン人は、神殿占拠で初めに少々かかわり合っただけで、(3)かつては全ギリシアの覇者と自任していたのに、いまや不幸の見本となるために人質となってアレクサンドロスのところに送られてその意のままに扱われ、(4)さきに不正を加えた自分たちを屈服させた相手の慈悲次第で、個人も国全体も受ける処遇が決まるという憂き目にあおうとしています。

一三四　そしてわれらのポリス、全ギリシア人の避難所であり、かつては全ギリシアから使節たちがわれわれの救いの手を求めて国ごとに訪れ来ったわがポリスは、もはや全ギリシアの覇権のためではなく、父祖伝来の土を守るために争っています。そしてこれらはデモステネスが政界に登場した頃(5)から起こったことばかりです。詩人ヘシオドスは、この種の人間について名言を吐いています。すなわち、大衆を教え諭し、国々に勧告しつつ、どこかでこう言っています、邪悪な民衆指導者を受け入れるな、と。一三五　いえ、私自身の口からそれらの詩句を申しましょう、どうやら詩人の言葉をわれわれが子供のときに暗記するのは、大人になってからそれを生かせるようにという、その目的のためであるようですから。(6)

しばしばただ一人の悪人が罪に走り、不逞の謀《はかりごと》を
めぐらすために、国全体が苦しみ悩む。クロノスの御子が、
人々の頭上に、天空より大いなる災禍、
飢餓とともに疫病を下し給い、民草は死に絶える。

あるいはその国の大軍勢を打ち滅ぼし、あるいは町の城壁を毀ち、はたまた大海原のただなかで、彼らの船団に償わせ給う、遠くをみはるかすゼウスは。

一三六　もし詩人の韻律を取り去ってその詩句だけをたどるなら、これはヘシオドスの詩ではなく、デモステネスの政治に向けられた神託だと諸君には思われるでしょう。なにしろ海陸両軍も国民全員も、彼の政治によって破滅させられたのですから。

(1) カイロネイアの戦い（前三三八年）における敗北を指す。

(2) 前三四六年のポキス戦争（第三次神聖戦争）終結時に、ピリッポスによってオルコメノス、コロネイアなどボイアティア諸市を与えられたテバイは、カイロネイア戦（前三三八年）にあたって、ピリッポスとの同盟を棄てて敵にまわったため、終戦後苛烈な報復を受けた。

(3) 前三五五年第三次神聖戦争の契機となったポキス人将軍ピロメロスによるデルポイ神殿占拠にあたって、ラケダイモン（スパルタの別称）人の王アルキダマスは、傭兵隊と金銭的援助を与えた。

(4) 前三三一年ラケダイモン人の王アギスはマケドニアの支配に抗してアルカディア、アカイアなどとともに反乱を起こしたが、アテナイなどが静観するなか、戦闘はほぼペロポンネソス半島域にとどまり、最終的にメガロポリスで、アギスがアレクサンドロスの摂政アンティパトロスに討ち取られてラケダイモンの敗北に終わった。アジア遠征途上にあったアレクサンドロスは、五〇人のラケダイモン人貴族を人質として送らせた。一六五節および二九五頁註（3）参照。

(5) デモステネスの政治家としての出発は前三五四年の『シュンモリアーについて（第十四弁論）』といえようが、自分では「ピロクラテスの講和」（前三四六年）の時期を政界への登場の年と言っている（『冠について（第十八弁論）』六〇、六六参照）。アイスキネスもこのデモステネスの政歴点検を「ピロクラテスの講和」から始めている（五八節参照）。

(6) 引用はヘシオドス『仕事と日』二四〇―二四五。

一三七　思うに往昔のプリュノンダスもエウリュバトスも(1)、またほかのどの悪人も、これほどの呪術師、妖術使い(2)ではありませんでした。この男ときては、おお天よ、地よ、神霊よ、真実を聴くことを願う諸君よ、この男は諸君(3)の顔をまともに見ながら、テバイ人が諸君と同盟を組んだのは危殆に瀕したからではなく、襲い掛かる恐怖に耐えるためでもなく、諸君の名声に縋ったためでもなく、デモステネスがした民会演説のおかげだと鉄面皮にも言います。一三八　しかしこれまでにもテバイ人にとりわけ近しい人たちが多数使節としてテバイに行きました。まずテバイで誰よりも信頼されているコリュトス区のトラシュブロス(4)、次にテバイ人のプロクセノスだったヘルキア区のトラソン(5)、一三九　弁の立つことデモステネスにひけを取らないが、少なくとも私にはずっと好ましく思えるアカルナイ区のレオダマス(6)、それに雄弁家でテバイ人のために幾多の政治的危機をくぐり抜けたペレケス区のアルケデモス(7)、ボイオティア贔屓だと誰よりも長く非難され続けてきたアゼニア区のアリストポン(8)、それにまだ存命中のアナプリュストス区のピュランドロス(9)です。けれどもこれらのうちの誰ひとり、諸君と友好の絆を結ばせることはできませんでした。その原因は私にはよくわ

(1) プリュノンダスとエウリュバトスはともに伝説的悪人。プラトン『プロタゴラス』三二七d参照。プリュノンダスはアテナイ人。エウリュバトスは、前六世紀、宿敵のペルシア王キュロスと会ったリュディア王クロイソスから金子を託されたエペソス人。

(2) アイスキネスはデモステネスの弁論に魔術的呪縛力を認めつつ、その内容の空疎さをあぶり出そうとするが（ディナルコス『デモステネス弾劾（第一弁論）』一、六六、九二、九五参照）、デモステネスは『冠について（第十八弁論）』二七六以下で、「聴衆の反応」という局面からたくみに反論している。

(3) Teubner 版校訂に従えば「われわれの（ἡμέτερα）」顔をま

ともに見る、になるが、「諸君の（ὑμέτερα）」顔をまともに見る、を採る方が、デモステネスを聴衆（＝アテナイ民衆）から孤立する雰囲気の中に置く効果を醸し出すとされる。諸写本には二通りある。

(4) コリュトス区のトラシュブロスは、前五世紀末から前四世紀初めにかけて活動し、前四〇三年の民主政回復時亡命先から帰国した一人。民主派主導者ステイラ区のトラシュブロスとは別人。前三七八／七七年にテバイへの使節を務めた。テバイを第二次アテナイ海上軍事同盟に加入させるという成果を得た。

(5) ヘルキア（あるいはエルキア）区のトラソンは前註のトラシュブロスの甥で、前三八二年スパルタによるテバイ占拠の際、アテナイに亡命してきたテバイ人をプロクセノスとして援助したと推測される（デイナルコス『デモステネス弾劾（第一弁論）』三八、ディオドロス『世界史』第十五巻二〇、クセノポン『ギリシア史』第五巻二章二八―三一参照）。

(6) アカルナイ区のレオダマスは前三七〇年代から政治活動に加わった。その雄弁をデモステネスも称えている（『レプティネスへの抗弁（第二十弁論）』一四六参照）。

(7) ペレケス区のアルケデモスは前五世紀末から前四世紀始めにかけて活動した政治家。リュシアス『アルキビアデスの戦列離脱告発（第十四弁論）』二五、クセノポン『ソクラテス言行録』第二巻第九章四参照。

(8) アゼニア区のアリストポンは当時の有力政治家の一人。一〇〇歳に一月《ひとつき》足らないところまでの長命（古註 Dilts, *Aes. in orat.* 1. 64 参照）で雄弁をもって知られ、多方面にわたり政治の第一線で活躍した。七五回違法提案告発を受けたが、すべて無罪になったことを自慢したという（一九四節参照）。前三四六年には、アンピポリスを失うことになるからという理由で「ピロクラテスの講和」に強く反対した（テオポンポス「断片」（*F. Gr. H.* 115 F166）参照）。

(9) アナプリュストス区のピュランドロスは前三七八／七七年にテバイへの使節を務めた。前三四〇年代の活動の一端が『ティマルコス弾劾（第一弁論）』八四に見られる。

かっていますが、彼らの悲惨な運命ゆえ、いまは言いたくありません。[1] 一四〇　ですが察するに、ピリッポスが彼らからニカイア[2]を取り上げてテッサリア人にやってしまって、以前にボイオティア人の国境外に追いやった戦争[3]と同じ戦争を、今度はポキス人を通じてほかならぬテバイ相手に戦って[4]、とうとうエラテイア[5]を占領してそこに堡塁を築き駐留軍を置いたとき、そうやってようやく切羽詰まったときになって始めて彼らはアテナイ人を呼び寄せたのであり、諸君は出動して歩兵も騎兵も完全武装でテバイへ向かったのです。それはデモステネスが同盟提案書[6]の起草文をまだ一字も書き始めていないときでした。一四一　そして諸君をテバイに向かわせたのは、危機的状況と恐怖と同盟という窮余の一策であって、デモステネスではなかったのです。

なにしろこの一件について、デモステネスは諸君に対して三つの重大極まる過ち[7]を犯しました、第一にピリッポスは名目上諸君と交戦国関係にありながら、じっさいにはテバイの方にはるかに敵意を抱いていましたが、それは事の推移そのものから明らかで[8]（それ以上言う必要はないでしょうが）、そういう重要なことをデモステネスは隠して、同盟は危機的状況ゆえではなく、自分の外交によって締結されるかのように装い、一四二　まずは民会を言いくるめて同盟締結の条件を協議することをやめさせて、とにかく締結されさえすれば安心するようにしておいてから、民会決議に以下のような一文を入れてボイオティア全土をテバイ人のものにしてしまいました。[9] すなわち「いずれかのポリスがテバイから離反するならば、アテナイはテバイのボイオティア人を助けることとする」というもので、いつもの手で、じっさいはひどい目にあわされているボイオティア人が、その仕打ちを恨むどころか、デモステネスの文言に感謝感激するかのように、事実を言葉

のあやで隠蔽歪曲しているのです。一四三　次に、危険からより遠くにいたにもかかわらず、諸君に戦費の三

(1)テバイ人に対する敵対感情はアテナイ人の間に根強くあった。いまテバイ人が悲惨な目にあっているのは、傲慢な彼ら自身に原因がある、と言いたいアテナイ市民は少なからずいるであろうが、非運にある者を痛めつけるような発言はさし控えたい、の意であろう。以上六人の過去のアテナイ人使節のテバイ説得失敗の例を挙げて、いかにテバイ人がアテナイからの同盟勧誘に応じない国民であるかを証明し、カイロネイアの戦いのために結ばれた同盟は、そういう彼らが危険に迫られた結果の選択であり、デモステネスの自慢する「デモステネスの説得力」ゆえではない、とアイスキネスは主張するが、過去の六例の失敗を誇張的に語っている。デモステネスは『冠について（第十八弁論）』一六九―一八八において、証拠を挙げてテバイとの同盟が自分の最大の功績であったと反論する。

(2)ニカイアは、マリア湾に面するロクリス人の町で、テルモピュライに入る東端に位置した要衝の地。

(3)ポキス戦争（第三次神聖戦争）のこと。

(4)アイスキネスはアンピッサ戦争（第四次神聖戦争）を、第二のポキス戦争のように語っているが、両方ともデルポイ神殿尊崇のための戦争であることは共通しているものの、テバイの立場は全く異なっていた。

(5)エラテイアはテバイへの入り口に位置し、直進してアテナイに到達できる要衝であった。前三四四年にもピリッポスがエラテイアを占拠して、テバイを脅かしているという噂が流れた（『ピリッポス弾劾、第二演説（第六弁論）』一四参照）。

(6)対ピリッポス戦にあたって、アテナイおよび他のギリシア諸国連合軍にテバイも加わるという同盟提案書起草文。

(7)一四一節で数え始められる「三つの重大極まる過ち」は、一四三節で「次に」と戦費負担と指揮権におけるテバイへの譲歩を数えた後、より高次の過ちであるかのように一四五節で二つ目が、一四八節で三つ目が語られる。

(8)ピリッポスがカイロネイア戦後、アテナイに寛大な措置を取ったことを踏まえて言う。

(9)全ボイオティアを強力な支配下に収めようとするテバイを警戒して、アテナイはテバイに抗する他のボイオティア諸ポリスを支援してきた。

分の二を、そしテバイ人には三分の一を割り当て[1]、そのそれぞれで賄賂を取り、海上では指揮権を両国の共有としましたが、費用は諸君だけの負担とし、陸上の指揮権は、冗談でなしに、まるごと持って行ってテバイ人にやってしまいました。その結果続いて起こった戦争で諸君の将軍ストラトクレス[2]は兵士たちの安全策の決定権すら持たない始末でした。一四四　そしてこれらのことを非難するのは私だけで、ほかの人は見のがしてくれているというのでは断じてありません。私も言い、他の人たちも異口同音に非難し、諸君も事実を知っている、それだのに諸君は憤慨しない。それこそデモステネスが諸君にしたことです。彼の犯罪を聞かされるのに慣れっこになって、もはや諸君は何の驚きも感じないのです。いえ、それではいけません、この国が将来順当な道を歩むべきであるならば、怒りの声をあげ、懲罰を与えねばなりません。

一四五　ですが第二に、彼はこれよりはるかに凶悪な犯罪を犯しました。この国の政務審議会議事堂と民主政治をまるごとこっそり盗み出して、テバイつまりカドメイア[3]へ持ち去ったのですから。ボイオティアの指揮官たちと戦略執行の共有申し合わせをしたのがそれです。またあれこれ工作して権力を一手に収めるやただちに登壇して、行き先を問わず自分が決めたところへ使節として行くと宣言し、一四六　諸君の派遣決議がなくてもお構いなしでした。将軍の誰かが異を唱えようものなら[4]、公職者をまるで奴隷のように扱って自分に楯突かぬようしつけて、将軍の幕舎に対して演壇を守るために、「適任者選定」[5]の審判に持ち込むぞと脅したのでした。なにせ諸君がよりよい生活にあずかれるのは、幕舎から戦術を展開する将軍たちのはたらきよりも、演壇から政策を天下に展《の》べ布《し》く自分のお陰だからだ、というのです。そして傭兵隊の空席分の賃金を出させて、出兵用の資金を盗みましたし[6]、私が何度も民会で抗議し、厳しく批判したにもかかわらず、一万人の傭兵をアンピッサに送ったために、(7) 傭兵がいなくなったまま何の準備もできていないわが国にいきなり危険を持ち込みました。一四七 いったいピリッポスはその危険のさなかに、何を祈ったと諸君は思われますか？ 一方で市民軍を相手にして、他方でアンピッサで傭兵を相手にして戦い、これほどの打撃をまず受けてはや戦意を失っているギリシア人を取り押さえることではなかったでしょうか？ そしてこれだけの惨

(1) テバイは陸軍兵力でアテナイにまさったが、戦争は陸上で、しかもテバイ領で起こることは避けがたかった。しかしテバイには戦争か平和かの選択肢がなおあり、安全を選んでピリッポス側につこうという声は小さくなかった。

(2) 将軍ストラトクレスはカイロネイアの戦いでアテナイ軍の指揮を執った（ポリュアイノス『戦術書』第四巻第二章二参照）。

(3) カドメイアはテバイの別名。テバイの伝説上の始祖カドモスの国の意。続く「ボイオティアの指揮官たち」は、ボイオティア連盟の軍政を管掌する役人のこと。七人中四人をテバイ人が占めるというテバイ勢力の大きさが常態であった。

(4) 陸軍海軍の指揮をする必要上、将軍たちは外交問題に大きな発言力を持ちうると同時に責任も負った。続く文中の「演壇」は壇上における演説で国政を動かす弁論家の、「将軍幕舎」は戦闘で国運を左右する将軍の、シンボル。

(5) デモステネス（演壇）の発言か、対立する将軍（幕舎）の発言か、いずれが採られるべきかを「適任者選定」の判定に委ねる、の意。法律施行の技術面に疎い将軍への威嚇。適任者選定（ディアディカシアー）は財産、相続、債務返済、後見人指名、公共奉仕免除など、権利義務に関わる一つの対象事項に複数の請求者がある場合、原告被告から成る訴訟形態によらずに適任者を探る私訴方式。アリストテレス『アテナイ人の国制』第五十六章六、第六十一章一参照。ここでは比喩的語法である可能性がある。

(6) 傭兵数の水増しによって不正に傭兵賃金用の公金を出させた、の意。

(7) これだけ多数の傭兵をさきにアンピッサに援軍として送ったために、カイロネイアの決戦でピリッポスはアテナイとテバイの市民兵だけを相手にすればよくなった、の意。

禍を引き起こしたデモステネスは、懲罰を免れただけでは満足せず、黄金の冠を授与されなければ機嫌が悪いのです。それに諸君の前で布告されるだけでは収まらず、全ギリシア人の前で発表されなければ、それはもう機嫌が悪いのです。どうやら邪《よこしま》な生まれつきが極端なわがままを許されると、国家的悲惨を生み出さずには置かないもののようです。

一四八　三番目の、さきほど数えた罪過のうちの最大のものは、これからお話するものです。ピリッポスはけっしてギリシア人を見下していたわけではなく、（愚鈍な男ではありませんから）一日のほんのわずかな時間の間に、持てる財貨すべてを賭けて戦うことになるのに気付かぬはずはなく、それゆえ和平を講じたいと願って、使節をまさに送ろうとしていました。テバイの公職者たちも迫る危険におののいていました。（さもありなんです。つまり彼らには、兵役忌避と戦列放棄［の罪］を犯した弁論家[1]が教え諭してくれなくても、一〇年にわたるポキス戦争[2]が、永遠に忘れられない教訓を植え付けてくれたからです。）一四九　こうした状況を見たデモステネスは、ボイオティアの指揮官たちが自分を除け者にしてピリッポスから金を受け取り、単独で講和条約を結ぼうとしていると邪推して、収賄に遅れを取っては人生生きるに値せずとばかりに民会で跳び上がって、誰もピリッポスと講和を結ぶべしとも結ぶべからずとも言っていないのに、ボイオティアの指揮官たちにいわば公式布告を送って、賄賂の取り分がきちんと自分に渡るように、その旨わからせておかねばならないと考えたのです。彼はアテナにかけて誓いました。一五〇　そのアテナ像をどうやらペイディアス[3]は、デモステネスがそれへの誓いによって金儲けをし、偽誓をするために制作したらしいですが、その誓いとは、誰かがピリッポスと和平を講じるべしと言おうものなら、髪をひっつかんで牢屋にぶち込むというものでした。それはあのクレオポン[4]の政治を真似たものです。ラケダイモン人との戦争のとき、この国を破滅させたと言い伝えられるあのクレオポンです。でもテバイの公職者たちが彼には目もくれず、もう進軍してきていたアテナイ軍を送り返して、和平の可能性をもう一度諸君に協議させようとしたとき、一五一 彼は手のつけられない狂乱状態で演壇に上って、ボイオティアの指揮官たちをギリシアの裏切り者と罵って、自分は民会決議の動議を出す、と言いました。一度たりとも戦場で敵の顔を見たことのない男の提案でしたが、ピリッポス攻撃のため［アテナイ軍による］テバイの国土内進軍を要求するべく、民会が使節をテバイに

(1) デモステネスを指す。「兵役忌避（アストラテイアー）」は前三四八年、エウボイア出兵の際合唱舞踏隊奉仕役を務めていたため途中帰国したこと、「戦列放棄（リポタクシウー）」はカイロネイアの戦いで（前三三八年）〝戦列放棄〟したことゆえの非難とされる。この非難は幾度も繰り返され（一五二、一五九、一七五、一八一、一八七、二四四、二五三節）、デイナルコス（『デモステネス弾劾（第一弁論）』一二）にも見られる。後代の伝記作家（プルタルコス『デモステネス伝』二〇）の「武器（盾）を投げ棄てて（τὰ ὅπλα ῥίψας）」という記述ゆえにデモステネスの「盾投げ棄て」は半ば定着した伝承となったが、近年、論敵の言動を誇張歪曲する弁論戦術の常套にすぎない、という解釈が出ている。

(2) ポキス戦争（第三次神聖戦争）は前三五六―三四六年。テバイは戦乱に疲弊し、ピリッポスの援軍を得て（前三四七年）、ようやくポキスを降伏に追い込んだ。

(3) 前五世紀の著名な彫刻家。アクロポリスに聳える巨大なアテナ・プロマコス像の作者。

(4) クレオポンはアリストテレス『アテナイ人の国制』第二十八章三などによれば、前四一〇年代の政治家で、主戦論者。前四一〇年キュジコスの戦い、前四〇六年アルギヌーサイの海戦でアテナイが勝利を得たとき、より穏やかな条件で和議を提案してきたスパルタに反対し続け、前四〇四年死刑に処せられた。「竪琴造りのクレオポン」はしばしば喜劇で揶揄攻撃されて流布した彼の呼び名。

送る、という決議案でした。するとテバイの公職者たちは、自分たちがほんとうにギリシアの裏切り者だと思われては面目をつぶすと恥じて、和平から一転して戦闘準備に走ったのです。

一五二　さて、ここで勇敢なますらおたちを思い起こすことは、適切でありましょう。そのますらおたちをこの男は、生贄の炎がくすぶって不吉なまま、明々白々な危険のまっただなかに送り込んだのに、ためらいもなく（死んだ彼らの墓の上に敵前逃亡者、戦列放棄者の足で立ち）、彼らの武勇を称えました。[1] おお、厳粛偉大な事業にとっては世にも役立たずな男よ、だのに空威張りの弁舌だけは世にもたくみな君は、この陪審員たちの顔をまともに見て、祖国に被らせた惨害ゆえに授冠の栄に浴すべきだとすぐにも言う気か？［陪審員に向かって］この男がそう言うなら、諸君はそれを許すのですか？　諸君の記憶も死者とともに死に絶えると理解すべきなのですか？　一五三　どうかほんのいっときみなさんが法廷にいるのではなく、劇場にいると想像していただきたい。そして触れ役が進み出て民会決議を読み上げるのを目にしていると考えていただきたい。そこで死者の遺族たちがより多くの涙を流すのは、続いて演じられる悲劇と英雄たちの受難を見てか、それとも国家の不明に対してか、いったいどちらだと思うかを諸君は自問していただきたい。一五四　というのは自由人として育てられたギリシア人で、劇場に座るや否や瞼に浮かぶ、まさにあの光景に痛恨の思いを抱かない人がいるでしょうか？　ほかでもない、過ぎし日わが国がもっとましな統治と指導者に恵まれていた頃、ちょうどいまのようにこれから悲劇が上演されようというときに、触れ役が進み出て戦歿兵士の遺児たちを完全武装の若者として整列させ、こよなく気高い、武勇を奮い立たせてやまない布告文を述べたときのことです。すなわち雄々しく戦死した父親を持つ若者たちを、成年に至るまで国家が養育し、いまや重装歩兵の武具一式をもって身を鎧わせ、幸運あれと祈りつつそれぞれの行く手に送り出し、観客席の最前列に招くというものです。(2)　一五五　往時はこういう布告がなされたものですが、いまは違います。子供たちを孤児にした張本人を横に立たせて、触れ役は何を布告するでしょう？　何と言うでしょう？　なぜなら民会決議の文言だけを触れ役が口にするとしても、恥じらいが真実に促されて沈黙を守ることを拒み、触れ役の声とはうらはらに、こう言うように思えます。すなわちこの男に——そもそもこれが男と言えるなら——世にも卑怯な男にその武勇を称え、戦列放棄者なるこの軟弱者《なんじゃくもの》にその男らしさを称えてアテナイ民会は冠を授ける、というものです。一五六　どうかゼウスと神々にかけて、アテナイ人諸君、お願いします、ディオニュソスのオルケーストラーに諸君の敗北の碑を建てることなく、全ギリシア人の面前でアテナイ民会に狂

(1) デモステネスはカイロネイアの戦いの戦歿者国葬の演説者に選ばれた。デモステネス弁論集の第六十弁論として伝えられる葬礼演説はそれか？　国葬で戦歿兵士を称える葬送演説は、アテナイ独特の慣習であった。トゥキュディデス『歴史』第二巻四三参照。

(2) 続く演劇上演にあたって貴賓席に招く、の意。戦歿兵士遺児の待遇についてはトゥキュディデス『歴史』第二巻四六、プラトン『メネクセネス』二四八e、イソクラテス『平和演説（第八弁論）』八二、アリストテレス『アテナイ人の国制』第二十四章三および『政治学』第二巻八-五（一二六八a）、ディオゲネス・ラエルティオス『哲学者列伝』第一巻五五参照。リュシアス『テオゾティデス告発』（断片）によれば、同じ待遇が前四〇三年三十人独裁政権打倒で戦った戦歿者の遺児にも与えられたという。

気という有罪宣告をしないでいただきたい。また不運なテバイ人にその癒しがたく取りかえしのつかない不幸[1]を思い出させないでいただきたい。この男のせいで亡命したそれらテバイ人を諸君は受け入れましたが、彼らの神殿と子供たちと墓を、デモステネスの収賄とペルシア大王の黄金[2]が破壊したのでした。一五七　でも諸君はその場にいあわせなかったのですから、想像力で彼らの悲惨を見つめて目撃していると思ってください、彼らの町が占拠され、城壁が壊され、家々が焼かれ、女や子供が奴隷にされ、老いた男女が人生の終わりに自由を忘れることを知り、泣き叫び、諸君に嘆願し、報復する人たち[3]ではなくこれらを引き起こした者らに怒りを差し向けて峻烈な教えを遺す姿を。すなわちギリシアの罰あたり奴《め》に授冠することは何としてでも避けて、この男について回る鬼神と運命に警戒せよ、と。[4] 一五八　それというのも国家であれ一私人であれ、かつてデモステネスの勧告に従って、無事に終わった人は一人もいないからです。アテナイ人諸君、諸君は恥ずかしくないのですか、サラミス湾の渡し守について法律を制定し、その誰かが搬送中に意図せずして船を転覆させても、その渡し守は再び業務に携わってはならないと定め、何人《なんぴと》もギリシア人の身体を粗末にしないように配慮しておきながら、他方でギリシアとわが国を完全に転覆させた男に、またもや国政の舵を取らせることを恥じないのですか?

一五九　しかし第四期つまり現在の状況についてもお話できるように、あのことを諸君に思い出していただきたいと思います。すなわちデモステネスは兵士として戦列を放棄しただけでなく、市民としての部署をも棄てました、諸君の三段櫂船一隻を私物にしてギリシア人から金を徴発して回ったのですから。[5] さて思いもかけず生き延びて[6]国に戻れたこの男は、最初のうちこそびくついていましたが、半死にの態《てい》で演壇に現われ

(1)前三三五年アレクサンドロスが死んだという噂を聞いて蜂起したテバイは惨敗し、アレクサンドロスによる苛烈な報復を受けた。

(2)前三三五年のアレクサンドロスに対するテバイ蜂起を顕著な例に、反マケドニアの気運は広くギリシア一帯に根強かったが、ペルシアにもマケドニア敵視の気配は濃く、王ダレイオス三世が多額(三〇〇タラントン)の軍事費供与をアテナイ民会に申し出たが、受け取りを拒否された。のちにデモステネスの手にそれが渡ったという噂を、アイスキネスは再び一七三で持ち出している。デイナルコス『デモステネス弾劾(第一弁論)』一〇、一八およびディオドロス『世界史』第十七巻四-八参照。

(3)アレクサンドロスおよびマケドニア人を指す。前三三五年のテバイ蜂起に、マケドニア人は「報復」した。前註(1)参照。

(4)戦争がもたらす不幸については、結果ではなく、意図にこそ注目すべきだと、デモステネスは『冠について(第十八弁論)』一九二—一九三において反論する。幸運不運を神の恩寵膺懲と見なし、個人の資質の善悪にそのあらわれを見る古来の伝統的思想については、ホメロス『オデュッセイア』第三歌三七五—三七六、トゥキュディデス『歴史』第六巻一-七および第七巻七七-二、デイナルコス『デモステネス弾劾(第一弁論)』三一、四一参照。デモステネスは『冠について(第十八弁論)』二五二—二五五および二七〇—二七五において、この非難に反撃している。

(5)カイロネイアにおける敗戦後、穀物確保の目的でデモステネスが同盟諸国を歴訪したことを指すが、アイスキネスはそれを、ピリッポスがアテナイに進攻した場合にそなえてのアテナイからの脱走の口実であるかのように言う。後年デイナルコスは同じ非難をしている(『デモステネス弾劾(第一弁論)』八〇—八一参照)。デモステネスは『冠について(第十八弁論)』二四八において、敗戦後なお市民の支持を得ていたことの例証として、穀物購入官に選出されたことを挙げている。

(6)「思いもかけず生き延びて」とは、穀物購入官としての同盟諸国歴訪から無事帰国して、の意。

て、自分を「和平の守り手」[1]に選出してくれと頼みました。でも諸君は民会決議にデモステネスの名を動議者として記すことさえ許さず、ナウシクレス[2]にこの役目を与えました。ところがいまここに彼は授冠を要求しています。

一六〇　さてピリッポスが死んで[3]アレクサンドロスが支配権を握ると、またもやデモステネスはこれ見よがしのふるまいでパウサニアス[4]に神殿を奉献させたかと思うと、吉報感謝の生贄を挙行したと非難されるや、政務審議会をその矢面に立たせ、アレクサンドロスに「マルギテス」という綽名をつけて[5]、マケドニアから動かないだろうという大それた予言をしました。アレクサンドロスはペラで「逍遥」[6]しながら生贄獣の内蔵に目を凝らしていれば[7]ご満悦なのだから、だそうです。そしてこの発言は単なる憶測ではなく正確な情報に基づいていると言い、武勇は血をもって購われるものだから、とのことですが、自分は血を持たず、アレクサンドロスなる人物をアレクサンドロスの本性からではなく自分の軟弱さから判断しているのです。一六一ところがさてテッサリア人が諸君の国に向かって出兵するという決議をして、かの青年「アレクサンドロス」は当然ながら[8]最初激怒したのでしたが、その軍勢がテバイのあたりに来たとき、デモステネスは使節に選ばれたものの、キタイロン山[9]の途中から踵を返して国に走って戻ってきました、和戦いずれのときも役立たず

(1)「和平の守り手」は、前三三七年にピリッポスによって召集されたコリントス会議の代表を指すという推測がある。それが事実であったとしても、デモステネスが選出されなかったことは、ピリッポスの召集による会議にデモステネスを代表として送ることは得策ではない、という民会の判断があったと推測できる。カイロネイアの敗北後、デモステネスへの

支持が一時失われたことを表わすという解釈もある。

(2)ナウシクレスは前三五二年テルモピュライ占拠を試みたピリッポスを撃退した功で授冠の栄を受けていた(年代については補註R参照)。前三四六年に対マケドニア使節を務めた一人。『使節職務不履行について(第二弁論)』一八でアイスキネスは、ナウシクレスが自分を使節に推挙してくれたと言い、使節職務不履行裁判で弁護人の一人に数えている(同一八四節)。後二世紀の擬プルタルコス『十人の弁論家の生涯』八四四—八四五では、デモステネス、ヒュペレイデスとともに、ナウシクレスは反マケドニア派の一人に数えられている。

(3)前三三六年。七七節および二四七頁註(1)参照。

(4)ピリッポスの暗殺者。近習の一人であったが、前三三六年、古都アイガイで行なわれたピリッポスの娘の結婚式でピリッポスを刺した。

(5)「マルギテス」は、トロイア戦争のギリシア側第一の英雄アキレウスを戯画化した綽名。ホメロスの名で伝えられる諷刺詩の登場人物で、愚鈍の代名詞とされた。

(6)「逍遥派(περίπατος)」の長と呼ばれた哲学者アリストテレスがアレクサンドロスの師であったことへの皮肉。

(7)「生贄獣の内蔵に目を凝らす」は、犠牲式で吉凶を占う生贄獣の内蔵の焼け具合が示す予兆の意と、戦闘に出る、あるいは暗殺者に狙われることによって自分の内蔵を危険に晒すの意の両義に取れる。

(8)前三三五年テバイに蜂起の気配が見られたとき、間髪を入れずアレクサンドロスはテッサリア人を引き連れてテバイ制圧に向かった。「激怒した」はテバイに対して、の意。アテナイは表立ってマケドニアに楯突くことはしなかったが、デモステネスはテバイ援助に動いた。

(9)アテナイからテバイへの主要道路は、キタイロン山中を通っていた。アレクサンドロスに全ギリシア支配権(=コリントス同盟盟主)を認めるのが遅れたことを詫びるための使節団の一員に選ばれたデモステネスは、キタイロン山中から引き返した(ディオドロス『世界史』第十七巻四-七参照)。デイナルコス『デモステネス弾劾(第一弁論)』八二によれば、デモステネスは使節任務を拒否したという。

な図体で。そして何よりも許しがたいことは、諸君が彼を裏切らず[1]ギリシア諸国の同盟会議[2]の裁きの手に委ねることもしなかったのに、噂が真実であるならば、いま彼は諸君を裏切ったということです。一六二　というのはパラロス号[3]の乗組員やアレクサンドロスのもとへ使節として行った者たちの言うところでは――信ずるに足る話ですが――、プラタイア身分[4]で薬屋アリストブロスの子のアリスティオンという男がいるそうです、みなさんの中にご存知の方もいらっしゃるでしょうが。その青年はとびぬけて眉目秀麗でしたが、かなり長い間デモステネスの家に逗留していました。何をされつつ、あるいはしつつであったかは貶《けな》しようもさまざまで、私が口にするのもはしたないことです。聞くところによるとこの人物は、何者であるか、またどんな生活をしてきたかを知られていないので、アレクサンドロスに取り入って侍っているとのことです。この男を通じてデモステネスはアレクサンドロスに文を送って、ある種の免罪特権を手に入れて仲直りし、おべっか使いに憂き身をやつしています。

一六三　そしてじっさいに起こったことがいかにかの非難と合致しているかは、以下のことからおわかりになるでしょう。すなわちデモステネスがこれらを少しでも本気で考え、自分で言っているとおりアレクサンドロスと戦争をするつもりだったとすれば、彼には絶好の機会が三度あったのですが、そのどれ一つをも使わなかったことが露見したのですから。その一つで第一のものは、アレクサンドロスが王権についたばかりでまだ身の回りの問題も片付かぬままアジアへ行ったときで[5]、ペルシアの王[6]が絶頂期にあって船団、資金、陸上兵力とともに潤沢でありながら、迫る危険を認識してわが国との同盟を喜んで結んだと考えられる時点です。そのとき君は何か発言したか、デモステネスよ、あるいは何か動議を出したか？　いつもの君に違わず

怯えて震えていたと思っていいのか？ だが国家の大事は演説屋の怯懦を待ってはくれないものだ。一六四
そしてダレイオスが全軍を率いて沿岸地帯まで来て、アレクサンドロスは、君が言ったところでは、物資を完全に絶たれてキリキアに閉じ込められ、(7) まさに、君の言葉によると、ペルシアの馬に踏みつけられそうに

(1)テバイの反乱を鎮圧殲滅したアレクサンドロスは、前三三五年アテナイに反マケドニア派の主要人物一〇名（デモステネスを含む）の引き渡しを求めた。デマデスなどが引き渡し赦免の交渉に成功した。したがって「裏切る（προὔδοτε）」は「敵に引き渡す」とも訳出できるが、一行後の「諸君を裏切った（προδέδωκεν）」は信義に背いたの意。

(2)カイロネイアでの勝利後、ピリッポスが設立し、アレクサンドロスが継承したコリントス同盟の会議のこと。

(3)パラロス号はサラミス号とともに、アテナイの宗教行事の使節派遣や、外交、軍事上の特命のために使われた国有の高速三段櫂船（トゥキュディデス『歴史』第八巻七四－一参照）。

(4)「プラタイア身分」とは、ペロポンネソス戦争第五年目（前四二七年）のプラタイア陥落後、アテナイに亡命してアテナイ市民権を得たプラタイア人以来の名称。アテナイ国家への寄与を認められた外国人（奴隷を含む）にこの身分が与えられた。前三八〇年代に彼らはプラタイアへ戻ったが、前三七三年再びテバイ人によって国を追われ、アテナイに亡命した。アリスティオンはこのようなプラタイア人で、青年期からデモステネスと親交があり、その手先となって働いた（ハルポクラティオン『弁論家語彙集』アリスティオンの項参照）。

(5)アレクサンドロスが「身の回りの問題も片付かぬまま」アジアへ行ったのは前三三四年。

(6)ダレイオス三世のこと。

(7)前三三三年秋、イッソスの戦い直前の時期。ダレイオス三世が全軍を率いてペルシア南部の沿岸地帯まで来て、アレクサンドロスはキリキアにいた。ダレイオス三世はアレクサンドロスの機先を制したものの、ギリシア人部隊に立地の優位を与えてしまった。

なっていたのに、君のきざな真似と指先から吊り下げて手紙[1]を持ち歩くにはわが国が狭すぎたとき、そして私の顔を指で指して周章狼狽てふためいているとだれかれに触れて回って、アレクサンドロスに何か不吉なことが起これば［アイスキネスは］金塗りの角《つの》だ、もう花輪を着けられている[2]と言ったのだったが、そのときさえ君は何の行動をも起こさず、もっと好都合なときまでと先延ばしにしていた。

一六五　でもこれらを飛ばして現在の状況をお話ししましょう。ラケダイモン人と傭兵隊が勝利を収めてコラゴス麾下[3]の兵力を破り、これとともにエリス人、ペレネ人を除く全アカイア人、それにアルカディア全域も加勢しましたが、ただメガロポリスは包囲されてもう明日にも陥落しそうな状態でした。アレクサンドロスはといえば、大熊座のむこう[4]のほとんど人里離れたところに引っ込んで、アンティパトロス[5]は兵を集めるのに手間取ってその先どうなるかわかりませんでした。よいか、答えてほしい、デモステネスよ、そのとき君がしたことはいったい何だったか、そのとき君が言ったことはいったい何だったか？　答えてくれるまで、お望みなら演壇を君に明け渡そう。一六六　黙っているなら、窮状はお察しするが、そのときの発言をいま私が言おう。諸君は彼の下品な、信じられないような言葉を覚えておられませんか？　それを諸君は聞きながら鉄のように無感覚なのか、いったいどうして辛抱できたのですか？　彼が進み出てこう言ったときのことです、「国をチョンギッて回る奴らがいる、民主政の若芽を切り取る奴らがいて、国の筋肉《すじにく》がぶった切られてこちとら刺し子みたいに一面穴だらけ、はなから芯まで針で縫い通す奴らがいあがる」[6]。一六七　これはいったい何なのだ、狐よ？　言論か、それとも化け物か？　そしてまた壇上でぐるぐる回りながら、あたかもアレクサンドロスに敵しているかのように君は言った、「私がラコニア人を結集させたことは認めます、テッサリア人とペライビア人に離反をけしかけたことは認めます」。君がテッサリア人を離反させる、だって？　いったい君が村を離反させられるのか？　国とは言わぬ、そもそも人家まで、危険のあるところまで近付けるのか？　だがどんなところであれ金が払われるとなれば君はそこに座り込んで待っているだろう、だが男子の行ないは果たせまい。もし偶然に何かがうまく行けば、君は自分の手柄だと主張して、終わってから自分の名をそれに書き付けるだろう。でも何か恐ろしいことが近付けば、君は脱兎のごとく逃げ出すだ

(1)「手紙」はギリシア諸国からのものであろう。デイナルコス『デモステネス弾劾（第一弁論）』三五―三六はそれらの手紙がデモステネスの手に成るものだとし、類似の表現で同じ非難を繰り返している。

(2) 犠牲獣を屠る前、角を金色に塗り、花輪を首にかけるという習俗になぞらえた。

(3) 前三三一年ラケダイモン人の王アギスがアルカディア、アカイアなどとともにマケドニアに対して起こした反乱を指す。最初アギス王がマケドニアの指揮官コラゴスに大勝したが、このクテシポン裁判（前三三〇年）の少し前にマケドニアの武将アンティパトロスによってメガロポリスにおいて鎮圧された。一三三節および二七七頁註（4）参照。

(4)「大熊座のむこう」は「北の涯」ほどの意。ギリシア人はアジアを漠然と、北から南へ伸びた東方と考えていた。

(5) アンティパトロスはピリッポス二世の頃から王の側近として重用されたマケドニアの武将。前三四六年いわゆる「ピロクラテスの講和」締結のためアテナイへの使節を務めた。ピリッポス死後は、アレクサンドロスが全ヨーロッパを預けてアジアへ行くほどの厚い信頼を受けたが、アレクサンドロスの死（前三二三年）の少し前に仲違いして、前三一九年に死んだ。

(6)『冠について（第十八弁論）』二三二におけるデモステネスの応答を見ると、アイスキネスは「下品な、信じられないような」字句を引用しながら、デモステネスの身ぶり手ぶりの物まねをしてからかったと推測できる。前一世紀の文芸評論家ディオニュシオス・ハリカルナッセウスは、ここに挙げられたデモステネスの言い回しを、アイスキネスの事実歪曲と批判している（『デモステネス論』第五十七章一―二）。

ろう。そしてもう安心とわれらが一息ついたとき、君は報奨と黄金の冠を要求するだろう。

一六八　そうです、［デモステネスは］民衆の友です。ですから彼の耳ざわりのいい言葉だけを聞いていては、諸君は以前と同じように騙されるでしょうが、彼の本性と事実だけを見るなら、騙されることはありません。こんなふうに彼を審査してください。民衆の友にして品格ある市民には、生来何と何がそなわっているべきか、それを私は諸君とともに数え上げ、次にそれに対して、邪悪な寡頭主義者とはどういう男かを見てみましょう(1)、そこで諸君はこの両者を比較して、彼がどちらであるかを、口にする言葉からではなく、彼の生活から見ていただきたいのです。

一六九　さて、みなさん異論はないと思いますが、民衆の友にはこういう性質がそなわっているはずです。第一に、父方母方いずれの血筋から見ても自由人の生まれでなければならず(2)、それは出生の不運によって、民主政治の守り手である法律に楯突くことがあってはならないからです。第二に、祖先が民衆に尽くした、あるいは少なくとも敵意をけっして抱かなかったという事実がなければなりません、祖先の不運の仇《かたき》を取るために、国に仇《あだ》なすことに手を初めてはならないからです。一七〇　第三に、民衆の友は日常生活においても慎み深く節度を弁えた人物でなければなりません、浪費癖が嵩じて民衆を裏切る収賄に走ってはならないからです。第四にその人は良識と弁舌の能力をそなえていなければなりません。その判断力が最善を選び、磨かれた弁論の技と雄弁が聞き手の心を動かすことは大切だからです。でも両方を兼備するのが無理なら、弁才よりは良識の方がつねに優先されるべきです。第五に、勇敢な精神の持ち主でなければなりません、一朝有事の際に、民衆を見棄ててはならないからです。しかし寡頭派的人物は、すべてこれらと反対の性質を持っているはずです。そちらをもう一度詳説する必要があるでしょうか？　ではよく調べてください、デモステネスにこれらのうちのどれがそなわっているかを。でも点検するのに、公平を欠いてはなりません。

一七一　デモステネスの父はパイアニア区のデモステネスで、自由人でした。嘘を言ってはいけないからです。ですが母と母方の祖父の血筋がいかなるものであったか、私がそれを言いましょう。ギュロンなるケラメイス区出身の男がいました。彼は当時わが国の所領であったポントス［黒海］のニュンパイオン[3]を敵に売り渡したため、この地［アテナイ］で弾劾裁判にかけられて死刑を宣告されたのですが、裁判を待たずに亡命してボスポロス[4]に行き、そこでその地の独裁者たちから「庭園」と呼ばれる土地を贈られ、一七二　妻を娶りますが、めっぽう金持ちで莫大な持参金を持ってはきたものの、生まれはスキュティア人でした。そこで娘が二人生まれますが、その娘たちを彼は大金をつけてこの地［アテナイ］に送り、一人をさる男に嫁がせ

（1）デモステネスは『冠について（第十八弁論）』一二二において、以下のアイスキネスの民主政支持者（＝民衆の友）、寡頭政支持者（＝民衆の敵）の定義を非現実的、衒学的とこきおろしている。

（2）前四五一年に厳格化されたが（二九八頁註（1）参照）、じっさいは逸脱もあり、無視さえされていた。

（3）ニュンパイオンはケロネソス半島タウリケ（クリミア）に位置する。ここで言及されている事件は、おそらく前四一〇年頃。デモステネスは『アポボス弾劾、第二演説（第二十八弁論）』一―四でギュロン（デモステネスの祖父）が罰金刑を受けたことを認めている。「弾劾裁判」は誇張か、テクストの伝承不全か？　「独裁者たち」はボスポロス王国のサテュロス王とその子孫。

（4）黒海北東のキンメリアのボスポロス王国のこと（黒海からプロポンティスに繋がるボスポロス海峡とは別）。主都はパンティカパイオン。

ましたが――敵を多く作りたくないので、名前は言いません――、もう一人をパイアニア区のデモステネスがわが国の法律[1]を無視して娶り、その女性からわれらがお節介焼きの誣告常習犯デモステネスが生まれました。とすると（彼の先祖に諸君[2]は死罪の審判を下したわけですから）祖父の血筋からいって彼は民衆の敵になるでしょうし、スキュティア女を母に持つことから、蛮人、ただしギリシア語は話す、ということになります。したがってこの悪辣さからいってもこの土地の産ではないことになります。一七三　では日常の暮らしぶりでは何者でしょう？　三段櫂船船長だったのが[3]、急に弁論代作者[4]としてデビューしました、遺産をばかばかしく使い果たした後でしたが[5]。でもこの仕事でも顧客の訴訟相手に弁論内容を洩らして信用丸つぶれになったので[6]、政治弁論の演壇に跳び移りました。そして政治で大儲けしましたが、ほとんど貯えを残しませんでした。でもいまはペルシア王からの金[7]が彼の浪費をまかなっているのはたしかですが、それでも足らないでしょう。やくざ根性に富がまさったためしはありませんから。要するに彼は自分の収入によってではなく、諸君の危険を食い物にして生きているのです。

一七四　では良識と弁論能力の点ではどうでしょう？　弁才抜群、生活醜悪です。彼自身の肉体と子づくりについてはこの様《ざま》なので[8]、彼のやったことを私は言いたくありません。なにぶん隣人の醜行をあまりにあか

（1）前四五一／五〇年ペリクレスの法律制定によってアテナイ市民権は両親ともアテナイ人であることを資格条件とすることになった。ペロポンネソス戦争末期までにこの規定は崩れ、前四〇三年に復活した民主政は、いまよりのち母が外国籍の者に市民権は認められない、という法律を実施した。デモステネスの母がスキュティア人女性から前四〇三年以後に生ま

れたとすれば、デモステネスは市民権を持たないはずであるが、それに該当しなかったであろう。デモステネスは『冠について（第十八弁論）』一二九―一三一において、アイスキネスの出自を貶《おとし》めている。

（２）「諸君」は厳密には、陪審員たちの祖父の代のアテナイ市民を指すが、広く市民たち、時を遡って父祖たちを含む場合にも使われる。

（３）三段櫂船奉仕役を任命されることは一定の資産を有することを意味した。

（４）係争者が勝利をめざして立てる弁護人（συνήγορος）に金銭を対価として支払うことは法律によって禁じられていたが、「弁論代作」は前四世紀に急増して弁論作成以上の補助的業務（調査、法律解釈など）をも行なったが、これへの金銭支払いは禁止されなかった。したがって訴訟中毒といわれたアテナイにおいて係争用の「弁論代作」は職業（現代の弁護士に近い）として定着し、高額の報酬を得る代作者も出た。しかしアマチュアリズムを基本概念とする民主政にそぐわない「弁論代作」業は一般に疑惑と侮蔑的眼差しを向けられた（イソクラテス『アンティドシス［財産交換］（第十五弁論）』四一、ヒュペレイデス『アテノゲネス弾劾（第三弁論）』三参照）。のちに政治家として活躍したデモステネス、ヒュペレイデスらは、代作者としての前歴に触れられることを好まなかった。アイスキネスはつねに三百代言、いかさま弁護士の類いの名でデモステネスのその弱味を突いている。

（５）父の遺産を蕩尽することは、両親虐待あるいは扶養放棄、兵役忌避（戦列放棄を含む）および男色売買と並んで重罪と考えられた。一九節および二一三頁註（５）参照。デモステネスは『アポボス弾劾、第一演説（第二十七弁論）』をもって、管財人による父の遺産の蕩尽横領を告発した。

（６）デモステネス『ポルミオン擁護（第三十六弁論）』は銀行家ポルミオン（もと奴隷）のため、同『ステパノス弾劾、第一演説（第四十五弁論）』、同『ステパノス弾劾、第二演説（第四十六弁論）』は長年にわたってポルミオンと争って来たアポロドロス（ポルミオンのもとの主人パシオンの息子）のため、と互いに仇同士に当たる顧客のためにデモステネスが代作した作品が伝えられているが、第三十六弁論は真作であっても、偽作の疑いが極めて濃い第四十六弁論はアポロドロスの筆になるとの説もあり、アイスキネスの発言の実証は困難である。『使節職務不履行について（第二弁論）』一六五参照。

（７）一五六節および二八九頁註（２）参照。

（８）一六二節などで言及された男色売買を婉曲に指すという解釈がある。

らさまに話して嫌われた人たちを見ているからです。では国にはどういうことが起こるでしょう？　巧言令色、行動劣悪です。一七五　勇気ということに関しては、私はほんの一言《ひとこと》言えば済みます。臆病者であることを彼が否定するなら、あるいは諸君が知らないなら、延々と私は述べなければならないでしょう。ですが彼はみずから民会でそれを認め、諸君もそれをよく知っていますから、それに関する現行の法律を思い出していただくだけでいいのです。すなわちいにしえの立法家ソロンは、兵役忌避者と戦列放棄者と臆病者をひとしく同罪とすべきだと考えました。臆病を裁く公訴もあるのです[1]。しかし生まれつきの性質を裁く公訴があることに、びっくりなさる方も諸君のうちにはおられるでしょう。でも、あるのです。なにゆえでしょう？　われわれ一人一人が法による懲罰を敵よりも恐れて、祖国のためによりよい戦士になるためです。一七六　ですから立法家は、兵役忌避者と臆病者と戦列放棄者とをアゴラの浄められた場所[2]から締め出して、冠を被ること[3]も国家的神事に参加することも禁じています。しかるに君［クテシポン］は、法律によって冠を被ることを許されない人間に冠を被せよとわれわれに命じるのか？　そして君の民会決議案によって、悲劇上演のときに足を踏み入れる資格のない男をオルケーストラーに、臆病ゆえに神殿を［敵の手に］引き渡した男を、ディオニュソスの聖域に招き入れるのか？

　本題から諸君を逸らさないように、こう警告しておきましょう、彼が自分は「民衆の友」だと言うときです。彼の言葉をではなく、生活を見てください。そしてどんな人間だと彼が言っているかではなく、どんな人間で彼があるかをよく見ていただきたい。

一七七　冠と報奨のことに触れましたので、アテナイ人諸君、忘れないうちに言っておきましょう。こんなふうに惜し気もなく報奨を乱発し、見境なく誰にでも冠を授けるのをやめないと、もらっても誰もありがたがらず、国運の立て直しはできなくなるでしょう。邪《よこしま》な連中を矯正することなどとうていかなわず、立派な市民をまったく意気阻喪させてしまうでしょう。私の言葉が真実であることを示すために、重要な証拠を諸君に示したいと思います。

一七八　誰かが諸君に尋ねるとしましょう、わがポリスはいまこの時期か父祖の時代か、どちらにより高い盛名を馳せていると思えるか、と。みなさんこぞって、父祖の時代と認めるでしょう。では当時男たちは、いまより優れていたでしょうか？　当時の男たちは優れた人たちでした、いまははるかに劣っています。では報奨や冠や布告や公会堂における招宴は、いまより当時の方がたくさんあったでしょうか？　当時のわが国で顕彰はごく稀にしか行なわれず、有徳と言われることだけで栄誉でした。しかしいまやこの行事は色褪せて、諸君は慣行だからというだけで授冠を行なっており、熟慮検討した上でのことではありません。一七九ではこのように見てきますと、いまの方が報奨の数は多いのに、国力は当時の方がまさっており、いまの男

（1）「臆病」の罪は、とくに盾を棄てて逃走することを指した。

（2）政治、経済の中心であったアゴラ（市民広場）は、宗教的にも重要な場所で、その「浄められた場所」は、文字どおりには *περιρραντήριον* すなわち浄めの聖水を撒いて、不浄の者、兵役忌避などによる市民権喪失者の立ち入りを禁止したアゴラの入り口を指す。

（3）冠を被るという行為は、公職者が任務遂行中オリーヴの葉などで編んだ冠を被って公共性、不可侵性を表わしたものから、個人が自分の意思で被るものまで様々な事例があったが、ここでは列挙された軍務上の罪によって市民権を剝奪された者が、祭礼時に宗教儀礼に必要な被冠を許されなかったことを指す。

たちが劣等で、当時の男たちの方が優れていたというのは奇妙ではありませんか？　そこで私がそのわけを説明してみましょう。アテナイ人諸君、オリンピック競技、あるいは何か他の冠で表彰する試合、パンクラティオン[1]とか他のもっと激しい体育競技で、いちばん強い者ではなく、裏取引きで勝利を得た者に冠が与えられるとすれば、人はこうした競技を目指して練習に励もうとすると思われますか？　誰もそうする気にならないでしょう。一八〇　ですからきっと稀少であるからこそ、そして厳しい競争と誉れと勝利がもたらす不朽の名声ゆえにこそ、人はおのれの肉体を賭け、この上なく苛酷な練習に耐え、危険を克服しようとするのでしょう。とすると諸君自身政治的徳性の審査官だと考えて、次のことを沈思熟考してみてください、もし諸君が報奨をわずかな優れた人たちに法に則って与えるなら、徳を競い合う人間を多数輩出するでしょうが、それを欲しがってうまく立ち回った人間に与えて喜ばせるなら、優秀な素質さえもだめにしてしまうだろう、ということです。

一八一　私がいかに正論を言っているか、もう少し明確に諸君にお話したいと思います。諸君がサラミスの海戦でペルシア人を降したとき将軍を務めたかのテミストクレス[2]と、今回戦列放棄したデモステネスと、どちらがより優れた男だと諸君は思われますか？　マラトンの戦いで異民族に勝利したミルティアデス[3]ですか、それともこの男ですか？　そしてなお、亡命した民衆をピュレから連れ戻した人たち[4]ですか？　そしてデモステネスとはおよそ異なる敬称で「正義の人」と呼ばれるアリスティデス[5]ですか？　一八二　いえ私は、オリュンポスの神々にかけて、このけだものとかのますらおたちを、同日に論じるべきではないと考えます。しかしかのますらおたちの誰かに冠を与えよという提議文言がどこかにあるかどうか、デモステネスに示させてください。では民衆は忘恩の徒だったのでしょうか？　そうではありません。民衆は心寛く、［かの人々は］ポリスの名に恥じぬ男たちでした。すなわち書かれた文字ではなく、恩恵にあずかった者の記憶のうちに栄誉はあるべきだと彼らは考えたのです。その記憶はその時から今日のこの日まで、不壊《ふえ》のものであり続けるのですから。ですがどのような報奨を彼らが受けたか、思い起こす価値はあります。

一八三　アテナイ人諸君、あの頃ペルシア人と戦ってストリュモン河であまたの艱難辛苦に耐えながら勝利

（1）パンクラティオンとは、レスリングとボクシングを合わせたような荒々しい格闘技。

（2）サラミスの海戦（前四八〇年）でギリシア連合軍はペルシアの大艦隊と対峙したが、機略縦横な戦術で勝利に導いたテミストクレスは殊勲者と称えられ、その名声は後世にも消えなかった。

（3）マラトンの戦い（前四九〇年）で寡兵ながら機敏的確な判断でペルシア軍を降した将軍ミルティアデスは、殊勲者、英雄と称えられ、その名声は後世にも消えなかった。

（4）前四〇四年ペロポンネソス戦争に敗北したアテナイの民主政は、スパルタの傀儡政権「三十人」に取って代わられた。暴政化した三十人独裁政権を逃がれて亡命生活を送っていたトラシュブロスは、市民有志を率いて翌年アッティカ国境上のピュレに戻り、ペイライエウス港を奪還して独裁政権を打倒し、国外に避難していた民衆を帰国させた。

（5）前四七八年アテナイ主導で対ペルシア防衛機構としてデロス同盟が結成されたが、アリステイデスは各加盟国の貢納金査定役を公正に務めたことで「正義の人」と呼ばれた。ほかにも「正義」に徹した人となりを伝える逸話が多い。

を得た人たちがいました。[1] 彼らは故国に帰ったとき報奨を要求し、民会は大きな名誉を彼らに与えました——当時誰もがそう思ったのでしたが、その名誉とは、石のヘルメス柱三基をヘルメス柱のストア[2]に建てる、ただし銘文が将軍たちではなく、民衆を記念していると了解されるように、自分たちの名は記さない、というものでした。一八四　私が真実を言っていることは、以下の詩文そのものからおわかりになるでしょう。[3] すなわち第一のヘルメス柱にはこう書かれています、

かの心毅きますらおたちは、かつてストリュモン河のほとり
エイオンにおいてペルシアの子らにまみえ、
灼熱の飢餓と凶暴な軍神アレスを従えて進み、
敵に先んじてその心を挫く術を見出した。

第二のヘルメス柱にはこうです、

指揮官たちにアテナイ人はこれを捧げた、
よきはたらきと大いなる武勇に報いて。
のちの世の者もこれを目にして
祖国のため、なおいっそうの労苦を厭わぬであろう。

一八五　第三のヘルメス柱にはこう書かれています、

かつてこの国からアトレウスの子らとともに
神の愛でるトロイアの野にメネステウス[4]が進軍した。

そのかみホメロスはその人を歌った、[5] 青銅の鎧に身を固めた
ダナオイ人の中にあって、この指揮官を凌ぐ戦《いくさ》巧者はなし、と。
さればアテナイ人は徒に「戦の長《おさ》」「雄々しき戦士」と
呼ばれることはない。

どこかに将軍の名があるでしょうか？　どこにもなく、民衆の名があるばかりです。

一八六　では想像を一歩進めてストア・ポイキレー[6]に進んでください。わが国のあらゆる貴い事業の記念碑は、アゴラにおいて奉献されるからです。さてアテナイ人諸君、私は何のことを言っているのでしょう？

（1）前四七六／七五年ミルティアデス（三〇三頁註（3）参照）の子キモン指揮下にデロス同盟の軍勢が、ペルシア兵のたてこもるストリュモン河畔エイオンの要塞を攻略、長期戦ののち陥落させた。一八四節の銘文中の「灼熱の飢餓」は、籠城したペルシア人を兵糧攻めにした、の意。ヘロドトス『歴史』第七巻一〇七参照。

（2）「ヘルメス柱のストア」はアゴラの北西の柱廊式建物で、ストア・ポイキレーに隣接してあったかと推測されているが、定かでない（Thompson and Wycherley, 1972, pp. 94, 101 参照）。ヘルメス柱とはヘルメス神の頭を載せた角柱。

（3）三つの碑銘はプルタルコス『キモン伝』七に収録されているが、テクストに多数の異動がある。三つの碑銘間の関係には疑義が呈されている。

（4）メネステウスは伝説上のアテナイ王テセウスの息子。第三碑銘では、古代のトロイア戦争の叙事詩が伝える武勲と同じ伝統に、エイオンの戦いを列ねる効果が生まれる。

（5）ホメロス『イリアス』第二歌五五二―五五四参照。

（6）ストア・ポイキレー（彩色柱廊の意）は、アゴラ北東部にある公共建造物。高名な画家ポリュグノトスによる史上有名な戦争や勝利の場面のフレスコ画が内部を飾っていた。巻末付録地図1参照。

そこにはマラトンの戦いが描かれています。では誰が将軍だったでしょうか？　そう聞かれてみなさんはいっせいに「ミルティアデス」と答えられるでしょう。でもその名はそこには記されていません。なぜでしょう？　そういう報奨を彼は求めなかったのでしょうか？　求めましたとも。でも民衆はそれを認めませんでした。そして名前の代わりに、先陣を切って兵士を鼓舞している姿を描かれることを許したのでした[1]。

一八七　そしてメートローオン[2]では、亡命していた民衆をピュレ[3]から連れ戻した人たちに諸君が与えた報奨が見られます。すなわち民会決議案を上程して通過させたコイレ区のアルキノス[4]は、民衆を連れ戻した人たちの一人でしたが、まず彼らに犠牲式と奉献品のための費用一〇〇〇ドラクマを支給することを提案しました（これは一人当り一〇ドラクマにもなりませんでした）。次に彼ら一人一人に金ではなくオリーヴの冠を与えよ、と指示しました。当時はオリーヴの冠でも名誉あるものでしたが、今日《きょう》びは黄金の冠すら鼻先であしらわれています。そしてこれでさえいい加減なやり方を彼は許さず、ラケダイモン人と三十人政権の者ら[5]がピュレの占拠者を攻撃してきたときに、ピュレで[6]包囲に耐えた者たちすべてを政務審議会がきっちり調べた上でのことであって、カイロネイアにおいて迫る敵前で戦列を棄てた者らみなで[7]はなかったのです。私が真実を語っていることを示すために、［書記が］民会決議を読み上げましょう。

ピュレからの帰還者への報奨に関する民会決議

一八八　ではこれに並べて、クテシポンが最大の悲惨事の張本人デモステネスのために提案した民会決議文[8]

を読んでください。

民会決議案

この民会決議文によって民衆を連れ戻した人たちへの報奨は抹殺されてしまいました。こちらがまともだというなら、あちらは恥ずべきものです。あの人たちが正当に名誉を受けたのであれば、この者は故《ゆえ》なくし

(1) ミルティアデスは前四八〇年代初めに死に、ストア・ポイキレーは前四六〇年代初めの建造物であるから、みずから「求めた」は時間的にありえない。息子キモンの要請であったことはありうる。しかし要請+拒否という語りの型がこの箇所のアイスキネスの叙述に見て取れるため、修辞的技法として述べられているにすぎない、という解釈がある。
(2) メートローオン(神々の母神の神殿の意)はアゴラ西部にある建造物で、当時は法律・民会決議文類を保管する公文書館として使われていた。公文書は公共奴隷が管理し、市民は随時閲覧できた。巻末付録地図1参照。
(3) 一八一節および三〇三頁註(4)参照。
(4) コイレ区のアルキノスは三十人政権の中の穏健派であったがのちに追放され、民主派とともに前四〇三年アテナイに戻った。『使節職務不履行について(第二弁論)』一七六参照。
(5) アテナイの民主政治は前四〇四—四〇三年の間いわゆる「三十人」による独裁政治に取って代わられたが、実質はスパルタの傀儡政権であり、スパルタの総督(ハルモステース)が置かれていた。
(6)「ピュレで」は重複としてテクストに疑義が呈されている。
(7) カイロネイアの戦い(前三三八年)でデモステネスが戦列放棄した、という再三の非難については、一四八節および二八五頁註(1)参照。
(8) 三三節で読まれた、デモステネスに授冠する旨の、クテシポンの提議による民会決議文。

て冠を受けることになります。

一八九　しかしながら私が父祖たちの功績を彼との比較に持ち出すのは不公平だ、そう彼は言うだろうと聞いています。(1)そしてボクサーのピラモン(2)がオリンピック競技で授冠されたのは、あの昔の有名なグラウコスを凌いだからではなく、同時代の選手を打負かしたからだと言うのだそうです。まるで諸君が無知で、ボクサーはボクサー同士競い合う、冠を要求する者は徳そのものを競い合う、なぜならそれが授冠の尺度なのだからと、そういうことを知らないのかと言わんばかりにです。でも触れ役は劇場で全ギリシア人を前に布告をするとき、偽りを言ってはならない。だからわれわれに向かって君がいかにパタイキオン(3)よりましな政務を行なったかを事細かに述べるのはやめて、人格高潔という目標をまず達成してから、そのあかつきに民衆からの感謝を要求したまえ。

一九〇　ですが本題から諸君を逸らさぬように、［亡命した］民衆をピュレから連れ戻した人たちのために書かれた献辞を書記に読んでもらいましょう。

献　辞

その徳を称えて、いにしえよりこの地に住むアテナイの民衆は、
彼らに冠を授けた。かつて理不尽な掟をふりかざした僭主たちを、
身の危険を顧みず、誰よりもさきに討伐した人たちであればこそ。

一九一　違法な統治者を成敗したので、それゆえに彼らは顕彰されたと作者は言っています。なぜなら当時なおすべての人の記憶に鮮明に残っていたからです、民主政が破壊されたのは、違法提案に対する告発制度

を誰かが撤廃したときだった、[4]ということが。そうなのです、九五歳まで生きてこの国のあらゆる苦難にともに挺身した私の父が、余暇に繰り返し聞かせてくれたものでしたが、[5]それによると、民主政が復活した当時は、違法提案への告発が法廷に持ち込まれると、言葉と行為は同じであったと[6]いうことです。大体が違法な発言や行動をする人間以上に、よからぬものがあるでしょうか？ 一九二 そして父の言うところによると、聴くときもいまのようではなく、陪審員たちは告発者よりも違法提案者の方にはるかに厳格で、書記を遮っ

(1) ここで予想されるデモステネスの議論は、じっさいに『冠について（第十八弁論）』三一四—三一九に見られる。語句の符合が著しいため、被告側反論について事前に得ていた情報が極めて正確であったか、訴訟後アイスキネスが加筆したと推測されている。

(2) ピラモンの優勝は前三六〇年。グラウコスは前六世紀のエウボイア島カリュストス出身の有名なボクサー。オリンピック競技における二度の優勝ほか、多くの競技優勝歴が知られていた。パウサニアス『ギリシア案内記』第六巻一〇によれば、オリュンピアに彫像が建てられていた。

(3) この比較が可能ないかなる言動をパタイキオンがしたかは、不明である。説明なしに聴衆が了解する類いの周知の事実であったのであろう。

(4) 前四一一年の四百人寡頭政権による政変で違法提案に対する告発（グラペー・パラノモーン）の制度は撤廃された（トゥキュディデス『歴史』第八巻六七―二、アリストテレス『アテナイ人の国制』第二十九章四参照）。

(5) 父アトロメトスは「使節職務不履行」裁判に出席したとき九四歳、その後まもなく歿した。『使節職務不履行について（第二弁論）』七八および一四七参照。

(6) 有罪、刑罰が宣告（＝言葉）されるや、ただちに刑が執行（＝行為）された、あるいは「違法」と名ざされるだけで「有罪」を意味した、などの解釈のほか、「違法提案の告発・公訴」がいまのように名ばかりの制度ではなかった、という解釈もある。

て再度法律や民会決議を読ませることがしばしばあり、法律文全部を踏みにじっているわけではなく、たった一音節違っているというだけで違法提案者は有罪にされました。ところがいまの状況下では、まったくばかばかしいかぎりです。書記が違法な決議案を読みますが、陪審員は呪文か何か他人事でも聞くかのように、あらぬ方に気を取られているのです。

一九三　そしてデモステネスの手管に乗せられて、諸君は法廷に恥ずべき習慣を受け入れてしまいました。つまり諸君はわが国の司法の正道をひっくり返してしまったのです。なぜなら告発者が弁明演説をするかと思えば、訴えられた者が裁判の告発演説をやり、他方陪審員は自分たちが何を審理しているのかをしょっちゅう忘れて、仕方なく審判対象でないものに票を投じる始末です。そして被告の言い分がたまたま目下の論題にかかわっているとすれば、自分の提案は合法だという主張ではなく、以前にも誰かがこういう提案をして無罪になったではないか、というものなのです。いまもそういうことでクテシポンは自信満々なのだそうです。一九四　かのアゼニア区のアリストポン[1]は、七五回違法提案告発を受けたがすべて無罪になったと言って、諸君の面前で厚顔にも自慢してみせました。ですがあの民主政治家の鑑と言われた往年のケパロス[2]はそんなふうではなく、その反対のことを誇りにしました。自分は誰よりも多く民会決議案を上程したが、違法提案で訴えられたことは一度もない、と言っていましたが、そういう自慢こそ立派です。なぜなら当時違法提案に対する告発は政敵間だけでなく、国家を誤らせるようなことをすれば、友人が友人に対してでさえ行なわれていたからです。一九五　これは次のことからもおわかりでしょう。コイレ区のアルキノス[3]は、ステイリア区のトラシュブロス[4]を違法提案を事由に告発しました、自分と一緒にピュレから帰還した一人であったにもかかわらず。そして彼［トラシュブロス］の功績はまだ記憶にも新しかったのに有罪と断じ、陪審員もその功績を斟酌しませんでした。彼らの考えはこうでした、以前亡命者をトラシュブロスは連れ戻したように、そのようにいま何か違法提案をすることによって彼は国内にいるその人たちを追放している、と。一九六 でもいまは違います。すべてあべこべになっています。つまり諸君のお偉い将軍たちやプリュタネイ

（1）アゼニア区のアリストポンについては、一三九節および二七九頁註（8）参照。かつてアリストポンの事務要員を務めた経歴が、アイスキネスののちの政治活動に有用であったことは否定できないが、前三四六年の「ピロクラテスの講和」にアリストポンが強く反対したこと（デモステネス『使節職務不履行について（第十九弁論）』二九一、同『冠について（第十八弁論）』一六二、テオポンポス「断片」（*F. Gr. H.* 115 F166）、擬プルタルコス『十人の弁論家の生涯』八四二Eなどから、アイスキネスとは次第に疎遠になったという推測がある。

（2）コリュトス区のケパロスは前四〇〇年アンドキデスの支持者（アンドキデス『秘儀について』一五〇参照）として登場するのを初めとして、前三七〇年代初期にはスパルタに対抗するテバイとの友好を唱えた（デイナルコス『デモステネス弾劾（第一弁論）』三九参照）。ケパロスに対する敬意はアイスキネスのみならず、デモステネス（『冠について（第十八弁論）』二一九参照）、デイナルコス（『デモステネス弾劾（第一弁論）』七六参照）によっても表わされている。

（3）コイレ区のアルキノスについては一八七節および三〇七頁註（4）、『使節職務不履行について（第二弁論）』一七六および一九七頁註（1）参照。

（4）ステイリア区のトラシュブロスについては一八一節および三〇三頁註（4）、『使節職務不履行について（第二弁論）』一七六および一九七頁註（1）参照。トラシュブロスとアルキノスが僚友であったのは三十人政権に抗したときで、民主政再建に功績あった非市民（奴隷を含む）に市民権を与えようとしたトラシュブロスを、アルキノスは訴追した（アリストテレス『アテナイ人の国制』第四十章二参照）。

オン［公会堂］で饗応を受けた人たちが、違法提案の［被告の無罪］放免を要求しているからですが、(1)そういう人たちを諸君は当然忘恩の徒と見なすべきでしょう。というのは神々と法によって守られた政体、すなわち民主政において栄誉を受けた人が、憚りもなく違法提案者の肩を持つのであれば、それは自分が栄誉を受けたその元の政体を転覆させることになりますから。

一九七　では公正な弁護人によればどんな議論がなされるか、それを私が申しましょう。違法提案に対する公訴が法廷に持ち込まれると、一日が三つの部分に分けられます。そこで原告と法律と民主政のために、［水瓶に］第一の水が注がれます。(2)第二の水は訴追された被告と当該の問題について弁護する人のために注がれます。そして違法な提案が一回目の投票によって無効とされれば、(3)そこで第三の水が量刑と諸君の怒りの大きさを測る(4)ために注がれます。一九八　したがって量刑で票を乞う人は誰であれ、(5)諸君の怒りを鎮めようとしているのに対し、一回目の弁論で票を要求する人はすべて、誓いを要求しているのであり、法律を要求しているのであり、民主政治を要求しているのであります。(6)とはいえそれはつまり何人《なんぴと》にも要求する権利がなく、要求されても他に与えることができないものであります。ですから法に則って一回目の票を投じる諸君を妨害するな、そしてその後で量刑について訴えよ、とその者らに命じてください。一九九　要するに、アテナイ人諸君、違法提案告発だけを規制する法律を制定すべきだと私は言いたいところです。すなわち違法提案に対する公訴の原告も被告も、弁護人を立ててはならないという法律です。というのは合法か否かは不確定なものではなく、諸君の法律によってきちんと決められているからです。ちょうど大工仕事でまっすぐなものとそうでないものを見分けたいとき、われわれは判定用の定規を当ててみるように、二〇〇　同様に違法提案に対する公訴の場合でも、この掲示板すなわち［提案された］民会決議文とその横に法律とを並べて記したこの掲示板が、正義を判定する定規としてあります。両方が一致整合していることを示してから、降壇したまえ、［クテシポンよ］。なぜデモステネスを弁護に立たせなければならないのか？　正しい弁明を跳び越えて能弁家の悪党を呼び入れるのであれば、君は［陪審員の］耳をたぶらかし、祖国に害をなし、民主政を転覆させる人間だ。

二〇一　ではどうすればこんな演説から身を躱《かわ》せるか、私が言いましょう。ここにクテシポンが登壇して、

（1）こういうお偉方がやってきて、増上慢に自分の友人親戚などを無罪放免にするよう法廷を威圧する、の意。

（2）水時計として用いられる水瓶に水が注入され、底に開けた穴から流出する水の量で、原告被告それぞれに割り当てられた弁論時間が測られた。『使節職務不履行について（第二弁論）』一一六および一六七頁註（2）、アリストテレス『アテナイ人の国制』第六十七章参照。ここに述べられる一日の配分は公訴に適用された。私訴は一日に数件が処理された。

（3）陪審員が違法提案を秘密投票（二三三節および三二九頁註（4）参照）によって有罪と判定すれば、次に係争者双方がそれぞれ刑の種類と程度について提案し、最後に陪審員が秘密投票によって刑を決定した。

（4）法が踏みにじられたことに対する公憤の大きさが、罰の軽重を決める、の意。

（5）被告無罪の投票をせよと陪審員に圧力をかける有力者（一九六節）に再び触れている。

（6）（陪審員の）誓いと法律と民主政と原告をひとくくりにすることによって、原告に正義があるかのように印象づけるアイスキネスの巧みな弁論戦術。

（7）裁判前に公示用に出され、裁判当日法廷内に掲げられた掲示板。違法として訴追対象にされた民会決議と、それが抵触していると申し立てられている法律とが並べて示された。

［デモステネスに］書いてもらった序論を字句どおり諸君の前でなぞって、[1]それで時間を使ってしまって何の弁明もしなければ、諸君は慌てず騒がず掲示板を取り上げて、民会決議文と法律を並べて読むよう言ってやってください。聞こえぬふりをするなら、諸君も彼に耳を貸さないでください。諸君は正当な弁明を逃がれようとする人間に耳を貸すためではなく、正しい弁明をしたいという人に傾聴するために来ているのですから。二〇二　もしクテシポンが正しい弁明を跳び越えてデモステネスを呼び入れるなら、言葉のあやで法律を撤廃させようともくろむ詭弁術教師など受け付けてはなりませんし、「デモステネスを呼びましょうか？」とクテシポンに尋ねられて、[2]真っ先に「呼べ、呼べ！」と叫ぶのも、けっして褒められたことではないと心得ていただきたい。それは諸君自身への敵対表明であり、法律への敵対表明であり、民主政への敵対表明であります。ですがもしそれでも聞いてやろうと思われるのであれば、私が告訴したのと同じ方法で弁護するようデモステネスに要求してください。[3]私はどんな方法で告訴したでしょうか？　思い出させてさしあげましょう。

二〇三　さきに私はデモステネスの私生活も詳しくは語らず、公民として犯した犯罪もどれ一つはじめに挙げませんでした、もっとも材料はふんだんに持っているのであって、そうでなければ私は世の中で最も無力な男であったでしょう。しかしながらまず第一に私は、執務審査未了の者に授冠することを禁ずる諸法を示し、次にこの演説者［クテシポン］が執務審査未了のデモステネスに対する授冠を提案したということ、それも何ら条件文をつけず、「執務審査を完了したならば」という断り書きも入れず、諸君と諸君の法律を完全に無視したことを論難して彼らがしそうな言い訳を語り述べましたが、どうかそれをずっと記憶にとどめておいてください。二〇四　第二に私は、公式布告に関する諸法、すなわち民会によって授冠される者はそれを民会以外で公式布告されてはならない、と明確に規定している諸法について詳細に語りました。ところがこの公訴の被告であるこの演説者［クテシポン］は、法律を侵したばかりか発表の時期と場所にも違反したのです。民会場ではなく劇場で、そしてアテナイ人が民会に集まっているとき[4]ではなく、悲劇が上演されようとしているときに発表されるようにと指定したのですから。こういったことを述べた後で彼の私生活についても少しは言いましたが、大方は公民として犯した犯罪についてでした。二〇五　ですから諸君はデモステネスにもこのように弁明するように要求してください、第一に執務審査に関する法律に対して、第二に公式布告に関する法律に対して、そして第三の最も重要なことは、彼が報奨に値しないということです。ですが

（1）クテシポンは形式上の被告であり、形式上弁護人であるデモステネスこそ本当の被告である、の意。

（2）弁護人の登壇に陪審員の許可を求める事例は、ヒュペレイデス『リュコプロン擁護（第一弁論）』二〇にも認められるが、ここの一句とともに、単に形式的な問いかけであったとしても、陪審員の心証をよくしたことは確かである（『使節職無不履行について（第二弁論）』一八四参照）。

（3）原告が告訴したのと同じ方法で弁護せよ、と要求してほしいと聴衆に言う原告アイスキネスに対して、デモステネスは演説冒頭（『冠について（第十八弁論）』二）で、被告弁護人の望む通りの順序、議論展開で演説を進める権利を主張する。

（4）通常民会はプニュクスの丘で開催されたが、ディオニュシア祭（エラペボリオン月＝三月下旬）終了後の民会はディオニュソス劇場で行なわれた（『使節職無不履行について（第二弁論）』六一、デモステネス『メイディアス弾劾——殴打について（第二十一弁論）』八参照）。

彼が議論の順番について自分の流儀でさせてくれと要求して、弁明の最後には違法の容疑を晴らしてみせると大見得を切って約束するなら、そんなことは許さず、これこそ陪審員団をたぶらかす寝技師の手だと認識してください。というのは彼は違法性の弁明を後でするつもりはみじんもなく、正しいことが何も言えないものですから、ほかの無関係なことをまぎれこませて諸君に告発事項を忘れさせようとするからです。二〇六 ですからちょうど体育競技でボクサーが互いに有利な構えを取ろうと競い合うように、諸君も一日を通して祖国のために彼と議論展開の構えを争ってください。そして彼が違法性の論題の外に出るのを許さず、そこに座って聞きながら待ち伏せて違法性論議に彼を追い戻し、議論を逸らさないよう見張っていてください。

二〇七 でももしいま言ったような仕方で諸君が耳を貸すなら、どんなことが起こるか、それを警告しておくのは私の務めだと思います。被告は妖術使い(1)の巾着切り、国政をずたずたに切り裂いた男を［弁護人として法廷に］連れてくるでしょうから。その男［デモステネス］は人が笑うよりもすばやく泣き、いとも簡単に偽誓します。ですから彼が策を変えて仕切りの外の傍聴者を侮辱して、事実そのものによって明らかになった寡頭主義者は原告側の演壇近くに、民衆の友はすべて被告側の演壇近くに(2)集まると言っても、私は驚きはしません。二〇八 もし彼がそんなことを言うなら、そういう内紛を煽るような発言には次のように答えてください(3)、「デモステネスよ、亡命していた民衆をピュレから連れ戻した人たちが君と同じだったら、かりにも民主政は復活されえなかっただろう。けれどもじっさいは、激しい動乱をくぐり抜けて、「遺恨を棄てよ(4)」という世にも気高く奥ゆかしい合言葉で彼らは国を救った。それにひきかえ君は古傷を裂き暴いて、国家の安寧よりも目の前のご託並べの方に夢中になっているではないか」。

しかしこの偽誓男が誓いに寄せられる信頼を避難所にして逃げを打つなら、しょっちゅう偽誓しながら、誓約を立てたのだから信用せよと要求する輩には、縋れるものは二つに一つしかない、つまり新奇な神々か、さもなければ前とは違う聞き手かだが、そのどちらもデモステネスは持っていないということを、どうか諸君は思い出させてやっていただきたい。二〇九　でも涙とあの甲高い声でこう聞いてくるなら、すなわち「アテナイ人諸君、私はどこに逃げたらいいのでしょう？　諸君は私を政治から締め出しました、(5) 私は飛んで逃げていくところもありません」、この男にこう言い返してください、「アテナイの民衆はどこに逃げたらいいのだ、デモステネスよ？　どんな同盟が助けになるのだ？　どんな資金に頼れるのだ？　どんな橋頭堡を民衆のために君の政治は築いたというのだ？　なにしろわれわれは一人残らず、君がわが身可愛いさに立てた

(1) 妖術、魔法になぞらえての非難は一三七節および二七八頁註（2）参照。
(2) 法廷には原告被告用に二つの演壇があったが、それぞれの側に弁護人友人支持者が座った。
(3) デモステネスが政界を二分して、その構図で民会を誘導しようとする態度を難じている。
(4) 「遺恨を棄てよ」あるいは「恨みを根に持つな（μὴ μνησικακεῖν）」は、前四〇三年の民主政復活の際の大赦の標語。『ティマルコス弾劾（第一弁論）』三九および二五頁註（3）参照。
(5) 写本 Bf の「私を政治から閉め出してみよ（περιγράψατέ μου）、そうすれば私に逃げ場はなくなるだろう」を採る方が議論の自然な展開であるとする解釈がある。アイスキネスは揶揄気味に、デモステネスの声色《こわいろ》を真似たと思われる。

方策を、この目で見ているからだ。君はアテナイ市街地を棄てて、ペイライエウスを居住地(1)に見せかけながら故国脱出の出航地にしているし、軟弱極まる遁走の資金には、ペルシア王からもらった金と国政で取った賄《まいない》を貯め込んでいる」。二〇　だがいったいこの涙は何なのか？　この叫声は何なのか？　この甲高い声は何なのか？　この公訴の被告はクテシポンで、裁判は量刑未定裁判(2)ではないのか？　君が裁判で争っているのは財産のためでもなければ、生き死にのためでもなく、市民権のためでもない。では何のために彼はこんなに躍起になっているのでしょう？　黄金の冠のため、そして法を侵して劇場で公式布告してもらうためなのです。二一　しかしたとえ民会が発狂したり現在の状況を忘却したりして、こんな見当違いなときに彼に授冠しようとしたのであっても、彼としては民会の場に出てこう言うべきでした、「アテナイ人諸君、冠はお受けします。ですが公式布告のなされるべき機会は承服できません。というのも祖国が服喪のしるしに髪を剃っているときに(3)、私が冠を受けるべきではないからです」。思うに真に徳ある生涯を生きてきた男なら、こういうふうに言うでしょう。しかし君が言うせりふは、徳を装った人間の屑のものでしかないだろう。二二　というのもこのことだけは、ヘラクレスにかけて、諸君のうち誰ひとりとして心配する方はおられないでしょう、志操高邁にして卓絶した戦士なるデモステネスが、武勇の勲章をもらいそこねて帰宅するや否や自殺してしまうのではないかと(4)。諸君のもとで謳われる名声など笑い飛ばして、いま被告［クテシポン］があらゆる法を犯して冠を乗せようと提案した、この穢らわしい執務審査未了の頭を、彼は一万回斬り付けて、有意傷害の公訴を起こして金を巻き上げましたし(5)、またしたたか殴られて、メイディアスの拳骨の痕(6)がいまもたぶんくっきり残っていると思います。この男が持っているのは、頭ではなく収入源だからです。

二二三　さて提案者のクテシポンについては、手短かに言いましょう。（多くを端折りますが）諸君が誰かに前もって教えてもらわなくても、とてつもない悪者を見分けられるか否かを試すためです。ただ二人［クテシポンとデモステネス］に共通なことで、諸君にお知らせしておかねばならないこと、それを私は申しましょう。二人はアゴラを行き来しながら互いに相手について正しい評価を下し、互いに相手について嘘でないことを言っています。二二四　クテシポンは、自分自身に関するかぎり心配することは何もない、なぜなら自分はただの市井の人と見なされるだろうが、デモステネスの政治における賄賂取りと無節操と臆病が心配だと言っています。デモステネスの方は、自分のことだけを考えていれば意気軒昂でいられるけれど、クテ

（1）デモステネスがペイライエウスに家を持っていたことは、デイナルコス『デモステネス弾劾（第一弁論）』六九、ヒュペレイデス『デモステネス弾劾（第五弁論）』一七参照。

（2）公訴、私訴の別を問わず、有罪の判決が出た被告に対する刑は、法律によってあらかじめ決まっている量刑既定裁判（アゴーン・アティーメートス）と、判決後に決定する量刑未定裁判（アゴーン・ティーメートス）との二種に分かれていた。

（3）カイロネイアの戦死者への服喪およびその後を指す。リュシアス『コリントス戦争の援軍として斃れた戦士への葬礼弁論（第二弁論）』六〇参照。

（4）伝説のトロイア戦争のギリシア側の英雄アイアスになぞらえた揶揄。戦死したギリシア第一の勇将アキレウスの武具を手にするという名誉をオデュッセウスと争って敗れたアイアスは、狂気に陥りギリシアの諸将の殺戮に走ろうとしたが、女神アテナに妨げられ、狂気から醒めたとき自刃した。

（5）知られるかぎり「一万回斬り付け」たに該当するものは、『使節職務不履行について（第二弁論）』九三で言及される事件のみである。

（6）メイディアスの拳骨の痕については五二節および二三一頁註（6）、デモステネス『メイディアス弾劾——殴打について（第二十一弁論）』参照。

シポンの悪辣さとヒモ根性が頭痛の種だと言っています。ですから互いをこんなふうに断罪しあう彼らを、双方の罪状の公平な審判者である諸君は、ゆめゆめ無罪放免にしてはなりません。

二二五　私に対する中傷についても、前もって手短かに言っておきましょう。すなわちデモステネスは、わがポリスは自分のおかげで大いに国益を増進したが、私のために危難に陥ったとして、ピリッポスとアレクサンドロスと彼らにかかわる非難をもっぱら私に浴びせると聞いています。なにしろ彼は恐るべき弁舌の業《わざ》師《し》と見受けられるので、何であれ私が諸君のもとで行なった政務、あるいは演説を告発するだけでは満足せず、二二六　私の生活の穏やかな落ち着きすらも悪罵して、私の沈黙を告発し、誣告常習犯のお決まりの手を片っ端から使うでしょう[1]。そして体育教練場での若者との私のつきあい[2]にケチをつけるでしょうし、弁明演説冒頭ではこの裁判を非難し、私［アイスキネス］がこの公訴を起こしたのは祖国のためではなく、デモステネスを憎んでいるアレクサンドロスに見せるためだと言うでしょう[3]。二二七　そして聞くところによると、ゼウスにかけて、私にこう質問する予定だそうです、すなわちなぜ私［アイスキネス］は彼の政治全体をこきおろすのか、彼の政策の細かい点については、これを一つずつ阻止したり提訴したりしなかったくせに、しかもこのところ大して政治活動もせずにおいて、いまなぜこの公訴を起こしたのか[4]、と。しかしながら私は、いまだかつてデモステネスの生き方を羨ましく思ったことはなく、自分自身のそれを恥じたこともなく、諸君の前に出て行なった演説を後悔したこともなく、かりにこの男と同じ演説をしたとすれば、生きることすら拒んだでありましょう。二二八　私の沈黙は、デモステネスよ、節度ある生活のたまものだ。わずかな金で私は満足し、もっともっとみっともなく欲しがるような真似はしないから、沈黙も発言も熟慮の上のことで、生まれつきの浪費癖のためにどうしようもなく、ということはない。だが君は［金を］受け取った後はおとなしく黙り、使い果たすと喚き散らすようだ。そして言うべき時も内容も自分で決めず、金蔓《かねづる》からの命令次第で発言している。そして平然と大法螺を吹いては、たちまち嘘を暴かれる。二二九 すなわちこの公訴、祖国のためではなく、アレクサンドロスに見せるために私が起こしたと君の言うこの民会決議案告発の公訴は、まだピリッポスが存命中でアレクサンドロスが支配権を握る前に起こされたもので、まだ君がパウサニアスの夢[5]も見なかったとき、夜中にアテナやヘラと会話する前のことだ[6]。ではどうして私は事前にアレクサンドロスに見せることなどできただろうか、ただし私とデモステネスが同じ夢を見ていたのでなければの話だが。

(1) じっさいにデモステネスはアイスキネスの「沈黙」を攻撃し（『冠について』（第十八弁論）一九八、三〇八）、積極的発言による貢献をしない、惨事が起こるまで黙っていて事件後に出て来て人の批判ばかりする、と非難する。

(2) 体育練習場をうろついて若者を誘惑する、と、詭弁術を教えて若者を堕落させる、の両方の意味と解釈できるが、デモステネス現存作品中にこれに該当する発言はない。

(3) デモステネス『冠について』（第十八弁論）にこれに明確に該当する発言はない。アイスキネスの単なる憶測か、誹謗か、あるいはデモステネスが演説後流布させた弁論文書から該当箇所を削除したかなどが考えられる。

(4) アイスキネスは『使節職務不履行について』（第二弁論）一二三においてこの論法でデモステネスを難詰した。原告側被告側の立場が入れ替わった今回、デモステネスは鋭くこの主旨の詰問を繰り返している（『冠について』（第十八弁論）一三、二二、一一七、一二四、一九一、二四二参照）。

(5) 暗殺者パウサニアスの手にかかったピリッポスの死についての夢、の意。七七、一六〇節参照。

(6)「夜中にアテナやヘラと会話する」については七七節参照。

二三〇　そして君は私が継続的にではなく、間を置いて民会［演説のため］に姿を現わすと言って非難するが、そんなふうに君が要求するのは民主政ではなく、ほかの政体からの借り物だということを、われわれに気付かれていないつもりでいる。つまり寡頭政では有志の者ではなく権力者が演説をしますが、民主政では有志の者が、それも自分で良しと判断したときに演説します。そして間を置いて演説するのは、必要な時に政務に携わって国益を増進する人物のしるしですが、一日も演説せずには済まさないのは、それを商売にしている雇われ者のしるしです。二三一　これまで私の手で審判にかけられたことがないとか、不正を罰されたためしがないとか、そういう議論で逃げようとするなら、君は聞き手が健忘症にかかっていると思い込んでいるか、さもなくば君自身を欺いていることになる。アンピッサ人に関する君の不敬行為[1]と、私が暴露したエウボイアがらみの収賄[2]を、きっと君はもう時間が経ったから民衆は忘れたと多寡をくっているだろう。二三二　だが三段櫂船と三段櫂船船長たちの略奪は、たとえ時間が経っても隠せるものではなかろう。なにしろ「三百人」[3]について法律を改正して、アテナイ市民を言いくるめて自分を海軍の長に任命させたとき、六五隻の快速船から船長名を抹消したのを私に暴かれたのだったが、その数はといえば、かつてアテナイがナクソス沖の海戦を制して、ラケダイモン人とポリスを打負かしたとき[4]の海軍規模より大きかったのに、それを君は国から消滅させたではないか？　二三三　そして自分が受けるべき罰を人を誹謗することで遮断した結果、不正を犯した君に降り掛かるはずの危険は君を告訴しようとした者に向かったが、誹謗中傷にアレクサンドロスやピリッポスの名を何度も持ち出しては、わが国のせっかくの好機にさる者たちが足枷をはめたと言って責めたのだった、（目の前の好機をみすみす取り逃がし、いつ来るかわからぬ好機ばかり安請け合いする君だのに）。とうとう私に弾劾されそうになって、オリュンピアスのために買い物をしていたオレオスのアナクシノスの逮捕(5)を画策したのではなかったか？　二三四　そして同じ男をその手で二度拷問にかけ(6)、死

(1) アンピッサ人からデモステネスが収賄した、というアイスキネスの申し立てを指す。一一四および一二五節参照。

(2) エウボイアからデモステネスが収賄した、という（アイスキネスの）申し立てを指す。八五―一〇五節および二五七頁註（1）、二六二頁註（3）など参照。

(3) 海軍財政運営について、前三四〇年デモステネスにより提案、改正された新法で、最富裕市民三〇〇人が、各自の財産額に応じた比率で三段櫂船奉仕を負担することを義務づけられた。負担者の人数は大幅に減ったが、船数は減らず、課税体系はより公平になった。デモステネスは『冠について（第十八弁論）』一〇二―一〇九で詳細に論じている。法改正の際デモステネスが三タラントンを収賄したという告発が、デイナルコス（『デモステネス弾劾（第一弁論）』）四二に見られるが、デモステネスは同一〇三―一〇四節において潔白を強調し、同種の収賄の嫌疑をアイスキネスに向けて（同三一二節）いる。底本の校訂では「三段櫂船三〇〇隻」になるが *τριακοσίων* をもって最富裕市民三〇〇人を指す用法が一般的であることに照らし合わせて、その語に続く *νεῶν*（船＝複数属格）を削除する写本に従い、三段櫂船奉仕者「三百人」と取る解に従う。

(4) 前三七六年アテナイの将軍カブリアスは、八三隻の三段櫂船を率いて、アテナイ商船の黒海からの穀物運搬を六五隻の船をもって阻止しようとしたラケダイモン人将軍ポリスを、ナクソス沖の海戦で破った。船数については誤謬が認められる。

(5) ピリッポスの妻オリュンピアス（アレクサンドロスの母）のために買い物をしたオレオスのアナクシノスは、デモステネスによればマケドニアのスパイであった。買い物は偽装であり、アイスキネスはひそかにアナクシノスと会っていた、とデモステネスは主張する（『冠について（第十八弁論）』一三七参照）。

(6)「拷問にかける（*στρεβλόειν*）」はこの場合、車輪や台の上で手足を引き伸ばして苦痛を与える方法（アンドキデス『ヘロデス殺害（第五弁論）』三二参照）。

刑を求刑する動議を君は出した。オレオスでその男のもとに逗留し、同じ食卓から飲食し、灌奠《かんてん》をともにして右手を握り合い、友情と主客の契り(1)を結んでおいて、その男を君は殺した。そしてこれらのことをアテナイ市民全員の前で私によって暴露され客人殺しと呼ばれたとき、その瀆神行為を否定しなかった君に、返答を聞いた民会出席者と周りで傍聴していた外国人はこぞって怒声を浴びせた。客人の食卓よりも自国の塩を重んじると君が答えたからだ(2)。二三五　また私が誰かと一緒にクーデターを企んでいるという無実の罪のでっちあげで君が書いた偽造書簡だの、スパイの逮捕だの、拷問だのについては、黙っておこう(3)。

それからまた、聞くところによると、私にこう尋ねるそうです、病人が弱っている最中には何の助言もしないで、死んでから葬式にやってきて、遺族に向かってこういう療法を施せば快癒しただろうと講釈する医者とはどんな医者か、と(4)。二三六　だが君は、こんな政治屋とはどんな男か、と自分に尋ねることもしない。すなわち民衆におもねる能力はありながら、国を救えたチャンスを売り飛ばし、見識ある人の勧告を中傷で妨害し、危険から脱走して取り返しのつかない惨事に国を巻き込みながら、(善いことは何もせずにあらゆる不幸の大元でありながら)功績ゆえと授冠を要求する男だ。国を救うことがまだ可能だったあの危機的状況の中で、「自分が」誣告にかけて国政から締め出した人たちに、なぜ自分の過ちを正してくれなかったのか、と訊くような男だ。二三七　そして何よりも最後に、戦争が起こって君への懲罰を執行する暇もないままに、国の生き残りを賭けてわれわれが折衝に奔走した(5)という事実を、闇に葬り去る男だ。だが君が懲罰を免れただけでは満足せず、報奨を要求して祖国を全ギリシアの笑い者にしたとき、まさにそのとき私は阻止して、提訴したのだ。

二三八　さらにオリュンポスの神々の名にかけて、デモステネスが言うと聞いていることのうち、ここで以下に述べることに私はこの上なく憤りを覚えます。すなわち彼は私の天与の資質をセイレン(6)になぞらえるそうです。そしてセイレンに聴き入る者は魅了されるのではなく滅ぼされるのであり、それゆえセイレンの歌は悪く言われるのだそうです。同様に私の演説の経験も持って生まれた才能も、聴衆に危害を与えたと言い

---

(1)「主客の契り（クセニアー ξενία）」は「客人待遇」「賓客待遇」などとも訳される語。ポリスを異にする上層男性市民同士が、友愛、相互扶助を目的に、「主」となり「客（クセノス ξένος）」となることを誓い合った関係。六六節および二三九頁註（8）参照。

(2)おそらく前三四〇年直前の出来事を意味すると思われるが、『使節職務不履行について（第二弁論）』二二および一一三頁註（7）をも参照。

(3)デモステネスはこれに当たる発言をしていないが、『冠について（第十八弁論）』一三二―一三五において、アンティポンなる別の「スパイ」の名を挙げてアイスキネスとの関連に言及し、売国の罪を鳴らしている。

(4)デモステネス『冠について（第十八弁論）』二四三のこの主旨の発言との符合が著しいため、アイスキネスが演説後に刊行した版において改訂したと見る研究者が多い。あるいは公刊されなかった弁論で使われた比喩という推測もある。

(5)アイスキネスはカイロネイアの敗戦後ピリッポスとの捕虜解放交渉にポキオン、デマデスとともに使節を務めた。ピリッポスは彼らを友として迎えて饗応し、戦死者遺灰の返還に息子アレクサンドロスと側近アンティパトロスを付き添わせて礼を尽くした。その結果「デマデスの講和」として知られるアテナイ－マケドニア間の和平ならびに同盟の協定が結ばれた。しかしピリッポスの組織したコリントス同盟への加入を勧告したデマデスは、アテナイの自由の歴史に終止符を打った人として記憶された。

(6)デモステネス『冠について（第十八弁論）』二八〇、二八五、三一三にアイスキネスの美声への言及はあるが、セイレン（美声で船乗りを虜にした海の怪物）になぞらえたり、この主旨で発言する箇所はない。演説後公刊する際にデモステネスが削除した可能性はある。

ます。しかしながら私の弁舌についてこのように言うことは、誰の口からであっても、かりにも妥当とは認められないと私は思います。じっさいの根拠を示せないで誹謗するのは恥ずべきことです。二二九　とはいえどうしてもこういうふうに言われなければならなかったとすれば、それはデモステネスではなく、国家に大きく貢献しながら、弁舌の才に恵まれず、それゆえ係争相手の素質を羨むほかはない将軍が言うべきでした。なぜなら将軍は自分の功績の一つすら語る能力がないことを自覚しており、他方で告発者が聴衆の眼前に自分がやってもいないことをまるでなし遂げたかのように彷彿と描き出せるのを見ているからです。ですが言葉だけ、しかもとげとげしい手の込んだ言葉だけでできている人間が、素朴だの実行だのを避難所に逃げこむのであれば、誰が「そんな人を」我慢できるでしょうか？　その者の舌を葦笛[1]からリードでもはずすように抜いてしまったら、何も残らないのです。

二三〇　私は諸君に驚きを禁じえず、いったい何ゆえにこの公訴を被告無罪放免で終わらせるのかを聞きたい[2]。この民会決議案が合法だというのでしょうか？　いえ、これ以上に違法な提議があったためしはありません。ではこの決議案上程者が罰を受けるに当たらないからでしょうか？　とんでもない、被告を無罪放免にするなら、諸君のもとでは市民の生活態度を執務審査で問えないことになります。それになんともいまいましいではありませんか、以前はその日が外国からの授冠のために取っておかれたため、他のギリシア諸国から民会に贈られる黄金の冠がオルケーストラー一杯に溢れていたものですが[3]、いまやデモステネスの政治のおかげで、諸君の方は冠も布告もないままに、彼の名が呼び上げられようとするとは？　二三一　そしてその後作品を上演する悲劇作家の誰かが、テルシテス[4]にギリシア人が冠を授与するところを悲劇に描いたとすれば、諸君の誰もが耐えがたい思いをするでしょう、なにしろ彼のことをホメロスは軟弱者の誣告常習犯と呼んでいるのですから。(5) とすればそんな男に授冠すれば、諸君はギリシア人の間で痛罵される(6)とは思いませんか？ 諸君の父祖たちは名誉ある輝かしい業績を民衆に帰し、つまらない、劣等な行為を悪質な政治家のものとしました。ところがクテシポンは諸君が汚名をデモステネスから拭い去って、民衆に被せるべきだと考えています。〔二三二〕 そして諸君は幸運に恵まれていると言いながら――じっさい幸運ではありますが――民会決議でこう公言しようというのですか、幸運には見放されたが、デモステネスにはいい目を見させてもらいました、と？ そして何よりも不可解千万なことには、収賄裁判で有罪判決を受けた者を諸君が市民権剥奪処分に付すその同じ法廷で、賄賂取りの政治家だと周知のその者に、諸君は冠を授けようというの

(1) 葦笛は古代に広く使われたダブル・リード（複簧楽器）の木管楽器で、二本の管を右手と左手に一本ずつ持ち、V字型にくわえて演奏する。

(2) 前もってありうる反論を封じる修辞技法の常套。原告弁論の終結部近くで、無罪判決の根拠とされうる事項を簡潔に再検討したうえで却下する技法として多用される。

(3) 国家間で友好的寄与を謝して黄金の冠が贈られる慣行があった。

(4) テルシテスは騒々しく醜い、嫌われ者の兵卒としてホメロス『イリアス』に登場し、第二歌二一一以下で総大将アガメムノンを批判して知将オデュッセウスによって罰される。

(5) 誣告常習犯（シューコパンテース συκοφάντης）は、市民権の整備された前五―四世紀以降の呼称であったから、ホメロスの時代にはこの語は使われなかった。

(6) ἄν の修正を入れずに読む写本伝承に従う。

ですか？　そしてディオニュシア祭の審判員が円舞合唱隊に公正な裁定を下さなければこれを罰するのに、(1)円舞合唱隊の審判員としてではなく、法律と政治的徳性の判定者として着席している諸君は、法に則った授冠でもなく、数を限った適格者でもなく、巧みに裏取引きした男に、報奨を与えようというのですか？

二三三　したがってそういう陪審員は、自分を無力な者に、弁論家を強力な人間にして、法廷を後にすることになります。なんとなれば民主政国家においては、ごくふつうの市民といえども法律と投票権によって王(2)としてふるまえるからです。ですがそうした権利を他人に渡してしまえば、その人は自分で自分の王権を崩壊させたことになります。さらに陪審員就任に先立って立てた誓い(3)が本人につきまとって責め苛むでしょう、というのも誓いがあるために、その者の行為は罪になるでしょうから。そして恩義をかけたその人に、恩義は知られぬままに終わります、投票は秘密投票(4)ですから。二三四　ところでわれわれの政治的状況は、アテナイ人諸君、同時に幸運でもあり危殆に瀕してもいると私は思います。それはわれわれに良識が欠如しているからです。つまり現下の状況では、諸君ら多数者が少数の寡頭主義者に民主政治の要《かなめ》の力を譲り渡していることが、私には承服しかねるところです。けれども悪辣で不敵な政治家たち(5)の豊作が見られないという点では、われわれは幸運といえましょう。というわけは、以前に国はこういう産物を生み出して、その者どもがいとも簡単に民主政を破壊してしまったからです。民衆はへつらわれて喜び、そのあげくに恐れていた人たちではなく、いのちを預けた人たちによって滅ぼされたのでした。二三五　何人かはみずから三十人政権に加わり、その三十人政権は一五〇〇人以上の市民を裁判なしで死刑にしましたが、処刑される人たちは自分の罪状すら聞かされないうちに死刑を執行され、死者たちの埋葬には親族の臨席すら許されませんでした。(6)

諸君は政治家たちを監督下に置かないのですか？　いま尊大にふるまっている連中を打ちのめし、追い払わないのですか？　法廷を凌ぐ力を持たずして、これまで民主政転覆を企てた者は誰もいなかったということを思い起こさないのですか？

二三六　でもアテナイ人諸君、どんな善行ゆえにデモステネスへの授冠をこの民会決議提案者［クテシポン］が要求しているかを、諸君の前で私は喜んで彼と一緒に数え上げたいと思います。というのも民会決議文案冒頭の君［クテシポン］の文句のとおり、城壁に沿った堀を立派に彼が掘削したと言うのなら、私は空いた口がふさがりません。なぜならこういう仕事を作った罪の方が、それらを立派にやったということよりも、はるかに厳しい告発に値するからです。正しい政治を行なった者であれば、城壁を矢来で囲ったからといっ

(1)「円舞合唱隊」は、ディオニュシア祭でディテュランボスと呼ばれる合唱歌や悲劇喜劇の抒情合唱歌を歌いつつ踊る踊り手たち。競演のかたちで行なわれ、審判員が順位を判定した。

(2) 市民一人一人を主権者と見なす思想は、民主制の根本理念として浸透していた（アリストパネス『蜂』五四八—五四九参照）。

(3) 六節および二〇七頁註（2）、三一節および二二一頁註（3）、補註A参照。

(4) 陪審廷の判定投票は、各陪審員が原告被告双方の弁論後に、他に見えないかたちで投票具を壺に投入するという方法で行なわれたので、秘密投票であった（アリストテレス『アテナイ人の国制』第六十八章四参照）。

(5) 前四〇四—四〇三年の三十人政権の政治家を指す。

(6) リュシアス『「三十人」のメンバーであったエラトステネス告発（第十二弁論）』一八、八七、九六参照。

て、また公共の墓を全部取り壊したからといって[1]報奨を要求すべきではなく、国家になにがしかの寄与をしたからでなければなりません。二三七　民会決議案の次の部分に行くと、そこで君［クテシポン］は憚りもなく彼が優れた男だと書き、「つねにアテナイ人の民会のために最善の発言をし、最善の行動を取り」と書いたが、決議文案のそんないかさまとこけおどしは抹消削除して、事実をとりあげ、君の言うことの実体をわれわれに示したまえ。アンピッサ人とエウボイア人をめぐる収賄のことは、言わずにおこう。だがテバイとの同盟をデモステネスの手柄にするなら、君は無知な人たちを欺き、真実を知る炯眼の人たちを侮辱している。なにしろ同盟が危機的状況とこの人たち［市民たち］の名声あればこそ成立したことを無視して、君は市民の功績をデモステネスのものにしても気付かれないと思っているのだから。二三八　このいかさまがどれほどのものか、私が動かぬ証拠で説明してみましょう。ペルシアの王がアレクサンドロスのアジア遠征の少し前にわが民会宛に途方もなく無礼な、野蛮極まる書簡を送って来ました[2]。そこにはおよそ品格を欠いた事柄があれこれ書かれてありましたが、最後にこうありました、「余、汝らに黄金を与えず、汝ら請うべからず、汝ら、承《う》くることなければなり」。二三九　ところがこの同じ人間がいまも彼の身を危うくしている危難[3]に見舞われたとき、アテナイ人から要求はしなかったのに、自分からすすんで三〇〇タラントンを民会に送ってきました[4]。でも民会は賢明にも受け取りませんでした。金を運ばせたのは、彼の危機感と恐怖と同盟を組む必要でした。そしてまさにこれと同じものが、テバイとの同盟を作り出したのです。だが君［デモステネス］はテバイの名とこの上なく巡り合わせの悪かったこの同盟[5]のことを、のべつ幕なしに口にしてわれわれを辟易させるが、ペルシア王の金から横取りして着服した七〇タラントンのことは黙っている。二四〇

［マケドニアの］傭兵隊は金に困って、五タラントンのために城塞をテバイ人に明け渡さなかったではないか？[6] アルカディア人全員が動員され、指揮官たちは援軍を与える用意があったのに、銀九タラントンの

---

(1) リュクルゴス『レオクラテス弾劾（第一弁論）』四四によると、カイロネイアの敗戦後緊急に市街地の防備を強化するために、公共の墓石が掘り起こされ、防壁に転用された。公共の墓石転用は、ペルシア戦争直後にテミストクレスが取った緊急措置に倣ったものであった（トゥキュディデス『歴史』第一巻九三-一参照）。

(2) ペルシア王ダレイオス三世からの書簡を指す。アテナイは前三四四年ペルシア王アルタクセルクセスからの友好要請を拒否した。カイロネイア戦前にアテナイはペルシアに友好と金を求めたが、拒絶された。カイロネイア戦後マケドニアの脅威を感じたペルシアは、積極的にアテナイに対マケドニア蜂起を促し、金も送ったが、アテナイは動かなかった。この裁判の前年に、ガウガメラの戦いで敗れた王ダレイオス三世は逃走した。

(3)「いまも彼の身を危うくしている危難」は、ペルシア王に脅威として迫るアレクサンドロスのアジア侵略を指す。一三二節および二七五頁註（6）参照。ギリシア各地に広がる反乱を利用して、アレクサンドロスのアジア遠征を阻止する狙いでペルシアから金が贈られた。

(4) アテナイ民会が三〇〇タラントンを受け取らなかったとき、ペルシアの使節はなおマケドニアに対する反乱を起こさせる狙いで、一部（七〇タラントン）をデモステネスの手に渡した、とアイスキネスは言う。デイナルコス『デモステネス弾劾（第一弁論）』一八によれば三〇〇タラントン。

(5)「このうえなく巡り合わせの悪かった同盟」はカイロネイア決戦の直前に結ばれたテバイ-アテナイ同盟を指す。

(6) 前三三五年、テバイがアレクサンドロスに対して反乱を起こしたとき、テバイの城塞はなおマケドニアの傭兵からなる駐留軍に占拠されていた。デモステネスは着服した七〇タラントンのうち五タラントンを使ってマケドニアの傭兵を買収すれば、テバイを救えたのにそうしなかった、の意。

ために交渉が成立しなかったではないか？[1]　ところが君には金が唸るほどあって、道楽三昧に上演世話人を務められるというわけだ。[2]　要するにペルシア王の金はこの男がお守をし、危険は諸君がお守をするのです。

二四一　この者たちの不作法ぶりを一瞥するのも無駄ではありません。クテシポンが図々しくも諸君に向かってデモステネスに演説させようと呼び出して、彼が登壇して自画自賛するなら、それを聞くのはわれわれが被った実害よりも耐えがたいでしょう。間違いなく大人物で、その立派な多大な貢献をわれわれもよく知っているような人でも、自分で自分を褒めそやすようでは我慢なりません。では国の恥になった人間が自分を賛美するとすれば、誰がそんなものを聞いていられるでしょうか？

二四二　だからクテシポンよ、君に分別がありさえするならこんなみっともないことはやめて、君は自分で弁明演説をするだろう。まさか口下手だからという口実は通るまいから。つい最近ピリッポスの娘クレオパトラのところに、モロッソス王アレクサンドロス[3]の弔問使節として選出してもらって出かけながら、いま弁が立たないと言えるわけがないだろう？　では異国の女が悲しんでいるのを慰めるすべは心得ているのに、雇われて動議した民会決議案を釈明する演説はしないのか？　二四三　それとも君が授冠を提案した男は、誰かが弁護して助けてくれなければ、おかげを被った人たちにさえ認識されないような男なのか？　陪審員に聞いてみるがいい、カブリアス[4]のことを、イピクラテス[5]のことを、ティモテオス[6]のことを知っていたかと、そしてなぜ彼らに報奨を与え、彫像を建てたのかを聞いてみたまえ。みないっせいに言うだろう、カブリアスにはナクソス沖の海戦ゆえに[7]、イピクラテスにはラケダイモンのモラ殲滅ゆえに[8]、ティモテオスにはケルキュラへの回航作戦ゆえに[9]、そしてそのほかの男たちにもそれぞれの多大な戦功ゆえにだと。二四四　「では

（1）同じく前三三五年、アルカディア人の指揮官がイストモスまで来て、一〇タラントンで配下の兵力をテバイに提供する旨申し出たとき、デモステネスがこれを拒否したためアルカディアの軍勢は故国に引き揚げ、テバイは救われなかった（ディナルコス『デモステネス弾劾（第一弁論）』一八―二一参照）。

（2）「上演世話人を務める（コレーゲイン）」は、ディオニュシア祭などで行なわれるディテュランボス歌唱や演劇の上演世話人「コレーゴス」が、上演準備期間中自宅ないし訓練所で合唱舞踏隊員の訓練や衣装装身具調達の費用を負担し、食事も供したことから、多額の出費をするだけの資力がある、の意。富裕市民が負担した公共奉仕の一つで、デモステネスは前三四八年にこれを務めたことを国家への寄与として誇り、弁論中でしばしば言及している。

（3）ピリッポスの妻オリュンピアスの兄弟であるエペイロスのモロッソス人の王アレクサンドロスは、ピリッポスの娘クレオパトラを娶ったが、前三三一年、南イタリアへの遠征中に死亡した。

（4）前四世紀のアテナイの代表的将軍の一人。前三九〇年代末から傑出した軍事指導者として活躍し、第二次アテナイ海上軍事同盟の発足、発展にも貢献したが、同盟国戦争のさなか（前三五七年）キオス島で戦死した。

（5）前四世紀のアテナイの代表的将軍の一人。前三九〇年のコリントスにおける戦勝をはじめとして革新的軍事技術で名を挙げ、前四世紀前半のアテナイの軍事外交に貢献した。『使節職務不履行について（第二弁論）』二七および一一七頁註（1）参照。

（6）前四世紀のアテナイの代表的将軍の一人。第二次アテナイ海上軍事同盟の設立（前三七八年）発展に寄与し、その活躍は前三五七―三五五年の同盟国戦争まで続いたが、前三五四／五三年売国のかどで一〇〇タラントンの重罰金刑を受け、エウボイアのカルキスに亡命してその地で死んだ。イソクラテスの高弟としても知られた。『使節職務不履行について（第二弁論）』七〇および一三五頁註（5）参照。

（7）二一二節および三二三頁註（4）参照。

（8）前三九〇年コリントスのレカイオン港近くで、将軍イピクラテスが軽装歩兵団を指揮してスパルタのモラ（重装歩兵四〇〇―九〇〇人が一モラといわれる、兵制単位のこと）を壊滅させた戦功を指す。

（9）前三七六年将軍ティモテオスがペロポンネソス半島を回航してケルキュラ島に遠征し、多数のポリスをアテナイとの同盟に導いた事績を指す。

何ゆえにデモステネスに［冠を］与えるのか？」と問い返してみたまえ。収賄ゆえか、臆病ゆえか、戦列放棄のゆえか？　そして諸君はこの者に栄誉を与えるのですか、それとも諸君自身だけでなく、諸君のために戦場で死んでいった者たち(1)をも償いもないままに棄て置くのですか？　この男に冠が与えられれば、その人たちが無念に哭《な》く姿を見ると想像してください。もし木や石や鉄といった声もなく感覚もない物が落ちてきて人を死なせたら、アテナイ人諸君、われわれは国境の外に投げ捨てますし、もし人がわが手でみずからを殺めたら、それをやった手を身体から離れたところに埋葬します。(2)二四五　しかるに、アテナイ人諸君、あの最後の出兵を提案しておきながら兵士たちを裏切ったデモステネスに諸君が栄誉を授けるなら、まさに言語道断ではありませんか。それでは死者は辱められ、生ある者は落胆絶望するのではないでしょうか、あたら武勇が死という報酬を与えられ、その記憶が薄れていくのを目のあたりにして？　そして何よりも大事なことは、若者がどの手本に従って人生を歩むべきかを諸君に問うてくるでしょう。二四六　よくご承知おき願いたい、アテナイ人諸君、レスリング道場や学校や音楽(3)だけが若者を教育するのではなく、公に行なわれる布告こそがはるかに多くを教えます。劇場で誰かが武勇と人徳と愛国心ゆえに授冠されると布告され、それがだらしない生活の唾棄すべき男であったとします。これを見た若者は間違いなく堕落します。クテシポンのようなならず者の女衒《ぜげん》が罰を受けるとします。ほかの人たちは教訓を学びます。立派で正義に適ったことの反対に投票した陪審員が、帰宅して息子を教え諭すとします。もちろん息子は言うことを聞かず、以後は忠告を嫌がらせと呼ぶでしょう。あたりまえです。二四七　では諸君は審判を下すだけではなく、見られていることに心して、ここにはいないがどんな投票をしたかを後で問いただす市民たちに言い訳が立つ票を投じていただきたい。というのは十分ご承知でしょう、アテナイ人諸君、誰であれ、公式布告を受ける者の人となりが、そのままそのポリスの姿だと見なされるのです。諸君が父祖たちにではなく、デモステネスの軟弱さになぞらえられるのは恥辱であります。

ではどうすればこんな恥を逃がれられるでしょうか？　二四八　まるで自分だけの言葉のように「公徳心」だの「寛容」だのを振りかざすくせに、人柄はまるで信用できない連中を警戒すればよろしい。というのも愛国心や民主政の名前はどんな人にでも使えますが、誰よりもさきにそういう言葉を口にしたがるのは、おおむね行為では誰よりもそれから遠い人たちです。二四九　ですから冠や全ギリシア人の前での公式布告を受けたがる弁論家を見つけたら、ちょうど商品に保証を設けよと法律が命じているように、その演説を尊敬に値する生活と誠実さで保証するよう命じてください。それを証言してくれる証人を出せないときには、彼に賞賛を与えず、諸君の手からはや滑り落ちようとしている民主政をこそ憂慮してください。二五〇　諸君には許しがたいこととは思われないのですか、政務審議会議事堂や民会がないがしろにされて、ただの民間人ではなく、アジアやヨーロッパの最高位の人たちから送られて来た書簡や使節たちが個人の家に到着している

(1) カイロネイア戦の死者たち。

(2) 人であると物であるとを問わず、人間の血を流したものは穢れを負うという古代の不浄の思想に基づく宗教的慣習。ドラコンに帰せられるこの掟（パウサニアス『ギリシア案内記』第六巻一一-二）はプラトン（『法律』第九巻八七三d）も言及しているが、自殺に関してはアイスキネスのこの箇所以外に古典期文献中にはない。デモステネス『アリストクラテス弾劾（第二十三弁論）』七六参照。

(3) 原語 μουσική は、教育課程一般を指すとも解せる。

とは！[1]　そして法律で死刑が定められている所業を民会で否認するどころか、やりましたと認めて、互いに書簡を読み比べている者さえいます。そういう連中は、民主政の守り手として自分たちを仰ぎ見よ、と焚きつけるかと思えば、また国の救い手と称して報奨を要求する始末です。二五一　民会はそういう事の推移に気力をそがれて、耄碌したか気が触れた人のように、民主政という名前だけを後生大事に、中身は他人の手に渡してしまいました。ですから諸君は協議をし終えた市民としてではなく、まるで持ち寄りの宴会の残り物を分けてもらって帰る人のように民会場を立ち去るのです。二五二　私が冗談を言っているのではないことを証するために、以下のことから私の発言を考えてみてください。（何度も思い出すのは辛いのですが、）この国にある不幸が起きました。ごくふつうの市民がそのときサモスに船で行こうとしただけで、その日のうちにアレイオス・パゴス評議会によって国家反逆者として死刑を宣告されました。[2]　別のごくふつうの市民は、ロドス島へ船で行こうとしましたが、男らしく恐怖に耐えなかったというのでつい最近弾劾裁判に付されました。投票結果は有罪無罪同数でした。もし一票の差があったなら、彼［の遺体］は国境外に遺棄されたでしょう。[3]　二五三　ではいま起こっていることと比較してみましょう。このすべての禍の張本人である弁論家は、戦場で戦列を棄て、祖国から脱走しました。[4]　その人が授冠を要求し、公式布告を受けるべきだと考えています。その男を全ギリシアの禍として諸君は追放しないのですか？　あるいは舌先三寸で国政の海を遊泳する海賊政治屋として捕まえ、懲罰を加えないのですか？　二五四　それから諸君が投票するこの時期に注意していただきたい。数日後にピュティア祭競技が始まり、汎ギリシア会議が集まろうとしています。[5]　ですがわが国は現在のこの危機的状況にあたって、デモステネスの政策のために非難を受けています。もしこの男に授

冠するなら、諸君は共通平和[6]を乱す者に同調すると見なされるでしょうが、その反対をすれば、民会をそう

(1)アレクサンドロスに対して反乱を起こしたテバイからの援助資金要請が、アテナイ市ではなくデモステネス個人に届いた（デイナルコス『デモステネス弾劾（第一弁論）』二〇参照）など、国交が特定の要人間で行なわれる傾向をアイスキネスは批判する。政敵の寡頭派的態度への傾斜を糾弾して市民の憎悪を煽るという、民会演説や法廷弁論に頻出する発言。

(2)カイロネイアの敗北後の緊急措置として、何人もアッティカを離れてはならず、専心祖国防衛の任に当たるべし、という一条があった。ここに挙げられた第二の人物レオクラテスは、ロドス島に向かった後居留外国人としてメガラに住み、八年後にアテナイに戻って来て政治家リュクルゴスによって弾劾された。リュクルゴス『レオクラテス弾劾（第一弁論）』はその裁判の原告弁論であり、現存する。

(3)投票結果が同数の場合、被告は無罪放免される慣わしであった。ὑπερώριοι に続いて ἢ ἀπέθανεν と記す諸写本に従えば、ὑπερώριοι は遺体の国境外遺棄ではなく、被告本人の国外追放と解せる。売国の罪で有罪判決を受けて死刑に処された者は、アッティカ国土内の埋葬を許されなかった。

(4)デモステネスの戦列放棄を再び非難している。「祖国から脱走」はカイロネイアの敗戦後、穀物購入官としてデモステネスが諸国を歴訪したことを指す。一五九節および二八九頁註（5）参照。

(5)ピュティア祭（四年に一度デルポイで行なわれた汎ギリシア的祭典）に集まる「汎ギリシア会議」がコリントス同盟（カイロネイアの勝利後ピリッポスが召集した全ギリシア会議）の諸国代表会議を指すのか、アンピクテュオニア神聖同盟会議を指すのか、研究者間で解釈が分かれるが、本訳者は後続の文脈とディオドロス『世界史』第十六巻六〇-三を根拠に前者を採る論者に与する。代表が集まれば、最近反乱したスパルタとこれを幇助して講和条約を破った国々をマケドニアが厳しく非難すると予測されるが、それでなくても他のギリシア諸国の恨みを買っているわが国がどんな危機的状況に陥るか、各陪審員の一票がそれを左右する、と解せる。

(6)前三三八年のカイロネイアで勝利したピリッポスがコリントス同盟を組織して宣した「平和」を指す。「乱す者」は、公然と反乱を起こした者、ならびに煽動、裏工作によって反乱に同調した者を指す。

いう非難から解放するでしょう。

二五五　ですからどうか他人事としてではなく、自分の国のこととして協議を行ない、名誉をただ配り与えるのではなく、審判判定して、報奨をもっと良い、価値ある人間に与えてください。そして耳だけではなく、目でもしっかりと自分たち自身を見て、決めていただきたい、デモステネスを助けようというのは諸君のうちの誰なのか、狩仲間かそれとも若い頃の体育教練場の仲間か――いやいやオリュンポスのゼウスにかけてそうではありません、というのも彼は野猪を追い体力増進にいそしんでいたのではなく、金持ちを陥れる［弁論］術の錬磨に余念がなかったからです――二五六　いえ、使節としてビュザンティオン人をピリッポスの手からもぎ取っただの[1]、アカルナニア人を起ち上がらせただの[2]、弁舌によってテバイ人を感奮興起させただの[3]と言うとき、諸君は彼のいかさまをしっかりと見据えてください。というのは諸君のお人好しはここに極まったと彼は踏んでいるのです、つまり諸君はこれも信じ込まされるだろうと、まるで諸君が養い奉ったのは「説得」の女神であり、誣告常習犯ではないかのように。

二五七　彼が弁明演説の最後に自分の収賄の共犯者たちを弁護人として呼び出すなら、いま私が立って弁じているこの演壇にこの者らの暴挙暴戻を睨み付けて立ち並ぶ国家功労者の一群がいると想像してみてください。すなわち最上の法律で民主政を整えたソロン[4]であり、哲学者にして優れた立法家、その人となりにふさわしく侵しがたい威厳をもって、絶対にデモステネスの演説を誓いと法より重んじてはならない、と諸君に要求している人です。二五八　そしてアリステイデス[5]、ギリシア諸国の貢納金（ポロス）を査定し、歿してのちはその娘たちに国家が嫁資を与えた男アリステイデスは、このように正義が蹂躙されるのを見て悲憤慷慨

して問いかけているではありませんか、ゼレイアのアルトミオス、(6)かつてわが国に住みアテナイのプロクセ

(1)前三四〇年ピリッポスがビュザンティオンを包囲する直前、デモステネスは使節としてビュザンティオン人説得に赴き、ピリッポスとの同盟を棄てさせてアテナイ側につかせた。デモステネスは『冠について（第十八弁論）』八八—八九においてこれを大手柄として誇っている。

(2)前三四三／四二年ピリッポスがエペイロスを占拠して周辺のギリシア人を恐慌に陥れたとき、デモステネスはギリシア北西部のアカルナニアなどの反ピリッポス派に連繋を呼びかけた。九七節および二五七頁註（5）参照。

(3)カイロネイアの戦い（前三三八年）の前にテバイと同盟を成立させるため、デモステネスがテバイの民会でした演説が成功したことを指す（デモステネス『冠について（第十八弁論）』二一四—二一五参照）。

(4)ソロンは前五九四／九三年にアルコーンを務め、民主政の先駆けとなる改革を行なったと伝えられる。古くから尊ばれた法律の制定者に擬せられるなど、後世に長く尊敬された。二節および二〇五頁註（2）参照。ソロンの「気品」については、『ティマルコス弾劾（第一弁論）』二五参照。

(5)アリステイデスは前四七八年、ペルシアの再攻にそなえて結成されたデロス同盟の財務官を務めた。加盟各国の貢納金（ポロス）査定にあたって公平を貫き、廉潔な言動で称えられた。『ティマルコス弾劾（第一弁論）』二五および一七頁註（8）参照。死後娘の持参金が国費でまかなわれたことについては、プルタルコス『アリステイデス伝』二七参照。

(6)ペルシアからの密使アルトミオスに対する処遇は、前五世紀アテナイの厳しい政治外交倫理を示す例としてしばしば言及されるが、その年代も目的もさだかではない。ペルシア王クセルクセスがギリシア遠征（前四八〇—四七九年）の前工作として買収のための金を持たせて発した密使とも、ペルシアから離反しつつあるエジプトを支持するアテナイに対し、攻撃をもくろみつつあったスパルタ（前四五〇年代）を助けるためであったとも言われ、諸説芬々としている。アルトミオスに対する処遇を採決したアテナイ民会の民会決議は、デモステネス『ピリッポス弾劾、第三演説（第九弁論）』四二、同『使節職務不履行について（第十九弁論）』二七一—二七二、デイナルコス『アリストゲイトン弾劾（第二弁論）』二四—二五に引用されている。プルタルコス『テミストクレス伝』六-四をも参照。ゼレイア市は小アジア北西の都市。

ノスを務めた人ではありましたが、そのアルトミオスがペルシアの金をギリシアに運んできたとき、諸君の父祖たちは死罪に付そうとさえして国外およびアテナイの全所領地外への追放を宣告したというのに、二五九 デモステネスがペルシアの金を運んだとはいうもおろか賄《まいない》として受け取り、いまなお手に持っているとき、諸君は金の冠を授与して恥じないのかと。そしてテミストクレスやマラトン、プラタイアで死んだ人たち、(2) それに諸君の父祖たちの墓石すらも声を上げて慟哭するとは思いませんか、もしギリシアに危害を加えるために夷狄と通じたことを認める男が冠を受けるのであれば？

二六〇 おお地よ、日輪よ、徳よ、良心よ、高貴さと卑しさを見分けるよすがとなる薫育よ、(3) 私は［正義の］使徒となって弁じました。私が立派にこの犯罪に立ち向かえる告発をなし終えたなら、私の弁論は望んだ通りでした。しかし不足があったとしても、私は力の限りを尽くしました。言われたこと、言い残されたことから、どうか諸君は祖国のために正義と国益に適う票を投じてください。

古伝概説

クテシポンは民会決議案を上程して、パイアニア区のデモステネスの子デモステネスに黄金の冠を与えて、ディオニュソス祭の悲劇上演の折、劇場で授冠の布告を行なうよう提案した。その事由は、「デモステネスが」つねにアテナイ民会に最善のことを提言し、かつ行なってきたから、というのである。この民会決議案をアイスキネスは違法として告発し、ほぼ三つの事由を申し立てた。第一は、執務審査未了の公職者に授冠することを法律は許していないのに、執務審査未了であるデモステネスに授冠したこと、第二は、何人に対してであれ劇場で授冠することを法律は許していないのに、劇場で授冠を布告したこと、第三で最後のものは、民会決議案に虚偽を書いたことである。つまりデモステネスは善にして美なる男でもなければ、授冠に値する人間でもないというのである。なにしろ民会決議案に虚偽を記すことを許さない法律があるのだから、これも違法とされなければならないというのである。さてアイスキネスは三つの告発事由を挙げるが、デモステネスは第一のものに対して、二通りに答える。すなわち自分は公職者ではなかったし、城壁修復は公職ではなくてご奉仕でありお世話だというのである。たとえ公職であっても私財から寄付をし、国庫から何も受け取らなかったのであるから、執務審査を受ける義務はない、と。これに対してアイスキネスは推論的議論を導入するが、しかし証拠で補強してはいない、「自分のものから寄付したのではなく、政務審議会から

(1)「権益代表」「名誉領事」の訳語もあるプロクセノスについては四二節および二二五頁註(6)参照。アルトミオスは、ゼレイア市に居住、居留するアテナイ人の権益を守るプロクセノスを務めていた。

(2) テミストクレスはサラミスの海戦(前四八〇年)でペルシアの大艦隊を敗ったアテナイ海軍の指揮官。一八一節および三〇三頁註(2)参照。マラトンの戦い(前四九〇年)では寡兵のアテナイ戦士がペルシア軍を敗った。一八一節および三〇三頁註(3)参照。プラタイアの戦い(前四七九年)ではアテナイ-プラタイア連合軍がペルシア陸軍を敗った。

(3) アイスキネスの経歴および性格にそぐわない呼びかけと、デモステネスは嘲笑をもって応酬している(『冠について(第十八弁論)』一二七参照)。

一〇タラントンをこのために受けたとすれば？」と。第二の議論に対してデモステネスは、民会の票決があれば劇場で布告するべし、と命ずる別の法律を引き合いに出すが、アイスキネスはその法律は、市民からではなく、外国人からの授冠に関する法律であると言う。第三の議論に対してアイスキネスは、順を追って大いに論駁する。彼の考えるところでは、デモステネスは弁明を四つの時期に分けて、［自分の］政治業績を一つずつこの四時期に割り当てるだろう。第一の時期は、アンピポリスをめぐって生じた、ピリッポス相手の最初の戦争の時期であり、第二は講和の時期であり、第三は二度目の戦争とカイロネイアの敗北の時期であり、第四は現在のアレクサンドロスに抗する政治の時期である、と［アイスキネスは］言う。第一の時期では恥ずべき不名誉な講和をもたらした責任はデモステネスにあり、全ギリシア共通会議の参加なしにアテナイだけが講和を結んだのは彼のせいであり、第二の時期ではピリッポスに対する戦争を彼［デモステネス］が用意した、第三の時期では神聖戦争とポキスについて起こったこと、またテバイ人と組んで対ピリッポス戦を始めるよう人々を言いくるめ、戦わせたカイロネイア戦の敗北には、彼が責めを負うべきである、最後の時期ではアレクサンドロスに従った政治をしなかった、このようにアイスキネスは言う。この後デモステネスの生活すべてを告発し、クテシポンについてもわずかに言葉を費やして、自分で自分の弁明演説をするようクテシポンに求める。裁判にはデモステネスが勝訴した。

ある人たちはアイスキネスを批判して、議論を違法性にとどめず、立派に国政に尽くした人物であるのに、そのデモステネスの政務までも告発している、と言う。しかしアイスキネスは反対にそのことに何よりも重点を置いており、以下のように言う、「私がいちばん強調したい告発事由がまだ残っています。これこそ彼

［クテシポン］が［デモステネスを］授冠に値すると主張する名目なのです」［四九節］。おそらく彼［アイスキネス］は、十分な理由があってこうしたのであろう。すなわちデモステネスは最も輝かしい政治を行なったとして万人から高い評価と評判を得ていたのであるから、反対の評価、つまりデモステネスは民衆の敵であり破廉恥な非難すべき政治を行なった、ということをみなの胸に刻み込まなければ、違法性に関する議論は生気を欠いた無価値なものに見えるだろうと、アイスキネスがこう考えたのも無理はない。だからこそ彼は何よりもこれに懸命に取り組み、告発のこの部分に最も多くの時間を費やしたのである。序論は悲劇もどきでおおげさで、むしろ結論部ふうであると文句をつける者もいるだろう。

アイスキネスの「古伝」伝記

アイスキネスの生涯――擬プルタルコス『十人の弁論家の生涯』より(1)

一　アイスキネスは、三十人政権時代(2)に亡命し、民主制を再建した一人であるアトロメトスを父に、グラウコテアを母に持つ、コトキダイの区民であったが、名門の出ではなく裕福でもなかった。二　青少年期は強健な肉体に恵まれて体育競技に励み、美声であったのでその後悲劇［役者として］の訓練を積んだ。デモステネス(3)によれば、下級書記(4)とアリストデモス(5)一団の第三俳優を田舎のディオニュシア祭(6)で長く務めて、その余暇に古悲劇(7)を繰り返し演じていた。三　また、まだ少年だった頃父とともに読み書きを教え、青年期には国境巡察隊(8)の一員として兵役についた。四　イソクラテス(9)とプラトン(10)に学んだという人もいるが、カイキリオス(11)によれば、レオダマス(12)の教えを受けたということである。また政治家としてデモステネスらに対抗する一派で頭角を現わし、幾度も使節を務め、中でもピリッポスとの和議で活躍した。(13)五　この使節任務ゆえ

(1)「アイスキネス伝」として伝承される後代の伝記記述はいくつかあるが、後二世紀のプルタルコス作に擬せられる『十

人の弁論家の生涯』（『モラリア』八四〇A―八四一A）から「アイスキネス」をここに訳出した。作者は、修辞学者カイキリオス（前一世紀）、エピクロス学派のイドメネウス（前三世紀）、アレクサンドリア学派のヘルミッポス（前三世紀）などに典拠を求めたと推測される。同時に、弁論作品中の記述から自分で再構成したと思われる節もあり、記述の信憑性はかならずしも高くない。

(2) 三十人の寡頭政権がアテナイを支配した前四〇四年晩夏から前四〇三年秋まで。

(3) アイスキネスの終生の政敵。

(4) 補註J参照。

(5) 南イタリアのタラス出身。アテナイ市民権を得ており、ピリッポスへの使節を務めた。『使節職務不履行について（第二弁論）』一五およびデモステネス『使節職務不履行について（第十九弁論）』二四六参照。

(6) デモステネスは「田舎の」の語を「下級書記」同様侮蔑的に使い、「第三俳優」も「三流の俳優」の意をこめた。補註L参照。

(7) 主としてエウリピデスおよびソポクレスなど前五世紀の悲劇作品。

(8) 一八歳に達したアテナイ市民が、最初に国境の守備を務める兵役。『使節職務不履行について（第二弁論）』一六七参照。

(9) イソクラテス（前四三六／三五―三三八年）政論家として当代随一の名声を博し、みずから創設した弁論学校からすぐれた政治家、公人、著作家を輩出させた。

(10) 高名な哲学者。前四二七―三四七年。

(11) 解放奴隷であったカイキリオスはシケリア（シシリー）島北岸のカラクテ出身。帝政初期（前一世紀）のローマで、デモステネスとアイスキネスの比較、デモステネスとキケロの比較を行なうなど修辞学者として活躍した。

(12) レオダマスはアイスキネスが『クテシポン弾劾』一三九でその雄弁に言及する、彼の同時代人。イソクラテスの弟子であったと言われる。本伝記作者は一五節では、アイスキネスが弁論術の師についたことはないと言っている。

(13) マケドニア王ピリッポス（在位前三五九―三三六年）との和議とは、いわゆる「ピロクラテスの講和」（前三四六年）を指す。

にデモステネスによって告発され、ポキス人の滅亡[1]を招いたから、また後にピュラゴラス[2]に選ばれたとき、聖地に鋤鍬を入れ港に建物を建てたアンピッサ人とアンピクテュオニア神聖同盟[3]の人々との戦いを焚き付けたから、という事由で[4]訴えられた。その結果アンピクテュオニア神聖同盟の人々がピリッポスを頼り、ピリッポスはアイスキネスの手を借りて騒乱に介入し、ポキスを奪ったというのである。けれどもプロバリントス区のスピンタロスの子で有力政治家であったエウブロス[5]が弁護に立ち、三〇票の差で［アイスキネスは］無罪放免された。六　だが弁論家二人はいずれも演説を作成したが、カイロネイアの事件が起こったので訴訟は行なわれなかったという説もある。[6]七　のちにピリッポスが死に、アレクサンドロス[7]がアジアに去ったとき、［アイスキネスは］デモステネスの顕彰のことで違法提案だとしてクテシポン[8]を告訴したが、五分の一の票数を獲得できなかったので、敗訴ゆえの罰金一〇〇〇ドラクマを払うことを望まず、ロドス島[9]へ亡命した。八　だが別説では、国を出ることを望まなかったため、さらに市民権を剝奪され、エペソスのアレクサンドロスのもとへ行ったという。そしてアレクサンドロスが死んで騒擾が起こると、[10]ロドスへ行き、その地で学校を開き、教鞭を取った。九　公開の場でロドス人に『クテシポン弾劾』を口演してみせたところ、彼らはそのように弁じながらなぜ負けたのかと訝ったので、アイスキネスはこう答えたという、「ロドスの方々よ、これに答えたデモステネスの弁明を聞かれたならば、[11]諸君は何の不思議もないと思われただろう」と。そしてアイスキネスは、「ロドス学園」と呼ばれる学校をその地に遺した。一〇　その後サモス[12]へ船で行き、その島で時を過ごした後、まもなく歿した。一一　デモステネスが言うことやデモカレス[13]の言葉から明らかなとおり、美声であった。[14]一二　彼の弁論は四つが伝えられているが、『ティマルコス弾劾』『使節職務不履行について』『クテシポン弾劾』だけが真作である。というのも『デロス演説』と題された弁論はアイスキネスのものではないからである。というのはデロス島の神域に関する裁定に代表として任命されたが、

（1）第三次神聖戦争（前三五六―三四六年）でポキスはピリッポスに降伏した。
（2）ピュラゴラス（ピュラゴロスとも）は、種族代表ヒエロムネーモンとともにアンピクテュオニア神聖同盟会議に出席したが、発言権のみで投票権を持たなかった。
（3）アンピクテュオニア神聖同盟については補註G参照。
（4）作者は第三次神聖戦争と第四次神聖戦争を混同している。デモステネスによる訴追（前三四三年）の第二の事由として挙げられる「ピュラゴラスに選ばれ……焚き付けたから」は、前三三九／三八年の事件。
（5）エウブロスは前三五四―三四六年間祭祀財務官を務めた、当時の最有力政治家の一人。『使節職務不履行について（第二弁論）』八および一〇五頁註（3）参照。
（6）プルタルコス『デモステネス伝』一五に類似の記述。
（7）マケドニア王アレクサンドロス三世（在位前三三六―三二三年）。
（8）『クテシポン弾劾（第三弁論）』の被告。
（9）二二七頁註（1）参照。
（10）アレクサンドロス三世の死後（前三二三年）起こったいわゆる「後継者戦争」のこと。
（11）『クテシポン弾劾（第三弁論）』に対するクテシポンの被告弁論は現存しないが、被告弁護人として弁明に立ったデモステネスの、現存する『冠について、別名クテシポン擁護（第十八弁論）』は、古代ギリシア弁論作品の最高峰とされる。
（12）エーゲ海東岸の島。長くイオニア地方におけるアテナイの活動拠点であり、前三九〇年代スパルタの手に落ちた後も、アテナイは植民団（クレールーキアー）を送り込む（前三六五年）など実効支配に務めた。カイロネイア戦敗北（前三三八年）後ピリッポスによって第二アテナイ海上軍事同盟が解体されたとき、インブロス、スキュロス、レムノス、サモスのアテナイ領有は認められた。
（13）デモカレスはデモステネスの甥。
（14）アイスキネスの美声については、デモステネス『冠について（第十八弁論）』二八〇、二八五、三一三参照。

彼は演説をしなかった。デモステネスによればヒュペレイデスが彼の代わりに挙手選挙で選ばれたからである。[1] 一三 彼自身が言うところによれば、兄弟はアポベトスとピロカレスであった。[2] 一四 タミュナイにおける勝利[3]を最初にアテナイ人に知らせたのはアイスキネスであり、それゆえに彼は二度冠を授けられた。一五 アイスキネスが誰か師について学んだことはなかったが、下級書記を務め、法廷で時を過ごしたおかげでのし上がったという者もいる。一六 また彼が最初に民会で弁じたのはピリッポスを弾劾する演説であり、それで評判を得てアルカディア人のもとへの使節に選ばれ、その人たちのところに行くや、一万人をピリッポス打倒のために結集させたともいわれる。[4] 一七 ティマルコスを男色売買ゆえに告発し、裁判の場を後にしたティマルコスは首をくくった、とデモステネスはどこかで言っている。[5] 一八 クテシポンやデモステネスと一緒に、ピリッポスへの講和の使節に選ばれて、デモステネスにまさる成果を挙げた。一〇人［の使節］の一人として、[6] 誓約によって講和批准を得た第二次使節で審判にかけられたが、すでに述べたように無罪放免された。

アイスキネスの生涯と著作について——ポティオス『書誌』より（写本六一[7]）

一 アイスキネスの三つの弁論を［私は］読んだ。彼の弁論の最初のものである『ティマルコス弾劾』と、『使節職務不履行について』と、三番目で最後のものである『クテシポン弾劾』である。二 三つだけ、それに九通の書簡が彼の真作だと言われている。[8] それゆえ彼の弁論を「カリテス」[9] と呼ぶ人たちがいる。弁論の優雅さと優雅の三女神という数にちなむものである。書簡は九人のムーサイ[10] の数ゆえに「ムーサイ」と呼ばれた。三　彼の作として『デロス演説』と呼ばれる別の弁論が挙げられることもある。しかしカイキリオ

（1）デモステネス『冠について（第十八弁論）』一三四参照。ヒュペレイデスはアイスキネスと同時期に活躍した政治家。

（2）『使節職務不履行について（第二弁論）』一四九参照。四一三頁参照。

（3）前三四八年、内紛の生じたエウボイアからの要請でアテナイが出兵し、タミュナイで得た勝利。『使節職務不履行について（第二弁論）』一六九および『クテシポン弾劾（第三弁論）』八六参照。

（4）前三四八年、アイスキネスは使節としてアルカディアに赴き、アルカディア連盟（「一万人」と通称）を前に対ピリッポス共同戦線への参加を呼び掛けた。しかしどの国もアテナイを助けようとはしなかったとアイスキネス自身言っているので（『使節職務不履行について（第二弁論）』七九参照）、「一万人をピリッポス打倒のために結集させた」は誤り。

（5）デモステネスは『使節職務不履行について（第十九弁論）』二一および二八五において「失脚させた」「ティマルコスを破滅させた」とは言っているが、「首をくくった」とは言っていない。

（6）『使節職務不履行について（第二弁論）』一七八参照。

（7）コンスタンティノープル（＝ギリシア時代のビュザンティオン）総主教で文献学者であったポティオス（後九世紀）は、読破した前五世紀から後九世紀までの書物の批評二七九編を『書誌（ビブリオテーケー）』としてまとめ、兄（弟）に献じた。書評の嚆矢とされる。以下擬プルタルコス『十人の弁論家の生涯』のそれと重複する註記は省略した。

（8）現代の研究者間では書簡真作説は支持されていない。

（9）カリテスは優雅の三女神の呼び名（複数形。単数形はカリス）。

（10）ムーサイは音楽・学芸の九女神の呼び名（複数形。単数形はムーサ、英語はミューズ）。

スはこれを作品中に数えず、彼と同時代のアテナイ人である別のアイスキネス(1)が作者だと言っている。
四、五 このアイスキネスは「十人の弁論家(2)」の一人に数えられている。デモステネスによって使節職務不
履行ゆえに告発されたが、有罪にならなかった。彼が下働きで仕えた有力政治家エウブロスが、デモステネ
スに敵対してアイスキネスの弁護人を務め、デモステネスがまだ喋っている間に陪審員たちが席を立つよう
に事を運んだからであった。六 [アイスキネスは] のちにクテシポンがデモステネスのために上程(3)した民会
決議を違法だとして告発し、違法であることを証明できない場合の懲罰を自分で自分に定めておきながら、
言ったとおり証明できなかったため、祖国を去った。七 そしてピリッポスの息子でアジアに出征している
アレクサンドロスのもとへ亡命しようとしたが、アレクサンドロスが死に、彼の後継者たちが激しい争乱の
渦中にあることを聞き知り、行く手を阻まれた。そこでロドス島へ船で行って逗留し、その地で青年の教育
に従事した。八 聴衆が驚き、これほどの文章力がありながらなぜデモステネスに敗れたかと理解に苦しん
だとき、こう答えたという、「あの魔物が弁ずるのを聞いたなら――デモステネスのことを『魔物』と呼ん
だのである――君たちも納得しただろう」と。九 その地で教えて、アイスキネスは模擬演説集と弁論練習
問題集(4)と称されるものを著わした最初の人といわれている。一〇 年老いてロドスからサモスへ移り、その
地で歿した。
一一 父はアトロメトス、母は女神官グラウコテアで、無名の一族であった。兄弟にはアポベトスとピロ
カレスの二人がいた。一二 美声だったので最初悲劇の第三俳優になった。のちに政務審議会の書記になり、
次第に政治指導者にまでなった。アテナイの親ピリッポス派に属した。それゆえデモステネスの政敵となっ

た。一三　彼はプラトンに学び、アルキダマスの弟子であったといわれ[5]、それぞれの痕跡、すなわち壮麗な語彙や堂々たる構成がなにがしかアイスキネスの弁論に認められるという。一四　弁論術教師ディオニュシオス[6]はあるとき『ティマルコス弾劾』に出くわして、序論の出だし「いまだかつて私は、アテナイ人諸君、市民の誰かを公訴にかけたこともなければ、執務審査で苦しめたこともなく」を読んで、「願わくは多くの市民を公訴にかけ、多くの市民を苦しめてくれればよかったものを。そうすればあなたはもっと多くの弁論を残しただろうに」と言った。それほどにもこの弁論家の文体に惚れ込んだのである。一五　アイスキネスの弁論はいわば自然体で即興的であり、技巧よりは天性で人を驚嘆させるものである。一六　というのは彼

(1)『アポロニオスによる弁論家アイスキネス伝』は同名の弁論家アイスキネス（エレウシス区）の弁論術手引書に言及している。

(2)「十人の弁論家のカノン」と通称され、アンティポン（前五世紀後半）に始まる約一世紀半にわたるアッティカ弁論の代表的人物の生涯・作品を紹介論評する文書のこと。選者・選定経過は不明であり、成立時期についても前三世紀から後二世紀の間と一定せず（前一世紀に上記カイキリオスが選者であったという推測は有力）、一〇人の名にも異動があるものの、中世を経て近代に至るまで権威を持ち続けた。アイスキネスはつねに一〇人の中に含まれている。

(3) 写本伝承の誤りを正した古註に拠る。

(4) 仮想の題目のもとで模擬的に演説して証明や説得を試みるという練習法は弁論術の発生とともにあり、ローマ時代初期に一種の流行にさえなったが、模擬演説集、弁論練習問題集はその種の手引き書。

(5) アルキダマスは前四世紀の弁論術教師。

(6) ディオニュシオスはハリカルナッソス（小アジアのエーゲ海東岸）出身のギリシア人で、帝政初期（前一世紀）に弁論術教師としてローマに在住し、教材とした前四世紀のアッティカ弁論の批評研究に大きく寄与した修辞学者。

の弁論には類いない才能のすべて、そして天稟のしるしがより多く見出されるからである。[1]

一七　語法については平明でわかりやすく、構文についてはイソクラテスのように緩やかすぎることなく、リュシアス[2]のように圧縮されて窮屈なところもない。勢いと迫力ではデモステネスにいささかも劣らない。文彩は思想と措辞のそれを使っているが、何か技巧をひけらかすためではなく、当面の論題の必要からである。それゆえ彼の話は繕わない印象を与え、大勢相手の弁論や私的な談話に非常に適している。というのは弁証的推論や説得的推論[3]が、ぎっしり詰め込まれているわけではないからである。

(1) 以下のアイスキネスの文体批評は、前註ハリカルナッソスのディオニュシオス（前一世紀）、文芸家ディオン・クリュソストモス（後一／二世紀）、修辞家ヘルモゲネス（二世紀）、古代弁論術理論・修辞学を集大成した修辞家クインティリアヌス（後一世紀）などの論評に追随している。

(2) リュシアス（前四五九／五八？―三八二年以後？）アテナイ生まれの居留外国人であり、主に前四〇三年の民主政復活後、法廷弁論代作者として活躍した。その文体は、アッティカ散文の範と仰がれた。

(3) 蓋然性（εἰκότα）と徴証（σημεῖα）から組み立てられる説得的推論（ἐνθύμημα）が弁論術の重要概念としてさまざまに論議されたのに対し、その対義語とされた弁証的推論（ἐπιχείρημα）（アリストテレス『トピカ』第八巻第十一章一六二a一六）は、用法の推移をたどれる事例が残っていない。厳密な論理的推論と解しておおむね誤りではないであろう。

補　註

A　陪審廷について

「大法廷」「民衆法廷」とも呼ばれたアテナイの「陪審廷」(ディカステーリオン δικαστήριον、ヘーリアイアー ἡλιαία)は、三〇歳以上の男子市民から籤で選ばれ、年度はじめに誓いを立てた六〇〇〇人を要員とし、事前の贈収賄を防ぐため裁判当日の朝に、訴訟ごとに籤で法廷が編成された。通常私訴であれば二〇一人、公訴であれば五〇一人であったが、係争の規模に応じて二法廷合同、三法廷合同に拡大編成されることもあった。各法廷への要員の振り分けは、各人が名前を記した籤札をもって各部族別の入口から敷地へ入り、巧妙な造りの抽選器と輪番制の係員の操作によってその日の担当案件が決まるという、複雑かつ厳正な方法によった。審理はその日のうちに有罪無罪の判決および量刑を行なって結審した。ただしたいていの私訴は「区の裁判員」(「四十人」の名称が一般的)ないし「調停役」に持ち込まれ、その判定に不服の者のみが陪審廷に訴えた。殺人および有意傷害は、アレイオス・パゴス審議会など、これとは別の五つの法廷のいずれかで審理された。陪審廷は訴訟のほか、公職者の資格審査、執務審査、民会決議、法律案の採否にかかわる係争などをも扱うことによって、政務審議会、民会に並んで国政を左右する重要な役割を果たした。一年の任期中に平均して二〇〇日開廷し、陪審員は一日三オボロスの手当てを受給した。

アリストテレス『アテナイ人の国制』第六十三―六十六章に詳しく述べられている。

B　民会(エックレーシアー)および民会決議(プセーピスマ)について

アテナイの民会は、二〇歳以上の男子市民全員が発言権、投票権をもって通常プニュクスの丘(アゴラから南西へ約四〇〇メートル)に集まって行なわれた。議事は公職者の選出、国事、外交など万般にわたり、挙手採決によるこれらの決議は、民会決議(プセーピスマ ψήφισμα)として発効した。前四〇三年秋の民主政回復時以降、民会決議はより上位に位置付けられた法律(ノモス νόμος)に抵触しないことが要件とされた。

民会はプリュタネイス(政務審議会執行部)によって運営され、諮られる議題はすべて政務審議会による先議を経ていなければならなかった。民会開催頻度については、前三三〇年頃の国制を語るアリストテレス(『アテナイ人の国制』第四十三章三)によると、一プリュタネイア(三五―三六日の執行部執務期間)中に四回とされており、一年に四〇回となる。召集の公示は四日前に出される原則であったため、一プリュタネイアの第五日目からそのプリュタネイアの終わりの日までいつでも開催が可能であった。ただし第一プリュタネイアすなわち新年最初の民会はヘカトンバイオン月（現在の七―八月）の十一日と決まっており、既存の全法律の承認不承認を挙手採決で問うことが、その日の定例議題の一つであった。他の民会は当直政務審議会執行部が祭礼日および忌み日（殺人の裁判のためアレイオス・パゴス審議会が召集される日）を避けて開催日を決めた。一プリュタネイア中の一回が主要民会（エックレーシアー・キュリアー）に当てられ、普通民会では神事などが扱われ、さらに緊急時には変則的に臨時民会（エックレーシアー・シュンクレートス）が召集された。成年男子約二万五〇〇〇といわれるアテナイの市民総人口のうち、少なくとも六〇〇〇人以上は出席したと推測されるが、一回の平均的所要時間は半日で、民会出席手当て（一回一ドラクマ、あるいは一・五ドラクマ）は、貧困市民の半日の収入に代わりうる額であったという。

C　政務審議会（ブーレー）について

アリストテレスが「民主制における最も枢要な公職機関」（『政治学』第六巻第八章（一三二二b一二―一七））と呼ぶ政務審議会は、アテナイの一〇の部族（ピューレー）が出す各五〇人計五〇〇人から成る。部族の基本構成単位である区（デーモス）ごとに、三〇歳以上の男子市民からの立候補者に対して抽選が行なわれ、さらに資格審査に合格した者が一年任期で議員を務めた。したがって政務審議会は地域や階層を公平に代表するように工夫されていたといえる。しかし同じ公職には一人一回に限るというアテナイ民主制の原則にもかかわらず、政務審議会議員は例外的に二度務めることが許されており、そこに、弁舌、政治力の優れた少数の市民が議場をとりしきって国政の主導権を握るという状況が生み出されていたことが、弁論作品に頻出する提案者、弁論家（レートール）への批判非難やときに賞賛から推測できる（デモステネス『アリストクラテス弾劾（第二十三弁論）』一四六、同『ティモクラテス弾劾（第二十四弁論）』一四二など参照）。他方で、遠隔地に住むための不便からか、あるいは出席すれば受けた手当て（四世紀末までに一日五オボロス）よりも効率的な収入源を得てか、ほとんど欠席する議員もいたようである（デモステネス『アンドロティオン弾劾（第二十二弁論）』三六参照）。年間約二七五日（主要祭礼日と忌み日を除く毎日）、主として政務審議会議事堂（ブーレウテーリオン）で執務し、全体の運営は、一年を一〇に分けたプリュタネイア（執行部執務期間。第一―六プリュタネイアは各三五日、第七―十プリュタネイアは各三六日）を五〇人が部族ごとに交替で受け持ってこれに当たった。プリュタネイアの当番に当たった部族員五〇人すなわちプリュタネイスは、民会で討議採決されるべき事項をあらかじめ先議し、民会の議題を公告し、民会を召集する。開催された民会では、当番に当たっていない九部族から各一人選出される九人をもって議長団（プロエドロイ）とし、そのうちの一人を籤で議長（エピスタテース）に選んで、一日任期で務めさせた。このほか、他の国家機関の監督、国家財務処理、弾劾受理など政務審議会の業務は多岐にわたり、年間所定数の軍船を建造する義務を負うなど軍事にもかかわった。政務審議会議員は上記の日当のほか、任期中の兵役免除、議事堂に隣接する円形会堂（トロス）での公費による会食、退任時の授冠褒賞などの特典を与えられた。

D 「ティマルコス裁判」の訴訟形態および男色売買について

『ティマルコス弾劾（第一弁論）』は、もっぱら男色売買を論難する内容であるが、原告アイスキネスが拠った告訴方式は、「男色売買行為に対する公訴（γραφὴ ἑταιρήσεως）」ではなく、「演説者（弁論家）の資格審査の申し立て（ἐπαγγελία δοκιμασίας τῶν ῥητόρων）」である。すなわち(1)両親扶養の放棄、(2)兵役放棄あるいは盾投げ棄て、(3)男色売買、(4)相続財産蕩尽のうち一つ以上を告発されうる弁論家（政治家）に、民会あるいは政務審議会で演説ないし提案することを禁じるという、弁論家の要件を規定する法律（本弁論一八六）に基づいている。ティマルコスがこのうち3、4および1（両親の代わりに叔父）に違反していると、アイスキネスは主張した。のちにデモステネスは、アイスキネスがより厳格な刑罰の定められている「男色売買行為に対する公訴（γραφὴ ἑταιρήσεως）」に持ち込むことをちらつかせて脅した、と非難している（『使節職務不履行について（第十九弁論）』二五七参照）。

男色売買関連法と徴税の整合性について

『ティマルコス弾劾（第一弁論）』一六三の、男色売買に関する法律に違反してアテナイ人を雇った男は、石で打たれ罰金と侮辱罪を背負って法廷を去る、という発言は、厳密には法文解釈に多少の飛躍がある。アイスキネスが随所で述べるところによれば、男色売買者は市民として行動した場合（民会演説をする、公の聖儀に参加するなど）のみ男色売買関連法違反に問われるのであって、男色売買が私的行為にとどまる段階では、法違反の懲罰は受けない。たとえば所定の民会運営義務を怠ったプリュタネース（政務審議会執行部委員）や民会議長団（プロエドロイ）（デモステネス『ティモクラテス弾劾（第二十四弁論）』二二）、召集を受けながら兵役を忌避した市民（同一〇三―一〇五節参照）などは、その行為そのものに公的性格が顕在するため、ただちに、自動的に市民権喪失が生じたとされる。それにひきかえ男色売買は、公職に立候補しないなど、市民としての行動を避け続けていれば、告発を受けないかぎり罪に問われずに済む。しかしそのような生活は法的に犯罪者とされぬものの、じっさいには市民生活から締め出されることを意味した。

したがって男色売買従事者が、厳罰あるいは市民活動からの排斥を恐れる必要のない非市民すなわち外国人・居留外国人に多かった事実もうなずけよう（『ティマルコス弾劾（第一弁論）』一九五参照）。売色宿経営者からの徴税が制度的に行なわれえた背景には、このような社会状況があったと推測される。

ただし市民権剥奪に全面的剥奪と部分的剥奪の別、永久的と一時的の別があるとする解釈があり、詳細はつかみがたい。

E 「使節職務不履行裁判」の訴訟形態および執務審査について

原告演説、被告演説もともに『使節職務不履行について（περὶ παραπρεσβείας）』の題名で現存する本件を「使節職務不履行公訴（γραφὴ παραπρεσβείας）」と呼ぶ後世の文例はあるが（ポルクス『辞林』第八巻四六）、アイスキネスは本件を「執務審査（エウテューナ）」と呼び（九六、一七八節）、デモステネスも八度にわたって「執務審査」と呼んでいる（『使節職務不履行について（第十九弁論）』二、一七、八二、一〇三、一三二、二二三、二五六、三三四）。したがって本裁判の訴追形態が、通常「公訴」より刑罰のややゆるやかな「執務審査」であったことは間違いないであろう。

執務審査

アテナイのすべての公職者が任期満了時に受けねばならない執務審査（エウテューナ εὔθυνα）には、会計検査（ロゴス）と狭義の執務審査（エウテューナ）の二段階があった。第一段階の会計検査では、籤で選ばれた一〇人の会計監査官（ロギスタイ）と、同じく抽籤による一〇人の助役が、当該の公職者から提出された（離任後三〇日以内）会計報告を点検し、陪審廷においてこれを審理にかける。所定の日に出頭した公職者は、会計検査に問題点なしと認められ、さらに触れ役の「誰か告発したい者はいるか?」に応える人がいなければ会計検査合格となる。問題点があれば裁判が行なわれ、助役あるいは告発者による原告演説、被告となった当該公職者の弁明を経て陪審員による投票が行なわれ、有罪判定であれば窃盗、収賄、公金不正使用など罪種に応じた法定の刑が与えられた。

第二段階の執務審査（狭義のエウテューナ）は、政務審議会議員から籤によって選ばれた各部族一人計一〇人の執務審査員（エウテューノイ）（各二人の補佐員がつく）が担当した。アゴラの名祖英雄像前に座を構え、会計検査完了後の三日以内に会計以外の職務内容に関する告発を受け付けた。告発者は、白板に自分の名前と当該公職者の名前、告発事由、正当と思われる量刑を記して提出、受け取った執務審査員は、訴状を妥当と見なせば、私的告発事由の場合は「区の裁判員」（「四十人」の名称が一般的）に、公的告発事由の場合は法務執政官（テスモテタイ）に回付する。訴状を受理した区の裁判員は、他の私訴の場合と同じ処理に進み、法務執政官は、陪審廷開廷の手続きを取る。

原則的に公職は一年任期であったから、執務審査は年度明けのヘカトンバイオン月に集中したが、使節のように必要に応じて任命された場合は任務終了時であったと思われる。通常執務審査が未了である、すなわち説明責任を果たしていない（*ὑπεύθυνος*）間は、国外へ出たり、授冠の栄誉を受けたりしてはならなかった（『クテシポン弾劾（第三弁論）』一一、三一参照）。

執務審査の参考文献としてアリストテレス『アテナイ人の国制』第五十四章二および第四十八章四—五、ハルポクラティオン『アッティカ十大弁論家語彙集』一一四が挙げられるが、細部については異説もある。

前三四六年の第二次対マケドニア使節職務に対する執務審査がいつ行なわれたかについては疑問点が多いが、『ティマルコス弾劾（第一弁論）』一七四、『使節職務不履行について（第二弁論）』九六、デモステネス『使節職務不履行について（第十九弁論）』二一一から、第一次使節、第三次使節同様規定どおり行なわれ、会計検査が終わり、残る狭義の執務審査に至った段階でティマルコス・デモステネスらによるアイスキネス告発が起こり、逆に訴追されたティマルコスの市民権剝奪という結果を見た後、三年を経て執務審査が再開された、という経緯が考えられる。アイスキネスは第一段階の会計検査を終了していたため、出国禁止規定に触れることなく第三次使節を務められたと推測されている（Yunis, 2005, p. 116. n. 3; Harris, 1995, p. 201 n. 39 参照）。

F 「冠裁判」の訴訟形態およびグラペー・パラノモーン（違法提案に対する告発ならびに公訴）について

いわゆる「冠裁判」の訴訟形態であるグラペー・パラノモーン（違法提案の告発ならびに公訴 *γραφὴ παρανόμων*）は、政務審議会または民会で、現行の法律に違反する民会決議案を上程・制定した者および民会決議に対する告発、また提訴受理後に開かれる公訴をも指した。違法と見られる民会決議案およびその上程者を告発する者の差し止め宣誓（ヒュポーモシアー）に始まり、受理した法務執政官から提訴を付託された陪審廷が審理する。訴え出るのは決議案の民会による可決前でも後でもよく、訴えられた民会決議（案）はその違法性如何が判定されるまで、効力停止の状態に置かれた。政務審議会による可決後、民会による可決前の段階で告発が行なわれると、議案は政務審議会先議案（プロブーレーマ）として一年経過後に自然消滅した（デモステネス『アリストクラテス弾劾（第二十三弁論）』九二参照）。クテシポンによるデモステネスへの授冠提案は、前三三六年民会による可決前のアイスキネスによる差し止め後、なぜこの規定が適用されなかったのかは不明である。個人ではなく国家が違法提案の被害者に当たる場合、この先議案に関する時効規定は適用されなかった、という見解がある（Cawkwell, G. L., "The Crowning of Demosthenes", *Classical Quarterly n.s.* 19, p. 166 n. 11 参照）。

前三三〇年に開廷された経緯については、四二六頁参照。

前五世紀後半に成立したと思われるグラペー・パラノモーンは、前四一一年の独裁政権によって圧力で撤廃されたが、前四〇三年秋の民主政回復時に、恒久的な効力を持つ法律（ノモス）を、時局的な問題に関する民会決議（プセーピスマ）より優位に置くことによって違法な民会決議の成立を阻止し、法の支配の理念を実現した。

しかし民主制の防壁と恃まれ（『クテシポン弾劾（第三弁論）』三―八）、グラペー・パラノモーンの廃止は民主政の崩壊（デモステネス『テオクリネス弾劾（第五十八弁論）』三四）、とまで言われる一方で、制度は次第に濫用悪用されて政争の具と化す一面もあった。頻繁になった有力政治家の顕彰提案に対してグラペー・パラノモーンを起こす真の目的は、政敵追い落としである場合が少なくなく、顕彰が国益に適うか、対象者が顕彰に値するか、という違法性の埒外の視点が比重を増していく。

アイスキネスが『クテシポン弾劾（第三弁論）』中最重要の訴因と位置付け（四九節）、演説の大半を費やした「クテシポンの提案文言の虚偽」（八節）なる第三の告発事由は、民会決議案中に虚偽記載を禁じる「あらゆる法律」に違反する（五〇節）ことを根拠にしているが、厳密にはそれを命じた法律は存在しない（あればアイスキネスは引用したであろう）。したがってアイスキネス自身「正義と国益をもたらす票を投じる」（二六〇節）よう結語で陪審員に求めているように、本訴訟は「国益」および顕彰対象者（デモステネス）の適格性を問うという、政治性の極めて濃厚なグラペー・パラノモーンであるといえる。

グラペー・パラノモーンの刑罰として、最高額罰金一〇タラントンの被告有罪事例（デモステネス『テオクリネス弾劾

（第五十八弁論）』三一。しかし誇張との指摘がある）に対して、二五ドラクマという名目的な小額罰金の例（ヒュペレイデス『エウクセニッポス擁護（第四弁論）』一八）が知られる。

G　アンピクテュオニア神聖同盟および第三次神聖戦争（別名ポキス戦争）について

アンピクテュオンは「周りに住む」の意で、特定の神殿聖域を中心にその祭儀の維持・管理を目的に結ばれた地域共同体連盟がアンピクテュオニアと呼ばれた。本書で意味されるアンピクテュオニア神聖同盟は、前六世紀頃、デルポイのアポロン神殿とアポロンの予言の崇拝、管理を大義に結成されたテルモピュライ隣保同盟と通称されるもので、その成員である一二のエトノス（種族の意、ポキス人、テッサリア人、ドリス人（＝ドリス人とペロポンネソス人）、デルポイ人、イオニア人（＝アテナイ人とエウボイア人）、ボイオティア人、ロクリス人（＝東西ロクリスの）、ペライビア－ドロピア人、アカイア－プティオティス人、マグネシア人、アイニア人、マリア人とオイタイア人）から各二名の代表の出るアンピクテュオニア神聖同盟会議によって運営された。会議はデルポイ、テルモピュライにおける春秋の年二回の定例のほか、臨時召集の会議もあった。アポロン神殿再建などに関する議事が行なわれたことが議決記録断片から判明する。投票権をもつ二四名のこれら種族代表ヒエロムネーモーン（神事忘備係の意）のほかに、演説は許されるが投票権をもたないピュラゴラス（ピュラゴロスとも。テルモピュライに召集される人の意）の資格で出席する種族代表もおり、前三四三年春にはデモステネスがこれを務めた（『クテシポン弾劾（第三弁論）』一一三―一一四参照）。ギリシア中部の覇権を握ったテバイ（前三七一年）は、このアンピクテュオニア神聖同盟をしばしば政治目的のために利用したが、前三五七年、アポロンの聖地占拠のかどでポキスに多額の罰金を科すという提案を可決させた。これにより第三次神聖戦争が勃発した（前三五六年）。ポキスの将軍ピロメロスは傭兵軍の編成資金にするためアポロン神殿の収蔵宝物に手をつけた（ディオドロス『世界史』第十六巻三〇－一参照）。一方で、テバイがテッサリア、ロクリスとの同盟を固めたことによって第三次神聖戦争は、ギリシアの主要国を巻き込む戦いに拡大した。ポキスの次の将軍オノマルコスは奉納品の改鋳さえした（同第十六巻三二―三三参照）。テバイは苦戦の末ペルシア王から銀三〇〇タラントンの援助を受けるなどしたが、前三四七年マケドニア王ピリッポス二世に救援を要請、ポキスを追いつめた。三四六年ピリッポス二世に対するポキスの降伏をもって第三次神聖戦争は終わった。

H　ディオドロス『世界史』第十六巻六〇-一―三の伝える、ポキス除名のアンピクテュオニア神聖同盟会議決議文（前三四六年）

「アンピクテュオニア神聖同盟会議は以下のことを決議した。ピリッポスとその子孫にアンピクテュオニア神聖同盟加入を認め、敗退したポキス人がさきに有していた二票の投票権を引き継がせることとする。ポキス領有の三都（付註参照）の城壁を取り壊すこととし、ポキス人は以後デルポイ神殿およびアンピクテュオニア神聖同盟会議への関与を許されず、神殿荒らしにより奪い取った聖財を祭神に返済するまで軍馬武器の所有を禁じられることとする。逃亡中のポキス人および神殿荒らしに加わった他の犯罪者は、呪いのもとに置かれ、場所を問わず逮捕されるべきものとする。ポキス人のポリスをすべて撤去し、相互に一スタディオン以上離れ、五〇軒を上限とする集落別の居住形態に移行させることとする。ポキス人の国土領有は存続させ、神殿荒らしの時期に作成された記録記入額全額を完済するまで、年六〇タラントンの聖財返還を義務づけることとする。さらにピリッポスは、ボイオティア人およびテッサリア人とともにピュティア競技会を主宰することとする。その理由は、コリントス人がポキス人とともに不敬を行なったからである。アンピクテュオニア神聖同盟構成員とピリッポスは、ポキス人と傭兵の武器を岩に投擲粉砕し、残りを焼き、馬を売却することとする」。

（付註――「三都」はオルコメノス、コロネイアおよびコルシアイ。デモステネス『使節職務不履行について（第十九弁論）』一二一、一四一、三二五およびディオドロス『世界史』第十六巻五八-一参照。）

I　第四次神聖戦争（別名アンピッサ戦争）について

前三三九年のアンピッサ人対アンピクテュオニア神聖同盟の戦い。西ロクリスのアンピッサ人はテバイとの古来の盟友関係、ポキスとの敵対関係から、第三次神聖戦争にも深く関わったが、その後前三四〇年デルポイの神殿修復に当たって、アテナイが再び冒瀆的奉献物を掲げようとしたと難じて、懲罰を要求した。奉献物は前四七九年のペルシアによるギリシア侵攻の際、プラタイアの戦いでペルシア側についたテバイからの戦利品である旨が刻銘されたものであった。前三四〇年のアンピクテュオニア神聖同盟会議にピュラゴロスとして出席したアイスキネスは、これをアテナイ攻撃の口実と見て、逆にアンピッサ人が聖地キラの禁を侵して港に防壁を建て、平地を耕作していることを瀆神行為として告発、アンピクテュオニア神聖同盟代表一同による聖地視察を提案実施して建造物取り壊しなどを図ったが、逆襲された。そこで臨時に開かれたアンピクテュオニア神聖同盟会議はアンピッサ人に対し、議長のテッサリア人コッテュポスを将軍に第四次神聖戦争（別名アンピッサ戦争）を宣戦布告した（前三三九年春）。戦いはアンピッサ人への罰金、同盟盟約違反者追放、亡命者呼び戻しをもって終ったが、アンピッサ人が罰金支払いを拒否したため、アンピクテュオニア神聖同盟は戦争を再開した。スキュティアに遠征していたピリッポス二世が請われて将軍となったが、アンピッサに向かう途中で突如方向を変えてエラテイアを占拠（前三三九年秋）、テバイとアテナイを驚愕動転させた。アテナイとテバイは同盟してカイロネイアの会戦に臨んだ。

J　書記について

アリストテレス『アテナイ人の国制』第五十四章三―五は三種の書記（グランマテウス）を挙げている。

(1)プリュタネイアの書記――はじめ選挙、のちに（前三六〇年代か?）抽籤による。公文書の管理保守などを扱い、重要な公文書に名を刻される要職。

(2)法律の［記録・公布の］ための書記――抽籤による。

(3)書類を読み上げるための書記――民会の挙手選挙により任命（声の大きさが重視された）。民会と政務審議会における朗読係。

アイスキネスと弟アポベトスが務めたのは3であったと、「挙手選出された」（デモステネス『使節職務不履行について（第十九弁論）』二四九、三一四参照）から推測されているが、「書記」の名の仕事はほかにも各種ある。「下級書記」（ヒュポグランマテウス）は公職に数えられ、一市民が一回のみ就任を許される公職交替制の原則が適用されたようである（リュシアス『ニコマコス弾劾（第三十弁論）』二九参照）。公職者に雇われて下働きをする「書記」は、居留外国人や奴隷でも務められる公職外の役目であったが、これを連続して務めることは妨げられなかった（デモステネス『使節職務不履行について（第十九弁論）』二〇〇参照）。この書記役を何年か務めることによって、アテナイの法律公職等の実地運用の知識を身につけたアイスキネスは、その履歴を土台に政治家として頭角を現わしたといわれる。

「書記」の語が広く侮蔑の対象になりうる職種をも指しえたことは、デモステネス『使節職務不履行について（第十九弁論）』三一四から推測される。

K　公共奉仕（レートゥールギアー）について

公共事業の費用および付帯業務を富裕市民（事業種によっては富裕居留外国人も）が負担し、国（ポリス）に奉仕する制度で、戦時財産税立替奉仕など約一〇〇種を数える公共奉仕があった中で、三段櫂船奉仕とディオニュシア祭など祭礼の合唱舞踏隊奉仕が二大奉仕として知られる。奉仕人として指名を受けることは名誉と考えられ、政治的野心をもってみずからこれに名乗り出る市民もいた。公共奉仕をいかに立派に果たしたかは、法廷闘争で有利な判決を勝ち取ることにも大きく寄与し、デモステネスの演説ではそれへの言及がしばしば見られる。

しかし経済的負担は重く、前四世紀には忌避する傾向が顕著になったので、負担軽減策として、一年間上演世話人を務めた者は翌年免除される、三段櫂船奉仕の場合は翌二年間免除を申請できる、また一隻の奉仕を二人で分担する、など規定の改変も行なわれた。指名された者が提訴できる「財産交換」（自分より富裕度の高い市民に奉仕人役を代わらせるか、さもなければ全財産を交換させる）という独特な制度もあり、その是非を法廷で争った事例が残されている（デモステネス『パイニッポスへの抗弁（第四十二弁論）』など）。また三段櫂船奉仕の付帯業務を請負人に任せて金銭的負担のみを奉仕人が引き受ける、など実態はさまざまに変化した。

L　ディオニュシア祭について

毎年エラペボリオン月（現在の三月終わり頃）に行なわれ、酒神ディオニュソス（バッコス）に奉献された祭礼。呼びものである演劇競演は、前年夏のアルコーンによる悲劇の「上演世話人あるいは合唱舞踏隊奉仕役（コレーゴス）」の指名に始まり、上演作品の選定、合唱舞踏隊同士の競合など、市民の絶大な関心と期待のうちに準備された。出演者はその間の兵役を免除された。莫大な経費を負担する上演世話人の免除特典については、補註K「公共奉仕」参照。

盛時には、神事の後、他国からの来訪使節もディオニュソス劇場の最前列の貴賓席に並ぶ中、アテナイの軍功その他を謝す同盟国からの金冠ほか献上品や貢租が披露され、戦没市民の遺児が国家給付の武具武装に身を固めてパレードするなど、国威を示し、市民の愛国心を鼓吹する一連の行事が行なわれる機会でもあった。

競演では、悲劇詩人三人がそれぞれ悲劇三作とサテュロス劇一作、喜劇詩人五人がそれぞれ喜劇一作、一〇部族対抗の少年合唱舞踏隊と成人男子合唱舞踏隊によるディテュランボス歌競演が五日にわたって行なわれた。優勝は子々孫々にまで伝えられる栄誉であった。祭礼終了後、期間中に起こった問題の処理のため、ディオニュソス劇場において民会が開かれた。

以上の「市のディオニュシア（あるいは大ディオニュシア）」に対し、「田舎のディオニュシア」と呼ばれるアッティカの地方的祭礼が、ポセイデオン月（十二月頃）にアテナイ以外の区（デーモス）で行なわれた。

M　第二次アテナイ海上軍事同盟、同盟国戦争について

前三七八／七七年、大国スパルタへの恐怖からアテナイを頼ったギリシア諸国を傘下に、第二次アテナイ海上軍事同盟が発足したが、レウクトラの戦い（前三七一年）でスパルタがテバイに敗北し、まもなくスパルタとアテナイが同盟を結ぶと（前三六九年）、独立自治を保障されたはずの加盟国のうち強力なものは次第にアテナイの帝国化路線への敵意をつのらせ、前三五七年の同盟国戦争に至った。前三五五年の戦争終結時には、エーゲ海沿岸の主要ポリスをはじめ加盟国の多くが同盟を離脱した。膨大な戦費と傭兵部隊の維持のために国家財政を破綻させたアテナイは、その間にアンピポリスなど要衝の地をマケドニア王ピリッポス二世に奪われた。同盟体制そのものは前三四六年の「ピロクラテスの講和」締結後も存続したが、前三三八年、カイロネイア戦の敗北後にピリッポスによって解体された。

N　ポリスについて

「都市国家」という訳語がしばしば用いられる「ポリス *πόλις*」は、地理的条件（山に囲まれている、海で隔てられているなど）によって成立したギリシア人の独立種族共同体を指し、原則的に土地所有農民を中心に商工業者も加わった居住地に生活する市民団を意味する。その市民団が国家意志の直接的決定者であるところが、オリエントの専制君主支配下の古代国家や近代国家と根本的に異なる点である。すなわち市民は、たとえば農夫であっても、農耕のみに専念する農業労働者ではなく、有事の際には戦士として戦い、あるいは民会に出席して、国家の政治外交の進路を決め、あるいは法制問題に判断を下して社会の秩序を守る、といった国家運営の直接的担い手であった。したがってこの共同体は小規模で、市民は相互に知り合いであるほどの数が理想的だと考えられ、プラトンは五〇四〇人という数字を挙げている（『法律』第五巻七三七d―七三八e参照）。しかしこの市民共同体には奴隷や居留外国人は含まれておらず、女性も政治的社会的に排除されており、ポリスの特性である自由や自治、自主独立といった理念は、平等を原則とするポリス成員によってのみ共有されたのであるから、こうした特権的な身分は当然ながらポリス市民団の閉鎖性排他性につながった。前四世紀には「市民」に代わる「個人」の意識が現われ、ポリス社会の頽勢のうちに多様な政治的・社会的・軍事的矛盾が顕在化した。

本巻では *πόλις* の訳語として「国家」と「ポリス」を併用したが、本巻に限らず一般に古代ギリシアを扱う文章では、その成員を（国民でなく）市民と呼ぶなどの不整合が避けられない。それは上記のようにポリスの概念が古代ギリシア独特のものであることに一因がある。

○　ピューレー、名祖の英雄像について

通常「部族」の訳語が当てられるピューレー（φυλή）は、アッティカの全市民を一〇に分けた市民組織を指す。クレイステネスの改革（前五〇七年）によるもので、それまでイオニア人国家に通有であった四部族構成を改編し、各ピューレーをそれぞれ都市部（アステュ）、海岸部（パラリア）、内陸部（メソゲイオン）の三下部組織トリッテュエスに分け、合計三〇のトリッテュエスをさらに地理ならびに行政上の単位である区（デーモス）に分けた。各トリッテュスから選出した三人のピューレー監督役が部族の世話係りを務めた。同一部族の構成員は、兵役で同じ部隊に属し、政務審議会の同じプリュタネイアに属すなど、公私ともに懇親の機会は多かった。またアルコーン選出をはじめ、部族は公職者抽選の単位ともなった。各部族は、伝説中の英雄一〇人を名祖としてその名称で呼ばれると同時に、各英雄崇拝の祭祀をも伝承した（ヘロドトス『歴史』第五巻六九、アリストテレス『アテナイ人の国制』第二十一章二―六参照）。一〇部族の名称およびその名祖の英雄は以下のとおり。

・エレクテイス（Erekhtheis）部族
エレクテウス（Erekhtheus）――伝説上のアテナイの王、アクロポリスに神殿（エレクテイオン）を持つ。

・アイゲイス（Aigeis）部族
アイゲウス（Aigeus）――アテナイの英雄、テセウスの父、「エーゲ海」の名は彼の名に由来する。

・パンディオニス（Pandionis）部族
パンディオン（Pandion）――伝説上のアテナイの王、メガラの英雄。

・レオンティス（Leontis）部族
レオス（Leos）――アテナイ出身、飢饉の折にデルポイの神託に従って三人の娘を差し出し、アテナイを救った。

・アカマンティス（Akamantis）部族
アカマス（Akamas）――テセウスの子、トロイア攻めに参加。

・オイネイス（Oineis）部族
オイネウス（Oineus）――パンディオンの庶子。

・ケクロピス（Kekropis）部族
ケクロプス（Kekrops）――伝説上のアテナイの初代王と信じられていた。

・ヒッポト（オ）ンティス（Hippoth(o)ontis）部族
ヒッポト（オ）ン（Hippoth(o)on）――エレウシスの英雄、ポセイドンの子。

・アイアンティス（Aiantis）部族
アイアス（Aias）――サラミスの王、テラモンの子、トロイア攻めに参加。

・アンティオキス（Antiokhis）部族

アンティオコス（Antiokhos）――ヘラクレスとメダの子。

P　傭兵

兵役がポリス市民の第一の義務であった一方で、クレタ島の弓兵やロドス島の投石兵といったいわば専門技術者としての傭兵への需要と供給は、戦乱の絶えなかったギリシアで古くから見られた。ペロポンネソス戦役前半には、すでに大量の傭兵が市民兵団とともに戦う場面が見られた（トゥキュディデス『歴史』第四巻七六、八〇参照）。アテナイのシケリア遠征（前四一五年）において一日一ドラクマの給料で集められた一三〇〇人のトラキア人傭兵や、両陣営（アテナイとスパルタ）に雇われて同胞相食む戦闘に従事したアルカディア人傭兵（同第七巻五七参照）などが知られるが、クセノポン『アナバシス』に登場する一万人の兵士が帰路ボスポロス海峡に到着したとき（前四〇〇年）、トラキアの王セウテスに請われて部族抗争に力を貸した例などは、ペロポンネソス戦役終盤にかけて、急速に膨張した傭兵の存在を示すものである（クセノポン『ギリシア史』第四巻四-一四参照）。貧困化がギリシア人傭兵をも大量に発生させ、雇用主もペルシア大王や僭主（ペライのイアソン、シュラクサイのディオニュシオス一世など）にとどまらず、同時にアテナイが同盟国戦争（前三五七―三五五年）に、ポキスが第三次神聖戦争（前三五六―三四六年）に他国人傭兵を活用するなど、傭兵制度は前四世紀ギリシア各国に広がった。軍事技術訓練を日常とする戦士の職業軍人化・傭兵化は、市民意識の変化と伝統的ポリス観の変質を生んだ。ピリッポス二世、アレクサンドロス三世も、専門技術者としてまた遠隔地の駐留軍戦力として傭兵に大きく依存した。

Q　アッティカの区（デーモス）および図版「区」地図について

前五〇七年のクレイステネスによる市民編成の基本単位である区（デーモス δῆμος）は、規模が大小様々で、所属も一トリッテュスが一区のみの場合もあれば（たとえば、広域にわたって一〇〇〇人以上の（成人男子）市民を擁したと考えられるアカルナイ区は、一区だけでオイネイス族の内陸部を構成した）、一〇区をもつトリッテュス（一〇区も持つアイゲウス族の都市部には、市民数五〇人前後の区もあった）もあるというふうにばらつきがあった。アッティカ全体の区の数については諸説あるが、現在碑文に基づく一三九区が一般に研究者に受け入れられている。一八歳に達して資格審査（ドキマシアー）に合格した男子は、区民名簿に登録されることによって市民権所有者となったが、各人の所属区はそれぞれの祖先に遡るため、現住所とは異なる場合が多い。区民名簿は、公職選出、徴兵などの基本台帳の役割を果たした。「区」のギリシア語「デーモス」は民会、民衆をも指し、近代語デモクラシー（民主主義）の元になった。

図版「アッティカの区」地図に見られるオロピアはボイオティアとアッティカの境に位置し、その拠点都市オロポスは絶えず両者間の領有の抗争の的であった。古くはアテナイの支配下にあったが、前四一二年頃反アテナイ分子の裏切りによってテバイの所領にされた。おそらく前三八七／八六年の大王の和平時にアテナイに返されたが、前三六六／六五年に再びテバイのものとなった。前三三八年カイロネイアの戦いでアテナイ・テバイ連合軍を破って全ギリシアを制したマケドニア王ピリッポス二世は、オロポスをアテナイに与えた。

R　年代推定・表記について

本書では、ピリッポス関連の年代を通説に従って記したが、John Buckler, *Philip II and the Sacred War* (Leiden, 1989), pp. 181–186 は、主要な資料の一つである（シケリアの）ディオドロス『世界史』におけるピリッポスのメトネ攻略前後の記述の矛盾を指摘して、通説年代の修正を提起した。これに続くピリッポスのテッサリア介入、支配の実態はなお不明な部分が多いが、Buckler に従うと従来前三五二年とされていたピリッポスによるテルモピュライ進攻、トラキアのヘライオン・テイコス進攻およびテッサリア支配に入る年はいずれも前三五三年となる。

解説

アイスキネス――人と作品

弁論家アイスキネス

宿敵デモステネス

アイスキネスほど宿敵のかげに覆われて、浮かばれなかった弁論家はいない。すぐれた才腕と真摯な人柄をそなえながら、政敵デモステネスとの対決に敗れ、愛する祖国を遠く離れた地で生涯を閉じたのである。相手は古今を通じて弁論の第一人者、輝かしいアテナイの民主政を代表する政治家と謳われたデモステネスであり、その名声は二千数百年の年月を閲した現在も失われていない。西洋の知の源泉とされる古典文献にあって、デモステネスの弁論作品は近代諸語による翻訳はいうまでもなく、研究解釈の対象として繰り返し点検再校訂され、修辞学の原典、歴史学の第一次資料として尊重されてきた。アテナイ市民としてもマケドニアの脅威に敢然と立ち向かい、ギリシアの自由と栄光を守りぬいた熱烈な愛国者デモステネスという評価はいまなお生きている。それに対してアイスキネスは、論敵によって貼られた売国奴のレッテルと、マケドニア王ピリッポスから受けたとされる収賄の嫌疑は、デモステネスの弁論が失われないかぎり消えない。しかしながら新興マケドニアの勢威についに屈した前四世紀のアテナイで、デモステネスと政治的信条こそ違え、彼なりに祖国のために一身を抛ったことは確かであり、その生の軌跡が悪意と不名誉の中に忘れ去られては、あまりに不公平である。

こうしたアイスキネスを不当な閑却から復権させようという兆しがわずかながらも見え始めたのは、前世紀も終わろうとする頃からである。アイスキネスの弁論作品が新たに校合・更訂され、アメリカ、イギリス、ドイツ、イタリア、スペインなどにおいて諸種の翻訳、注釈、研究書が相次いで現われた。彼が時の政治外交で果たした功績を再評価しようという気運も高まっている。もっともアイスキネスには三編の法廷弁論作品（と真正性が疑われる書簡類）が伝えられるだけである。デモステネスの現存作品が多数の法廷弁論に加えて議会弁論、私的係争弁論、さらに書簡やエッセイ風のものまで含めて六〇余編を数えるのとは、量、種類ともに比較できない格差がある。しかしながら政治活動の範囲、実力において、デモステネスにけっしてひけを取らなかったアイスキネスを、僅少とはいえ残された作品から復権させ、その歪められた人物像を見直すことは、わが国の西洋古典学においても喫緊の作業というべきであろう。

誕生・家系

アイスキネスの出生については、本人ないし論敵デモステネスが弁論中で言ったことから僅かに再構成できるもの以上には、ほとんど知られない。学校教師アトロメトスを父に、女司祭グラウコテアを母に、アイスキネスは前三九〇年頃[1]アテナイに生まれた。長兄ピロカレス、末弟アポベトスの三兄弟の二番目がアイスキネスであった。当時のアテナイに幼少年向けの公的教育機関はなく、養育係りの家内奴隷に付き添われた少年たちが、読み書きを教える私塾風の学校に通うというのが、一般市民の初等教育の形態であった。その学校教師の報酬は少なく、社会的位置付けも低かった、富裕層出身のデモステネスが、侮蔑的口調でアイスキネスの父アトロメトスの職業に触れるのも不思議ではない。母についてはいっそう冷笑蔑視を隠さず、宗教活動ないし結社に向けられがちないかがわしい連想をいやがうえにも煽る態《てい》の言葉を連ねて、出自の低さを嘲っている。[2]論敵同志の過激な個人攻撃が常套であったアテナイの法廷弁論の発言をどこまで事実と受け取るべきかはさておき、けっして楽ではない生計をたよりに、つましく暮らすアイスキネスの家庭が思い浮かべられる。

もっともアイスキネス一家のこのような窮状は、父の代における国難ゆえの零落だと、アイスキネス自身は言う。アテナイ市民の多くを見舞った運命をもろに受け、ペロポンネソス戦争で資産を失ったアトロメトスは、さらに前四〇四／〇三年の寡頭派独裁政権による暴政で生存そのものを脅かされた。おそらく三十代であったアトロメトスは、[3]家族を連れて一時アテナイから離れることを余儀なくされるが、やがてピュレ山を経てペイライエウスを拠点に、アテナイ市街地に進撃した民主派の一員として寡頭派三十人独裁政権打倒を果たし、ここにアテナイ民主政復興の理想に燃えつつ市民生活に戻った。父アトロメトスが「ピュレからの」「ペイライエウスからの」帰還者という尊称を捧げられた民主派の一人であったことを、アイスキネスは生涯誇りにしていた様子である。[4]

青少年期

青少年時代のアイスキネスは、父を助けて教場の整備や教材の準備に携わり、また母の女司祭役——それがデモステネスが侮蔑的に言ういかがわしいものであったか否かはさておき[5]——を手伝ううちに、将来国政の第一線で活躍できるだけの糧を十分に吸収したと思われる。父の助手として古典文学の作品から詞句を選び整えた経験は、エリート家庭の子弟と互角にわたりあえる知性を培ったであろう。後年演壇でホメロス、ヘシオドス、エウリピデスなどから自在に詩句を引用しえたアイスキネスは、言葉に酔うことの無類に好きなアテナイ市民を魅了する術をおのずから身につけたと思われる[6]。

---

(1) 前三四六年に口演されたと考えられる『ティマルコス弾劾(第一弁論)』四九において、自分の年齢を四五歳と言っているところから逆算したもの。

(2) デモステネス『冠について(第十八弁論)』一二九—一三〇、二五八—二六〇、同『使節職務不履行について(第十九弁論)』一九九、二四九、二八一参照。

(3) アトロメトスの生年はおよそ前四三六年(『使節職務不履行について(第二弁論)』一四七参照)。

(4) 『使節職務不履行について(第二弁論)』七八、一四七参照。

(5) 施主の依頼に応じて儀式などを司る女司祭グラウコテアが、デモステネスの悪口(前註(2)参照)そのままの卑しい出自でなかったことは、その兄弟クレオブロス(アイスキネスの叔父)の墓碑、国防への寄与(おそらく将軍としての海戦での働き)などから推し量られる。クレオブロスが預言にもかかわったとすれば(*SEG* XVI, 193 参照)母グラウコテアの教団活動はこれと何らかの関連を有したとも考えられる。

(6) クインティリアヌス『弁論家の教育』第二巻第十七章一二参照。アテナイ市民の詩文好きについては、アリストパネス『蜂』五七九—五八〇、ディオドロス『世界史』第十四巻一〇九-二参照。

若きアイスキネスは、家計を助けるために懸命に働いたと容易に想像できるが、彼の仕事に下級書記[1]という名が当てられるとき、正確にどのような用務が意味されたかについて、にわかには答えが出せない。論敵デモステネスがアイスキネスの「書記」の履歴に揶揄嘲笑を浴びせてやまないのが[2]、低級とみなされ、ときに隷従的下働きをさせられる公職外の雇われ仕事を指すのか、あるいはれっきとした公職の書記をからかって言うのか、判別は困難だからである。ただ成人後その名の公職の頂点ともいうべき政務審議会・民会の「書記」に選出されたことはほぼ確実で[3]、公文書館に保管されている政務記録文書を調べたり、会期中に法律・民会決議の朗読役を務めたりすることによって行政や法体系に精通したことは、のちの法律政治論争・活動にどれだけ役立ったか測り知れない[4]。アリストポンやエウブロス[5]といった時の有力政治家たちのもとで「書記」として働き、政治の現場に立ち会ったことは、鋭敏な時代感覚を身につけ、同時に人脈という、目に見えない財産を構築することに役立ったであろう。

アイスキネスが兵役の功績を誇れるのは、父親ゆずりの強健な身体とすぐれた運動神経をそなえていたからであろうか[6]。兵役年齢に達し、巡察隊勤務[7]についた翌年、アイスキネスは予期せぬ危険に遭遇しながら実戦で果敢に戦い[8]、のちの戦闘では二度の授冠の栄に輝く戦功を挙げ[9]、令名高かった将軍ポキオン[10]の知遇を得るという幸運にもあずかった。ちなみにアイスキネスの兄ピロカレスも選ばれて将軍職を三度務めている[11]。当時兵士としての最高の名誉を表わした「イピクラテスの僚友[12]」という呼び名で、アイスキネスは兄を呼んでいる。

アイスキネスが一時俳優をなりわいとしたことは、事実であろう。この履歴についてはデモステネスの誇

(1) 書記については補註J参照。

(2) デモステネス『冠について（第十八弁論）』二六一、同『使節職務不履行について（第十九弁論）』七〇、二〇〇、二三七、二四九、三一四参照。

(3) デモステネス『使節職務不履行について（第十九弁論）』二四九参照。

(4) 『使節職務不履行について（第二弁論）』八九、『クテシポン弾劾（第三弁論）』七五参照。

(5) アリストポンとの関係についてはデモステネス『冠について（第十八弁論）』一六二、同『使節職務不履行について（第十九弁論）』二九一参照。エウブロスとの関係については『使節職務不履行について（第二弁論）』一八四、デモステネス『使節職務不履行について（第十九弁論）』三〇四参照。

(6) 『使節職務不履行について（第二弁論）』一六八―一七〇、擬プルタルコス『十人の弁論家の生涯』――アイスキネスの生涯――二参照。

(7) 兵役年齢（一八歳）に達した（おそらく重装歩兵階級以上の）アテナイ男子市民の巡察隊任務（初年度はペイライエウス守備、次年度は前線守備の計二年）で古い起源の慣習と思われる。

(8) 前三六六年、ペロポンネソスの敵国に包囲されたプレイウスへの物資輸送中にネメアで戦闘を余儀なくされるが、勇敢に戦って褒辞を受ける。『使節職務不履行について（第二弁論）』一六八。クセノポン『ギリシア史』第七巻二-一七―二三参照。

(9) 前三六二年マンティネイアで。前三四八年エウボイアで。エウボイアのタミュナイでは、選抜精鋭部隊戦士として戦場で授冠、帰国後二度目の授冠（『使節職務不履行について（第二弁論）』一六九参照）。

(10) ポキオンは前四〇二／〇一年生まれの高名な将軍で政治家。生涯に四五回将軍に選ばれ、また廉潔の士として知られた。その生涯については、プルタルコス『ポキオン伝』、ネポス『英雄伝　ポキオン』参照。前三四八年以来アイスキネスと友誼を交わし、「使節職務不履行裁判」でアイスキネスの弁護人を務めた。『使節職務不履行について（第二弁論）』一八四参照。

(11) 前三四五／四四年から前三四三／四二年の三回。『使節職務不履行について（第二弁論）』一四九、デモステネス『使節職務不履行について（第十九弁論）』二三七参照。

(12) 『使節職務不履行について（第二弁論）』一四九参照。イピクラテスは前四世紀のアテナイの代表的将軍。一一七頁註（1）参照。

張したからかい[1]と、それらに基づく後世の作家の記事以外に伝承は皆無であるが、美声という悲劇役者の最大の武器に恵まれ、古典文学の詩句がみずからの血となり肉となる舞台経験を重ねながら、同時に、聞き手にじかに語りかけるときの抑揚、身ぶりや表情の微妙な変化が、いかに観客の心に響きうるかを身をもって会得した意味は大きかったであろう。生まれつき声量に乏しかったと伝えられるデモステネスが、アイスキネスの「破鐘《われがね》」を再三あげつらいながらも、音吐清朗、四辺を圧すといわれたその迫力を認めているのも故なしとしない[2]。この時代、成功した俳優は絶大な尊敬を集めた。また交戦地域をも危険なしに通行して外国を訪れ、上演契約を結ぶなどの特権を享受していた。そのまま外交舞台で重要な役割を演ずる俳優もいた[3]。アイスキネスを三流俳優とこきおろしたデモステネスの悪意は別として、舞台人としての履歴は、のちの彼の政治弁論家としての成功に通じる道であったことは否定できまい。

上に述べた戦場での目ざましい活躍が、ある有力市民の注目を引いたのか、その娘を娶ったことは、富裕層出身者が大半を占めた政界への進出にあずかって大いに助けになったと推測される[4]。義父ピロデモスについて知られるところはかならずしも多くないが、その名や長老市民としての務めにアイスキネスが触れるとき[5]、単に論敵相手の虚勢とはいえない敬意が滲み出ている。

政治・外交のひのき舞台へ

アイスキネスが彗星のごとく政治外交の舞台に躍り出たのは、前三四八年、新興マケドニアの王ピリッポス二世の攻勢に対抗して、共同戦線を張るためにペロポンネソス諸国に呼びかけようという動議がアテナイ民会に出されたときであった。提案者は重鎮エウブロスであったが、動議の支持演説に立ったアイスキネスは、往昔の異民族侵略を阻止した父祖たちの偉業を掲げ、歴史に名高いテミストクレスやミルティアデスの出兵決議文や戦士の宣誓文言を朗誦して、市民を感奮興起させた。(6) 諸国に使節を送ることが決議され、アイ

(1) デモステネス『冠について（第十八弁論）』二六二、同『使節職務不履行について（第十九弁論）』二四六、三三七参照。

(2) デモステネス『冠について（第十八弁論）』二五九、同『使節職務不履行について（第十九弁論）』一二六、一九九、二〇六、三三七参照。

(3) 前三四六年いわゆる「ピロクラテスの講和」に到るマケドニアとアテナイの橋渡しには、当時最高の人気俳優二人、ネオプトレモスとアリストデモスが関わった。

(4) 妻の兄弟ピロンがアイスキネスに五タラントンの遺産を残した（デモステネス『冠について（第十八弁論）』三一二参照）という発言に誇張が含まれているとしても、妻の実家がアイスキネスよりも裕福であったことは確からしい。義父ピロデモスの叔父は名誉ある「一千人」の一人であった（*IG* II^2, 1929 参照）。碑文（*SEG* XVII, 312）はピロデモスの公共奉仕負担を証している。

(5)『使節職務不履行について（第二弁論）』一五〇参照。

(6) デモステネス『使節職務不履行について（第十九弁論）』三〇三参照。「ミルティアデスとテミストクレスの出兵決議文」は、マラトンの戦い（前四九〇年）時ミルティアデスが、サラミスの海戦（前四八〇年）時テミストクレスが、それぞれ提案したとされる民会決議。前者は出兵決議の、後者はアテナイ市街地の一時明け渡しと海軍出動の民会決議と言われる。「ミルティアデスの民会決議」への言及はアリストテレス（『弁論術』一四一一a一〇―一一）およびこの箇所、「テミストクレスの民会決議」についてはこの箇所が文献上の初出。一九五九年発見の「テミストクレスの民会決議」が刻字された石碑は、前四八〇年の決議文を前三世紀に復刻したもの、という説が有力である（桜井万里子『ヘロドトスとトゥキュディデス』東京、二〇〇六年、八四―九八頁参照）。

スキネスはその一人に選ばれた[1]。ほぼ四二歳、政治家としては遅いスタートであった。

一方エーゲ海北岸の要衝の地アンピポリス占領[2]をはじめ破竹の勢いで版図を拡げ、カルキディケ半島沿岸部諸都市（ピュドナ、ポテイダイア、メトネ）を矢継ぎ早に手中に収めたマケドニア王ピリッポス二世は、この年ついに半島第一の都市オリュントスを陥落させた。救援に立ち後れ、みすみす友邦国を失ったアテナイは、自国に痛撃を受けた分だけ、まぎれもなくマケドニアが安定と繁栄を得たこと[3]を認めざるを得なかった。莫大な戦利品は言わずもがな約四〇〇〇平方キロメートルに及ぶ豊かな資源地域オリュントス（葡萄、蜂蜜、鉱山、瀝青など）を獲得し、東方トラキア進出の拠点となるクレニデス（ピリッポイに改名）をも支配下に置き、いまやギリシア世界制覇に勇躍するかに見える梟雄《きょうゆう》ピリッポスの出現に、アテナイの政治家たちは色を失った。カルキディケ半島を失っては海軍国アテナイは造船材の供給や市場、加えて黒海からの糧道を危うくされかねない。しかしアテナイでは、徹底抗戦の敵意の燃え上がる一方で、いまだ前世紀の栄華の夢にまどろむ市民はなかなか腰を上げず、エウボイア島など東方からの厄難への対処にも追われ、名目上交戦国関係[4]にあるマケドニアと、じっさいに干戈を交えることはなかった。

さて、エウブロスの提案でペロポンネソスに送られた共同戦線への呼びかけの使節たちは、訪問先で冷ややかな反応に出会った[5]。この時期なおスパルタの恐怖に怯えていたペロポンネソスの国々は、スパルタに与するアテナイに不信と警戒心を隠さなかった[6]。他方でピリッポスは、これら反スパルタの地域に、すでに親マケドニア勢力を出現させてもいた[7]。メガロポリスに集まったアルカディア連盟諸国の代表「一万人」を前に、ピリッポス打倒を熱っぽく訴えた[8]アイスキネスの奮闘もむなしく、他のギリシア諸国との連携を求めた対ピリッポス軍事路線は蹉跌をきたした。ピリッポスはなおテッサリアをも配下に取り込み、(9) ギリシア中央部を次なる射程内に南進するかの気配さえ見せたが、それとはうらはらに、アテナイに対する友好意志を間欠的ながら伝えてきてもいた。軍事力の回復の望めぬアテナイにとって、ピリッポスとの和平は、にわかに有力な選択肢になった。

(1) デモステネス『使節職務不履行について(第十九弁論)』三〇四参照。

(2) 前四三七/三六年アテナイが植民団(クレールーキアー)を入植させたアンピポリスは、三段櫂船建造用の木材などの輸入経路、また戦略上の拠点としてアテナイにとって不可欠の国外基地であったが、前三五七年ピリッポスに占領された。アテナイ人は奪還に執念を燃やした。以後前三四六年まで、アテナイとマケドニアはいわゆるアンピポリス戦争による交戦国関係にある。

(3) ピュドナ、ポテイダイア、オリュントスの占拠、さらにピリッポイ(旧クレニデス)の金鉱領有によるマケドニアの国力の躍進については、ディオドロス『世界史』第十六巻八、同巻五五参照。

(4) いわゆるアンピポリス戦争(前三五七—三四六年)の正式な宣戦布告がされたか否か、判然としない。

(5)『使節職務不履行について(第二弁論)』七九参照。

(6) デモステネス『冠について(第十八弁論)』一八参照。ペロポンネソス半島ではスパルタの脅威に抗して、テバイの援助を得た国々が新市メガロポリスを中心にアルカディア連盟を結成していた。

(7) デモステネス『使節職務不履行について(第十九弁論)』一一、二五九参照。

(8) デモステネス『使節職務不履行について(第十九弁論)』一一参照。

(9) デモステネス『オリュントス情勢、第一演説(第一弁論)』一三、同『ピリッポス弾劾、第二演説(第六弁論)』二二、同『ケロネソス情勢について(第八弁論)』六二など参照。

「ピロクラテスの講和」――第一次対マケドニア使節

アイスキネスがいつピリッポスとの和平に傾いたかを示す史料はない。しかし「一万人」を前に吐露した全ギリシア団結への熱い思いにもかかわらず、アルカディアがマケドニアよりもアテナイに脅威を感じ、ペロポンネソス諸国のうちにもピリッポスの兵力に希望を託すものがあるという現実に、アイスキネスは自国の孤立を痛切に認識した[1]。帰路に目撃した、オリュントスの女や子供が奴隷として連行される姿に[2]、あるいは祖国の明日を見たのかもしれない。慧敏巧妙な行動戦略によっていまやエーゲ海北東岸をさえ覆いつつあるピリッポスの軍事力から、アテナイのみならずギリシア全土を守ることは一刻の猶予もならぬ火急事であった。前三四七（あるいは前三四八）年、のちにマケドニア－アテナイ間に締結される講和条約に名を冠した政治家ピロクラテスが、ピリッポスは和平交渉を開始するための使節をアテナイに送ることを許されるべし、という主旨の民会議決案を提案・可決させた[3]。このときこの議案を違法とした告発者を斥けてピロクラテスを支持し、和議外交に鮮烈な名乗りを挙げたのがデモステネスであった[4]。間もなくアテナイ民会は、一〇人の使節を選んで、前三四六年アンテステリオン月（現在の一月頃）ピリッポスのもとに向かうべく送り出した（第一次対マケドニア使節）。第二次アテナイ海上軍事同盟代表一名も随行した[5]。高名な俳優としてさきにピリッポスに御前演技を披露し、帰国してピリッポスのアテナイに対する友好意志を伝えたアリストデモスが最年長、最年少はデモステネス（三八歳）であった。アイスキネスはその次に若かったが、彼が選ばれた理由、もしくは使節として期待された役割は、和平意志からは一番遠くにいる彼に、侵略者ピリッポスに膺懲を下すべしという民会にいまなお根強く残る抗戦派の意向を代弁させることであった。とりわけ使節団の第一の狙い、すなわち前三五七年以来ピリッポスに奪われたままのアンピポリスの返還を求めるにあたっては、アテナイの領有権を強硬に主張できる弁舌と説得力がアイスキネスに期待されていた。

アイスキネスは見事にその役割を果たした。アンピポリスがピリッポスの父祖の代からアテナイのものと認められて来た次第を、ときに「ピリッポスを怒らせた」（とデモステネスが言う）ほどの率直さで滔々と弁じた。(6) ピリッポスは三六歳(7)の若さであったが、したたかな外交術は天性のものであったのか、けっきょくアンピポリスの返還には応じず、早晩軍を進めるトラキア遠征にあたって、アテナイ市民の入植地であるケロネソス半島に武器をもって足を踏み入れないことだけは約束した。(8) しかしこれはとりもなおさず、ケロネソス半島を除くトラキア征旅を、トラキア王と同盟関係にあるアテナイの使節に容認させたということである。

---

(1)『使節職務不履行について（第二弁論）』七九、デモステネス『冠について（第十八弁論）』二〇参照。

(2) デモステネス『使節職務不履行について（第十九弁論）』三〇五―三〇六で語られている。

(3)『クテシポン弾劾（第三弁論）』六二参照。

(4)『使節職務不履行について（第二弁論）』一四参照。

(5) 第二次アテナイ海上軍事同盟（補註M参照）会議代表のアグラオクレオンが随行した。

(6)『使節職務不履行について（第二弁論）』二五―三五のアイスキネス自身による王宮での接見場面の描写は、弁論技術の重要な要素とされる語り（陳述）の優れた事例として多くの研究者、修辞学者の賞賛を得るとともに、他の使節の証言（同四四―四六、五四―五五節）によってその叙述の信憑性が認められている。「ピリッポスを怒らせた」というデモステネスの非難は、同三七節参照。

(7) 前三八二年出生説によれば三七歳。

(8)『使節職務不履行について（第二弁論）』八二、デモステネス『使節職務不履行について（第十九弁論）』七八―七九参照。

だが、一〇人の使節たちは、抽象的ながらアテナイへの好意を記した民会宛の書簡を託され、講和締結がアテナイの国益に適うという希望的観測を胸に王宮を辞した。これを追うように、ピリッポスはマケドニア人使節をアテナイに向かわせた。オリュントスを失い、第二次アテナイ海上軍事同盟も解体寸前の窮地にあるアテナイを含めて、もはや政治的・軍事的衰退覆うべくもないギリシア世界の行方を、ピリッポスは的確に見通していたようである。すでに南の隣国テッサリアを押さえたピリッポスの次なる戦略は、中央ギリシア諸国を競合させて力の均衡を図り、未完に残していたトラキア征服を果たすことであった。そのためには「テバイには援軍を」「アテナイには講和を」(1)与えることを急務と考えたようである。

民会審議

帰国した使節団の報告を受け、民会は早速和平交渉の条項審議、採決の日程を組んだ。ピリッポスからの使節を迎える準備も整えた。このとき率先して歓待のための手配万端に奔走したのはデモステネスであった。春を告げるディオニュシア祭の演劇上演に使節たちを招いて、劇場最前列の貴賓席への案内役を務めたのもデモステネスであった。祭礼後のエラペボリオン月十八日に(2)、アテナイ民会は講和条約の審議に入った。二案上程された講和条約の第一案は、ピリッポスとその同盟者がアテナイとその同盟国との間に講和を、さらに同盟をも結ぶ、ただしハロスとポキスを除く、というピロクラテスの提案(3)であった。第二案は、ピリッポスとその同盟者に対し、アテナイおよび三ヵ月以内に参加の意思表示をする他のすべてのギリシア人の国が講和条約を結ぶ（同盟盟約はなし）、という第二次アテナイ海上軍事同盟会議案(4)であった。アイスキネスもデモステネスも第二案を支持した。だが採決を予定していた十九日に、議事は紛糾した。壇上に招かれたマケドニア人使節アンティパトロスが、ピリッポス王はポキスを同盟国としては受け入れない、と言ったのである。ピリッポスはその時点で、アンピクテュオニア神聖同盟あげて「瀆神の国ポキス」成敗に向かう戦い、いわゆる第三次神聖戦争（別名ポキス戦争）の帰趨の鍵を握る人物であった。第三次神聖戦争とは、デルポイの聖なる平野に耕作の鍬を入れアポロン神に瀆神をはたらいたとされるポキスに対し、テバイ、テッサリアなど、アンピクテュオニア神聖同盟[5]が罰金を科したことに端を発した（前三五六年）戦争である。テッサリアの同盟者として（二度の敗退を経験しながら）前三五三年クロコスの野にポキスを敗ったピリッポスは、前三四七年、長引く戦乱に疲弊して援軍を求めてきたテバイに佐袒した。一方アテナイは前三五二年、同盟国ポキスに軍を進めたピリッポスを、援軍を出してテルモピュライで阻止した[6]という経緯がある。テルモピュ

（1）デモステネス『冠について（第十八弁論）』一九参照。当時テバイ対ポキスの中央ギリシアにおける戦いすなわち第三次神聖戦争が終盤にさしかかっていたことについては、補註G参照。

（2）エラペボリオン月はほぼ現在の三―四月。前三四六年の「ピロクラテスの講和」をめぐる主な事件は年表1参照。

（3）アテナイの同盟国ポキスはギリシア中部のケピソス峡谷にまたがる広大肥沃な土地に二〇以上の町を持つ国。ハロスはパガサイ湾に面するテッサリア人の国。ポキスとの同盟は『クテシポン弾劾（第三弁論）』一一八によって証されるが、ハロスがアテナイの同盟国であったか否かには疑義がある。

（4）『クテシポン弾劾（第三弁論）』七〇参照。

（5）アンピクテュオニア神聖同盟については補註G参照。

（6）デモステネス『使節職務不履行について（第十九弁論）』八四、ディオドロス『世界史』第十六巻三八-一―二参照。年代については、補註R参照。

ライは北方からの中央ギリシア侵入の関門というべき要衝であり、その地を擁するポキスは、いわばアテナイ防衛の盾でもあった。(1) 今回アテナイはピリッポスとの和議に立ったものの、万一の交渉決裂にそなえてペイライエウスに投錨させた五〇隻の軍船ならびに防衛の将軍配備の態勢はそのままにしている。(2) しかしながらポキスとの同盟関係を維持すれば、瀆神者懲罰の刃がアテナイにも向けられかねない。(3) しかもポキス処罰にピリッポスの手を借りようというテバイは、アテナイと積怨ただならぬ仲の隣国であり、その中央ギリシアにおける覇権の野望に、アテナイ市民は長年にわたって敵意を募らせていた。(4) アテナイ民会は迷走した。強硬な講和反対意見も出た。「傭兵に頼るとはいえ、アテナイ海軍の優勢はまだ揺るぎないではないか」「アンピポリス奪還の希望を棄ててはならない」等々。だがしかし、同盟国戦争に敗北したアテナイが右往左往している間に、ピリッポスの陸上兵力は熟練の歩兵密集部隊と精鋭騎兵隊の増強によって、テルモピュライ以南のギリシア諸国が束になってもとうてい太刀打ちできないまでに成長しているではないか。

錯綜した議論に、指導的政治家エウブロスの言葉が決着をつけた。「ピロクラテスが提案した民会決議案(「ポキスとハロスを除く」という但し書きがついた講和・同盟条約)に賛成しなければ、諸君はすぐにもペイライエウスに行かねばならない」(5)。それはすなわちピリッポスと戦争しなければならない、ということであり、さらに言えば、第二次アテナイ海上軍事同盟諸国をも敵に回した戦争さえ覚悟しなければならない、ということであった。前日に「いかなる平和を」を協議したアテナイ民会は、この日(エラペボリオン月十九日)、事態が戦争か平和かの二者択一を迫るものであることを認識したのである。市民は、平和を選んだ。

とまれアテナイ側の次の仕事はピリッポス自身とその同盟者による誓約を、アテナイが受け取ることである。さきに使節を務めた同じ一〇人が再びマケドニアに向かった。のちにアイスキネスがデモステネスによる告発を受けて立つ訴訟は、この第二次使節の職務不履行についてである。

第二次対マケドニア使節

再び同僚として出発したアイスキネスとデモステネスは、最初から旅程や行路をめぐって意見が対立し、次第に険悪な空気で互いに隔たりを置くようになった。前回の訪問時に知らされていたとおり、第二次使節がアテナイを出発したときピリッポスはトラキアにいた。そしてトラキア東部の王ケルソブレプテスの領地を次々と手中に収めていた。一方使節たちは二三日を費やしてマケドニアの王都ペラに着き、不在のピリッポスを二七日間待った。

帰館したピリッポスとの接見の事前打ち合わせのためアテナイ使節たちは集まって合議したが、またもやこの席でアイスキネスとデモステネスは衝突した。講和によってポキスを守る方途を探り、むしろテバイの専横を抑えることをピリッポスに要求すべきだと主張するアイスキネスに対して、デモステネスは、そんな

(1) デモステネス『使節職務不履行について（第十九弁論）』八三、一五二―一五三参照。
(2) 出動態勢で配備していた将軍はプロクセノス。デモステネス『使節職務不履行について（第十九弁論）』三二二参照。
(3) ディオドロス『世界史』第十六巻五七―一―二参照。
(4)『使節職務不履行について（第二弁論）』一三六、デモステネス『冠について（第十八弁論）』三六参照。
(5) デモステネス『使節職務不履行について（第十九弁論）』二九一参照。

「暴走と無鉄砲」は許せない、民会指令にないことまでする必要はない、ギリシア諸国間の争いを見せるような、余計なことをするな、と言って譲らなかった。けっきょく使節たちは、一人ずつ何が国益かを考えて発言する[1]という申し合わせでピリッポス接見に臨んだ。アイスキネスはアンピクテュオニア神聖同盟の来歴から説き起こして、一〇年来続いている第三次神聖戦争すなわちテッサリア・テバイ対ポキスの抗争を、敬神を旨に終わらせるべき役割がいまこそピリッポスに求められていると、情理を尽くして述べた。「進軍のそもそもの始まりは神意に適った正しいもの」とピリッポスの出兵を是とし、しかし「できるかぎり武力によらないで」、アンピクテュオニア神聖同盟のメンバーが安全を保証されつつ神殿聖域に集まって、投票と正しい審判によって解決するように、ポキス成敗については、最初の神殿破壊の主謀者のみを罰し、無辜の民への報復を控えるべきだとも進言した[2]。第一次使節時に「ピリッポスを怒らせ」かねない率直な発言をしたアイスキネスは、第二次使節においても、思うところを臆せず述べたのである。

　ピリッポスがこうした発言をどう受け取ったかはわからない。ただアテナイとの友好関係について、アイスキネに大いに期待させたことは事実のようである[3]。ピリッポスみずから確言しないまでも、テバイに虐げられているボイオティア諸国再建のことは、側近すら口にしていた[4]。第一次使節からの懸案であった捕虜の返還については、講和締結のあかつきには「身代金なしで解放する」という確約をピリッポスは与えた[5]。王宮にはスパルタ、テバイ、テッサリア、ポキスなど、ギリシア各国の使節たちもそれぞれの要望提案を携えて来訪していた。「平和への愛からではなく、戦争への恐れから」やってきた使節たちであった、と歴史家は記している[6]。

王の誓約を取るという目的を果たして帰国の途についたアテナイ人使節は、強力な兵団を引き連れてテルモピュライに向かうピリッポスに同行した。一行にはポキス人使節の姿もあったが、敬神という大義をかかげるピリッポスの意図が何辺にあるか、ポキス人使節がこれを承知していたか否かは詳らかでない。またアテナイに同盟の盟約を与えたピリッポスが、アテナイの宿敵テバイの要請にどこまで応えようとしているの

---

(1)『使節職務不履行について（第二弁論）』一〇一―一〇七参照。

(2)『使節職務不履行について（第二弁論）』一一七参照。

(3)『ティマルコス弾劾（第一弁論）』一六九、『使節職務不履行について（第二弁論）』一三六、デモステネス『講和について（第五弁論）』一〇、同『使節職務不履行について（第十九弁論）』二二、七四参照。

(4)『使節職務不履行について（第二弁論）』一三七、デモステネス『使節職務不履行について（第十九弁論）』二一参照。ボイオティア連盟を支配の足がかりにしたテバイの中央ギリシアにおける覇権は、前三七一年のスパルタ打倒以来、前三六六年のオロポス占拠、前三五七／五六年のエウボイア島軍事介入などによってもアテナイを怒らせていた。

(5)デモステネス『使節職務不履行について（第十九弁論）』一六八参照。返還期限のパンアテナイア祭は七月（ヘカトンバイオン月二十八日）に行なわれるので、おそらくデモステネス第五弁論口演（前三四六年秋）やピュティア祭（同年九月）より前までにピリッポスは捕虜返還を果たしたと推測される（擬デモステネス『ハロンネソスについて（第七弁論）』三八参照）。

(6)『使節職務不履行について（第二弁論）』一〇四、一〇八、一一二、一三六、ユスティヌス『ポンペイウス・トログスによる『ピリッピカ』抄訳』第八巻四参照。ユスティヌスは、ピリッポスが使節たちを個別に呼んで、秘密にそれぞれに気に入るように話をしてみなを安心させたと記している。

か、その本心は測りがたかった[1]。

帰国報告

ペライでピリッポス一行と別れたアテナイ人使節たちが民会（スキロポリオン月十六日）で行なった帰国報告において、アイスキネスは自分がピリッポスに聞かせた「テバイ糾弾の大演説」を一部始終語った。ピリッポスはすでにテルモピュライにまで来ているが[2]、その真意は、神殿冒瀆の実行者を罰して無辜のポキス市民には救いを、神聖戦争に乗じて歯止めなく増長するテバイには断固たる制裁を下すところにある、と。聖戦決着のあかつきに実現されるであろうピリッポスの「アテナイへの恩恵」についても、報告した[3]。アイスキネスの演説は熱狂的に歓迎された。隣国テバイの強大化に対するアテナイの苛立ちは激しく、地域紛争（エウボイア、オロポスなど）にからむ軋轢はこれに拍車をかけ、ボイオティア連盟の名のもとに南部諸国を占領奴隷化するテバイへの憎悪は市民間に鬱積していた。ところがデモステネスは真っ向からアイスキネスの楽観論に反対した。南進するピリッポスの狙いはもはや明らかだ、われわれはテルモピュライを死守し、ポキスの防衛を固めなければならない、と。しかし使節団の団長格であったピロクラテスは、彼を制して言った「デモステネスがわれわれと見解を異にするのは無理もありません。われわれはワインを、彼は水を飲むのですから」。民会場は哄笑の渦に包まれた[4]。そして民会はアポロン尊崇の大義実現に向かうピリッポスを敬神の徒と称え、ピリッポスとの講和および同盟盟約を彼の子孫にまで延長する、ポキスによる神殿返還を妨害する者にはアテナイが兵を差し向ける、という追加条目を採択し[5]、その批准誓約を取るための第三次使節派遣を決め、再び同じメンバーを選出した。

第三次対マケドニア使節

デモステネスは辞退した。続いてアイスキネスも体調不良で兄弟を代理に立てた。数日後アテナイ民会宛にピリッポスからの書状が届き、ポキス成敗を目前に、いまや同盟国となったアテナイに「正義の援軍」すなわちポキス懲罰戦への参加を要請してきた。デモステネスはこれをピリッポスの罠だと言って出兵を妨げた。(6) しかし使節団は出発した（第三次使節）。ところが海路エウボイアまで来たとき、ポキス降伏の知らせに接し、急遽引き返してきた。民会の意志を問うためであった。民会は、テルモピュライに向けて出直すよう使節団に指示する一方で、ピリッポスのアテナイ進攻を恐れて婦女子を囲壁内に疎開させた。健康を回復

(1) デモステネスが五年後に口演した『ピリッポス弾劾、第三演説（第九弁論）』一一によると、ピリッポスはこの南進の間「同盟国に向かって進軍しているようなふりをしていた」。つまりピリッポスはすでにテバイ援助、ポキス殲滅を決意していたとデモステネスは見る。

(2) デモステネス『冠について（第十八弁論）』三二、三五、同『使節職務不履行について（第十九弁論）』三四参照。

(3) 『使節職務不履行について（第二弁論）』一三七、デモステネス『使節職務不履行について（第十九弁論）』二二一―二二三参照。

(4) デモステネス『使節職務不履行について（第十九弁論）』四六参照。

(5) デモステネス『使節職務不履行について（第十九弁論）』四八―四九参照。

(6) 『使節職務不履行について（第二弁論）』一三七参照。

したアイスキネスは、出直しの使節団に加わった（第四次使節と呼ぶ歴史家もいる）[1]。

テルモピュライには[2]、ポキスへの無血入城後のピリッポスの召集に応じて、アンピクテュオニア神聖同盟諸国が顔をそろえていたが、アテナイは懲罰戦不参加ゆえに懲罰特別会議における発言の資格を失っていた。それでもアイスキネスは、ポキス市民救済のため馳駆の労を厭わなかった。だがポキスに対するテッサリア、テバイ、なかでもオイタイア人の旧怨はすさまじく、懲罰は苛酷を極めた。デルポイ神殿の聖財冒瀆者への伝統的処罰法である崖からの突き落としは[3]、ポキス人と傭兵の武器を崖から投げ捨てるという象徴的懲罰行為にかろうじてとどめられたものの、ポキス人のポリスはことごとく解体させられ、五〇戸を上限とする住居群は、相互に一スタディオン以上の間隔を置いて疎散させられ、傭兵資金に消費し、神殿荒らしとして記録された聖財全額を年六〇タラントンで祭神に返済するまで、ポキス市民は軍馬武器の所有を禁じられた。ポキス領有の三都の城壁は取り壊された[4]。

第三次神聖戦争（ポキス戦争）の終結

続いて「敬神の徒」ピリッポスが、デルポイで盛大な祭典を執り行って神アポロンに勝利を謝した。アイスキネスは他の使節たち、そして他国の代表を数えれば総勢二〇〇人にも上る招待客とともに祝祭に列席し、祝勝歌の合唱に和した[5]。のちにデモステネスはこれをアテナイ人にあるまじき背信と指弾し、売国の証拠と申し立てる。

いくばくもなく、ピリッポスが使節をアテナイに差し向け、除名されたポキスのアンピクテュオニア神聖同盟会議議席と投票権をピリッポスに与える、という会議の決定を追認するよう求めてきた。マケドニア人使節たちはまた、汎ギリシア的祭礼であるピュティア祭[6]の主宰権がピリッポスにも与えられたことを伝えた。祭典の主宰権は伝統的にテッサリアのものであったが、戦乱によって事実上奪われていたそれを旧に復させ

(1) 第四次使節は、アンピクテュオニア神聖同盟会議を牛耳るであろうピリッポス、議事の推移を監視するため、という解釈がある（Goodwin, 1901, p. 264 参照）。ペイライエウス等堡塁の防衛強化、婦女子の疎開、ヘラクレス神事の囲壁内への移動などは、カリステネスの提案による決議。デモステネス『使節職務不履行について（第十九弁論）』八六、一二五参照。

(2) 第三次使節団派遣は、本来前述の講和付加条項のピリッポス側批准を取るためであり、デモステネスはこれをピリッポスへの使節と呼ぶが、アイスキネスはこの回の使節を一貫して「アンピクテュオニア神聖同盟特別会議」出席のためと言う。出直しの使節団の行き先であるピリッポスは、ポキス制圧ののちアンピクテュオニア神聖同盟会議の開催地テルモピュライにいた（『使節職務不履行について（第二弁論）』九四、一三九、一四二、ディオドロス『世界史』第十六巻五九参照）。

(3)『使節職務不履行について（第二弁論）』一四二—一四三参照。アイスキネスの尽力により崖からの突き落としは免れた。それが伝統的処罰法であったことについては、エウリピデス『イオン』一二二二行参照。

(4) これらを記した前三四六年のポキス除名のアンピクテュオニア神聖同盟会議決議文は、ディオドロス『世界史』第十六巻六〇-一—三（補註H）を参照。

(5) デモステネス『使節職務不履行について（第十九弁論）』一二八および『使節職務不履行について（第二弁論）』一六三参照。

(6) ピュティア祭は、四年周期のオリュンピア暦第三年にデルポイで行なわれた汎ギリシア的祭典。前三四六年はその年にあたった（ディオドロス『歴史』第十六巻六〇-二参照）。戦車競争など体育のほか音楽などの競技会も行なわれた。なおオリュンピア暦第一年にはオリュンピア祭（オリンピック）、第二年にはネメア祭、第四年にはイストミア祭が行なわれた。

たピリッポスの功が労《ねぎら》われたのである。これによってピリッポスはギリシアの平和を監視する立場に立った。しかしアンピクテュオニア神聖同盟会議議席が、非ギリシア人（ピリッポス）の手に渡るという知らせは、アテナイ民会に大きな衝撃を与えた。騒然とする市民を前に、アイスキネスは独り立って支持を表明した。(1) その演説は残っていないが、同じ議場でなされたものとも思われるデモステネスの演説『講和について（第五弁論）』は現存する。その主旨はピリッポスの「欺瞞」を激しく責めながらも、激高する市民に軽挙妄動を諌めるものであった。ここで議席追認を拒否すれば即時開戦は避けられず、アテナイはアンピクテュオニア神聖同盟諸国をも敵に回す全面戦争に直面しかねない。しばし隠忍自重して他日を期すべきである。デモステネスは同時に、名こそ挙げぬものの、ピリッポスに手を貸して「アテナイの防波堤ポキスを破壊した売国奴（アイスキネスとピロクラテス）」を痛罵した。(2) けっきょくアテナイ民会は——おそらくいったん否決した後で(3)——ピリッポスの議席獲得を容認した。しかしピリッポスとテッサリア人の主宰のもとに行なわれた伝統的神事ピュティア祭への参加をアテナイはとりやめた。(4)

「使節職務不履行」の告発

デモステネスが年長のティマルコスとともに、アイスキネスを第二次使節職務時の職務不履行、収賄のかどで告発したのが、どの時点であったかについては、研究者間で意見が分かれる。(5) アテナイではすべての公職者は任期満了後に、任期中の執務について審査を受けねばならなかった。経費支出入において不正がなかったかを点検する会計検査と、任務の怠慢逸脱などを調べる二段階で合格せねばならない。デモステネスとティマルコスはこの執務審査（エウテューナ）の第二段階で、「誰か告発したい人はいますか？」という係官の型どおりの問いに応えて、アイスキネスの「使節職務不履行」を告発した(6)。ピリッポスに買収され、アテナイ市民を欺いたという事由である。

(1) デモステネス『使節職務不履行について（第十九弁論）』一一三参照。

(2) デモステネス『講和について（第五弁論）』（前三四六年秋）に、後四世紀の古典文献学者リバニオスは、使節職務の際の収賄の嫌疑をアイスキネスに負わせ、自分に及びかねないその種の容疑を払拭する意図を見ている。

(3) MacDowell, 2000, p. 251 およびビュデ版テクスト（G. Mathieu, *Démosthène, Plaidoyers Politiques*, Tome III, p. 61）の解釈を訳者は採る。

(4) 祭典への代表派遣、祭儀参加を拒否することによってアテナイは、第三次神聖戦争の結末（ポキス破壊、ピリッポスに贈られた名誉と議席）に対する遺憾の意を示した。

(5)『ティマルコス弾劾（第一弁論）』一六九の発言から古註（Dilts, *Aes. in orat.* 1.169）は、ティマルコス裁判の時期を第二次使節帰国（スキロポリオン月十三日）から第三次使節出発（同月二十七日）までの間としている。しかしポキス降伏前と結論するには、一六九節の言葉は迫力を欠くように思われる。訳者は大方の研究者とともに第三次使節後、ポキス降伏後すなわち前三四六年末説を採る。

(6) 執務審査の第一段階すなわち会計検査は終えていたが、第二段階は未了であったと推測される。補註E参照。

アイスキネスにとっては、青天の霹靂であった。そもそも「ピロクラテスの講和[1]」自体が苦悩の選択であった。というより、「ピロクラテスの講和」以外に道はなかった。ピリッポスが、「もはやアンピポリスではなく、すでにアテナイの領地であるレムノスやインブロス、それにスキュロス」を脅かし、「アテナイの領土と公認されているケロネソスの入植者にその地を放棄させ始めている」状況下で、「恐怖と混乱のうちに」幾度も民会が召集された日々[2]、アイスキネスはピリッポスの軍事力からアテナイのみならずギリシアの国土全体を守らねばならないという思いに急《せ》かれていた[3]。だが軍費は枯渇し[4]、「民衆は疲労困憊して平和を切望している[5]」という現実を抱え、ギリシア世界で孤立無援であったアテナイに、戦いという選択肢はあったか？　ピリッポスが莫大な戦利財を散じてペロポンネソスの国々、多島海の国々を取り込み、エウボイア島[6]をさえもアテナイに背を向けさせるに至っては、講和をもってこれ以上の侵食を喰いとめるほかなかったではないか？　最初の使節団帰国報告後の民会（エラペボリオン十八日）において、討議は白熱したが他に策なく、アイスキネスは万斛のうらみを呑む思いでポキスを条約からはずし、民会もそれを可決したが、そうすることによって少なくとも、アテナイは損失を最小限に食い止めることができた。そしてなおポキス保全の道を探るアイスキネスは、第二次使節で直接ピリッポス自身にこの問題をぶつけた。また武力によらない解決を説いた。それは民会指令にはない「要らぬお節介[7]」であったかもしれない。しかし自分が国益に最善との判断に従って「使節の力の及ぶ良きこと[8]」を行なってポリス・アテナイに忠誠を尽くしたことだけは間違いない。それにひきかえ、「良きことをする気のまったくなかった[9]」デモステネスが、アイスキネスを使節職務不履行のかどで告発するとは、何をかいわんやである。ピリッポスの軍事行動の非を鳴らし、アテナイは無為怠惰に打過ごしていると叫んで市民に戦争を焚きつけ、講和維持派を掃討しようとするデモステネスら反マケドニアの勢力に、標的となった自分は何としてでも勝たねばならない。国のために一身を抛ち

(1)「ピロクラテスの講和」と通称されるアテナイ－マケドニア間の和平協定（前三四六年）がその名で文献上に現われるのは、デモステネス『使節職務不履行について（第十九弁論）』一五〇が最初である。そこでデモステネスは、アテナイ民会が採択批准した講和条約を指して「ピロクラテスの講和」と呼んでいるが、一六一節では民会が採択批准した条約を「民会の決議（*δήμου ψήφισμα*）」と呼び、「ピロクラテスの民会決議（*φιλοκράτους ψήφισμα*）」と区別している。しかし一四四節では「ピロクラテスの動議（*φιλοκράτους γνώμη*）」によって民会がポキスとハロスを除外した条約採択を強いられたかのように言い、同じく二九一節でも「ピロクラテスが動議したもの（*ἃ ἔγραψε ὁ Φιλοκράτης*）」によって民会がポキスとハロスを除外した条約採択を強いられたかのように言う。またアテナイ民会による条約採択批准後に行なわれたピリッポスによる宣誓批准時についてデモステネスは、ポキスの安全を確保しようとするなら、ポキス人が条約からはずされていることを黙っておくべきであった（同四四節）と言っている。つまり条約にポキス（とハロス）が含まれていると解する余地が残っていたかのように言うのである。以上のような齟齬と不確定性を伴う「ピロクラテスの講和」の厳密な内容を把握することは困難である。本解説で「ピロクラテスの講和」という括弧つきの名称を使うとき、講和条約発効までの経緯を含んで歴史用語として通称されるアテナイ－マケドニア間の和平協定（前三四六年）を指す。

(2)『使節職務不履行について（第二弁論）』七二参照。

(3)『使節職務不履行について（第二弁論）』六〇参照。

(4)デモステネスは前三四九年の『オリュントス情勢（第三演説（第三弁論）』二八で、エウボイア防衛に一五〇〇タラントン以上も投じたことを難じている。

(5)『使節職務不履行について（第二弁論）』三六参照。

(6)エウボイア島をトゥキュディデスは「アッティカ地方にもまさる富の源泉」（『歴史』第八巻九六）と呼んだ。地図3（ギリシア世界）参照。

(7)『使節職務不履行について（第二弁論）』一〇六参照。

(8)『使節職務不履行について（第二弁論）』一〇四参照。

(9)『使節職務不履行について（第二弁論）』一一八参照。

ながら、無念の祖国敗退を喫した将軍たちへの断罪死刑の事例は十指にあまる。[1] 自分はいま同じ断崖絶壁に立たされている。アイスキネスは乾坤一擲の勝負に出た。原告団の最年長格ティマルコスを演説者資格欠如のかどで告発したのである。

『ティマルコス弾劾（第一弁論）』・勝訴

はじめての法廷闘争

『ティマルコス弾劾（第一弁論）』の古伝概説作者によれば、ティマルコスは一〇〇にのぼる民会決議案を上程し、アンドロス島のアルコーンや他国への使節も務めた有力政治家であり、[2] この時期マケドニアへの武器輸出を禁止する民会決議案を政務審議会で提議していた。[3] とすればすでにデモステネスと気脈を通じて、反マケドニアの動きを強力に推し進めていたと考えられる。アイスキネスはこの民会決議案上程に目をつけて告発に踏み切り、ゆくりなくも浴びた讒訴に痛烈な一矢を報いた。

アテナイの法律においては、男色売買の前歴がありながら政務を行なうことは、市民権剝奪から死刑に至りうる重罪であった。[4] ティマルコスは今回（前三四七—三四六年）が二度目の政務審議会議員の任にあったが、若い頃に売色の噂が絶えなかった。噂が事実であったなら、民会決議案を上程する資格はなかったはずである。原告アイスキネスはその点を衝いて、演説（提案）者資格審査（ドキマシアー・レートローン）を申し立てた。[5] 申し立ての主な事由である「売色歴」にあわせて、「相続財産蕩尽」[6] も挙げたが、同じく重罪になりうる「両親扶養義務放棄」については、ティマルコスが若い頃に亡くした父の代わりに、叔父への冷遇[7]を摘発することを忘れなかった。

判決はティマルコス有罪、刑は市民権剝奪であった。(8)ティマルコスは政治生命を絶たれた。これは驚くべき勝利であったと言わねばならない。売色というあくまで当事者以外に真相が知られえない事柄を主たる訴因に、被告を有罪に追い込むのは至難のわざである。じっさいアイスキネスは売色の証拠を提出することをしなかった。(9)核心を述べる決定的な証人も出さなかった。では何をもって被告有罪という判決を勝ち取ったのか？

(1) たとえばデモステネスは『使節職務不履行について（第十九弁論）』一八〇で、ヘレスポントス海域および対トラキア戦略で失敗したため訴追断罪された将軍五名を挙げている。
(2)『ティマルコス弾劾（第一弁論）』一〇七―一〇八、一二〇および古伝概説参照。
(3) デモステネス『使節職務不履行について（第十九弁論）』二八六参照。
(4)『ティマルコス弾劾（第一弁論）』一九―二〇参照。なお補註D参照。
(5)『ティマルコス弾劾（第一弁論）』二参照。
(6)『ティマルコス弾劾（第一弁論）』四二、九四―一〇一参照。
(7)『ティマルコス弾劾（第一弁論）』一〇四参照。
(8) デモステネス『使節職務不履行について（第十九弁論）』二八四。古伝概説作者は、みずから首を括ったという伝聞を記しているが、信憑性は極めて低い。
(9) ティマルコスが同棲した男たちとの契約文書は存在しなかったし、売色行為の報酬として金銭受領を証する領収書もなかった。古代ギリシア人は領収書発行の習慣がなかったといわれる。

アテナイ市民と男色売買

男性の同性愛が古代ギリシア文化において正統的な位置付けを与えられていたことは周知の事実である。美少年を愛で、若者の美しさを称えて頌詩を捧げることは、雅びを解する人士の証しですらあった。しかしその場合の年齢差、身分、求愛の作法などには煩瑣とさえいえる社会的規範・不文律があった。年齢一つを取っても、少年の頬にうっすらと髭の生え初めるわずかな期間こそ抗しがたい魅力の年頃とされるものの、それが成人男性のそれに近く固くなった顎を覆い始めると、むしろ獣性をあらわす毛深さを連想させて、性的嫌悪をさえ生んだようである。(1)そして礼儀正しく規を越えずに「美しく純潔な者を恋することは、情愛深く思いやりのある魂の感じ方」(一三七節)、「人を慎みと徳に導く願わしい恋」(一五一節、エウリピデスよりの引用)と称えられ、アイスキネス自身「正しい恋をそしる気もなければ、容姿秀麗だからといって男娼呼ばわりはしない」と言い、さらに自分自身のこの種の体験に躊躇なく、否、誇らしげとさえいえる口調で言及している(一三六節)。アテナイ民主政の端緒を開いたとされる二人の英雄ハルモディオスとアリストゲイトンも、「恋」の絆を原動力に僭主殺しという大事業を為し遂げたとして、古来敬意の眼差しを向けられてきた。(2)

一方アテナイでは、男色売買が名誉な職業とはいえぬまでも、闇に紛れる必要もない生業とされ、その類いの生活者がごくあたりまえに都会の一隅を占めていたことも、多くの資料からうかがえる。(3)そして女性を使う売春業同様、男色売買宿の経営者は事業税を徴収されていた。(4)では男色売買が市民権剝奪を招来する重罪となり、その前歴を負う身で民会における提案など市民に許された諸特権を行使すれば死刑になりえた

（一九―二一節）というとき、[5] それを命ずる法体系、諸規制は、男色売買宿の主からの徴税とどのように整合性を持ったのであろうか？　また「清らかに愛を受ける」ことと「金銭に釣られて色を売る」こと、あるいは「美しく純潔な者を恋する」ことと「金で雇った相手に淫行を強いる」（一三七節）ことは、どう識別されたのか？

その疑問を解くヒントは、アテナイという民主制国家の構成員すなわち「市民」の意識を問うところにあるだろう。アテナイの民主政治は、平等な権利を持った男性市民全員が各自自主独立の精神をもって政治参加することによって国家が運営されるという原則に基づいていた。運営主体である各市民は「先祖に将軍を持たない人でも、何かをたつきにその日暮らしを強いられるような人でも」（二七節）すなわち貧富の差門地の別なく、平等に発言の機会を与えられる。それゆえじっさいの運営の場である政務審議会・民会は、いわば万人に開かれた言論の場であったが、同時にそこでは、極めて厳格な規律が求められていた。まず年長者に発言を求め、そのすぐれた判断力を畏敬して万事において先を譲り（二四節）、演壇に登る者には身なり・姿態動作まで礼節に違わぬことが要求された（二五―二六節）。この裁判の行なわれた前三四六年には、演説

(1)　プラトン『プロタゴラス』三〇九a、クセノポン『饗宴』四-二八、プルタルコス『エロス談義』（『モラリア』）七七〇B―C参照。

(2)　『ティマルコス弾劾（第一弁論）』一四〇、プラトン『饗宴』一八二c参照。

(3)　『ティマルコス弾劾（第一弁論）』七四参照。これに関連する多数の壷絵がある。

(4)　『ティマルコス弾劾（第一弁論）』一一九参照。

(5)　『ティマルコス弾劾（第一弁論）』一六三、および補註D参照。

者のマナーだけでなく聴衆である民会出席者にも、野次や過度の喝采で議場を混乱させることのないよう、輪番で各部族が見張り役を務めるという法律が制定されたようである。(1) そうした民主政社会の理想を支えるものは、財産や家系血筋など成員の付加的属性をできるだけ拭い去った市民一人一人の独立自尊の精神であり、それを宿す肉体である。かくして男性市民の身体は個人の主体性の拠点となり、主体的に共同体運営に携わる精神の、いわば可視体となる。その肉体を他者の欲望充足・淫楽のために隷属物の地位に落とし、金銭という対価とひきかえに提供する、あるいはさせることは、市民としての尊厳をみずから放棄すること、させること以外の何ものでもなかった。自由人身分の少年、若者への教師や父の友人などによる接触が厳しく規制され、年長者による買色行為への青少年の斡旋が厳罰をもって禁じられた(2)のは、まさにこの種の男色が自主独立の市民性、その品位を穢すものと見なされたからであった。自由人たる若い市民が他の男の劣情と肉欲の享楽に仕えることは、そこで強いられる受け身な立場と相俟って、アテナイ社会で徹底した家父長支配下に置かれる女や奴隷に成り下がることを意味した。とすれば男性市民の肉体を卑しめ、それによって神の守護のもとにある共同体の神聖さを穢すことは、禁忌をもって臨まれるべき宗教的不浄ともなる。不浄の身の男が公職にあずかり市民の権利を行使すれば、市民権剝奪は当然の帰結であった。

アイスキネスは、このような民主社会構成員の規範を明確に示して、市民なかんずくその範たるべき政治指導者には、いかに高い徳性・自律心が求められるか、それを売色者ティマルコスはいかに穢したか、その論題を間然するところなく展開した。若い自由市民が金銭がらみの男色行為で要求を受けて女の役を演ずる(3)ことが、いかに許しがたい堕落であり市民性への冒瀆を意味するかを周到に論じた。ティマルコスが「市民としてともに生きる資格はない」（一七節）、「身体が清浄でないのだから……政務審議会や民会で発言するな」（一九—二〇節）と言われる人間であることを完膚なきまでに示した。いかに能弁に民会演説・提議を行なっても、「わが身を愚弄しいたぶった男」（三一節）は自分の身体と同様に「国家を辱めた男」（四〇節）であり、「公共奴隷を相手にわが身を辱めようという男」（五四節）は、「国事をも簡単に売るであろう」（二九、一八八節）。これを聴衆に得心させ、市民社会から放逐されるべき人間であることを異論の余地なく説いた。そのためにアイスキネスは得意の「語り」の技法をも駆使し、男娼ないし男妾をつとめるティマルコスの姿を、まさに眼前に見るようにありありと描き出した。若き日の美貌を醜行ゆえに失った男を、献策者として遇する民会出席者の恥を衝いた。係争のそもそもの原因である対マケドニア外交という政治的問題を極力斥けて、弁論家の倫理性に議論を集中させた。人口に会炙した叙事詩や悲劇からの文言も援用した。[4] それらは論敵も認める美声によって誦され、古典という権威をもって、「ポルノス［男娼］」[5] の綽名であまねく知られるティマルコスの「噂」の事実性を聞き手に確信させた。これらをアイスキネスは裂帛の気迫をもって語ることによって、政治的指導者がそなえるべき高い倫理性・品格を、彼自身の人となりからにじみ出るものと

（1）『ティマルコス弾劾（第一弁論）』三三および二一頁註（7）参照
（2）『ティマルコス弾劾（第一弁論）』一三—一四参照。
（3）『ティマルコス弾劾（第一弁論）』一一一、一八五参照。
（4）『ティマルコス弾劾（第一弁論）』一二八、一二九、一四四、一四八—一五〇、一五二参照。
（5）『ティマルコス弾劾（第一弁論）』一一九、一二三、一三〇、一五七参照。

して印象づけた。こうして市民たる者の強烈な自己規制の感覚を覚醒させ、その矜持を共にする市民全員に与えた感銘は、新進政治家として大きな収穫であっただろう(1)。

勝者アイスキネス

かくして法解釈からいえば極めて脆弱な訴因構成に立ちながら、大胆緻密な弁論戦略を立て、抜群の技法を発揮してアイスキネスは被告有罪を勝ち取った。アイスキネスが正式に弁論術を誰かに学んだという記録はない(2)。上記のような一家の経済状態ではそれはかなわぬ夢であっただろう。デモステネスがイサイオスに弁論術を学び、私訴弁論の代作者として経験を積み、公訴弁論で着実に政界に地歩を築いていったのにひきかえ、図らずも臨んだ跳躍台であった。文字どおり背水の陣で迎えたアイスキネスの捨て身の法廷論争は、公職経験も人脈も豊富な政界の実力者を市民権喪失に至らしめたのである。

時流が味方したのも確かである。デモステネスが「ピロクラテスの講和」交渉の途中から他の使節たちと袂を分かって急速に講和批判を強め、反マケドニアの気運をさかんに煽るという状況の中で、たしかに市民の間にピリッポスへの反感は生まれていたであろう。とはいえ平和を歓迎し、「ピロクラテスの講和」を維持してピリッポスともできるだけ友好的関係を保とうとする趨勢も希薄ではなかった。アイスキネス弁護に立った有力政治家たちにもその方向性は顕著で、とりわけ同盟国戦争後のアテナイ財政を立て直して声望高かったエウブロスの和平政策は、広く市民の支持を集めていた。さればこそアイスキネスは原告弁論『ティマルコス弾劾』中で、自分が「ピロクラテスの講和」締結に尽力したことを、誇らしげに口にすることができたのであった。使節職務を共にした他の使節も同じ立場を取ったであろう。とするとアイスキネスの勝訴はけっして彼一人の力によるものではなく、なお頼みとする講和維持派の支援のたまものであったであろう。(3)

「使節職務不履行裁判」開廷まで

反マケドニアの闘士デモステネス

とにもかくにもアイスキネスは勝訴し、政治人生の大きな危機を乗り越えた。他方アイスキネスを被告席に立たせるに至らなかったデモステネスは、反マケドニア派ティマルコスの悲運に集まる同情をけっして無

(1) すなわち、政界に確固たる地位を占めるという、期待以上の成果をもたらしたといえる。名門富裕者に断然有利であった政界進出において、公訴勝利はその種の背景を持たない人々のデビュー手段にさえなりえた。新進政治家の名を得る手段としての対大物訴訟で成功した例として、ヒュペレイデス、アリストゲイトン、アリストポン、リュクルゴスの名を挙げる研究者がいる（Harris, 1995, p. 35 参照）。

なお本解説では、アイスキネス『ティマルコス弾劾（第一弁論）』を原告演説とする裁判（被告演説は散逸）を「ティマルコス裁判」と略記する。

(2) 擬プルタルコス『十人の弁論家の生涯』――アイスキネスの生涯――四には、師あり、と、一五には、師なし、と相異なる記述が見られる。

(3) ただし「ピロクラテスの講和」前後の一連の出来事を再構成する史料である弁論作品はいずれも歪曲、誇張など極めて党派的な片寄りがあるため、どの時点を取ってもマケドニア・ピリッポスに対するアテナイの世論が親・反のどのあたりにあったか、講和維持派の力がどの程度であったかを測ることは困難である。

駄にはしなかった。「ピロクラテスの講和」締結と同時に終わった第三次神聖戦争の結末は、講和にかけたアテナイ市民の期待を裏切り、忿懣の声はここかしこに上がっていた。救済されるはずであったポキスは根こそぎ滅ぼされ、「高慢の鼻をへし折られる」はずであったテバイは、ボイオティアの諸市を得てますます尊大に構えている。他方でピリッポスは、アポロン尊崇に尽くした敬神の人として、その令名はあまねく地中海世界にとどろいた。[1] 彼は何物をも失うことなく望むものをすべて手に入れ、その支配圏は中央ギリシアを越えて、はるかにペロポンネソス一帯に及ぼうとしていた。

ティマルコス裁判後の二年余、デモステネスは高まる反マケドニアのうねりに乗って、打倒ピリッポスを合言葉にギリシア諸国の勢力糾合に奔走するとともに、指導的政治家への階梯を駆け上って行く。

デモステネスにとって、ピリッポスがペロポンネソスにまで手を延ばすのは、次にアテナイを仕留めるための「陰謀」[2]にほかならなかった。前三四四年夏デモステネスはアルゴスへの使節を提案し、みずから団長格の使節となってペロポンネソスの地に赴いた。[3] 帰国後の民会演説において、講和締結以降のピリッポスの軍事行動と戦略を協定違反と糾弾し、ピリッポスの最終目標がアテナイ征服にあることは彼のテッサリア隷属化を見れば自明であると[4]断言して、市民に戦争準備への奮起を促す。[5] こうしたデモステネスらの喧伝を聞き知ったピリッポスは強い抗議の意を表明し、使節ピュトンを送って和平維持のため「ピロクラテスの講和」条約修正に吝かではないことを伝えてきた。[6] そこでアテナイ民会が提案した条約修正案には、「講和」の範囲を非加入のギリシア諸国に及ぼすという一条が含まれており、[7] 三年前の条約締結時にアイスキネスが唱えながら果たせなかった案件であったが、今回、ピリッポスは賛意を表わしてきた。しかし両国は「所有しているものを所有する」という条文を、「自分のものを所有する」に書き換えるというアテナイ側の提案(8)は、ピリッポスの激しい怒りを買った。(9) また領土問題の解決を公平な第三者の裁定に委ねること、海賊掃討

(1) ディオドロス『世界史』第十六巻六〇-四参照。
(2) デモステネス『ピリッポス弾劾、第二演説（第六弁論）』一六、三五参照。デモステネスはこの演説において、名こそ挙げぬものの厳しくアイスキネスを非難している。古伝概説作者（リバニオス）は、この演説を評して、アイスキネス告発（使節職務不履行裁判）を「前もって準備する」ものと言う。
(3) デモステネス『ピリッポス弾劾、第二演説（第六弁論）』一九、二六参照。
(4) デモステネス『ピリッポス弾劾、第二演説（第六弁論）』二二参照。
(5) デモステネス『ピリッポス弾劾、第二演説（第六弁論）』の口演推定年代は前三四四年初秋。
(6) ピュトン来訪（前三四四年あるいは前三四三年前半と推定）については、擬デモステネス『ハロンネソスについて（第七弁論）』一八、二一参照。
(7) 擬デモステネス『ハロンネソスについて（第七弁論）』三〇—三二参照。
(8)「所有しているものを所有する（ἔχειν αὐτὸν ἃ εἶχεν）」は、第一次使節帰国後のアテナイ民会で了承された条文（擬デモステネス『ハロンネソスについて（第七弁論）』一八、二六参照）。
(9) デモステネス『使節職務不履行について（第十九弁論）』三三一参照。旧条文では、もともと他人のものであっても、現在所有していれば領有権を認められることになり、その結果アテナイはアンピポリス等を回復できなくなる。一説には、マケドニアに対する戦機いまだ熟さずと見るデモステネスら好戦派が、ピリッポスに承認しがたい条件を出して折衝に時間をかけ、その間に開戦準備を整えようという戦略であったとも言われる。

のために共同作戦を採ること、マケドニア－アテナイ間の交易の安全と振興のための条例を設置することなどを提案するピリッポスに対しては、デモステネスらが強硬に反対した。ピリッポスからの小島ハロンネソス贈与の申し出に対しては、返還するのではなく贈与するという彼の傲慢を許すなと言って、デモステネスら反マケドニアの政治家たちは民会を威圧した。[1] けっきょくピリッポス支持を表明したアイスキネスら講和維持派は、マケドニアとの関係修復にこの好機を活かすことができなかった。[2]

同じく前三四三年、反マケドニアの政治家ヒュペレイデスが、ピロクラテスを収賄の容疑で弾劾するという事件が起こった。[3]「ピロクラテスの講和」締結の主導者ピロクラテスが、ピリッポスから巨額の賄賂を受けていたという告発である。ピロクラテスは判決を待たずに亡命した。もはや「ピロクラテスの講和」への支持は好戦派の叫喚に掻き消され、国家的失態の元凶と名指しされる身では、公平な裁判は望めないと予測したと思われる。陪審廷は不在のままの被告ピロクラテスに死刑を宣告した。時を移さずデモステネスは、第二次使節における職務不履行を事由に、アイスキネスを被告とする執務審査の再開を申請した。頓挫した使節職務不履行告発から三年の月日が流れていた。いまや政界に地歩を固めた[4]デモステネスは、講和維持派を打ちのめす好機到来と見たであろう（ただし事件の時間的順序は確証されえない）。デモステネスは、アイスキネスの第二次使節における職務不履行を、(1) 使節任務の報告演説における虚偽、(2) それに基づいて市民に与えた勧告の誤り、(3) 任務遂行中の民会指示違反、(4) 国家の時間を空費した罪、(5) これらすべての原因である収賄、の五点を訴因に告発再開を申請した。

二つの『使節職務不履行について』

稀有の論戦記録

デモステネスの告発演説『使節職務不履行について（第十九弁論）』は、その答弁であるアイスキネスの同じ題名の『使節職務不履行について（第二弁論）』とともに現存している。同一の係争事件をめぐる原告被告双方の言い分を聞けるという、文献伝承史上稀有の事例がここにある。後世の読者にとって得がたい幸運というべきこの事象は、じつは一三年後アイスキネスが原告として放った『クテシポン弾劾（第三弁論）』についても起こっている。ただしデモステネスは被告クテシポンの弁護人として立ったので、弁護演説の題名は『クテシポン擁護（第十八弁論）』であり、その別名『冠について』の方が人口に膾炙している。いずれにせよこれら二対の論戦記録は、二人の政治家が同じ日に同じ場所でじかに言葉を交じえて、マケドニアの活力に圧倒されるアテナイの焦燥を法廷闘争というかたちで生々しく伝えるという点で、古典ギリシア語文献中

(1)『クテシポン弾劾（第三弁論）』八三参照。
(2) 前三四四―三四三年頃アテナイの隣国メガラの独裁者（ペリロスとプトイオドロス）の権力樹立にピリッポスが手を貸したことも、反マケドニア機運を一気に高めたと思われる。
(3)『クテシポン弾劾（第三弁論）』七九、ヒュペレイデス『エウクセニッポス擁護（第四弁論）』二九、デモステネス『使節職務不履行について（第十九弁論）』一一六参照。
(4) 前三四四―三四三年頃のピリッポスによるメガラ軍事介入阻止の出兵提案を、デモステネスは『使節職務不履行について（第十九弁論）』（八七、二〇四、二九五、三三四）そのほかで頻繁に言及する。メガラ救済を民会提案したデモステネスの評判が高まったことがうかがえる。

でも際立った位置にある。とくに二つの『使節職務不履行について』の場合は、「ピロクラテスの講和」(前三四六年)という、アテナイの衰運を速めた一大事件が、当事者のそれぞれの立場から再現されるという、古代ギリシア史に例のない貴重な歴史資料にもなっている。

とはいえこの両弁論ほど扱いが厄介なものもない。同一の出来事についての原告被告間の発言が極度に食い違い、双方の解釈が恐ろしくきしみあっているからである。「ピロクラテスの講和」の史実再構成に役立つものの、同様の齟齬・不整合で研究者を悩ます作品はほかにも三つある。一つは「ピロクラテスの講和」締結後まもなく口演されたという、前述のデモステネス『講和について(第五弁論)』(前三四六年)であり、残る二つは上記のアイスキネス『クテシポン弾劾(第三弁論)』とデモステネス『クテシポン擁護(別名『冠について』第十八弁論)』(いずれも前三三〇年)の中の関連箇所である。ただ後二者は、使節職務不履行裁判で争った二人が、一三年を経て再び激突したときのものであり、それぞれ異なる文脈で発言すると、矛盾・撞着はいっそう縺れ込む。資料が増えれば、解釈の困難度は幾何級数的に増すのである。以上の了解のもとに、前三四三年デモステネスが挑んだ原告弁論『使節職務不履行について(第十九弁論)』に、被告アイスキネスがどう応えたか、その争点を見てみたい。

『使節職務不履行について(第二弁論)』

アイスキネスの収賄ひいては売国の罪を立証するために、デモステネスがかかげた告発事由は、上に数えた五点であるが、それをもって彼が言わんとすることは次の二つに尽きる。一つ、アテナイの同盟国ポキスをアイスキネスが「欺瞞演説」によって破滅させたこと、一つ、トラキアにおけるアテナイの利権を、アイスキネスがピリッポスに売り渡したこと、以上二つである。

第二次使節の目的は、アテナイ側が採択宣誓したマケドニアとの講和および同盟条約について、ピリッポス側の批准誓約を取りに行くことであったが、その任務を果たして帰国し、スキロポリオン月十六日に開かれた民会でアイスキネスが行なった帰国報告演説は、もっぱらピリッポスの手先となってアテナイ民会を欺くためであり、アイスキネスの第一の罪すなわちポキス滅亡は、この「欺瞞演説」をもって始まった。[1] ピリッポスはアテナイの友だの、ポキスを救い、テバイの高慢の鼻をへし折ってくれるだの、さらに講和が結ばれたあかつきには、アンピポリスを償って余りある恩恵を施してくれるだの、エウボイアやオロポスを取り返してくれるだの――こういう嘘偽りで民会をペテンにかけ、危うくアッティカまで失わせるところであった。デモステネスはこのようにアイスキネスの第二次使節帰国報告を、収賄による「欺瞞演説」(職務不履行事由第一および第二)と激しく糾弾して、その証拠に殲滅されたポキスの悲惨を見よ、とポキス市民の悲劇を聴く者の目にまざまざと描き出す。

被告として立つアイスキネスは、デモステネスの発言の歪曲、虚偽をいちいち正して、デモステネスが一言もふれなかったポキス滅亡の経緯を逐一語る。すなわち、長引く戦乱に疲弊したポキスは、要衝の地点数箇所を引き渡すと約束して同盟国アテナイおよびスパルタに援軍出動を求めたが、失脚していた将軍パライ

(1) デモステネス『使節職務不履行について(第十九弁論)』四三、一〇二、一一〇、一二一、一八二参照。

コスが復権した時点でその約束を反古にした[1]。ところがパライコスはまもなく自国内で孤立し、アテナイ・スパルタの援軍も望めなくなったとき[2]、とうてい太刀打ちできないマケドニア・テッサリア・テバイの軍勢に自分が取り囲まれていることに気付き、率いる傭兵八〇〇〇とともにペロポンネソスに逃亡するという売国行為に走った。それを見逃してくれるならば祖国を明け渡そうという取り引きをピリッポス相手にしたのである[3]。

デモステネスによる告発の二つ目すなわちアテナイの北方利権をも脅かすピリッポスに、みすみす東トラキアの諸都市を奪わせてしまったのは、出発遅延、航路逸脱によるアイスキネスの謀略収賄のせいであるという非難（職務不履行事由第三、第四および第五）は、第二次使節の出発時に遡る。アテナイ側の誓約からピリッポスによる誓約宣誓までの間に、条約に縛られないピリッポスがヘレスポントス海域を攻略すると予測したデモステネスは、ただちにトラキア方面に使節が直行し、その地でピリッポスに誓約させるという方策を急いだが、それを無視してアイスキネス（とピロクラテス）はわざと迂回路を取った、そのためマケドニア到着までに二三日もの日数を費やした、これらはすべて、侵略者ピリッポスを助けるための時間稼ぎにほかならない、国家の時間を無駄に失わせたことに加えて、民会指示の行路を守らなかったという罪をもアイスキネスは免れない[4]。

以上のデモステネスの主張に対しアイスキネスは、ヘレスポントス海域にいた将軍からの手紙を書記に朗読させ、出発前にすでに征服されていた東トラキアの各地を第二次使節団はどうして救うことができたか、とデモステネスの議論を粉砕する[5]。ピリッポスが東トラキア王ケルソブレプテスをその本拠地ヒエロン・オロスで降し、彼の領土内のセリオン、ドリスコスなどを手中に収めたのは、エラペボリオン月二十四日すなわち「ピロクラテスの講和」のアテナイ側同盟国による誓約批准の一日前であった。手紙はそのことを伝えたのである。

　アイスキネスは条約からのケルソブレプテス排除についても、デモステネスの告発を一蹴する。アテナイ側同盟国が講和・同盟を宣誓したエラペボリオン月二十五日に、ケルソブレプテスの使節が到着しアテナイの同盟国として誓約することを願い出た(6)。しかしアテナイとの二国間同盟の関係にあったケルソブレプテスには、条約参加は許されなかった。それが民会の議決(7)であったことを、アイスキネスは宣誓誓約の場に列席

---

(1)『使節職務不履行について（第二弁論）』一三二―一三五参照。

(2)アテナイの民会は、ポキス人によるデルポイ神殿の聖財返還なくば武力をもって制裁を加えるという決議をした（デモステネス『使節職務不履行について（第十九弁論）』四九参照）。

(3)『使節職務不履行について（第二弁論）』一四〇、ディオドロス『世界史』第十六巻五九-三参照。

(4)デモステネス『使節職務不履行について（第十九弁論）』一五六、一六一―一六五、一八〇参照。

(5)『使節職務不履行について（第二弁論）』八九―九二参照。

(6)『使節職務不履行について（第二弁論）』八三参照。

(7)「ピロクラテスの講和」からのケルソブレプテスの排除をアイスキネスの罪とするデモステネスの非難は『使節職務不履行について（第十九弁論）』一七四、三三四参照。エラペボリオン月二十五日にケルソブレプテスの使節の講和宣誓を拒否することによって、アテナイ民会はケルソブレプテスの排除を明確にした。

していた将軍と第二次アテナイ海上軍事同盟国代表に証言させている。[1]そしてアイスキネスは、その日の民会で議長として議事進行を司ったデモステネスが、ケルソブレプテスを入れることによってここまで漕ぎつけたピリッポスとの講和を瓦解させるつもりはないと言ったではないか、ととどめをさす。[2]原告デモステネスは、この日の民会について一言も触れていない。

アイスキネス辛勝

アイスキネスの被告弁論は上の論駁を含みながら、デモステネスがマケドニアの王宮でいかに偽善的にふるまったかを始め、論敵の弱点を衝いて容赦ないが、しかし彼は、帰国報告で大喝采を浴びた三年前とはすっかり変わった民会の空気を痛いほど身に感じたであろう。ポキス市民の悲惨を聞かされ、講和の実効の無さに苛立ちを募らせていたアテナイの民衆が、「講和」はピリッポスの篭絡であったと説き明かす反ピリッポス派の政治家たちの方に靡き始めていたとしても不思議はない。「「使節として」私の口からは正義と国益が語られました。しかし結果はわが国が祈願したとおりにではなく、ピリッポスが手を打ったとおりになりました」(二一八節)というアイスキネスの言葉には、講和締結こそが採るべき唯一の選択であったという変わらぬ信念に入り混じって、そこに力と力の作用を認めざるをえない無念さがにじみ出ている。しかし繰り返しデモステネスを誣告常習犯と呼び、[3]死刑宣告を受けて亡命しているピロクラテスと講和締結にあたって共謀したのは、自分ではなくデモステネスであるなど、[4]前回のティマルコス裁判時の発言と正反対のことも言うアイスキネスに、劣勢に傾く講和維持派の焦りと狼狽の色は濃い。

勝敗は被告アイスキネスの無罪であった。さあれ、わずか三〇票という僅差(5)による勝利に、アイスキネスは暗澹とした思いに囚われたであろう。「自分にできることは何一つやり残さなかった」（一一八節）と訴え、「ピロクラテスの講和」しか選択肢はなかったことを示すだけではもはや市民の支持は得られないことを実感せざるをえなかったであろう。国家財政運営の大黒柱エウブロスや、かつてピリッポスをテルモピュライから撤退させた朋友ナウシクレス(6)、それに市民の厚い尊敬を集め、正義の士として名高い将軍ポキオン(7)を弁護人に立ててもなお辛勝に甘んじなければならなかったアイスキネスの心には、怒りとも悲しみともつかぬものが込み上げたに違いない。本弁論一六一ではなお自分を「講和の推進者」の一人、市民を講和の「受益

(1)『使節職務不履行について（第二弁論）』八六参照。証言文は残っていないが、『ピリッポス書簡』として伝えられるデモステネス文献（第十二）中の文言（八節）と符号する。

(2)『使節職務不履行について（第二弁論）』八四参照。

(3) 一〇三頁註（6）参照。

(4)『使節職務不履行について（第二弁論）』一五、一八―二〇、五四、五六参照。

(5)「三〇票」は少なくとも陪審員定数五〇一人、しかし恐らく一〇〇一人以上であったと思われる（五節参照）陪審員投票数から見て僅差である。

なお本解説では、デモステネス『使節職務不履行について（第十九弁論）』（原告演説）とアイスキネス『使節職務不履行について（第二弁論）』（被告演説）による裁判を「使節職務不履行裁判」と略記する。

(6) ナウシクレスは前三五二年ピリッポスの南進をテルモピュライで阻止したときの将軍（デモステネス『冠について（第十八弁論）』一一四、ディオドロス『世界史』第十六巻三七-三参照）。その功績により授冠された（*IG* II^2 1623Bb329）。前三三四／三三年にも将軍を務めた。年代については補註R参照。

(7) ポキオンについては、三七三頁註（10）参照。

者」と呼びながらも、アイスキネスはそれ以上に今回の講和の積極的価値を説いていない。戦争よりは平和がいかに好ましく尊いものであるかを、アイスキネスは終結部（一七二―一七七節）で述べるが、かつて大弁論家アンドキデスが[1]祖国に唯一可能な道を選びながら市民の願望を満たせぬ結果に終わり、無念の断罪を受けたときを想起させる。アンドキデスの弁明演説の字句がほとんどそのままなぞられている。[2]

カイロネイアの戦いまで・敗戦

「ピロクラテスの講和」破棄へ

さてデモステネスは、なお意気軒高であった。敗訴とはいえ票差わずかに三〇票ということは、反マケドニアの潮流が滔々と勢いを増しつつあることを確信させた。デモステネスにとって「使節職務不履行裁判」はけっして無駄ではなかったのである。さらにデモステネス自身の発言力が急速に高まるような事件が起きた。

さきに行なわれた区民登録再調査で市民権を失ったアンティポンなる男が、マケドニアへ行ってピリッポスにペイライエウス港を炎上させると約束してきたという。そのアンティポンがペイライエウス居住区に潜伏しているところを見つけたデモステネスは、放火未遂の現行犯として彼を逮捕して民会に突き出した。アイスキネスは断固抗議した、デモステネスは公権なしに市民（アンティポン）の居宅に侵入し、違法な手続きで逮捕した、と。民会はアンティポンを釈放した。ところがこの頃政治的権力を回復しつつあったアレイオス・パゴス審議会が再調査と裁判を命じ、その結果アンティポンは死刑を宣告された。[3]権威あるアレイオス・パゴス審議会による逆転判決というだけでアイスキネスには打撃であったが、さらに追い討ちをかけるような事件が起こった。前三四三年デロス島住民による非難に端を発したデロス神殿管理問題がアンピクテュオニア神聖同盟会議に回付され、民会はいったんアイスキネスを会議への代表に選出したが、まもなくアレイオス・パゴス審議会がアイスキネスを解任し、代わってヒュペレイデスを任命した。ヒュペレイデスは、さきにピロクラテスを弾劾して亡命に至らしめた政治家であり、この時期デモステネスの同志として強硬に反マケドニアを唱えていた。ヒュペレイデスがアンピクテュオニア神聖同盟会議で揮った雄弁は、アテナイに勝利をもたらした。(4)

アイスキネスの政歴が下降するのに反比例するかのように、デモステネスの影響力はいやましに高まった。前三四三年(あるいは前三四二年)、デモステネスは、マケドニアへの反乱を使嗾する目的で「講和条約に違

(1)名門富裕の家に生まれたアンドキデス(前四四〇—三九〇年)は、前三九一年、和平交渉のため大使の一人としてスパルタに派遣されたが、交渉は失敗した。最も古いアッティカ弁論家の一人。

(2)アンドキデス『ラケダイモン人との和平について(第三弁論)』四—九、三一参照。なお前三四一年三月口演とされるデモステネス『ケロネソス情勢について(第八弁論)』五三—五五、前三四一年五月とされる同『ピリッポス弾劾、第三演説(第九弁論)』七—九などからは、まだ講和維持派が一定の勢力を保っていたことが推測できる。

(3)デモステネス『冠について(第十八弁論)』一三二—一三三、デイナルコス『デモステネス弾劾(第一弁論)』六三参照。

(4)デモステネス『冠について(第十八弁論)』一三四参照。ヒュペレイデスの『デロス島弁論』は、断片が現存する。

反して」（とアイスキネスは言う）テッサリアとマグネシアに使節を送った。[1] 反乱勃発には到らなかったものの、帰国した使節たちに授冠の栄を与えるべしというデモステネスの提案に、アイスキネスは講和を乱すものと抗議したが、デモステネスは批判攻撃もものかは、ギリシア諸国への外交を重ねて、対ピリッポス連帯戦線の構築に寧日なしであった。民会でデモステネスは、いよいよピリッポスの野心がアッティカに向けられていると警告する。[2] エウボイアに傭兵部隊を送ったピリッポスに対し、デモステネスが提案・執行させた出兵は、独裁者を放逐してエウボイアを解放した（前三四一年）。その功に対し授冠の栄を受けたデモステネスは、ますます勢いを得てペロポンネソス方面でも同盟の枠を広げるなど、対ピリッポス戦の戦端を開く機会をひたすら待つかに見えた。[4]

他方でピリッポスはトラキア内陸部へ兵を進めて講和条約違反を責め立てられると、その地に支配権をもつケルソブレプテスとアテナイとの同盟関係を自分は講和条約以前から認めていないと反論し、デモステネスらを平和維持の努力を踏みにじる誣告屋まがいだと非難するなど、[5] 一再ならず書簡や使節を送って応酬した。ケロネソス半島の入り口に位置するカルディアへのアテナイの武力介入には軍事力をもって反撃し、アテナイが穀物輸入の半分を頼る黒海沿岸においては、その主要都市ペリントスとビュザンティオンを包囲攻撃した。[6] 思いのほかこれにてこずったピリッポスは、前三四〇年夏、ヘレスポントスを通過するアテナイへの穀物運搬商船一七〇隻を拿捕、穀物を売り払うという慮外な挙に出た。[7] アテナイ市民は殺気立った。デモステネスの動議により、ついにアテナイは「ピロクラテスの講和」の破棄を宣言し、条項が刻まれた石碑を粉々に打ち砕いた。アテナイ海軍の出動は、ペリントス、ビュザンティオンを援けてよく持久力を発揮させ、直前にデモステネスらの外交によってアテナイとの友好関係を復活させた他のエーゲ海東岸諸国もこれに連なった。けっきょく熾烈な反撃はピリッポスにスキュティア方面への転戦を余儀なくさせた。危難に耐え抜

(1)『クテシポン弾劾（第三弁論）』八三古註（Dilts, *Aes. in orat.* 3. 83）参照。

(2)前三四一年三月口演とされるデモステネス『ケロネソス情勢について（第八弁論）』、前三四一年五月とされる同『ピリッポス弾劾、第三演説（第九弁論）』参照。

(3)ピリッポスはエウボイアの独裁者クレイタルコスとピリスティデスを援助した。デモステネス授冠は前三四〇年。

(4)ヘゲシッポス、ポリュエウクトスとともにデモステネスが使節として訪れて対ピリッポス戦争準備を説いたアカイア、アルカディア、アルゴス、メッセニアなどペロポネソス諸国（前三四三／四二年。デモステネス『ピリッポス弾劾、第三演説（第九弁論）』七二参照）は、前回（前三四四年。デモステネス『ピリッポス弾劾、第二演説（第六弁論）』二〇—二五参照）よりは手ごたえがあった。ピリッポスはギリシア西部のアンブラキアへは、みずから出兵して奪取（前三四三年末?）する（擬デモステネス『ハロンネソスについて（第七弁論）』三二、同『ピリッポス弾劾、第四演説（第十弁論）』一〇参照）。アンブラキア、レウカス島にまで攻略の足を伸ばしたのは「使節職務不履行裁判」以後とされる（同『ピリッポス弾劾、第三演説（第九弁論）』二七、三四参照）。

(5)『ピリッポス書簡（デモステネス文献第十二）』一六—一七、一九参照。

(6)デモステネスが「同盟国への裏切り」と口を極めて罵るピリッポスのビュザンティオン・ペリントス包囲は、ピリッポスにとっては前三四二年以降ピリッポスと同盟を組んでいたビュザンティオンの裏切りへの報復であった。デモステネスが外交事績として誇ってやまないビュザンティオンのアテナイとの同盟への復帰を、歴史家はビュザンティオン側の情勢判断に基く外交方針の変更にすぎないと見る。

(7)ユスティヌス『ポンペイウス・トログスによる『ピリッピカ』抄訳』第九巻一-六、ピロコロス *F. Gr. H.* No. 328 Fr. 162 参照。テオポンポス *F. Gr. H.* No. 115 Fr. 292 によれば一八〇隻。

いたビュザンティオンは、アテナイ民会に感謝の冠を贈った。この間出兵を動議、主導し、使節を務めたデモステネスは、勝利の立役者として喝采を浴び、(1)いまや国運を双肩に担って立つアテナイ外交の第一人者の名を恣《ほしいまま》にした。(2)独裁者(ピリッポス)への戦いこそ正義と叫ぶ彼の憂国慷慨の熱弁は、民会を沸騰させた。

テバイとの同盟――カイロネイアの決戦へ

デモステネスが発した対ピリッポス宣戦布告は、否応なく講和維持派にも臨戦態勢を取らせた。エウブロスやアリストポンら講和維持を奉じてきた有力政治家たち、戦功並びない将軍でありながら平和路線に与するポキオンも、次々に開戦にそなえた民会決議案を提出した。(3)アイスキネスも、祖国の危急存亡の秋《とき》とあっては、たぎるような愛国心が対外和平主義を抑えた。戦雲急を告げる中、先のエウボイア出兵、今回のビュザンティオン援助による授冠の栄は、外交に不動の自信を得たデモステネスをして、さらに宿敵テバイを同盟に引き込み、前三三八年カイロネイアの野にピリッポスと相まみえるという大勝負に走らせる。

カイロネイアの戦いは、アイスキネスの「不始末」に起因するというのが後日戦争責任を問われたときのデモステネスの言い分である。「不始末」すなわち西ロクリスの町アンピッサで「罰当たりな」アイスキネスが行なった愚かしい演説がカイロネイア戦を引き起こした、とデモステネスは言う。(4)

テバイと同盟関係にあったアンピッサは、前三三九年春、アンピクテュオニア神聖同盟会議にアテナイの「不敬」を弾劾する懲罰動議を出した。地震で大破したアポロン神殿の再建にあたって、ペルシア戦争時のテバイからの戦利品をもって(5)制作した黄金の盾を、再び欄間にかかげようとしたアテナイの「不敬」を罰すべしという主張である。しかし神聖同盟会議にアテナイ代表の一人として出席したアイスキネスは、逆に聖地に耕作の鍬を入れたアンピッサ人の「不敬」を糾弾する演説を行なった。帰国したアイスキネスを民会は支持した。[(7)] しかしアンピクテュオニア神聖同盟が続いて開催した臨時会議——アンピッサ人の神域冒瀆に対する懲罰を議するための会議——には、アテナイ民会は不参加を決議した。デモステネスがテバイを敵に回す危険を冒すなと強硬に主張して差し止めたのである。テバイはむろん臨時会議に出席しなかった。アテナ

（1）デモステネス『冠について（第十八弁論）』七九—八〇参照。アリストニコスの提案による授冠については、同八三、一二〇、二二二、二二三節参照。擬プルタルコス『十人の弁論家の生涯』——デモステネスの生涯——八四六Aは、デモステネスへの授冠提案者としてデモメレス（デモステネスの従弟）とヒュペレイデスの名を挙げているが、これが実現したかは不明である。

（2）デモステネス『冠について（第十八弁論）』八八、二九八参照。他方でアイスキネスによる独裁者という非難（『クテシポン弾劾（第三弁論）』一四五）、デイナルコス『デモステネス弾劾（第一弁論）』六二—六三（回復させたアレイオス・パゴス審議会の権威を恣意的に利用したと）の独裁者＝国賊デモステネスへの非難がある。

（3）デモステネス『冠について（第十八弁論）』七〇、七五参照。エウブロスは和平政策の推進者として支持を得ていたが、同時に国防政策（＝外征抑制）においても顕著な事績を残していた（『クテシポン弾劾（第三弁論）』二五、デイナルコス『デモステネス弾劾（第一弁論）』九六、ピロコロス *F. Gr. H.* No. 328 F56a, *IG* II^2 a627 lines 352–354 参照）。ポキオンのデモステネスとの政策上の対立については、プルタルコス『ポキオン伝』九参照。

（4）デモステネス『冠について（第十八弁論）』一四三—一五九参照。

（5）テバイはペルシア戦争時ペルシア側についた。

（6）『クテシポン弾劾（第三弁論）』一一五参照。

（7）『クテシポン弾劾（第三弁論）』一二五参照。

イ・テバイ不在のまま、アンピクテュオニア神聖同盟は「不敬の」アンピッサ人に対して宣戦布告した（前三三九年冬）。会議議長コッテュポス（テッサリア人）が指揮官に選出されたが、アンピッサ成敗は成らず、けっきょく遠隔地スキュティアにいたピリッポスに指揮官就任が要請された。こうした事実経過をたどってデモステネスは言う、ピリッポスに中央ギリシア却略の口実を与えて究極的にアッティカに攻め入らせるため、収賄したアイスキネスがアンピッサ戦争を起こし、(1) カイロネイア戦に火をつけた、と。

いずれにせよ再び神聖戦争という大義を得たピリッポスは、マケドニア兵とテッサリアの大軍を率いて南下した。しかしテルモピュライを迂回したピリッポスは、アンピッサに向かうと見せるや、一転してボイオティアの国境に至近のエラテイアを占拠した。テバイに直通し、その先のアテナイに通じる要衝の地である。(2) 動転したアテナイ民会はデモステネスの勧告に従い、旧怨をかなぐり棄ててテバイとの同盟に踏み切る。民会はデモステネスを主席代表に、使節団をテバイに送った。同盟者ピリッポスに対する鬱懐を溜めこんでいたテバイは、先ごろテルモピュライ先端の要地に配されていたマケドニア駐留軍を追い出すという挑発的行動に出たが、ピリッポスのエラテイア占拠はその報復であった。したがってテバイ－ピリッポス間の同盟はいまや名のみとなっていたが、情勢緊迫の中テバイ民会に到着したマケドニア人使節は、前回の聖戦（第三次神聖戦争）後ピリッポスが与えた恩恵を数え上げて共闘を迫った。次いでアテナイ人使節デモステネスが演壇に登った。圧制者、暴君、蛮夷なるピリッポスの従属国に堕するか、それとも自由、民主政という至上の価値を分かち合うテバイ・アテナイ両国が、手を携えて光輝あるギリシア民族の誇りと名誉を守り抜くか――デモステネスの弁舌の悲壮感、耳に甘美なイメージは人の心の琴線をふるわせるものがあった。テバイは動揺した。隷従の屈辱を斥けるべきか、ピリッポスに与して安全を採るべきか、民会場は二分した。最終的にテバイがアテナイに傾きかけた時点で、ピリッポスはいまひとたび和平を講じようと使節を送った。しかしテバイはデモステネスを選んだ。同時代の記述によると、その瞬間「テバイ人は恐怖も打算も義理も棄てて、デモステネスの演説の感激からひたすら名誉に志した」という。[3] メタゲイトニオン月九日（前三三八年八月二日）、アテナイとテバイを中心とするギリシア連合軍は、ボイオティアの中央（アテナイから一三〇キロメートル北）のカイロネイアにおいてマケドニア軍と対峙した。[4]

（1）第四次神聖戦争（アンピッサ戦争）の勃発経緯について、両弁論家の陳述は著しく相違し、読者は理解に大きな困難を覚える。アイスキネスは自分の行動が民会によって支持され、それが「敬虔と公正」への道を拓いたにもかかわらず、デモステネスによるアンピクテュオニア神聖同盟臨時会議への出席差し止めが正道を狂わせたと非難する。『クテシポン弾劾（第三弁論）』一一七―一二四参照。

（2）エラテイアのマケドニア軍による占拠の報がいかにアテナイを震撼させたかを語るデモステネスの文節（『冠について（第十八弁論）』一六九―一七九参照）は、古代ギリシア語散文の白眉として知られる。

（3）前三八〇年頃の生まれとされ、ピリッポス二世の評伝を書いたテオポンポスは、しばしば後世の歴史家の典拠となったが、この一節はプルタルコス（『デモステネス伝』一八）がテオポンポス（F. Gr. H. No. 115 Fr. 328）からの引用として伝えるものである。邦文は河野与一訳。

（4）アテナイとテバイを中心とするギリシア連合軍は、ほかにエウボイア、アカイア、コリントス、メガラ、レウカス、コルキュラが数えられる（デモステネス『冠について（第十八弁論）』二三七参照）。アカルナニアも加わったか？（『クテシポン弾劾（第三弁論）』九七参照）。

敗 戦

戦闘はギリシア軍の惨敗であった。布陣に卓越した才を見せたピリッポスを助けて、若き王子アレクサンドロスは驚異的戦功をあげ、[1]マケドニア軍は圧倒的な強さを見せて勝った。一兵士として参戦したデモステネスは盾を棄てて戦場から逃げ帰ったと伝記作家は言う[2]が、真偽のほどは怪しい。ピリッポスについても相矛盾する記述が残っている。祝杯を浴び、戦勝に酔いしれたピリッポスは、「累々たる死体の上で乱舞し、デモステネスの動議による、［アテナイ民会の］開戦決議案の出だしの文句に韻をつけ、拍子をとって誦した」[3]という記述がある一方で、「よく自制して将兵のもとでは有頂天になることなく、敗者を貶《おとし》めることもなかった」[4]とも書かれている。

敗戦後アテナイはマケドニア軍による包囲戦を覚悟して総動員体制を取ったが、ピリッポスによる処遇は予想外に寛大であった。捕虜を身代金なしで返し、戦死者の遺体は王子アレクサンドロスと重臣アンティパトロスを伴わせて祖国に帰還させた。アイスキネスがポキオンらとともに「国の生き残りを賭けて奔走した」[5]和平交渉のおかげでもあったか、ピリッポスはマケドニア兵をアテナイに駐屯させず、ペイライエウス港への艦隊配備も行なわなかった。第二次アテナイ海上軍事同盟の解体を求められたことは[6]、アテナイにとって少数になった加盟国亡失の痛手というよりむしろ、帝国の終焉という屈辱ではあったが、旧来の領地サモス、レムノス、インブロス、スキュロス、デロスの諸島はアテナイに残され[7]、積年の恨みの地オロポスは、テバイから取り上げられてアテナイに与えられた[8]。土壇場で寝返ったテバイに対するピリッポスの報復は苛烈を極めた[9]。征服地の扱いを巧みに制したのはピリッポスの政治的手腕といえようが、本来アテナイ殲滅の意志はピリッポスになく、むしろ連携してより大きな目標に向かうことが彼の素志であったかもしれない。アイスキネスはのちに「国民の危難を人道的かつ寛大に処理した人物[10]」と彼を評価しているが、ピリッポスとしては、アテナイの海軍力を次なる世界制覇のために利用することを計算に入れていたかもしれない。翌前三三七年春ペロポンネソスに侵攻してその地方の親マケドニア派の意に沿う決着をつけた後、ピリッポ

---

(1) ピリッポスとアレクサンドロスの戦いぶりについては、ディオドロス『世界史』第十六巻八五-六から八六-四参照。

(2) プルタルコス『デモステネス伝』二〇参照。

(3) プルタルコス『デモステネス伝』二〇参照。この伝承には、捕囚の身を顧みずピリッポスに直言してその醜態をたしなめたアテナイ人捕虜の一人デマデスを、そのあっぱれな態度に感じ入ったピリッポスが解放した、という逸話を付記するものもある（ディオドロス『世界史』第十六巻八七-一―二参照）。

(4) ユスティヌス『ポンペイウス・トログスによる『ピリッピカ』抄訳』第九巻四参照。

(5)『クテシポン弾劾（第三弁論）』二二七、デモステネス『冠について（第十八弁論）』二八二、二八七参照。

(6) パウサニアス『ギリシア案内記』第一巻二五-三参照。

(7) アリストテレス『アテナイ人の国制』第六十一章六、第六十二章二、ディオドロス『世界史』第十八巻五六-七―八参照。

(8) オロポス取り上げは、デモステネス古註（Dilts, *Dem. in orat.* 18. 99）、パウサニアス『ギリシア案内記』第一巻三四-一参照。

(9) 捕虜遺体の有償返還、マケドニア軍隊のテバイ駐屯、三〇〇人の政治亡命者の帰国、テバイへの隷属に抗してきたプラタイア、オルコメノス、テスピアイの再建など。ユスティヌス『ポンペイウス・トログスによる『ピリッピカ』抄訳』第九巻四-五―一〇、パウサニアス『ギリシア案内記』第四巻二七-一〇、ディオドロス『世界史』第十六巻八七-三参照。

(10)『クテシポン弾劾（第三弁論）』五七。複数で言っているのは、おそらくアレクサンドロスをも指すのであろう。アレクサンドロスのアテナイに対するゆるやかな態度については、ディオドロス『世界史』第十七巻六二-七参照。

スは後世コリントス同盟[1]と呼ばれた全ギリシア的同盟組織を設立して盟主の地位に着いた。同時にテバイ、（エウボイアの）カルキス、そしてコリントスにマケドニア兵を常駐させることによって、ギリシア統一が成ったことを広く世に示した。しかしこれら駐屯隊の配備を、ピリッポスのギリシア征服のしるしと見る歴史家は多い。とはいえコリントス同盟は、「共通平和」をもって各ポリスが独立自治を認められるという、ギリシアの理念的伝統に沿ったものでもあった[2]。アテナイ民会はピリッポスの企図に賛同してピリッポスとアレクサンドロスにアテナイ市民権を贈り、アゴラにピリッポスの立像を建立した[3]。

終戦直後、デモステネスの戦争責任を問う市民が「ほとんど毎日」彼を裁判にかけたが[4]、デモステネスはすべて有罪を免れた。人々はデモステネスをその失政よりもポリスへの献身努力によって評価した。デモステネスは塹壕、城壁修復などを動議実践し、なお懸命に祖国再建に尽くす姿勢をみせた。民会は戦死者の国葬における葬礼演説者にデモステネスを選んだ[5]。民会はカイロネイア戦敗北の責任者としてリュシクレスという将軍を告発して死刑に処し[6]、敗戦を軍事上の誤りとして処理したのである。

前三三六年初頭、政務審議会議員であったクテシポンがデモステネスの顕彰を提案した。同年再度本格的な城壁修復工事を提案・実行して部族監督官を務め、支給された国費の不足を補うべく一〇〇ムナを私財から投じて、これを滞りなく完遂した（前三三七年スキロポリオン月）デモステネスの功績を称えて、黄金の冠を贈り、来る三月の大ディオニュシア祭においてその布告をディオニュソス劇場で行なおうというものであった[7]。提案はただちに政務審議会で承認されたが、民会による採決前に、アイスキネスはこれを違法提案として告発した[8]。

(1) コリントス同盟の設立および「共通平和」の内容についてはディオドロス『世界史』第十六巻八九-三、第十七巻九-五、ユスティヌス『ポンペイウス・トログスによる『ピリッピカ』抄訳』第九巻五が資料とされ、さらにピリッポスによる条約がアレクサンドロスによって踏襲されたと考えられるところから、擬デモステネス『アレクサンドロスとの盟約について（第十七弁論）』とそれと符合する碑文も資料に数えられる。しかし「共通平和」とペルシア征討との関係については研究者間で解釈が分かれる。

(2) Ryder, 1960, pp. 102–105 参照。

(3) 市民権については、プルタルコス『デモステネス伝』二二-四参照。二世紀の旅行家パウサニアスは彫像建立について、アテナイ人の日和見主義を皮肉っている（『ギリシア案内記』第一巻九-四参照）。

(4) デモステネス『冠について（第十八弁論）』二二二、二四九参照。

(5) アイスキネスは候補の一人になったが、この国葬演説という「最高の知性を謳われ、当代の第一人者と衆目の一致する人物」（トゥキュディデス『歴史』第二巻三四参照）に与えられる栄誉は得られなかった。デモステネス『冠について（第十八弁論）』二八五参照。

(6) デモステネス『冠について（第十八弁論）』三〇〇、ディオドロス『世界史』第十六巻八八-一参照。訴追者リュクルゴスについては、四四五頁註（1）参照。

(7) 授冠提案については『クテシポン弾劾（第三弁論）』一一、三四、四九、五三、一〇一、一五五、二三六―二三七、デモステネス『冠について（第十八弁論）』五七―五八、八三、一一〇、一一八―一一九、二二三参照。

(8) 政務審議会による採決後、民会による採決前の違法提案告発であったことについては、デモステネス『冠について（第十八弁論）』九、五三、一一八―一一九参照。

『クテシポン弾劾（第三弁論）』・敗訴

違法提案告発

違法提案の告発（グラペー・パラノモーン）とは、政務審議会ないし民会において現行の法律に違反する民会決議（プセーピスマ）を提案・制定した者および民会決議そのものに対し、差し止めを要求するものである。告発を受けると、陪審廷で違法か否かが判定されるまで、当該民会決議案は効力停止の状態に置かれる。違法と判定されれば廃案となり、提案者は量刑を経てしかるべき刑罰を受ける。前三三六年クテシポン提案に対してアイスキネスが起こした「違法提案に対する告発」は、この通常の手続きに進まなかった。われわれの手もとに残る「冠裁判」の両弁論は、前三三〇年のものである。(1) 直後に起きたピリッポスの暗殺(2)という大事件が遅延の原因であったという推測が一般的である。ピリッポスの死後王位を襲ったのはアレクサンドロス三世（アレクサンダー大王）であったが、翌前三三五年アレクサンドロスが征討中のイリュリアにあって戦死したという噂が流れると、間髪を入れずテバイは蜂起した。だがアレクサンドロスは疾風のごとくギリシアに舞い戻った。デモステネスはテバイ援助に動こうとしたが、アテナイ民会は静観した。降伏勧告を斥けたテバイを、アレクサンドロスは徹底的に破壊した。(3) 蜂起はスパルタ王アギスによっても計画され（前三三一年）、アテナイは援軍を要請された。しかし応じなかった。スパルタ王アギスも惨敗した（前三三〇年）。マケドニアの勢威はいまやアジアをも覆った。(4) 従来研究者間では、こうした時勢に力を得て、親マケドニア派アイスキネスが前三三〇年告発を再開したという見解が有力であった。しかしながらこの係争にその種の党派的角逐、政治的抗争を見るよりも、むしろ両者間の個人的確執を動機と見て、訴訟再開はデモステネスの側から仕掛けられたとする見方は、従来説に一石を投ずるものであろう。すなわちかつて激しく国政を揺るがした親・反マケドニア両派の対立はもはや実質を失い、あわせて政治の表舞台から消えかかっていたアイスキネスに(5)、なお市民の支持に揺るぎない自信を持つデモステネスがとどめを刺した一件だという解釈である。(6)

違法提案の告発（グラペー・パラノモーン）には、さきに述べたとおり(7)、五分の一以下の票数で敗訴した原

(1) 先議法令であったクテシポンの授冠提案は、一年以内に民会決議に到らなかったのであるから、規定（デモステネス『アリストクラテス弾劾（第二十三弁論）』九二）どおりであれば無効になったはずであるが、その形跡が前三三〇年の両弁論に認められないことは謎として残る。補註F参照。
本解説では、アイスキネス『クテシポン弾劾（第三弁論）』を原告演説、デモステネス『クテシポン擁護』（別名『冠について』第十八弁論）を被告弁護人演説とする裁判を「冠裁判」と略記する。

(2) 娘クレオパトラの結婚式の日に、廷臣パウサニアスによって弑逆（前三三六年六月頃）。

(3) ディオドロス『世界史』第十七巻八-三—一四-四参照。

(4) この年夏アレクサンドロスはペルセポリスのペルシア王宮を焼き払い、ダレイオス三世は逃走中に刺殺された。『クテシポン弾劾（第三弁論）』一三三参照。

(5) デモステネス『冠について（第十八弁論）』三〇八—三一三および『クテシポン弾劾（第三弁論）』二一六—二二〇参照。

(6) Sawada, N., "Athenian Politics in the Age of Alexander the Great: A Reconsideration of the Trial of Ctesiphon", *Chiron* 26 (1996), pp. 57–84, 同『アテネ　最期の輝き』（二〇〇八年）、一〇三—一二八頁参照。なお開廷までの主な事件については巻末年表2参照。

(7) 二〇五頁註（5）参照。

告は一〇〇〇ドラクマの罰金を科されるという提訴権乱用の防止策が設けられていたが、同じ罰則が提訴後の取り下げにも適用された。とすれば提訴後六年近く経ってもはや形勢不利と見て取り下げようとしても、一〇〇〇ドラクマの罰金を覚悟すると同時に事実上の敗北という屈辱を座して待たねばならない(1)。かくして窮地に追い込まれたアイスキネスの足もと、また後述のように訴因が薄弱であるという法的弱点を見透かしたデモステネスが、勝算十二分と見て提訴を再開させる手段に出たというのも肯かれよう。ティマルコス裁判に憂き目を見、使節職務不履行裁判に涙を呑んで以来、遺恨は一〇年余に及んでいた。

「冠裁判」

ともあれ前三三〇年晩夏「冠裁判」は再開された。じっさいの標的であるデモステネスが被告側弁護人(2)としてどのように弁ずるかは、市民の絶大な関心を呼んだ。通常五〇一人によって構成される公訴陪審廷が、二法廷(一〇〇一人)ないし三法廷(一五〇一人)合同の規模に拡大されたと推測されている。外国人も交じって仕切り柵の後ろに溢れる傍聴人の数は異例の多さであった。

冒頭、勝訴を狙う被告の組織的な裏工作への非難を皮切りに、アイスキネスは論戦の火蓋を切る(一―八節)。ただちにクテシポン提案の違法条項三点を、予想される被告側の反論をあらかじめ封じつつ論難する。第一点は、執務審査未了の公職者への授冠を禁じる法律への違反である。監督官として城壁修復にあたったデモステネスは、いまだその任期中にあり、したがって執務審査は未了である。デモステネスは城壁修復に多額の寄付をしたが、だからといって執務審査を免除される理由はなく、いわんや祭祀財務官をも兼務中であるとすれば、顕彰を許されるはずがない。授冠提案が違法であることは反駁の余地がない（九―三二、二〇三節）。第二点は、授冠の公布場所を規定する法律への違反である。民会による授冠は民会場で、政務審議会による授冠は政務審議会議事堂で、と法律は授冠の公布場所を指定している。たしかに民会決議によって劇場を公布場所として許す場合[3]はないわけではない。しかし複数の法律間に矛盾はありえないとすれば、劇場を公布場所とする法律は、外国からの授冠だけに適用されるはずのものである。クテシポン提案はこの公布場所についても法律に違反する（三二―四八、二〇四節）。

以上の二点を片づけたアイスキネスは、ただちに告発の主眼である第三の訴因すなわち虚偽記載に議論を進める（四九―二〇〇、二〇五節）。デモステネスが生涯かかわらず最善の発言・行動をもってアテナイ民会に尽くしてきた、という授冠の事由を述べた文は虚偽であり、民会決議文に虚偽を記載することを禁ずる法律に違反するというのである。

上のアイスキネスの違法性論議第一点、第二点は、じつは研究者間でも判定が分かれる微妙な法解釈の違

（1）提訴取り下げには罰金一〇〇〇ドラクマにあわせて、以後の提訴禁止（デモステネス『ニコストラトスへの抗弁（第五十三弁論）』一参照）の罰則があったとも見られるが、それが市民権全面剝奪を意味したか否か、など論者の見解は分かれる（Hansen, 1976, pp. 63-66 参照）。

（2）『クテシポン弾劾（第三弁論）』一九九、二〇一―二〇二、デモステネス『冠について、別名クテシポン擁護（第十八弁論）』五、一三―一五ほか参照。

（3）ディオニュシア祭に関する法律がこれにかかわる。『クテシポン弾劾（第三弁論）』三五―三六参照。

いを含んでいる。まず執務審査未了の公職者への授冠は許されないという法律（三二節）を、デモステネスはこう解釈する。法律は、城壁修復監督官に授冠することを、城壁修復監督官の職務について執務審査未了である間禁じているのであって、城壁修理のための寄付と自分の生涯にわたる貢献ゆえに授冠提案をすることは、この法律に抵触しない、と。[1]このように当該職務審査未了の者への当該職務実績ゆえの授冠を禁ずる、と法文を限定的に解釈するデモステネスに対し、任務期間未終了、執務審査未終了の公職者への授冠をすべて禁ずる、と広く解釈するアイスキネスと[2]いずれに分《ぶ》があるか、判定は意外にむずかしい。[3]

第二の違法性、すなわちディオニュソス劇場におけるデモステネス授冠布告は許されないとするアイスキネスの主張は、彼自身が認めるディオニュシア祭に関する法律の規定すなわち「民会が決議すれば認められる」授冠が、外国からのそれを意味しているという解釈に基づいている。その論述は当該法律制定の由来から説き起こして一定の説得力を持つものながら、デモステネスが出す執務審査未了の公職者への授冠の過去の事例は、無視できない反撃材料であっただろう。慣例が法律より優位に立った例は、当時のアテナイで少なくなかった。[4]

第三のそしてアイスキネスの言う究極的違法性すなわち「何人《なんぴと》も民会決議案に虚偽を書いてはならない、とあらゆる法律が命じている」（五〇節）こそが、じつはこの告発の眼目である。提案者クテシポンは、デモステネスが「アテナイの民衆のためにつねに最善を語りかつ行動する」（一〇一節）という文言を掲げたが、これ以上に明白な虚偽はないとアイスキネスは糾弾する。

カイロネイアの戦争責任

もとよりデモステネスの全政務を俎上にのせ、この文言が虚偽であることを証明しようとするアイスキネスの狙いは、何よりもカイロネイア戦の責任を追及することにあった。あの戦禍に対する市民の怒りを呼び覚ますことであった。というのもこの裁判の時点で、アレクサンドロスは遠くアジアにあり、マケドニアの駐留軍も置かれていないアテナイでは、もはやカイロネイアは過去のものになりつつあった。優れた財政家

(1) デモステネス『冠について（第十八弁論）』一一〇—一一九参照。

(2)『クテシポン弾劾（第三弁論）』一一、二六参照。

(3) 違法性論議はローマ時代（クインティリアヌス『弁論家の教育』第七巻第一章二参照）以来、提案の法的弱点を意識したデモステネスが、演説の中ほどの目立たないところに置いて、短く切り上げ、さりげなく片づけた、それが勝訴をもたらしたと評され、巧妙な技巧の一例として長らく賞揚されてきた。しかし近年これを覆す解釈が現われた。クテシポン提案に違法性はなく、それを確信していたデモステネスは、多言を費やす必要を感じなかったからこそ短く言及したにすぎない。デモステネスの勝利は従来言われてきた「レトリックによる勝利」ではなく「法とレトリックによる勝利」だという解釈である（Harris, 1994, p. 148; 1995, p. 145）。ほかにデモステネス支持は：竹内一博「古典期アッティカのデーモスと「ディオニュシア祭法」」『西洋古典学研究』LIV（二〇〇六年）、四二—五一頁、アイスキネス支持は Yunis, 2001, pp. 174-175; 2005, p. 58; Usher, 1993, p. 207 を参照。

原告被告ともに、法文を選択抜粋して引用しているため、議論の分析は基本的に不可能とする見解が研究者に多く見られる。弁論家たち自身、係争相手の証拠文引用が恣意的であると非難する事例は多い（『使節職務不履行について（第十九弁論）』九四、デモステネス『冠について（第十八弁論）』一二一参照）。

(4) デモステネス『冠について（第十八弁論）』一二〇—一二五および同『アンドロティオン弾劾（第二十二弁論）』六、同『アリストクラテス弾劾（第二十三弁論）』九九参照。

リュクルゴスの復興政策によって市街地には活気が漲り、平和と安定を享受する市民は、アゴラの売り買いに精を出し、陶器工房で土を捏ね、オリーヴの油絞りから海外貿易まで、日々の営みに忙しかった。

しかし政治家たるもの、敵国の覇権下に生きる屈辱を招いたあの戦いをどうして許すことができようか。あの無謀なカイロネイア戦に突っ走ったデモステネスその人に、敗戦の責めをどうして突きつけずに済ませられるか。まずデモステネスの政界登場期から現在までを四期に分けて、その政務歴を徹底検証するのも、カイロネイア戦敗北という彼の究極の大罪を白日のもとに晒すためである。[1] テバイとの同盟――それをデモステネスは畢生の外交的功績と誇ってやまず、カイロネイア戦正当化にかならず持ち出すであろうが――に関しても、その「過ち」を三点に集約して問い糺《ただ》す。[2] (1)ピリッポスのテバイ制御の政略を、デモステネスは熟知しながら巧妙に隠蔽することによって、開戦への障碍を押さえ込んだ、(2)戦費の三分の二をアテナイが負担、陸上の全指揮権をテバイに、海上の指揮権は二分の一ずつという卑屈な申し出によってテバイの同盟承諾を引き出した、(3)動揺したテバイが、アテナイとの同盟に傾きつつも、ピリッポスからの重ねての申し入れを受けて和を講じる姿勢を見せたとき、デモステネスはテバイの議場演壇に跳び上がって、恫喝的言辞をもってテバイ民会を圧伏した。ギリシアの名誉を穢すのかと叫ぶデモステネスにテバイの高官は己を恥じ、テバイは開戦に走った。アイスキネスは陪審員団に訴える、デモステネスが自画自賛する弁舌外交、その政務が「ますらおたちを明々白々な危険のまっただなかに送り込んだ」後に、われわれはどんな情景を見るか、と。かつてポリス・アテナイの華、国費で育て上げた戦没兵士の遺児たちの門出を祝ったディオニュソス劇場の舞台に、いまや未曾有の国家的恥辱を引き起こした元凶、戦線離脱、戦列放棄、そして収賄の罪にまみれた人物（デモステネス）を登らせ、黄金の冠を授けるのか。誤れる政策に導かれたカイロネイア戦にむなしく失われた一〇〇〇のアテナイの若者のいのちに、墓石すら慟哭の声をあげているではないか、と。(3)

「アテナイの使命に殉じた戦い」

デモステネスの反撃はしたたかであった。(4)宿怨ただならぬ隣国を一転同盟に踏み切らせ、アテナイ・テバイの二大国を中心にギリシア連合軍が自由の圧殺者に抗して戦った戦いという構図こそ、敗北の屈辱を英雄的悲愴美に昇華させうる切り札と見たのである。デモステネスはテバイとの同盟実現を外交歴の頂点に据え、まさに渾身の一擲に賭けたその奇蹟から、カイロネイア戦の「高貴な大義」を謳いあげた。ピリッポスに再

(1) アイスキネスはデモステネスの政歴を第一期、「ピロクラテスの講和」（前三四六年）、第二期、アンピッサ戦争まで（前三四六―三四〇／三九年）、第三期、カイロネイア戦まで（前三四〇／三三九―三三八年）、第四期、カイロネイアの敗戦から現在まで（前三三八―三三〇年）に分けて検証攻撃する。逆にデモステネスは政歴点検を自画自賛の契機にし、第二期と第三期の区分にとくに自負するビュザンティオンのピリッポス撃退事件を置く一方で、カイロネイアの敗戦から現在までについては沈黙するなど、巧みな戦略で応ずる。

(2) 『クテシポン弾劾（第三弁論）』一四一―一五一参照。

(3) 『クテシポン弾劾（第三弁論）』一五二、一五四、二五九参照。

(4) デモステネス『冠について（第十八弁論）』一六〇―一八八、二一一―二一六参照。

び独裁者、賄賂遣い、卑劣漢、成り上がり者などあらゆる汚名を塗り付けて、その積悪を討つべく立ったカイロネイア戦を、「アテナイの使命に殉じた戦い」として崇高な光のもとに浮かび上がらせた。五〇年来演壇から市民を無上の誇りに感涙させてきた題目、(1)すなわちマラトンの戦い、サラミスの海戦、プラタイアの戦い、アルテミシオンの海戦をここぞというタイミングで繰り出し、いにしえの誉れある戦いと同じ位置づけをカイロネイア戦に与えたのである。ともにアテナイの伝統に殉じた父祖たちに倣えば、たとえ敗北を予感しても、「ギリシアの自由」のためにカイロネイア戦は戦われねばならなかった。「名誉なき生よりは死を」「ポリスの誇りと尊厳を守りぬくために」という類いの、悲劇に多用される辞句もふんだんに投入した。その措辞の巧みさに聴衆は戦乱の悲惨を忘れ、つい酔えるがごとく聴き入った。ともに大海の波濤を一つ船で乗り切るかのごとく、デモステネスは聴衆の心を舵のように操った。情動に強く訴え、アテナイ賛歌の昂揚感に聴衆を拉し去ったデモステネスの雄弁に対して、アイスキネスが生真面目に分析したカイロネイア戦惨敗の実相は、(2)市民たちに愚行だったという悔恨とやり場のない自己嫌悪を味わわせこそすれ、気高い祖国愛への心のたかぶりを与えはしなかったであろう。なんといっても民会構成員として開戦動議を採択し、テバイとの同盟提起を受け入れて、国家意志の決定を下した主体は民会にほかならなかった。片や戦禍の生傷を容赦なく抉り出し、その元凶に突きつけたアイスキネス、片や忘れかけていたアテナイの栄光を、正義に殉じた戦いという荘厳な光の中に甦らせたデモステネス、市民の心は、どちらにより強く動かされただろうか?

敗者アイスキネス

軍配はデモステネスに上がった。被告有罪票は全票数の五分の一に満たなかった。アイスキネスは一〇〇〇ドラクマの罰金命令と敗訴の屈辱を抱えてアテナイを去った。[3] 齢《よわい》六〇歳、小アジアのエペソス、さらにロドス島へ、のちにサモス島へ渡ったと伝えられる。ロドス島で弁論術教師となり、生徒に乞われて『クテシポン弾劾』の原稿を読み聞かせたアイスキネスは、それだけの周到な弁論でなぜ負けたのかと尋ねられ、こう答えたと伝えられる、デモステネスの口演をじかに聞いたなら、敗訴も不思議ではないと納得するだろう、と。[4] 彼らしい率直な告白である。

---

(1) イソクラテス『民族祭典演説（第四弁論）』（前三八〇年）から『パンアテナイア祭演説（第十二弁論）』（前三三九年）に見られるように、前四世紀の弁論家たちがマラトンの戦い以下前世紀の「栄光」を殺し文句として使いたがる現象について、前四世紀の歴史家テオポンポスは皮肉な評言を残している（*F. Gr. H.* 115 F153）。

(2) デモステネスの政策批判：『クテシポン弾劾（第三弁論）』一一四、一二五―一二七、一三〇（以上対アンピッサ外交）、および一三七、一四一―一五一（対テバイ外交）。

(3) 公訴で原告が得票五分の一以下で敗訴した場合の刑罰については、四二七頁註（1）および二〇五頁註（5）参照。

(4) 擬プルタルコス『十人の弁論家の生涯』――アイスキネスの生涯――九参照。

政治家アイスキネス

親マケドニア派？

ではアイスキネスを政治家としてどう評価すべきか？　上に見たとおりアイスキネスの政治履歴は対マケドニア抗戦派に列することによって始まった。最初の対マケドニア使節任務も、オリュントスの陥落後急速に高まる両国間の緊張関係を背負って、いわば敵国に乗り込む構えで王都ペラに赴いた。そんなアイスキネスが第二次使節でピリッポス側に寝返ったと指弾され、売国の罪で告発されたとすれば、マケドニア敵視の姿勢が一八〇度の転回を経たことは疑えない。しかしその動機にデモステネスの言う収賄があったか否かを検証する作業は、さほど意義あるものとは思えない。(1) 相手を収賄容疑で罵倒することは政敵間の法廷闘争の常套であり、デモステネスがアイスキネスを「賄賂取り」呼ばわりするのと同じだけ、アイスキネスもデモステネスを「賄賂取り」呼ばわりしている。(2) それは別として、アイスキネスが次にわれわれの眼前に現われるのは、マケドニアとの講和を積極的に推進する政治家としてである。その背景に、アテナイの孤立と同盟国ポキスの違約があったことは、上に述べた。だが国際情勢の変動にもまして、彼の態度を一変させた動因は、ペラの王宮で接したピリッポスという人間ではなかったか。

即位わずか一〇年余で、北辺の小国マケドニアを一躍ギリシア世界の頂点に押し上げたピリッポス二世。騎兵団増強、重装歩兵密集隊編成などの軍備拡充、農牧民の生活基盤の保障、パンガイオン金鉱の経営をはじめとする国家財政の飛躍的充実、法制の整備など、集権的な統一軍事政権の指導者として、ピリッポスは存亡の危機にあったマケドニアに空前の発展をもたらした。かつて「蛮夷、化け物」(3)と卑しめたピリッポスが、いま目の前にまさに王と呼ぶにふさわしい王として現われたことは、アイスキネスにとって大きな衝撃であっただろう。ピリッポスは少年期に人質としてテバイにあり、ギリシア文化の伝統に肌身で触れ、のち

(1) 当時のアテナイ市民の収賄観を表わす発言は：イソクラテス『パンアテナイア祭演説(第十二弁論)』一四五、クセノポン『アテナイ人の国制』第三章三、ヒュペレイデス『デモステネス弾劾(第五弁論)』二四—二五(橋場弦「二つのアンビバレンス」、桜井万里子・師尾晶子(編)『古代地中海世界のダイナミズム』所収。東京(二〇一〇年)、二二八—二五一頁参照)。贈り物が人と人との絆を深めるというホメロス以来の贈答文化の名残りは、前四世紀にもなおギリシア人の意識に根を降ろしていたと思われ、ペルシアやマケドニアではそのしきたりがいまだ健在で、王の手から外交使節たちに渡される金品がどこまで贈り物であり、どこまで賄賂であったかの判定は容易ではなかった。

(2) アイキネスによる原告弁論『クテシポン弾劾(第三弁論)』においてデモステネスの収賄を告発する箇所：ピリッポスから——五八、六九、八一、一四九、エウボイアの諸市の要人から——八五、九一、九四、一〇三—一〇五、二二一、二三七、アンピッサ人から——一一三、一二九、二三七、テバイとの同盟から——一四三、一五六、ペルシア大王から——一七三、二〇九、二三九、二五九、国政から——二〇九、二一四、二三二、二四四、二五七。

デモステネスによる原告弁論『使節職務不履行について(第十九弁論)』においてアイキネスの収賄を告発する箇所：七、九、二七、八八、九四、九七、一一四、一一五、一二〇、一二七、一五七、一七八、一九一、二〇一、二二〇、二二二、二二三、二三六、二五八、二七九、二八二、二九二、二九三、三一九、三三三、三三五。

なおアテナイの法廷弁論における相手方への非難攻撃が極端な誇張や歪曲を伴う場合は少くなく、アイスキネスも例外ではない。それとわかる事例は本書において各弁論註に記した。

(3) デモステネス『使節職務不履行について(第十九弁論)』三〇五参照。

に多くのギリシアの知識人を王宮に招いたことで知られる。[1] たとえば哲学者アリストテレスには、その広範な学問研究を手厚く保護し、また息子アレクサンドロスの教育をも委ねた。高名な悲劇役者を招いて演劇上演を楽しむなど、[2] 武辺の身辺に文雅の和らぎを漂わせていたと思われる。古典の素養をみずから恃むアイスキネスが、格別な親近感を覚えたとしても不思議はあるまい。記憶力抜群、弁舌すこぶるさわやか、とアイスキネスが言えば、他のアテナイ人使節も、容姿端麗、こんなに気持ちのよい魅力的な人は見たことがないと絶賛し、その洗練された物腰、凛乎として犯しがたい王者の風格に感銘を受けた様子であった。のちに徹底的「ピリッポス嫌い」に転ずるデモステネスさえも、初対面のピリッポスを「天下第一の傑物」と褒めちぎっている。[3]

帰国して「ピロクラテスの講和」を協議した民会（前三四六年三月）において、アイスキネスが目指した方向とは乖離した決議がどのようにして生じたかは検証困難であるが、マケドニア訪問前に他の「三ヵ月以内に申し出るすべてのギリシア諸国」を和議の視野に入れていたアイスキネスらは、一様にピリッポスの出現が時勢を急転させたのを感じていたであろう。

条約締結三年後の「使節職務不履行裁判」において、アイスキネスは「すべてのギリシア諸国に講和を及ぼしえなかった」責任を、デモステネスの独断専行ゆえと激しく論難する。[4] 一三年経った『クテシポン弾劾（第三弁論）』においても、カイロネイアの敗戦すなわちギリシアの自由の喪失の遠因として、「ギリシア諸国の連帯を得て締結することができたはず」の講和条約を斥け、他のギリシア諸国を置き去りにしてアテナイ単独の講和と同盟締結に持ち込んだデモステネス、「あの危急のとき諸君がギリシア諸国に送り出した使節の帰国を待たずに……講和条約の締結を急いだデモステネスの拙速」「民会がギリシア諸国との連帯会議なしに突っ走った講和締結の音頭取りデモステネス」を執拗に追及した。[5] 少なくとも当初アイスキネスは、「共通平和」によって目前の危難に対処するとともに、ピリッポスとの和親政策をとりつつもアテナイの、ひいてはギリシア諸国の独立自治を守ることは、けっして不可能ではないと確信していたと思われる。

「共通平和」

いわゆる「共通平和（コイネー・エイレーネー）」の思想は前三八七／八六年に遡る。すなわち「大王の和平（別名アンタルキデダスの和平）」の名のもとに、ペルシア王アルタクセルクセス二世が、小アジアのギリシア人諸ポリスおよびクラゾメノイ、キュプロスの二島の大王への帰属を認めさせる代わりに、ヨーロッパ側

---

(1) 哲学者アリストテレス、ランプサコス出身の修辞・歴史家アナクシメネス、ピリッポスの伝記を書いた歴史家テオポンポス、イソクラテスの高弟ピュトンの名が挙げられる。

(2) 『使節職務不履行について（第二弁論）』一五、デモステネス『オリュントス情勢、第二演説（第二弁論）』一九参照。

(3) 『使節職務不履行について（第二弁論）』四一―四三参照。なおデモステネス『ピリッポス書簡への返答（第十一弁論）』二一、同『冠について（第十八弁論）』六七をも参照。後代の歴史家による総合的ピリッポス評として、ディオドロス『歴史』第十六巻九五、ユスティヌス『ポンペイウス・トログスによる『ピリッピカ』抄訳』第九巻八があげられよう。

(4) 『使節職務不履行について（第二弁論）』五七―六二参照。

(5) 『クテシポン弾劾（第三弁論）』五八、六一、六四、六七―七〇参照。アイスキネスは議論の裏付けに、繰り返し第二次アテナイ海上軍事同盟の決議文を書記に朗読させている。

のギリシア諸国の自主独立を保障する、ただしレムノス、スキュロス、インブロスのアテナイによる領有を継続させる、と言明してコリントス戦争を終わらせたときである[1]。当事者間の期限付きの和平協定であった講和の慣例を排し、広くギリシア全体に永続的な平和を及ぼすという意味で、コイネー・エイレーネー（共通平和あるいは普遍平和）の語が用いられ、各ポリスの自主独立を謳う概念としてギリシア世界に浸透したと思われる[2]。

しかしながら現実には「大王の和平」は、戦勝国スパルタの支配の具となった。ペルシア大王の権威のもと、条約の擁護者（プロスタテース）の地位を得たスパルタは、覇権拡大の積極策を推し進めてギリシア諸国から抵抗を受けた。そこで反スパルタの国々を結集したアテナイは前三七八／七七年第二次海上軍事同盟を結成し、次いで「共通平和」条約を更新した。同盟諸国の自由自治を認めるなど、共通平和の枠組みを保ちはしたものの、「擁護者」の地位を確立した[3]アテナイは、次第に第二次海上軍事同盟の帝国化を進めた。それはすなわち、覇権国家が友邦諸国を傘下に収めるという、ギリシアの旧来の構図に変わるところはなかった。独立自治の美名のもとにポリス同士が互いに反目抗争して容易に弱肉強食の惨状に陥る顛末は、ギリシアの宿痾であった。次いでテバイが中央ギリシアで覇を唱え、ペロポンネソス半島へも勢力を伸ばしたが、一〇年足らずで凋落した。前三六二年マンティネイアの戦い[4]後「共通平和」条約がふたたび結ばれたが[5]、「戦いの後のギリシアには、戦いの前にもまして、より大きな混乱と無秩序が生じた」と歴史家は記している[6]。

たしかにアテナイだけを見ても、混沌と廃頽は誰の目にも明らかであった。すでに実戦の主力は傭兵に移ったとはいえ、[7]戦争があることを常態とする生活は、なお市民に戦利品経済にあずかる夢を忘れさせない。しかし好んで国外に逗留し「もう久しく国政を損なっている」将軍たち、「戦争だのみで贅沢三昧に耽っている」弁論家たち、「戦争で潤い……戦時財産税と国家歳入のおかげで金持ちに」なった富裕者たちと無産市民との格差は、戦闘現場における重装兵、軽装兵、水兵の比重の推移とも重なって、階層間の摩擦を激化させるばかりである。[8]同盟国戦争後（前三五五年）、和平派エウブロスが舵を切った政治の新航路は、[9]前三四

（1）クセノポン『ギリシア史』第五巻一―三一参照。コリントス戦争は前三九五―三八七年。スパルタに抗したテバイ・アルゴス・コリントス・アテナイの戦いにペルシアも関与した。

（2）弁論文献上の初出はアンドキデス『ラケダイモン人との和平について（第三弁論）』一七。

（3）クセノポン『ギリシア史』第六巻五―二参照。

（4）マンティネイアの戦いは、スパルタに与したアテナイにテバイが対戦したが、両陣営がそれぞれ勝利を主張するという奇妙な終わり方をした。テバイは名将エパメイノンダスをはじめ多数の有能な人物を失った。

（5）ディオドロス『世界史』第十五巻八九―一―二参照。

（6）クセノポン『ギリシア史』第七巻五―二七参照。

（7）傭兵団の膨張を憂うる発言は：イソクラテス『アレイオス・パゴス演説（第七弁論）』九、同『平和演説（第八弁論）』四四、デモステネス『オリュントス情勢、第三演説（第三弁論）』三五、同『ピリッポス弾劾、第一演説（第四弁論）』二一、二四、三七、四六、同『ケロネソス情勢について（第八弁論）』九、同『制度について（第十三弁論）』六など参照。

（8）カッコ引用は、『クテシポン弾劾（第三弁論）』七、『使節職務不履行について（第二弁論）』七九、『使節職務不履行について（第二弁論）』一六一。一般市民の貧窮についてはイソクラテス『アレイオス・パゴス演説（第七弁論）』八三など参照。

（9）プルタルコス『政治家になるための教訓集』（『モラリア』）八一二Fは「エウブロスは出征せず、財政処理に専念して歳入を増やし、それによって国家に多大な貢献をした」と。

〇年代前半にはたしかに市民生活に生気を取り戻させた。対外不干渉、居留外国人優遇、交易振興、鉱山事業の促進などに加えて、歳入余剰金の軍用金への繰り入れ禁止の立法は、観劇基金の安定的給付をもたらし、貧困市民の飢渇感を癒して「民主制をつなぎとめる膠[1]」として作用した。だがデモステネスら旧来のポリス本位の発想から抜け切れず、「見苦しい競争心」に駆られて「兵力もないのに戦うことを望む[2]」面々は、全ギリシアが享受すべき平和をアテナイにとっての汚辱と見なし、執拗に「ピリッポスと講和条約とエウブロスの政策に……告発の鉾先を向け[3]」続けた。デモステネスら好戦派とこうして確執を深める中、エウブロスは八年務めた祭祀財務官（四年任期で二期）の監督機構の中に、他の部門をも取り込んだ。特定の市民が経済の専門家として集中的な権力を手に、行政全般を司ったのである。とすると事は単に職制の問題にとどまらず、国家経営のアマチュアリズムに大きな亀裂が入り、社会の屋台骨が揺らぐということである。ポリス内部で進行するこの地殻変動は、本来封鎖性、保守性を基本的性格とする市民共同体の原理を根底から突き崩し、ポリス国家はその正当性を激しく問われることになる。

かくして旧来のポリスの視界に納まらない現実がありながら、昔日の栄光が消えぬことだけを念願し、「ギリシアの自由」の闘士をもって任じるデモステネスには、政情も世界も、急湍の勢いで動きつつある時代も見えていないということではないか。なるほど彼らが振りかざす「第一人者アテナイ」「誉高きアテナイ」は、市民の刹那主義的遊惰[4]を叱責するにはまことに結構、しかしそれは精神であって政治ではない。ペルシア戦争以来百年以上を経て、マラトンもサラミスもすべて歴史になった。新しい現実には新しい秩序が必要である。しかしデモステネスは、外に向かえばピリッポスの外交的はたらきかけを、「民主政の敵[5]」からの羈縛を受けることとしか受け取らない。ピリッポスが使節を送って寄越せばスパイだと言い、送らなければアテナイを見下していると言う。(6) アテナイとの紛争解決を第三国の裁定に委ねようとピリッポスが提案すれば、そのような調停機関はないと言い、海賊を掃討した小島ハロンネソスをピリッポスが「贈与」するといえば、「返還」でなければ受け取らないと言う。(7)「自由の弾圧者ピリッポス」に奸佞、不実、冷酷、背信など、正義・公正の反義語すべてを貼り付けて、ピリッポス打倒のみを唱えて倦まない。そうしたデモステネス一派の偏狭矯激なナショナリズムは、たち割ってみれば歴史感覚の欠如した人間の、排他という単純な情念にすぎないではないか。この攘夷思想が、心情的な共鳴者を引きずりこめば、それは集団としての力をいやましに蓄えていく。そこにデロス同盟以来の覇者幻想が加われば、エネルギーは奔騰するほかなく、それが暴走した結果がカイロネイア戦であろう。

---

(1) 政治家デマデスの言。プルタルコス『プラトン哲学に関する諸問題』（『モラリア』）一〇一一B参照。

(2)『使節職務不履行について（第二弁論）』七五—七六参照。

(3)『使節職務不履行について（第二弁論）』八参照。またデモステネスは『使節職務不履行について（第十九弁論）』二八九—二九七でエウブロスへの敵意を露わにしている。

(4) 観劇手当のために市民が怠惰と安逸を求めるようになったという同時代の歴史家テオポンポスの言葉がある（F. Gr. H. 115 F99 参照）。

(5) デモステネス『ケロネソス情勢について（第八弁論）』四一—四二、同『ピリッポス弾劾、第四演説（第十弁論）』一一参照。

(6)『クテシポン弾劾（第三弁論）』八二参照。

(7)『クテシポン弾劾（第三弁論）』八三参照。

「コリントス同盟」

ではカイロネイアの会戦後「共通平和」を謳ったピリッポスのコリントス同盟[1]は、はたしてギリシア世界の宿痾を救うものであっただろうか。コリントス同盟は、少なくとも建前として盟友国の現行体制の維持、相互不可侵、武力紛争の禁止、陸海交通の安全、土地財産の保護などを規定し、中小諸ポリスの意志を尊重し、その地位を認めるものであった。そこに包摂される共通平和の理念は、真の平和と独立を求める「ギリシア諸国の連帯を得て締結することができたはず[2]」であった一〇年前のアイスキネスの理想と方向性を同じくしていた。

しかしピリッポスはコリントス同盟の結成をもってペルシア征討を宣言し、その総司令官に就任することをも求めた。アテナイではほぼ一〇年前の前三四六年、有名な政論家イソクラテスが「ピロクラテスの講和」の成立を寿ぎ、公開書簡『ピリッポスに与う（第五番）』を送って、ギリシアの四大国（アルゴス、テバイ、スパルタ、アテナイ）の和合と民族の統一の上に、ペルシア征討の軍を起こすようピリッポスに説いたことが知られる。イソクラテスはすでに二〇年以上前から、『平和演説（第八番）』（前三五五年）などをもって自国の帝国主義的政策を強く批判し海上覇権の放棄を勧告していたが、衰退著しいギリシアの救済をピリッポスに期待した彼のペルシア征討論は、アジアに領地を獲得して浮浪者同然の貧困市民を送り込み、社会不安を解消するという、いわばギリシア人本位の政策提言であった。

ピリッポスはペルシア征討に出かけぬうちに、前三三六年弑逆者の凶刃に倒れたが、王位を継いだアレクサンドロスは、コリントス同盟の盟主とペルシア征討の全軍総司令官の地位継承の確認を得た後[3]、アジアに向かった（前三三四年）。アレクサンドロスの登位から「冠裁判」までの間に、対マケドニア蜂起への誘いは三度あった。[4] すなわちピリッポス暗殺の報に、ペルシアのダレイオス三世はアテナイに金三〇〇タラントンを贈ってマケドニアに対する決起を促した（前三三五年頃）。しかしアテナイ民会はこれを断った。アレクサンドロスの不在を狙ったテバイの蜂起を、アテナイ民会は静観した。前三三一年のスパルタのアギスの反乱にも、アテナイは援軍を出さなかった。他のギリシア人よりアレクサンドロスから大きな恩恵を受けたアテナイは動かなかった、と歴史家は記している。[5] 前三二三年アレクサンドロスは三三歳で死んだ。

（1）四二二頁および四二三頁註（1）参照。スパルタを除き、コリントス同盟には、アテナイをはじめすべてのギリシア諸国が加盟した。同盟条約については、擬デモステネス『アレクサンドロスとの盟約について（第十七弁論）』が資料とされる。アレクサンドロスはピリッポスによるコリントス同盟を再確認し、継承したと見なされるからである（ディオドロス『世界史』第十七巻二-二および四-一、アリアノス『アレクサンドロス大王東征記』第一巻一-一参照）。

（2）『クテシポン弾劾（第三弁論）』五八参照。

（3）ディオドロス『世界史』第十七巻四-九、アリアノス『アレクサンドロス大王東征記』第一巻一-一参照

（4）『クテシポン弾劾（第三弁論）』一六三、ディオドロス『世界史』第十七巻九-五参照。アイスキネスのほかデイナルコス『デモステネス弾劾（第一弁論）』一八—二一にも、「反マケドニアの闘士」デモステネスがこの間行動に移らなかったことへの痛烈な批判が見られる。

（5）ディオドロス『世界史』第十七巻六二-七参照。

カイロネイアの敗戦後エウブロスの衣鉢を継いで、一二年間にわたって財政の最高職を務めた政治家リュクルゴス(1)は、職権限をより一層拡大し、行政の専門家として才腕を揮った。競技用スタディオン、ディオニュソス劇場など公共建造物の修復造営は、市街地の美観とともに雇用の拡大をもたらし、法の整備、軍制再編、通商の振興から三大悲劇詩人の公式校訂本制定など、改革は文化・宗教面に及んだ。市民はこの安定と秩序がマケドニア統治下のもの――パクス・マケドニカ――であることを嘆くよりもむしろ、繁華な町の賑わいに身をゆだねた。「平和は戦争よりははるかに尊いもの」(『使節職務不履行について(第二弁論)』七九)と確信し、利用ではなく互恵こそが外交の真髄と倦まず説いたアイスキネスは、なおくすぶる反マケドニア勢力にあえて論戦を挑もうとはしなかった。彼らは言う、「共通平和」はしょせん前三八六年のアルタクセルクセス二世をいただいたそれと選ぶところはなく、ピリッポスもアレクサンドロスもペルシア征服という野望の手段にしようとしたにすぎない、と。だがアイスキネスは「共通平和」があくまで自治尊重の法理において追求されうるもの、されねばならないものと信じた。盟主と盟友国との対等な権利義務関係を樹立するためには、まずは個人レベルで厳しい節義を旨とし、同盟組織をそのように機能させることが必要であっただろう。「共通平和」が本来の姿で実現されえなかったのは、プロスタテース国家が覇権思想から抜け切れず、そこに謳われた自治条項を強引に力の論理に組み入れてきたからではないか。大国の驕りが、互敬の感覚をすら麻痺させたからではないか。「総合的な状況について協議しようとする国民は、他のギリシア人の言うことに耳を閉ざしてはいけない」(『使節職務不履行について(第二弁論)』一二〇)と力説したアイスキネスの声は、めまぐるしい国際情勢の推移に掻き消されがちであった。だが民主政治のいのちを守るものは平和であり、戦争は民主政を崩壊させる（『使節職務不履行について（第二弁論）』一七七）。そして旧套のポリス体制が乗り超えられないかぎり、真の平和は訪れない。民主政といえども制度疲労は起こる。とすれば「共通平和」は、全ギリシア人がいわば必然的に受け入れるべき世界史的段階ではないか。

最後の対決においてアイスキネスは、デモステネスを「共通平和を乱す者」[2]と非難した。ピリッポスの、そしてアレクサンドロスの「共通平和」とはあるいは同床異夢であったかもしれないが、「冠裁判」で完敗し、祖国を去るアイスキネスの胸裏には、かつて彼が「ギリシア人中のギリシア人」[3]と呼んだ亡きピリッポスの面影がなお見え隠れしていたのではないか。

ちなみにデモステネスは、のちに収賄容疑で一時祖国を追われたが、やがて帰国を果たし、アレクサンドロス急死の報の直後、対マケドニア戦争に身を投じた（前三二三―三二二年ラミア戦争）。しかしギリシア連合軍は海陸で大敗し、デモステネスはアテナイの南のカラウレイア島に逃がれ、追ってきたマケドニア兵による捕縛が眼前に迫ったとき、愛用の筆にしのばせた毒薬を仰いで自害を遂げたと伝えられる（前三二二年）[4]。

（1）前三三八／三七―三三七／三六年の三期三年。
（2）『クテシポン弾劾（第三弁論）』二五四。
（3）デモステネス『使節職務不履行について（第十九弁論）』三〇八参照。
（4）プルタルコス『デモステネス伝』二九参照。

アイスキネスについて終焉の地サモス島の名は伝えられるものの、年齢はさだかでない[1]。

なお弁論中の古典文学作品からの引用の訳出には、先学に負うところが大きい。とりわけホメロスからの引用文は松平千秋訳『イリアス』（岩波文庫）に多くを負う。

略記号および参考文献

凡例に挙げたテクスト以外に参考にした文献の若干を、以下に示す。（本弁論註および解説註中の引用には、著者名、出版年のみを用いる）

Dilts, *Aes. in orat.*: Dilts, M. R. ed., *Scholia in Aischinem*, Stuttgart/ Leipzig, 1992

Dilts, *Dem. in orat.*: Dilts, M. R. ed., *Scholia Demosthenica* Vol. I & Vol. II, Leipzig, 1983–86

F. Gr. H.: Jacoby, F., *Die Fragmente der griechischen Historiker*, Berlin, 1923–58

IG II^2: *Inscriptiones Graecae II*, 2nd ed., J. Kircher, *Attic inscriptions from the archonship of Eukleides* (403/02), Berlin, 1913–40

碑文番号は CD Rom: PH 16: *Inscriptions, Papyri and Coptic Texts* (Classical Inscriptions) による。

Nauck 2: Nauck, A., *Tragicorum Graecorum Fragmenta*, Editio secunda, Lipsiae, 1889

SEG: *Supplementum Epigraphicum Graecum*, Amsterdam/ Leiden, 1923–

Snell, *TGF* I: Snell, B., *Tragicorum Graecorum Fragmenta I*, Goettingen, 1971

Blass, F., *Die attische Beredsamkeit*, Abteilung III, Abschnitt 2, Hildesheim, 1979 (Leipzig, 1898), pp. 153–266

Buckler, J., *Philip II and the Sacred War* (Supplement to *Mnemosyne* 225), Leiden, 1989

———, "Demosthenes and Aeschines" in Worthington, I. (ed.), *Demosthenes, Orator and Statesman*, London, 2000, pp. 114-158

Carey, C. (tr.), *Aeschines*, Austin, 2000

Cawkwell, G. L., *Philip of Macedon*, London, 1978

———, "Aeschines and the Peace of Philocrates", *Revue de étude grecque* 73 (1960), pp. 416-438

———, "Aeschines and the Ruin of Phocis in 346", *Revue de étude grecque* 75 (1962), pp. 453-459

———, "The Crowning of Demosthenes", *Classical Quartery* n.s. 19 (1969), pp. 163-180

Davies, J. K., *Athenian Propertied Families 600-300 B.C.*, Oxford, 1971

Dover, K. J., *Greek Homosexuality*, London, 1978（邦訳：中務哲郎・下田立行訳『古代ギリシアの同性愛』リブロポート、一九八四年）

Fisher, N. (tr.), *Aeschines Against Timarchos*, Oxford, 2001

Goodwin, W. W. (tr.), *Demosthenes, On the Crown*, Cambridge, 1901

Greaney, G. L. (tr.), *Aeschines De Falsa Legatione/ On the False Embassy*, Lampeter, 2005

Halperin, D. M., *One Hundred Years of Homosexuality*, London, 1990（邦訳：石塚浩司訳『同性愛の百年間——ギリシア的愛

（1）『アポロニオスによる弁論家アイスキネス伝』は七五歳で死んだと記しているが、信憑性に疑いが持たれている。

について』法政大学出版局、一九九五年)

Hansen, M. H. (transl. by J. A. Crook), *The Athenian Democracy in the Age of Demosthenes: Structure, Principles and Ideology*, Norman, 1999

——————, *Apagoge, Endeixis and Ephegesis against Kakourgoi, Atimoi and Pheugontes*, Odense, 1976

Harris, E., *Aeschines and Athenian Politics*, Oxford, 1995

Harrison, A. R. W., *The Law of Athens,* Vol. I & Vol. II, Oxford, 1968, 1971

Kennedy, G., *The Art of Persuasion in Greece*, New Jersey, 1963

Lane Fox, R., "Aeschines and Athenian Politics" in Osborne, R. and Hornblower, S. (eds.), *Ritual, Finance, Politics: Athenian Democratic Accounts Presented to David Lewis*, Oxford, 1994, pp. 137–155

MacDowell, D. M. (ed.), *Demosthenes: On the False Embassy* (*Oration 19*), Oxford, 2000

Prichett, W. K., *The Greek State at War* Vol. II, Berkeley, 1974

Rhodes, P. J., *A Commentary on the Aristotelian Athenaion Politeia*, Oxford, 1981 (paperback 1993)

——————, *The Athenian Boule*, Oxford, 1972

Ryder, T. T. B., *Koine Eirene — General Peace and Local Indpendence in Ancient Greece*, Oxford, 1960

Saunders, A. N. W. (tr.), *Demosthenes and Aeschines*, (Penguin Classics) Baltimore, 1975

Sealey, R., *Demosthenes and His Time: A Study in Defeat*, Oxford 1993

Thompson, H. A. and Wycherley, R. E., *The Agora of Athens: the history, shape, and uses of an ancient city center*, Athens, 1972

Usher, U., *Greek Oratory: Tradition and Originality*, Oxford, 1999

Wooten, C. W.（tr.）, *Hermogenes' On Types of Style*, Chapel Hill and London, 1987

———, "Clarity and Obscurity in the Speeches of Aeschines", *American Journal of Philology* 109（1988）, pp. 40–43

Worthington, I.（ed.）, *Persuasion: Greek Rhetoric in Action*, London, 1994

———, Cooper, C. & Harris, E. M.（tr.）, *Dinarchus, Hyperides & Lycurgus*, Austin, 2001

Yunis, H.（tr.）, *Demosthenes, On the Crown*, Cambridge, 2001

———（tr.）, *Demosthenes, Speeches 18 and 19*, Austin, 2005

川島重成「デモステネス――『冠について』における「悲劇」とその「演出」」（川島重成・高田康成編『ムーサよ、語れ』東京、二〇〇三年）

澤田典子「フィリポス二世の対ギリシア政策――フィロクラテスの和約を巡って」『史学雑誌』（一九九三年）、一〇二―一〇七頁

Sawada, N., "Athenian Politics in the Age of Alexander the Great: A Reconsideration of the Trial of Ctesiphon", *Chiron* 26（1996）, pp. 60–71

———, "Social Customs and Institutions:Aspects of Macedonian Elite Society" in Roisman, J. and Worthington, I.（eds.）, *A Companion to Ancient Macedonia*, Massachusetts, 2010, pp. 392–408

澤田典子『アテネ　最期の輝き』東京、二〇〇八年

——『アテネ民主政』東京、二〇一〇年
森谷公俊「前4世紀ギリシアの普遍平和条約——支配・平和・自治」『歴史学研究』五五六（一九八六年）、一五—二七、三九頁
竹内一博「古典期アッティカのデーモスと「ディオニュシア祭法」」『西洋古典学研究』LIV（二〇〇六年）、四二—五一頁
橋本資久「紀元前四世紀アテナイにおける対市民顕彰」『西洋古典学研究』XLVII（一九九九年）、二三—三一頁

本書所収の地図の作成には、以下の書を参考にした。

Traill, J. S., *Demos and Trittys, Epigraphical and Topographical Studies in the Organization of Attica*, Toronto, 1985
Borza, E. N., *In The Shadow of Olympus, The Emergence of Macedon*, Princeton, 1990
桜井万里子『ソクラテスの隣人たち——アテナイにおける市民と非市民』東京、一九九七年

なお本書月報執筆者 Ian Worthington 氏推奨による本書関連の参考書目は：

Ellis, J. R., *Philip II and Macedonian Imperialism*, London, 1976
Hammond, N. G. L. and Griffith, G. T., *A History of Macedonia* 2, Oxford, 1979, pp. 203–698
Errington, R. M., *A History of Macedonia*, transl. by Errington, C., Berkeley and Los Angeles, 1990

Worthington, I.,*Philip II of Mecedonia*, New Haven, 2008

———, *Demosthenes of Athens and the End of Classical Greece*, Oxford, autumn 2012 forthcoming

1. アプロディテの祭壇
2. ストア・ポイキレー
3. バシレウスのストア
4. 交差路の奉献所
5. 救世主ゼウスのストア
6. 十二神の祭壇
7. ヘパイストス神殿
8. 石製ベンチ
9. プラトリアの守護神ゼウスとアテナの神殿
10. 祖神アポロンの神殿
11. 記念物台座
12. メートローオン（神々の母神の神殿）
およびの旧政務審議会議事堂
13. 新政務審議会議事堂
14. トロス（円形会堂）
15. 行政施設
16. 靴屋シモンの家
17. 監獄
18. 水時計
19. 南西の泉水施設
20. ヘーリアイアー（大法廷）
21. アゴラの境界石
22. 名祖の英雄像
23. 犠牲獣供犠坑
24. ヘーリアイアー（大法廷）（新説）
（アッタロスのストア建造以前）
25. 南側ストア
26. 南東の泉水施設
27. 貨幣鋳造所
28. エレウシニオン（デメテルとコレーの神殿）
29. 大排水溝

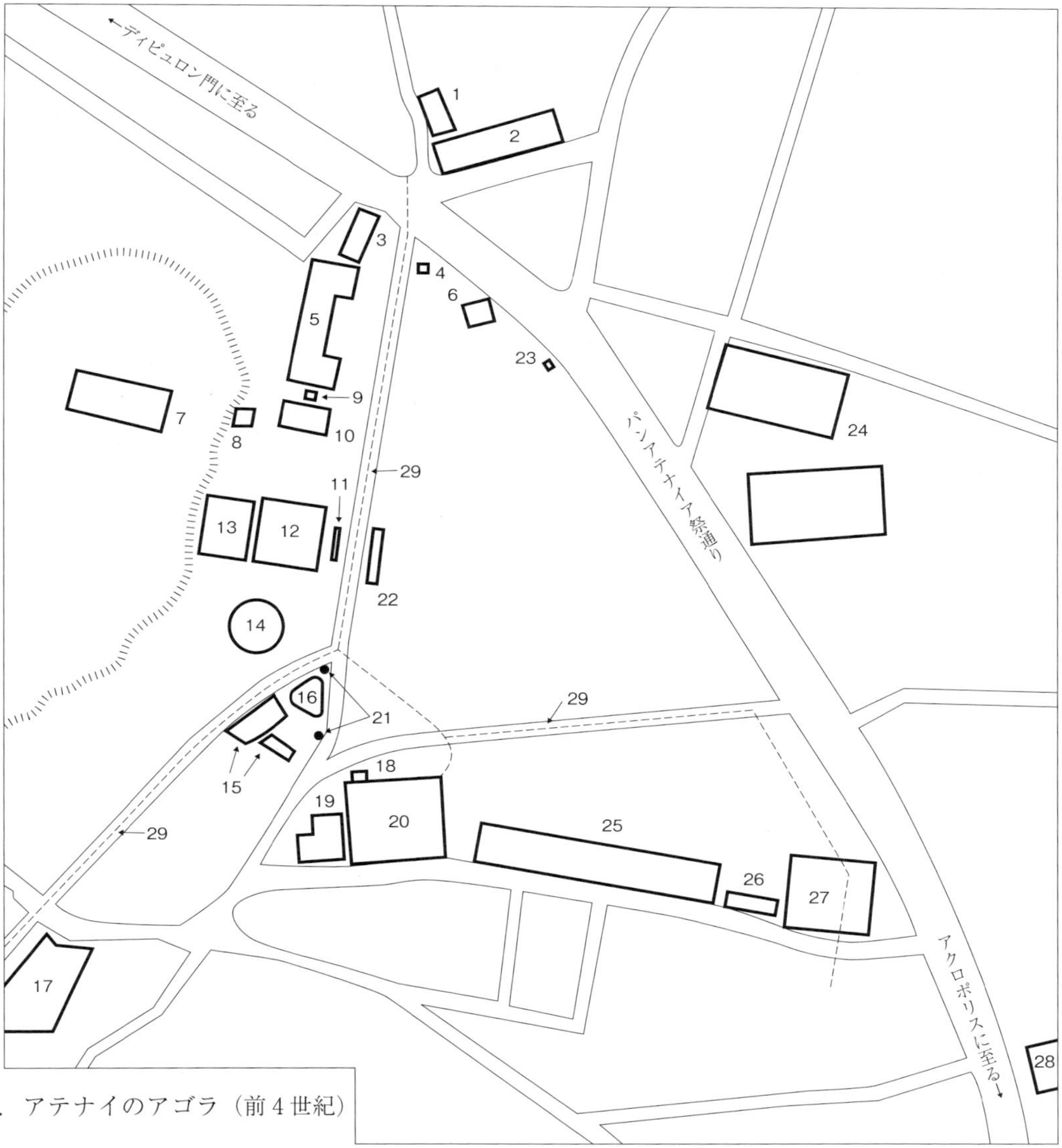

1図. アテナイのアゴラ（前4世紀）

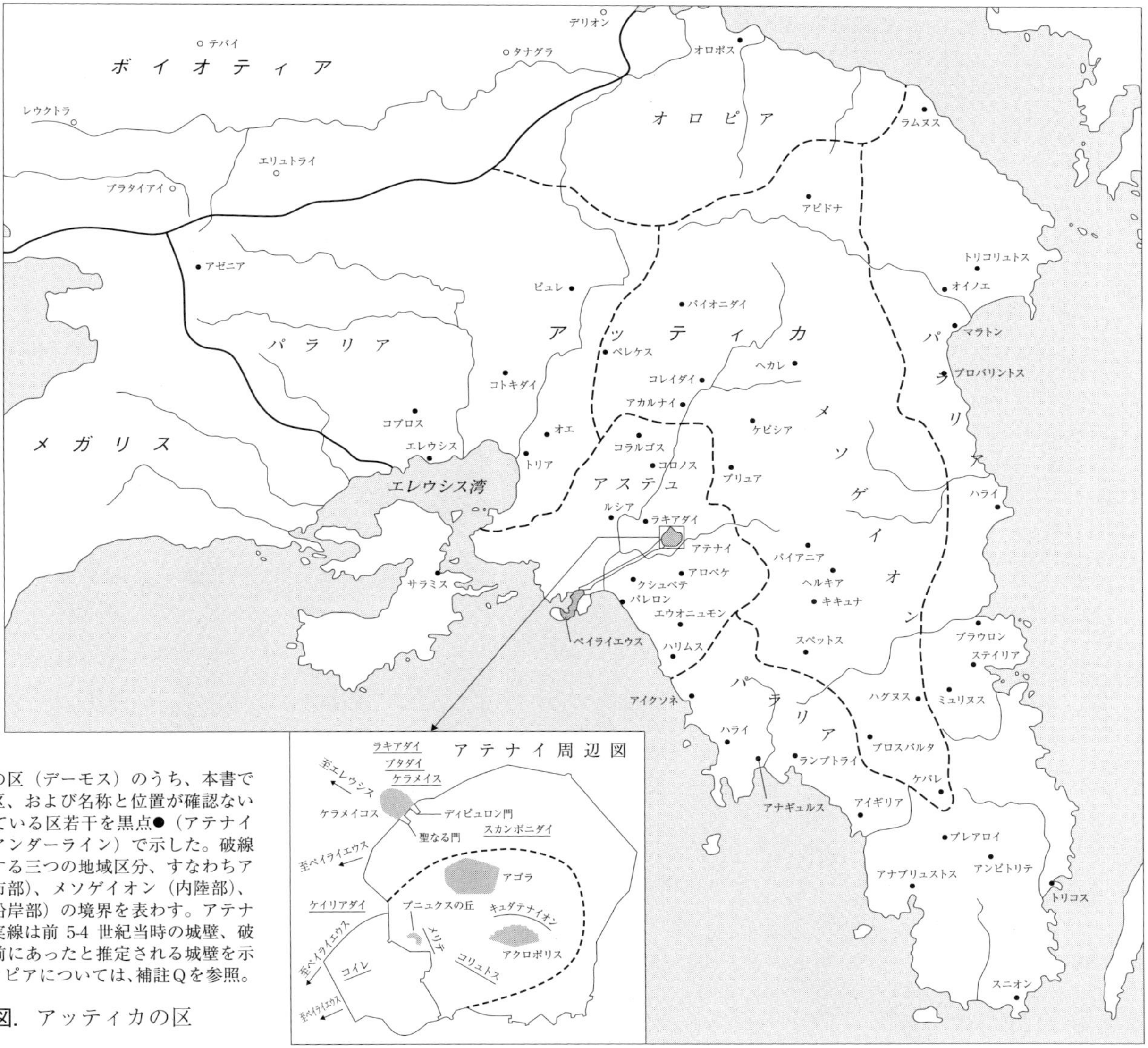

アッティカの区（デーモス）のうち、本書で言及される区、および名称と位置が確認ないし推測されている区若干を黒点●（アテナイ周辺図ではアンダーライン）で示した。破線は区を包摂する三つの地域区分、すなわちアステュ（都市部）、メソゲイオン（内陸部）、パラリア（沿岸部）の境界を表わす。アテナイ周辺図の実線は前 5-4 世紀当時の城壁、破線はそれ以前にあったと推定される城壁を示す。なおオロピアについては、補註Qを参照。

2図. アッティカの区

3図．ギリシア世界（前5－4世紀）

4図．古代ギリシアおよびその周辺

固有名詞索引

固有名詞は「地名」「人名」に分けて収載する。ローマ数字は弁論番号を（*III.*＝『クテシポン弾劾』）、アラビア数字は節番号を示す。古とあるのは各弁論の古伝概説を、*V.* は擬プルタルコス『アイスキネスの生涯』を、*Ph.* はポティオス『アイスキネスの生涯と著作について』を指す。なお、神の名も人名に含めた。

地　名

アイギナ島　Aigina　*II. 173*
アウロン　Aulon　*I. 101*
アカイア　Akhaia　*III. 95, 165*
アカルナイ区　Akharnai　*I. 56; II. 78; III. 139*
アカルナニア　Akarnania　*III. 97-98, 256*
アケルドゥス区（位置不明）　Akherdus　*I. 110*
アジア　Asia　*II. 147; III. 163, 238, 250; V. 7; Ph. 7*
アゼニア区　Azenia　*I. 64, 158; III. 139, 194*
アッティカ　Attika　*II. 76*
アテナイ　Athenai　*I. 16, 19-23, 25, 32, 56, 72, 77, 85, 87, 89, 108, 156, 163,* 古*; II. 9, 12-13, 17-18, 21, 23, 27-29, 32-33, 36, 43, 45, 53, 58-60, 63-64, 72-73, 75, 79, 83, 92-93, 95, 100, 105, 108-109, 113, 116-117, 120-122, 124, 129-130, 132-134, 136, 138, 140, 149, 154, 163-164,* 古*; III. 4, 26, 34, 46-49, 58, 69-70, 85, 90-92, 98, 100-101, 108, 114, 116-118, 120, 126-127, 140, 142, 150, 155-156, 184-185, 190, 204, 209, 222, 224, 237, 239, 258,* 古*; V. 14; Ph. 3, 12*
アトス山　Athos　*III. 132*
アナギュルス区　Anagyrus　*III. 115*
アナプリュストス区　Anaphlystos　*III. 115, 139*
アピドナ区　Aphidna　*I. 172; II. 17, 124, 148*
アルカディア　Arkadia　*II. 79, 157; III. 165, 240; V. 16*
アルゴス　Argos　*II. 176*
アルテミシオン　Artemision　*II. 75*
アルポノス　Alponos　*II. 132, 138*
アロペケ区　Alopeke　*I. 97, 99, 105*
アンテムス　Anthemus　*II. 27*
アンドロス島　Andros　*I. 107-108*
アンピッサ　Amphissa　*III. 113-119, 122-125, 129, 146-147, 221, 237; V. 5*
アンピトロペ区　Amphitrope　*I. 101*
アンピポリス　Amphipolis　*II. 21, 27, 29, 32-33, 43, 48, 70, 72; III. 54,* 古
イオニア　Ionia　*II. 116*
イリオン（別名トロイア）　Ilion　*I. 143-144; III. 185*
インブロス島　Imbros　*II. 72, 76*
エイオン　Eion　*III. 184*
エウオニュモン区　Euonymon　*I. 53*
エウボイア島　Euboia　*II. 12, 119-120, 169, 175; III. 84-87, 89, 95, 221, 237*
エウリポス海峡　Euripos　*III. 90*
エペソス　Ephesos　*V. 8*
エラテイア　Elateia　*III. 140*
エリス　Elis　*III. 165*
エルキア区　→ヘルキア区
エルギスケ　Ergiske　*III. 82*
エレトリア　Eretria　*I. 113; II. 116, 164; III. 85, 94, 100, 103*
エンネア・ホドイ　Ennea hodoi　*II. 31*
オイタイア　Oitaia　*II. 116, 142*
オエ区　Oe　*III. 115*
オプス　Opus　*I. 143, 149*
オリュントス　Olynthos　*I.* 古*; II. 4, 15, 153-155*
オリュンピア　Olympia　*II. 12*
オリュンポス山　Olympos　*I. 55, 76; III. 182, 228, 255*
オルコメノス　Orkhomenos　*II. 141*
オレオス（ヒスティアイア）　Oreos　*II. 89, 93; III. 94, 100-101, 103-105, 223-224*

オロポス　Oropos　*III. 85*
カイロネイア　Khaironeia　*III. 55, 187,* 古*; V. 6*
ガノス（ガニアス）　Ganos（Ganias）　*III. 82*
カルキス　Khalkis　*II. 120; III. 85-86, 89, 91, 92, 94, 103*
キオス島　Khios　*III. 42*
キタイロン山　Kithairon　*III. 161*
キュダテナイオン区　Kydatenaion　*I. 114*
キュティニオン　Kytinion　*II. 116*
キラ　Kirrha　*III. 107-108, 123*
キリキア　Kilikia　*III. 164*
ギリシア（ヘラス）　Hellas　*I. 64, 117, 120, 122, 156; II. 9, 23, 27, 32-33, 57-63, 71-72, 79, 104, 112, 114, 120-121, 130, 133-134, 143, 156, 162, 164; III. 34, 41, 43, 49, 56, 58, 61, 64, 67-68, 70-72, 93, 96, 106, 116-117, 128, 131-134, 147-148, 151, 154, 156-159, 161, 172, 189, 227, 230-231, 249, 253-254, 258-259,* 古
ケピシア区　Kephisia　*I. 101; II. 155*
ケラメイス区　Kerameis　*III. 171*
ケルキュラ島　Kerkyra　*III. 243*
ケロネソス半島　Kherrhonesos　*II. 72-73, 82, 175*
コイレ区　Koile　*III. 187, 195*
コテュライオン山　Kotylaion　*III. 86*
コトキダイ区　Kothokidai　*V. 1*
コラルゴス区　Kholargos　*I. 62, 65-66*
コリュトス区　Kollytos　*I. 41, 157; III. 138*
コリントス　Korinthos　*II. 148*
コロノス区　Kolonos　*I. 125*
サモス島　Samos　*I. 53; III. 252; V. 10; Ph. 10*
サラミス島　Salamis　*I. 25; II. 74-75, 172; III. 158, 181*
シケリア島　Sikelia　*II. 10, 76*
スキュティア　Skythia　*II. 78, 173, 180; III. 128-129, 172*
スキュロス島　Skyros　*II. 72, 76*
ステイリア区　Steiria　*I. 68; III. 195*
ストリュモン河　Strymon　*III. 183, 184*
ストレプサ　Strepsa　*II. 27*
スニオン区　Sunion　*I. 63*
スパルタ（ラケダイモン、ラコニア）　Sparte　*I. 180; II. 32, 76-78, 104, 133, 135-136, 164, 172, 174, 176; III. 133, 150, 165, 167, 187, 222, 243*
スペットス区　Sphettos　*I. 43, 97, 100, 104,* 古
セリオン　Serrhrion　*III. 82*
ゼレイア　Zeleia　*III. 258*
タミュナイ　Tamynai　*II. 169; III. 86, 88; V. 14*
デケレイア　Dekeleia　*II. 76*
テッサリア　Thettalia　*II. 92, 116, 132, 136, 138, 140-141; III. 83, 140, 161, 167*
テネドス島　Tenedos　*II. 20, 126*
テバイ　Thebai　*II. 29, 104-105, 116-117, 119, 136-137, 138, 140, 141, 143, 164; III. 76, 80, 84-85, 90-91, 106, 116, 133, 137-138, 140-143, 145, 148, 150-151, 156, 161, 237, 239-240, 256,* 古
テュテイオン　Thyteion　*III. 122*
デルポイ（ピュティア）　Delphoi　*II. 114; III. 106-108, 113, 115, 122-123, 126, 130, 132, 254*
テルマ　Therma　*II. 27*
テルモピュライ　Thermopylai　*II. 103, 107, 114, 130, 132; III. 80, 124, 126*
デロス島　Delos　*V. 12; Ph. 2*
トラキア　Thrakia　*II. 6, 82, 89, 98; III. 61, 65, 73*
トラシュロス　Thrasyllos　*I. 101*
ドリオン　Dorion　*II. 116*
ドリス　Doris　*II. 116*
ドリスコス　Doriskos　*III. 82*
トロイア　Troia　→イリオン
トロニオン　Thronion　*II. 132*
ドロピア　Dolopia　*II. 116*
ナクソス島　Naxos　*II. 175; III. 222, 243*
ニカイア　Nikaia　*II. 132, 138; III. 140*
ニュンパイオン岬　Nymphaion　*III. 171*
ネメア　Nemea　*II. 168*
パイアニア区　Paiania　*II. 73, 93, 150; III. 51, 171-172,* 古
ハグヌス区　Hagnus　*II. 13, 155; III. 54*
パルサロス　Pharsalos　*III. 128*
ハロンネソス島　Halonnesos　*III. 83*
ヒエロン・オロス（聖山）　Hieron Oros　*II. 90*

ビュザンティオン　Byzantion　*II. 125; III. 255*
ピュレ区　Phyle　*III. 181, 187, 190, 195*
プティオティス　Phthiotis　*II. 116*
プニュクス（の丘）　Pnyx　*I. 81, 82*
プラタイア　Plataia　*II. 75; III. 162, 259*
プリエネ　Priene　*II. 116*
プレイウス　Phleius　*II. 168*
プロバリントス区　Probalinthos　*V. 5*
ペイライエウス区　Peiraieus　*I. 40, 50, 173, 209*
ペラ　Pella　*III. 160*
ペライビア　Perrhaibia　*II. 116, 167*
ヘルキア区　Herkhia　*II. 67; III. 138*
ペルシア　Persia　*II. 75, 149, 172; III. 116, 132, 156, 163-164, 173, 181, 183-184, 209, 238-240, 258-259*
ペレケス区　Pelekes　*II. 83; III. 139*
ヘレスポントス海峡　Hellespontos　*I. 55-56, 68; III. 51, 132*
ペレネ　Pellene　*III. 165*
ペロポンネソス半島　Peloponnesos　*II. 75; III. 95, 97-98*
ボイオティア　Boiotia　*II. 104, 106, 116, 119, 122, 137, 141-143; III. 140, 142, 145, 149, 151*
ポキス　Phokis　*I. 175; II. 6, 44, 81, 116, 130-131, 133-135, 138, 140, 142-143, 162; III. 87, 118, 148, 古; V. 5*
ボスポロス（キンメリアの）　Bosporos　*III. 171*
ポントス（黒海）　Pontos　*III. 171*
マグネシア　Magnesia　*II. 116; III. 83*
マケドニア　Makedonia　*II. 16, 22-23, 27, 29, 56, 58, 72, 93, 101, 113, 124, 136, 138, 146, 152; III. 73, 78, 89, 128, 160*
マラトン区　Marathon　*II. 75; III. 181, 186, 259*
マリス　Malis　*II. 116*
マンティネイア　Mantineia　*II. 164, 169*
ミュオンネソス島　Myonnesos　*II. 72*
ミュリヌス区　Myrrhinus　*I. 98*
ミュルテノス（ミュルティスケ）　Myrtenos（Myrtiske）　*III. 82*
メガラ　Megara　*II. 175; III. 95*
メガロポリス　Megalopolis　*III. 165*
モロッソス　Molossos　*III. 242*
ヨーロッパ　Europa　*III. 250*
ラケダイモン　→スパルタ
ラコニア　→スパルタ
ラムヌス区　Rhamnus　*I. 157; II. 12*
ラリサ　Larisa　*II. 41*
ランプサコス　Lampsakos　*II. 83*
レウクトラ　Leuktra　*II. 164*
レオンティノイ　Leonrtinoi　*II. 76*
レムノス島　Lemnos　*II. 72, 76*
ロイディアス川　Loidias　*II. 124*
ロクリス　Lokris　*II. 116; III. 113, 123*
ロドス島　Rhodos　*III. 42, 252; V. 7-9; Ph. 7, 10*

人　名

アイスキネス（コトキダイ区の）　Aiskhines　*I. 134, 古; II. 15, 51, 67, 157, 古; III. 古; V. 1, 5, 7, 9, 12, 14-15; Ph. 1, 4, 9, 13, 15*
アイスキネス（エレウシス区の）　Aiskhines　*Ph. 3*
アウトクレイデス　Autokleides　*I. 52*
アウトクレス　Autokles　*II. 155*
アウトリュコス　Autolykos　*I. 81-83*
アカマス　Akamas　*II. 31*
アキレウス　Akhilleus　*I. 133, 141-143, 145-146, 149-150*
アグラオクレオン　Aglaokreon　*II. 20, 126*
アスクレピオス（神）　Asklepios　*III. 67*
アステュオコス　Astyokhos　*I. 156*
アテナ（女神）　Athena　*III. 46, 77, 149-150, 219*
　—・ポリアス　*II. 147*
　プロナイア・—　*III. 108, 110-111, 121*
アトレウス　Atreus　*III. 185*
アトロメトス　Atrometos　*II. 78, 147; V. 1; Ph. 11*
アナクシノス　Anaxinos　*III. 223*
アポベトス　Aphobetos　*II. 149; V. 13; Ph. 11*
アポロドロス　Apollodoros　*II. 165*
アポロン（神）　Apollon　*I. 81, 88, 108; III. 108, 110-111, 120*
アミュンタス　Amyntas　*II. 26, 28, 32-33*

アミュントル　Amyntor　*II. 64, 67-68*
アメイニアデス　Ameiniades　*III. 130*
アリグノトス　Arignotos　*I. 102-104*
アリスタルコス　Aristarkhos　*I. 171-172; II. 148, 166*
アリスティオン　Aristion　*III. 162*
アリステイデス（前 5 世紀の人）　Aristeides　*I. 25; II. 23; III. 181, 258*
アリステイデス（エウピレトスの子）　Aristeides　*II. 155*
アリストゲイトン　Aristogeiton　*I. 132, 140*
アリストデモス　Aistodemos　*II. 15-17, 19, 52,* 古*; III. 83; V. 2*
アリストパネス　Aristophanes　*II. 154-155, 158*
アリストブロス　Aristobulos　*III. 162*
アリストポン　Aristophon　*I. 64, 158; III. 139, 194*
アリゼロス　Arizelos　*I. 68, 102,* 古
アルガス（デモステネスの綽名）　Argas　*II. 99*
アルキダマス　Alkidamas　*Ph. 13*
アルキダモス　Arkhidamos　*II. 133*
アルキノス　Arkhinos　*II. 176; III. 187, 195*
アルキビアデス（前 5 世紀の人）　Alkibiades　*II. 9*
アルキビアデス（傭兵隊指揮官）　Alkibiades　*II. 168*
アルケデモス　Arkhedemos　*III. 139*
アルテミス（女神）　Artemis　*III. 108, 110-111, 120*
アルトミオス　Arthmios　*III. 258*
アレクサンドロス（ピリッポスの子）　Alexandros　*I. 166, 168-169; III. 66, 89-91, 95, 97, 133, 160, 162-165, 167, 215-216, 219, 223, 238,* 古*; V. 7, 8; Ph. 7*
アレクサンドロス（ピリッポスの兄）　Alexandros　*II. 26*
アレクサンドロス（モロッソス王）　Alexandros　*III. 242*
アレクシマコス　Aleximakhos　*II. 83, 85*
アレス（神）　Ares　*III. 184*
アンティオコス　Antiokhos　*II. 73*
アンティクレス（ティマルコスの抱え主）　Antikles　*I. 53. 165;* 古
アンティクレス（スタディオン走者）　Antikles　*I. 157*
アンティパトロス　Antipatros　*III. 72, 165*
アンドキデス　Andokides　*I. 125*
アンドキデス（祖父）　Andokides　*II. 174*
アンピステネス　Amphisthenes　*I. 66*
アンピダマス　Amphidamas　*I. 149*
アンピトリテ（女神）　Amphitrite　*III. 112*
イアトロクレス　Iatrokles　*II. 15-16, 20, 126*
イソクラテス　Isokrates　*V. 4; Ph. 17*
イピクラテス　Iphikrates　*I. 157; II. 27-29, 149; III. 243*
エウエラトス　Eueratos　*II. 15*
エウクレイデス　Eukleides　*I. 39*
エウテュディコス　Euthydikos　*I. 40, 50*
エウピレトス　Euphiletos　*II. 155*
エウブロス　Eubulos　*II. 8, 184,* 古*; III. 25; V. 5; Ph. 5*
エウポレモス　Eupolemos　*I. 102*
エウリピデス　Euripides　*I. 128, 151, 153*
エウリュディケ　Eurydike　*II. 26, 28*
エウリュバトス　Eurybatos　*III. 137*
エパメイノンダス　Epameinondas　*II. 105*
エピクラテス　Epikrates　*II. 150-152*
エルゴカレス　Ergokhares　*II. 15*
エンペドン　Empedon　*III. 91*
オリュンピアス　Olympias　*III. 223*
カイキリオス　Kaikilios　*V. 4; Ph. 3*
カイロンダス　Khairondas　*III. 27*
カブリアス　Khabrias　*III. 243*
カリアス（カルキス人）　Kallias　*III. 85, 86, 89, 91-95, 97, 100-101, 103-104*
カリアス（パイドロスの父）　Kallias　*I. 43*
カリアス（アンティクレスの父）　Kallias　*I. 53*
カリオン　Karion　*II. 157*
カリクラテス　Kallikrates　*II. 134*
カリゲネス　Kharigenes　*III. 103*
カリス（女神、複数形カリテス）　Kharis

Ph. 2
カリステネス　Kallisthenes　*II. 30-31*
カリストラトス　Kallistratos　*II. 124*
カリデモス　Kharidemos　*III. 77*
カレス　Khares　*II. 71, 73, 92-93*
キモン（第一次使節団の一員）　Kimon　*II. 21*
キモン（ミルティアデスの子、前5世紀）　Kimon　*II. 172*
ギュロン　Gylon　*III. 171*
クサンティアス　Xanthias　*II. 157*
クセノドコス　Xenodokos　*II. 157*
クテシポン（デモステネス授冠提案者）　Ktesiphon　*II. 古; III. 8-9, 12, 24, 26-28, 33-34, 36, 50, 53, 92, 94, 101, 105, 113-114, 188, 193, 201-202, 210, 213-214, 231, 241-242, 古; V. 7, 9, 12; Ph. 1, 6*
クテシポン（第一次使節団の一員）　Ktesiphon　*II. 12-13, 42-43, 47, 52, 古; V. 18*
クノシオン　Knosion　*II. 149*
グノシデモス　Gnosidemos　*III. 103-104*
グラウケテス　Glauketes　*III. 91*
グラウコス（アイスキネスの大叔父）　Glaukos　*II. 78*
グラウコス（ボクサー）　Glaukos　*III. 189*
グラウコテア　Glaukothea　*V. 1; Ph. 11*
グラウコン　Glaukon　*I. 62, 65-66*
クリティアス　Kritias　*I. 173*
クリトブロス　Kritobulos　*II. 83, 86*
クリトン　Kriton　*I. 156*
クレアイネトス　Kleainetos　*I. 98*
クレアゴラス　Kleagoras　*I. 156*
クレイタルコス　Kleitarkhos　*III. 103*
クレオカレス　Kleokhares　*II. 120*
クレオパトラ　Kleopatra　*III. 242*
クレオブロス　Kleobulos　*II. 78*
クレオポン　Kleophon　*II. 76; III. 150*
クロノス（神）　Kronos　*III. 135*
クロビュロス（ヘゲシッポスの綽名）　Krobyros　*I. 64, 71, 110*
ケイロン　Kheilon　*II. 78*
ケドニデス　Kedonides　*I. 52*
ケパロス　Kephalos　*III. 194*
ケピソドトス　Kephisodotos　*III. 51*
ケピソドロス　Kephisodoros　*I. 158*
ケピソポン　Kephisophon　*II. 73*
ケルソブレプテス　Kersobleptes　*II. 9, 44, 81, 82-83, 85-86, 88-90, 92, 98; III. 61, 65, 73-74*
コッテュポス　Kottyphos　*III. 124, 128*
コノン　Konon　*II. 70*
コラゴス　Korrhagos　*III. 165*
サテュロス　Satyros　*II. 156*
シシュポス　Sisyphos　*II. 42*
ステパノス　Stephanos　*II. 140*
ストラトクレス　Stratokles　*III. 143*
ストロンビコス　Stronbikhos　*II. 15*
スピンタロス　Spintharos　*V. 5*
セイレン　Seiren　*III. 228*
ゼウス（神）　Zeus　*I. 28, 55, 61, 69-70, 76, 79, 81, 87-88, 98, 108; III. 77, 135. 156, 217, 255*
ソクラテス　Sokrates　*I. 173*
ソロン　Solon　*I. 6, 25-26, 183; III. 2, 108, 175, 257*
タウロステネス　Taurosthenes　*III. 85, 87*
ダレイオス　Dareios　*III. 164*
デイアレス　Deiares　*II. 71*
ディオグネトス　Diognetos　*III. 115*
ディオドロス　Diodoros　*III. 91*
ディオニュシオス（シケリアの独裁者）　Dionysios　*II. 10*
ディオニュシオス（修辞学者、前1世紀）　Dionysios　*Ph. 14*
ディオニュソス（神）　Dionysios　*I. 52; III. 156, 176*
ディオパントス　Diophantos　*I. 158*
ディオペイテス　Diopeithes　*I. 63*
テイシアス　Teisias　*I. 157*
デイピュロス　Deipyros　*II. 71*
ディピロス　Diphilos　*I. 68*
ティマイオス　Timaios　*I. 66*
ティマルコス（テイシアスの子）　Timarkhos　*I. 157*
ティマルコス（アリゼロスの子）　Timarkhos　*I. 1, 3, 11, 18, 20, 25-26, 34, 37, 39-44, 47-51, 53, 55, 57-58, 60-61, 64, 66, 68, 74-75, 79, 81-83, 87, 89, 93, 95, 103-104, 110-112, 119-120, 122, 126, 130, 153-155, 158-159, 181, 185, 187, 189, 192, 194, 古; II.*

144, 180, 古*; V. 12, 17; Ph. 1, 14*
ティメシテオス　Timesitheos　*I. 156*
ティモテオス　Timotheos　*II. 70; III. 243*
ティモマコス　Timomakhos　*I. 56, 95,* 古
テオプラストス　Theophrastos　*III. 115*
テセウス　Theseus　*II. 31*
テティス（女神）　Thetis　*I. 150*
デマイネトス　Demainetos　*II. 78*
テミストクレス（前5世紀の人）　Themistokles　*II. 9; III. 181, 259*
テミストクレス（前347/46年のアルコーン）　Themistokles　*III. 62*
テミソン　Themison　*II. 164; III. 85*
テメニデス　Temenides　*II. 169*
デモカレス　Demokhares　*V. 11*
デモクラテス　Demokrates　*II. 17*
デモステネス　Demosthenes　*I. 119, 123, 126-127, 131, 166-167, 169-170, 172-173, 181,* 古*; II. 3, 4, 8, 14, 15, 17-22, 24, 34-36, 38, 43-44, 47-49, 55-56, 58-59, 61-62, 64-65, 68-69, 78, 82, 84-86, 90, 93, 97, 100, 106, 108, 114, 119-122, 124-125, 127, 143, 147-148, 154-156, 158-159, 162, 171,* 古*; III. 12, 14, 17, 23-24, 26-28, 31, 35, 50-52, 54-58, 60-64, 66, 68-74, 76, 79-83, 86, 91-92, 94-96, 99, 103-106, 125, 128, 130, 134, 136-137, 140-142, 145, 147, 149-150, 156, 158-163, 165, 170-172, 181-182, 188, 193, 202-203, 205, 208-209, 212, 214-219, 228-232, 236-237, 241, 244, 247, 254-255, 257, 259,* 古*; V. 2, 4, 5, 7, 9, 11-12, 17-18; Ph. 4, 6, 8, 12, 17*
デモステネス（父）　Demosthenes　*III. 171-172,* 古
デモピロス　Demophilos　*I. 86*
デモメレス　Demomeles　*II. 93; III. 51*
デモン　Demon　*I. 125*
デルキュロス　Derkylos　*II. 47, 140, 155*
テルサンドロス　Thersandros　*I. 52*
テルシテス　Thersites　*III. 231*
ドラコン　Drakon　*I. 6*
トラシュクレス　Thrasykles　*III. 115*
トラシュブロス（ステイリア区の）　Thrasybulos　*II. 176; III. 195*
トラシュブロス（コリュトス区の）　Thrasybulos　*III. 138*
トラシュロス　Thrasyllos　*I. 101*
トラソン　Thrason　*III. 138*
トルミデス　Tolmides　*II. 75*
ナウクラテス　Naukrates　*I. 41*
ナウシクラテス　Nausikrates　*I. 98, 100*
ナウシクレス　Nausikles　*II. 18, 184; III. 159*
ニキアス（ペイライエウス区の）　Nikias　*I. 50*
ニキアス（前5世紀の人）　Nikias　*II. 175*
ニケラトス　Nikeratos　*II. 175*
ニコストラトス　Nikostratos　*I. 86*
ニコデモス　Nikodemos　*I. 172; II. 148*
ニコペモス　Nikophemos　*I. 109*
ネオプトレモス　Neoptolemos　*II.* 古
パイドロス　Phaidros　*I. 43, 50*
パウサニアス　Pausanias　*II. 27, 29*
パウサニアス（ピリッポス暗殺者）　Pausanias　*III. 160, 219*
パタイキオン　Pataikion　*III. 189*
バタロス（デモステネスの綽名）　Batalos　*I. 126, 131, 164; II. 99*
パトロクロス　Patroklos　*I. 133, 141-143, 145-146, 149-150*
パライコス　Phalaikos　*II. 130, 132, 135-136, 138, 140*
パルメノン　Parmenon　*I. 157*
ハルモディオス　Harmodios　*I. 132, 140*
パンタレオン　Pantaleon　*I. 156*
パンピロス　Pamphilos　*I. 110*
ピッタラコス　Pittalakos　*I. 54-55, 57-62, 64-66, 68,* 古
ピュティオン　Pythion　*II. 143*
ピュトン　Python　*II. 125*
ヒュペレイデス　Hypereides　*V. 12*
ピュランドロス　Pyrrhandros　*I. 84; III. 139*
ピランモン　Philammon　*III. 189*
ピリッポス　Philippos　*I. 166-167, 169, 175,* 古*; II. 8, 10-18, 21-22, 25-26, 30, 32, 34-35, 37-39, 41-43, 45, 47-48, 50-53, 55, 57-58, 60, 67, 72-73, 79, 81-85, 89-90, 100-101, 103, 107-111, 118-120, 122, 124-125, 128-130, 132, 134-138, 141, 152, 156-157, 162, 164, 178,* 古*; III. 54, 60-68, 71, 73-74, 77,*

80-81, 87, 128-131, 140-141, 147-151, 160, 215, 219, 223, 256, 古*; V. 4-5, 16, 18; Ph. 7, 12*
ピレモン　Philemon　*I. 115*
ピロカレス　Philokhares　*II. 149; V. 13; Ph. 11*
ピロクセネ　Philoxene　*I. 115*
ピロクラテス　Philokrates　*II. 6, 8, 13-15, 18-20, 47, 52, 54, 56, 63-66, 68, 121; III. 54, 57-58, 60, 62-64, 72-74, 79-81*
ピロタデス　Philotades　*I. 114-115*
ピロデモス　Philodemos　*II. 150, 152*
ピロン　Philon　*II. 150-152*
プトレマイオス　Ptolemaios　*II. 29*
プラトン　Platon　*V. 4; Ph. 13*
プリュノン　Phrynon　*II. 8, 12*
プリュノンダス　Phrynondas　*III. 137*
プルタルコス　Plutarkhos　*III. 86*
プロクセノス　Proxenos　*II. 133-134*
ペイディアス（彫刻家、前5世紀）　Pheidias　*III. 150*
ペイディアス（前4世紀）　Pheidias　*I. 157*
ヘクトル　Hektor　*I. 148, 150*
ヘゲサンドロス　Hegesandros　*I. 55-58, 60, 62-64, 66, 67-71, 95, 110-111, 154,* 古
ヘゲシッポス　Hegesippos　→クロビュロス
ヘゲモン　Hegemon　*III. 25*
ヘシオドス　Hesiodos　*I. 129; II. 144, 158; III. 134, 136*
ヘスティア（女神）　Hestia　*II. 45*
ヘラ（女神）　Hera　*III. 219*
ヘラクレス　Herakles　*I. 49, 88; III. 21, 212*
ペリクレイデス　Perikleides　*I. 156*
ペリクレス　Perikles　*I. 25*
ペルディッカス　Perdikkas　*II. 26, 28-30*
ヘルメス　Hermes　*I. 10, 12, 125; III. 183-185*
ペレウス　Peleus　*I. 149*
ヘレネ　Helene　*I. 149*
ポイニクス　Phoinix　*I. 152*
ポイネ　Poine　*I. 190-191*
ポキオン　Phokion　*II. 170, 184*
ポセイドン（神）　Poseidon　*I. 73*
ホメロス　Homeros　*I. 128, 133, 141-142, 147; III. 185, 231*
ポリス　Pollis　*III. 222*
ポリュポンテス　Polyphontes　*II. 71*
ポルミオン　Phormion　*II. 165*
ポレマゲネス　Polemagenes　*I. 156*
ミスゴラス　Misgolas　*I. 41-47, 49, 50-53, 67,* 古
ミルティアデス　Miltiades　*II. 172; III. 181, 186*
ムーサ（女神、複数形ムーサイ）　Musa　*I. 10; Ph. 2*
ムナソン　Mnason　*II. 143*
ムネサルコス　Mnesarkhos　*III. 85*
ムネシテオス　Mnesitheos　*I. 98*
ムネシテオス（前項とは別人）　Mnesitheos　*I. 158*
メイディアス　Meidias　*III. 52, 115, 212*
メタゲネス　Metagenes　*I. 100*
メタゲネス（おそらく前項とは別人）　Metagenes　*II. 134*
メニテス　Menites　*II. 170*
メネステウス　Menestheus　*III. 185*
メノイティオス　Menoitios　*I. 143-144, 149*
メレシアス　Melesias　*I. 157*
モスコス　Moskhos　*I. 171; II. 166*
モロン　Molon　*I. 158*
リパロス　Liparos　*II. 143*
リュキノス　Lyukinos　*II. 14; III. 62*
リュシアス　Lysias　*Ph. 17*
レウコニデス　Leukonides　*I. 115*
レオステネス　Leosthenes　*II. 21, 124*
レオダマス　Leodamas　*I. 68-70, 111; III. 139; V. 4*
レト（女神）　Leto　*III. 108, 110-111, 120*

事項索引

本書収録作品における重要な事項を挙げ、該当する主要なギリシア語をカッコ内に記した。ローマ数字は弁論番号を（*III.*＝『クテシポン弾劾』）、アラビア数字は節番号を示す。古とあるのは各弁論の古伝概説を、*V.* は擬プルタルコス『アイスキネスの生涯』を、*Ph.* はポティオス『アイスキネスの生涯と著作について』を指す。

ア　行

アイゲイス部族（Αἰγείς）　*I. 125*
悪事（罪名としての）、悪事犯（κακουργία, κακοῦργος）　*I. 90, 105, 109; II. 145*
アクロポリス（アテナイの）（ἀκρόπολις）　*I. 97; II. 74, 105, 174-175*
アゴラ（アテナイの）（ἀγορά）　*I. 60-61, 94, 97, 125, 164; II. 86, 148; III. 1, 111, 176, 186, 213*
　―（サラミスの）　*I. 25*
アルコーン（ἄρχων）　*I. 19, 109; III. 24, 27, 62, 115*
アレイオス・パゴス審議会（Ἄρειος πάγος）　*I. 81-84, 92; II. 93;III. 20*
アンピクテュオニア神聖同盟（Ἀμφικτυονία）　*II. 94, 114-117, 122, 138-140, 142;III. 107-109, 112, 114, 116, 118-119, 122, 124, 128-129; V. 5*
家付き娘（ἐπίκληρος）　*I. 95*
違法提案に対する告発・公訴（γραφὴ παρανόμων）　*I.* 古*; II. 14, 20, 109; III. 3, 5, -8, 11-12, 16, 31, 35, 53, 62, 191-192, 194-197, 199-200, 230,* 古*; V. 7; Ph. 6*
異民族、蛮人（βάρβαρος）　*II. 172, 183; III. 173, 181*
『イリアス』（Ἰλιάς）　*I. 128;III. 100*
運命（τύχη）　*I. 149, 150; II. 118, 131, 181, 183; III. 115, 157, 177*
　幸運（εὐτυχία）　*I. 108; II. 51, 153; III. 154, 232, 234*
　不運、悲運（ἀτυχία, συμφορά）　*I. 56, 126; II. 164, 179; III. 57, 79, 139, 156, 169*
エウボイア連盟（Εὐβοικὸν συνέδριον）　*III. 89, 94*
エウモルピダイ一族（Εὐμολπίδαι）　*III. 18*
エテオブタダイ一族（Ἐτεοβουτάδαι）　*II. 147*
エポーベリアー（ἐπωβελία）　*I. 163*
演説者　→弁論家
演説者資格審査　→資格審査
演壇（βῆμα）　*I. 24, 27, 31-35, 46, 64, 80; II. 14-15, 44, 59, 71, 84, 127; III. 55, 71, 82, 146, 151, 159, 165, 173, 207, 257*
臆病（δειλία, ἀνανδρία）　*I. 29, 105, 181; II. 22; III. 81, 175-176, 214, 244*
オリュンピアス（祭儀、オリンピック競技）（Ὀλυμπιάς）　*II. 12; III. 179, 189*

カ　行

会計監査官（ロギステス）（λογίστης）　*I. 107; III. 15, 20, 22-23*
会計検査、報告（公職者の）（λόγος）　*III. 11-12, 15, 20-22, 24, 26, 31*
海賊（λῃστής）　*I. 191; II. 72; III. 253*
格闘技（パンクラティオン）（παγκράτιον）　*I. 26, 33; III. 179*
学校（διδασκαλεῖον）　*I. 9-10, 12; III. 246*
合唱舞踏隊（χορός）　*I. 98, 157; II. 163; III. 232*
　円舞合唱隊（χορὸς κύκλιος）　*I. 10; III. 232*
　―奉仕役、上演世話人（χορηγός）　*I. 11-12; III. 43, 52, 240*
寡頭政（制）、寡頭派（ὀλιγαρχία）　*I. 4-5; III. 6, 168, 170, 207, 220, 234*
カドメイア（テバイの城塞）（Καδμεία）　*II. 105; III. 145*
監査役（アンティグラペウス）（ἀντιγραφεύς）　*III. 25*

冠、授冠（στέφανος） *I. 21; II. 17, 46, 80, 169,* 古; *III. 9-12, 20, 26, 31-36, 41-49, 53, 77, 83, 131, 147, 152, 155, 157, 159, 167, 176-179, 182, 187, 188-190, 203-204, 210-212, 226, 230-232, 236, 243-244, 246, 249, 253-254, 259,* 古; *V. 14*
喜劇（κωμῳδία） *I. 157*
—作者（κωμικός） *I. 98*
—俳優（役者）（ὑποκρίτης κωμικός） *I. 157; II. 156*
偽証（罪）（ψευδομαρτυρία） *I. 85, 130; II. 154; III. 127, 149, 150*
キタラ（κιθάρα） *I. 41*
議長（エピスタテース）（ἐπιστάτης）
（アテナイ民会の）— *I. 35; III. 39*
（アンピクテュオニア神聖同盟の）— *III. 128*
—団（プロエドロイ）（πρόεδροι） *I. 23, 104; II. 65, 66, 68, 82, 83, 84, 85, 90, 93; III. 3, 4, 39*
騎兵（ἱππεύς） *II. 173-174; III. 13, 88, 97, 140*
詭弁術教師（σοφιστής） *I. 125, 173, 175; III. 16, 202*
客人、主客の契り（ξένος, ξενία） *II. 157; III. 66, 224*
挙手採決、挙手選出、挙手決議（χειροτονία） *I. 23; II. 13, 18, 82, 95; III. 13, 14, 24, 25, 28, 29, 30, 39, 52; V. 13*
拠出金（σύνταξις） *II. 71; III. 91, 93-97, 100, 102*
居留外国人（μέτοικος） *I. 195*
区（個別の区については、地名索引参照）（δῆμος） *I. 63, 77, 78, 114; III. 30, 41, 44-45,*
—民登録、—民名簿（ληξιαρχικὸν γραμματεῖον） *I. 18, 78, 103；II. 76, 150, 177*
—再検査（διαψήφισις） *I. 77, 86, 114；II. 182*
籤、抽選（κλῆρος） *I. 19, 21, 33, 106, 113, 188; II. 82; III. 3, 13, 15, 28-30, 62*
クラガリダイ族（Κραγαρίδαι） *III. 107-108*
契約（συνθήκη） *I. 160*
劇場（θέατρον） *III. 34, 36, 41, 43-44, 46, 47, 49, 52, 76, 153-154, 189, 204, 210, 246,* 古
ケリュケス族（Κήρυκες） *III. 18*
現行犯逮捕（ἀπαγωγή） *I. 90*
公共奉仕（λῃτουργία） *I. 101*
公職者、役人（ἀρχή, ἄρχων） *III. 9, 13, 15, 21, 29-31, 146, 148, 150-151,* 古
公訴（γραφή） *I. 1, 2, 13-14, 184,* 古; *III. 36, 56, 175, 204, 210, 212, 216-217, 219, 230; Ph. 14*
→違法提案に対する—
→男色売買に関する—
貢納金（φόρος） *II. 23, 175; III. 258*
拷問（証言のための奴隷の）（βάσανος） *II. 126, 128; III. 224-225*
講和、講和条約（εἰρήνη）
「ピロクラテスの—」 *I. 174; II. 8, 12-13, 18, 53, 56-58, 60-61, 63, 67-68, 73-74, 79, 82, 84, 100, 109-110, 123, 132, 134, 137, 160-161, 178,* 古; *III. 60-65, 67-69, 71-72, 80, 83,* 古; *V. 18*
「ピロクラテスの—」以外の— *II. 12, 76, 174; III. 85, 149*
国益、利益、不利益（σύμφορος, συμφέρον, ἀσύμφορον） *I. 6, 117, 132, 178, 196II. 18, 57, 107, 118, 123, 138, 161, 178, 183; III. 8, 17, 50, 58, 66, 80, 182, 215, 220, 260*
国庫（金）（δημόσιον, κοινόν） *I. 46; II. 149; III. 10, 21-22, 27,* 古

サ　行

さいころ遊び（κύβος） *I. 42, 53, 57, 59-60, 68, 75, 149,* 古
祭壇（βωμός） *I. 60-61, 128; II. 147; III. 120*
財務官（ταμίας） *I. 56,* 古
祭祀—（ἄρχων ἐπὶ τὸ θεωρικόν） *III. 24-25*
聖財—（ταμίας τῶν τῆς θεοῦ） *I. 110*
三十人（寡頭）政権（οἱ τριάκοντα） *I. 39, 173; II. 77-78, 147, 176; III. 187, 235; V. 1*
三段櫂船（τριήρης, ναῦς） *II. 71, 133, 173-175; III. 30, 101-102, 159, 222*
—奉仕役（船長）（τριήραρχος） *III. 19, 52, 173, 222*

資格審査（δοκιμασία）
　公職者の—（δοκιμασία τῶν ἀρχόντων） *III. 15, 29, 31*
　演説者・提案者・弁論家の—（δοκιμασία τῶν ῥητόρων） *I. 2, 28, 32, 81, 186*
　身体障害者給付の—（δοκιμασία τῶν ἀδυνάτων） *I. 104,*
死刑、極刑（θάνατος, ἀποκτεῖν, μέγιστα ἐπιτίμια） *I. 16, 20-21, 72, 87-88, 90-91, 113, 173-174, 184; II. 5, 6, 30, 59, 77, 139, 159, 165; III. 52, 91, 171, 224, 235, 250, 252*
詩人（ποιητής） *III. 134-135, 136*
使節（πρεσβεία） *I. 20, 23, 120, 168, 174, 188,* 古*; II. 8, 11-13, 15-16, 18-20, 22, 25, 34, 36, 39-40, 44-50, 52-62, 73, 79-83, 85-86, 89-91, 94-97, 99, 101-113, 121-123, 127, 129-130, 132-136, 139-142, 146, 149, 152, 162-164, 174, 178, 181,* 古*; III. 47, 58, 61-64, 66-68, 70-71, 73-74, 76, 78, 80-83, 91, 97, 100-101, 134, 138, 145, 148, 151, 161-162, 242, 250, 256; V. 4-5, 16, 18; Ph. 4*
執務審査（εὔθυνα） *I. 1, 107, 168, 174; II. 96, 178, 182; III. 9-12, 17-24, 26, 31, 203, 205, 212, 230,* 古*; Ph. 14*
市民権（πολιτεία, ἐπιτιμία） *I. 78；II. 88; III. 210, 232; V. 8*
　—剝奪（ἀτιμία） *I. 134,* 古*; II. 177,* 古*; III. 44*
自由（ἐλευθερία） *I. 14, 106, 172; II. 60, 70; III. 6, 23, 157*
　—人（身分） *I. 7, 9, 12, 14-17, 42-43, 62, 65-66, 107, 120, 123, 138-139, 156, 159; II. 4-5, 23, 127, 148, 173; III. 41, 122, 154, 169, 171*
十一人（の刑務官）（ἕνδεκα） *I. 16*
収賄　→賄賂
出兵、遠征（στρατεία, ἀποδημία） *I. 95; II. 76, 115, 117, 136-138, 169; III. 65, 87, 98, 108, 129, 146, 161, 165, 238, 245*
受領官（アポデクテース）（ἀποδέκτης） *III. 25*
上演世話人　→合唱舞踏隊奉仕役
召喚（κλῆσις, ἀνάκλησις） *I. 35, 47; II. 17*
　強制—（κλήτευσις） *I. 46; II. 68*
将軍（στρατηγός） *I. 27, 56, 132; II. 27, 30, 41, 70, 73, 75, 80, 86, 92, 133-134, 149, 170, 184; III. 7, 13, 51-52, 128, 143, 146, 181, 183, 185-186, 196, 229*
城壁修復（τειχοποιία） *III.* 古
　—官（τειχοποιός） *III. 14, 17, 23-24, 27-28, 31*
書記（γραμματεύς） *I. 2, 11, 147; II. 46, 64; Ph. 12*
　下級—（ὑπογραμματεύς） *V. 2, 15*
植民（団）（κληρουχία） *I. 53; II. 175*
序論（修辞）（προοίμιον） *I.* 古*; II.* 古*; III.* 古*; Ph. 14*
身体障害者給付金（ἀργύριον τοῖς ἀδυνάτοις） *I. 104*
神託、託宣（μαντεία） *III. 108-109, 112-113, 119, 124, 127, 136*
政治家　→弁論家
政務審議会（βουλή） *I. 20, 35, 104, 112, 119, 168; II. 16-17, 19, 45, 55, 58-59, 91-92, 94-95, 145; III. 2, 9, 20, 32, 42, 45, 125, 160, 187*
　—決議・先議（προβούλευμα） *II. 58-59, 91-92; III. 125*
　—議員（βουλευτής） *I. 80, 109-111,* 古*; II. 17; III. 3, 62-63, 73, 76,* 古
　—執行部（プリュタネイス）（πρυτάνεις） *II. 61; III. 39-40, 67*
　　—委員（プリュタニス）（πρύτανις＝単数形） *II. 53, 60*
　　—執務期間（プリュタネイア）（πρυτανεία） *III. 25*
　—議事堂（βοσλευτήριον） *I. 112, 169; II. 46, 53, 59, 80; III. 32, 45, 125, 145, 250*
誓約　→誓い
窃盗（κλοπή） *I. 113; III. 10*
先議　→政務審議会
戦時財産税（εἰσφορά） *II. 161*
戦列放棄（λιποτάξιον） *II. 148; III. 7, 148, 152, 155, 175-176, 181, 187, 244*
相続財産、遺産（κλῆρος） *I. 30*
租税取立請負人（τελώνης） *I. 120*

タ　行

体育教練場（γυμνάσιον） *I. 12, 135, 138, 189; II. 149; III. 216, 255*

代作者（λογογράφος） *I. 94; II. 180; III. 173*
弾劾（裁判）（εἰσαγγελία） *II. 139; III. 3, 52, 79, 171, 223, 252*
男娼（πόρνος） *I. 70,* 古*; II. 144*
男妾（ἑταῖρος） *I. 51*
男色売買、売色、売色する（ἑταίρησις, ἑταιρεῖν, πορνεύεσθαι） *I. 13, 19-21, 52, 94, 159-161, 163-165,* 古*; II.* 古*; V. 17*
　男色売買に関する公訴（γραφὴ ἑταιρήσεως） *I. 20, 160*
　売色宿（πορνεῖον） *I. 124*
誓い、誓約（ὅρκος, ὀμνῦναι）
　講和・同盟等の― *I.* 古*; II. 82-83, 85, 91, 96, 98, 101, 103, 114-116, 123, 129, 138, 176,* 古*; III. 65-66, 70, 73-74, 90; V. 18*
　陪審員就任時の― *I. 154, 170; II. 1; III. 6, 8, 31, 198, 233, 257*
　偽誓（ἐπίορκος） *I. 67, 115; III. 77, 150, 207-208*
　証言文に関する― *I. 45, 47, 69, 78, 114; II. 87, 94-95, 153, 156; III. 99. 109-110, 112-113, 119-120*
徴収官（πράκτωρ） *I. 35*
付き添い養育係（παιδαγωγός） *I. 10, 187*
ディオニュシア祭（Διονύσια） *I. 43, 157; II. 55, 61, 110, 151; III. 35, 67-68, 69, 232,* 古*; V. 2*
テスモテタイ（θεσμοθέται＝複数） *I. 16; III. 13, 38, 40*
テセイオン（Θήσειον） *III. 13*
投票、票、票決（ψήφισμα） *I. 77, 79-80, 92, 111-112, 114, 154, 179, 181; II. 14, 32-33, 65, 87, 114, 116-117, 122, 180, 182; III. 6, 8, 10, 16, 19-20, 23, 31, 36, 47-48, 60, 65, 74-75, 124, 126, 128, 193, 197-198, 233, 246-247, 252, 254, 260*
　秘密―（κρύβδην ψηφίζειν） *I. 35; III. 233*
同盟、同盟国（συμμαχία, σύμμαχος）
　「ピロクラテスの講和」の― *I.* 古*; II. 17, 53, 61, 67-68, 85, 137-138; III. 54, 60, 65, 68-69, 71-72*
　第二次アテナイ海上軍事同盟の― *I. 107; II. 20, 60-62, 75, 85-86, 97, 110, 123; III. 69-70, 74, 91, 93-94, 102*
　アンピクテュオニア神聖同盟の― →アンピクテュオニア神聖同盟
　（カイロネイア戦における）アテナイ－テバイの― *III. 84, 106, 137, 140-142, 163, 209, 237, 239*
　その他の― *II. 9, 29, 32, 36, 83, 84, 129; III. 61, 84, 89, 90, 91, 92, 93, 118*
道路造設官（ὁδοποιός） *III. 25*
独裁政（制）（τυραννίς） *I. 4; III. 6*
　独裁者（τύραννος） *I. 5, 191; II. 10, 130-131, 133, 135; III. 92, 103, 171*
奴隷（δοῦλος） *I. 15-17, 66, 97, 99, 105, 114, 138-139; II. 127; III. 41, 44, 122, 157*
　公共―（δημόσιος） *I. 54, 621,* 古

ナ　行

呪い（ἀρά） *I. 114*；*II. 87, 115; III. 99, 107-108, 110, 112-113, 117, 119, 121-122, 127, 129, 137, 192*

ハ　行

売国、国家反逆者（προδοσία, προδότης） *II. 8, 23, 146; III. 252*
買春幹旋に関する法律（ノモス・プロアゴゲイアー）（νόμος προαγωγείας） *I. 14*
買春税、売色税（πορνικὸν τέλος） *I. 119, 120*
陪審員（呼びかけを除く）（δικαστής） *I. 20, 50, 89, 121, 131, 141, 153, 162-164, 174; II. 3, 5, 19, 152, 170,* 古*; III. 6, 9-10, 23, 56-57, 152, 192, 195, 233, 243, 246; Ph. 4-5*
陪審廷（δικαστήριον） *I. 16, 32, 79, 111-112, 114, 117, 174-175, 177-179, 186, 192; II. 14; III. 6, 15, 19, 31, 53*
俳優（ὑποκριτής） *III. 44; V. 2; Ph. 12*
罰金（刑）（τίμημα） *I. 15-16, 113, 163, 174; II. 14, 93; III. 27, 116, 129; V. 7*
パラディオン（Παλλάδιον） *II. 87*
パンクラティオン　→格闘技
パンディオニス部族（Πανδιονίς） *II. 169;*
ヒエロムネーモーン（ἱερομνήμων） *III. 115-116, 122, 124, 126-127*
秘儀（μυστήριον） *II. 133-134, 138; III. 130*
悲劇（τραγῳδία） *I. 190; III. 34, 36, 41, 45,*

153-154, 176, 204, 231, 古*; V. 2; Ph. 11*
—作家（τραγῳδός） *III. 231*
ピュティア →地名索引 デルポイ（ピュティア）
ピュラゴラ（ロ）ス（Πυλάγορας） *III. 113-115, 117, 122, 124, 126-127; V. 5*
布告
授冠、顕彰、奴隷解放などの—（ἀνάρρησις, ἀναγορεύειν, κήρυγμα, κηρύττειν） *III. 9, 33, 35-36, 40-43, 45-49, 147, 178, 189, 204-205, 210-211, 230, 246-247, 249, 253,* 古
召集、宣戦布告など軍事関係の—（κήρυγμα, ἐπαγγέλλειν） *II. 37, 80, 134; III. 65, 90, 122, 150, 154-155*
誣告、誣告常習犯（συκοφαντία, συκοφάντης） *I. 1, 3, 20, 32, 105, 107; II. 5, 66, 99, 124, 145, 170, 177, 181, 183,* 古*; III. 64, 172, 216, 226, 231, 256*
不在証言（ἐκμαρτυρία） *II. 19*
ブジュガイ一族（Βουζύγαι） *II. 78*
侮辱罪、侮辱行為（ὕβρις） *I. 15-17, 55, 62, 87, 108, 116, 163; II. 4, 8; III. 52*
部族（φυλή） *I. 33-35; III. 4, 27, 30-31, 41, 44-45*
不適切法律提案に対する公訴（γραφὴ νόμον μὴ ἐπιτηδεῖον θεῖναι） *I. 34*
プリュタニス →政務審議会執行部委員
プリュタネイア →政務審議会執行部執務期間
プリュタネイオン（πρυτανεῖον）
—における招宴・正餐（δεῖπνον εἰς τὸ πρυτανεῖον） *II. 46, 53, 80, 121; III. 196*
プリュタネイス →政務審議会執行部
プロクセノス（権益代表）（πρόξενος） *II. 89, 141, 143, 172; III. 42, 138, 258*
プロピュライア門（Προπύλαια） *II. 74, 105*
兵役（στρατεία） *V. 3*
—忌避（ἀστρατεία） *III. 148, 175-176*
—見習い（ἐφηβεία） *I. 49; II. 167*
ペリトイダイ一族（Περιθοίδαι） *I. 156*
弁論家、演説者、政治家（ῥήτωρ, πολιτικός） *I. 7-8, 25, 31, 34-35, 112, 171, 181, 186, 188; II. 52, 74, 79, 161, 176, 184; III. 2, 4, 7, 9, 16, 20, 31, 33, 54-55, 61, 73, 148, 130, 194, 203-204, 231-235; V. 4, 6*
報奨（δωρεά, δῶρον） *I. 111-112; II. 19, 80; III. 167, 177-180, 182-183, 186-188, 205, 227, 232, 236, 243, 250, 255*
亡命（φυγή） *I. 172; II. 27, 78, 124, 142-143, 147-148, 155, 164, 166; III. 79, 91, 129, 156, 171, 181, 187, 195, 208; V. 1, 7; Ph. 8*
法律、法（νόμος） *I. 2-8, 11-15, 17-18, 20, 22, 24, 32-34, 36-37, 39-40, 45, 49, 67, 72, 79, 90, 108, 113, 118-119, 138, 140, 154, 158, 161, 163, 172, 176-179, 186-189, 192, 195-196,* 古*; II. 6, 23, 60, 88, 95, 149, 160, 184; III. 1-2, 4, 6-7, 9, 11-12, 14-16, 18-23, 25, 28-41, 44, 46-48, 50, 62, 158, 169, 172, 175-176, 180, 188, 192, 196-205, 211, 212, 222, 232-233, 249-250, 257,* 古
—違反（παρανομία） *I. 1, 5, 15, 20-21, 32, 73, 106, 139, 196; III. 31-32, 34, 62, 204-206,* 古
違法提案 →違法提案（に対する告発・公訴）
歩兵、重装歩兵（ὁπλίτης） *II. 140, 151; III. 88, 97, 102, 140, 154*
捕虜（αἰχμάλωτος） *II. 15-16, 100, 103, 154, 156-157*

マ　行

水瓶、水（弁論の割り当て時間を計る）（κλεψύδρα, ἀμφορεύς, ὕδωρ） *I. 162; II. 126; III. 197*
民会（ἐκκλησία, δῆμος） *I. 12, 22, 26, 33, 35, 60, 64, 81, 85-86, 110, 112, 120-121, 178, 180; II. 12-13, 15, 17, 19, 25, 30-31, 43, 46-47, 49, 53, 57-58, 60-61, 63, 65, 67-68, 71-73, 79, 82-86, 90, 92, 95, 102-103, 109, 114, 120-122, 124, 135, 145, 158, 169; III. 2, 9-10, 13-14, 24-25, 27-28, 30, 32, 34-36, 38-39, 41-50, 52, 61, 65, 67, 69, 71, 73, 75, 83, 90-91, 95, 101, 116, 125-126, 142, 151, 155-156, 175, 183, 204, 211, 224, 230, 237-239, 250-251, 254,* 古
—演説（δημηγορία） *I. 1, 3, 20, 24, 27-28, 32, 40, 46, 64, 73, 119, 154, 174, 180, 195,* 古*; II. 56. 66. 69; III. 137, 220; V. 16*
—決議（案）（ψήφισμα） *I. 79, 177, 188,*

古; *II. 13-14, 18-19, 31, 46, 50, 53-55, 59, 61, 64-68, 73, 85, 89, 94, 98, 101, 104, 109, 121, 133, 158, 160, 170, 178; III. 4, 8, 11, 13, 24, 27, 31-33, 42-44, 49-50, 60, 68, 75-76, 93, 100-101, 153, 155, 159, 176, 187-188, 192, 195, 200-201, 219, 230, 232, 236-237, 242,* 古; *Ph. 6*
—場（ἐκκλησία） *III. 32, 34-36, 43, 45, 47-48, 204, 251*
—予備告発（プロボレー）（προβολή） *II. 145*
民主政（制）（δημοκρατία） *I. 4-5, 17, 33, 173, 179, 191; II. 77-78, 147, 171-174, 177; III. 6-8, 23, 38, 103, 114, 145, 166, 169, 191, 194, 196-198, 200, 202, 208, 220, 233-235, 248-251, 257; V. 1*

ヤ　行

友情出資（ἔρανος） *II. 41*
傭兵（ξένος, μισθοφόρος） *I. 113; II. 131, 168; III. 87, 146-147, 165, 240*
予備挙手採決（προχειροτονία） *I. 23*

ラ　行

陸軍監査官（ἐξεταστής） *I. 113; II. 177*
立法委員会（νομοθέται） *III. 39-40*
立法者、立法家（νομοθέτης） *I. 6, 8-11, 13, 17-18, 22-24, 27-30, 32, 46, 51, 138-139, 160, 165, 183; III. 6, 11, 14, 16, 20-22, 26, 31, 33-34, 38, 44-45, 47, 108, 175-176, 257*
略式逮捕（ἀπαγωγή） *I. 158*
量刑（τίμημα） *I. 113; II. 5, 59, 159; III. 197-198, 210*
両親扶養義務（γονέας τρέφειν） *I. 28*
レスリング場（παλαίστρα） *I. 10, 132, 138; III. 246*

ワ　行

賄賂、収賄、贈賄、賂（δωρεά, δῶρον） *I. 87, 107, 114, 154; II. 3, 23, 93; III. 9, 58-59, 81-82, 96, 104-105, 113, 129, 143, 149, 156, 170, 209, 214, 221, 232, 237, 244, 257, 259*
和議、和平交渉、和平協定（εἰρήνη） *I.* 古; *II. 11, 60, 77, 79, 134, 176,* 古; *V. 4*

アッティカ

ヘカトンバイオン▲ (7月)	メタゲイトニオン★ (8月)	ボエドロミオン▲ (9月)
7日　ヘカトンバイア祭 (アポロン) 12日　クロニア祭(クロノス、ゼウス、ヘラ) 16日　シュノイキア祭 28日　パンアテナイア祭 (アテナ・ポリアス)	7日　メタゲイトニア祭 祭日不確定　エレウシニア祭 (デメテル、ペルセポネ)	5日　ゲネシア祭（ゲー） 6日　アルテミス・ アグロテラ祭 7日　ボエドロミア祭 (アポロン) 15〜23日　エレウシスの秘儀 (デメテル、ペルセポネ)

ガメリオン▲ (1月)	アンテステリオン★ (2月)	エラペボリオン▲ (3月)
12〜15日　レナイア祭 (ディオニュソス) 祭日不確定　ガメリア祭	12〜14日　アンテステリア祭 (ディオニュソス) 23日　ディアシア祭（ゼウス・メイリキオス）	6日　エラペボリア祭 (アルテミス) 9日　アスクレピエイア祭 (アスクレピオス) プロアゴン 10〜14日　市の、または大ディオニュシア祭 (ディオニュソス)

(1) アッティカの暦では、1年は夏至の後の新月をもって始まり、その日を第1月ヘカトンバイオンの第1日とした。ここに掲げた表では、各月名の下に（　）で現在の該当月を示した。ただし「ヘカトンバイオン月」は年により、最も早い場合は6月から始まり、最も遅い場合には8月に及ぶ。以下同様。

(2) 29日の月（▲）と30日の月（★）とが交互に来て、第12月スキロポリオンの第30日をもって1年は終わった。

(3) 8年を周期として、その期間内の第3、第5、第8の年に30日の閏月を置き、1年を13ヵ月とした。閏月はつねに第6月ポセイデオンの後に挿入され、第2ポセイデオンと呼ばれた。

(4) 各月名は、その月に催される主要な祝祭に由来するといわれる。アッティカ

の祭暦

ピュアネプシオン★ (10月)	マイマクテリオン▲ (11月)	ポセイデオン★ (12月)
5日　プロエルシア祭 7日　ピュアネプシア祭(アポロン) 7日　オスコポリア祭 (アテナ・スキラ) 8日　テセイア祭 9日　ステニア祭 9～13日　テスモポリア祭 (女たちの祭)(デメテル、ペルセポネ) 30日　カルケイア祭 祭日不確定　アパトゥリア祭	祭日不確定 マイマクテリア祭(ゼウス) 祭日不確定 ポンパイア祭(ゼウス)	8日　ポセイドニア祭 (ポセイドン) 26日　ハロア祭(デメテル、ディオニュソス) 祭日不確定 田舎のディオニュシア祭 (ディオニュソス)

ムニキオン★ (4月)	タルゲリオン▲ (5月)	スキロポリオン★ (6月)
4日　エロス祭(アプロディテ) 8日　デルピニア祭 (アポロン) 16日　ムニキア祭(アルテミス) 19日　オリュンピエイア祭 (ゼウス)	6～7日　タルゲリア祭 (アポロン) 19日　ベンディデイア祭 (ベンディス) 25日　プリュンテリア祭 (アテナ・アグラウロス) 祭日不確定 カリュンテリア祭	3日　アレポリア祭 12日　スキラ祭(アテナ) 14日　ディポリエイア祭 (ゼウス) 30日　ディイソテリア祭 (ゼウス、アテナ)

の祝祭は年に300を越えたと伝えられ、ここでは比較的重要な祭礼行事にのみとどめた。祭礼行事の後の括弧内に記したのは、その祭礼の対象となる主たる祭神の名である。なお、「ポリアス」などの添え名は、有力な神を権能、地域などによって個別化した神格を意味する。

(5) 祭礼の名称や挙行日、祭神について異読、異説のあるものが若干あるが、煩雑を避けるためここに例を挙げるにとどめる。

ピュアネプシア祭 → ピュアノプシア祭
スキラ祭(アテナ) → (デメテル)

(このカレンダーの作成には主としてDeubner, L., *ATTISCHE FESTE*, Hildesheim, 1966を参照した。)

貨幣制度と度量衡

アイスキネスの作品中で使われている貨幣および度量衡の単位を中心に、当時アテナイで使用されていた標準的な単位体系の概略を以下に示す。個々の数値は概数である。

1．貨幣

1ドラクマ＝4.31*g* を基準とした場合

タラントン（*talanton*）	＝6,000ドラクマ
ムナ（*mna*）	＝100ドラクマ
スタテール（*stater*）	＝20ドラクマ
ドラクマ（*drakhma*）	**＝1ドラクマ**
オボロス（*obolos*）	＝1/6ドラクマ

2．重さ

1ドラクマ＝4.31*g* を基準とした場合、および商業取引において1ドラクマ＝6*g* を基準とした場合

タラントン（*talanton*）	＝6,000ドラクマ	＝25.86*kg*	＝36*kg*
ムナ（*mna*）	＝100ドラクマ	＝431.00*g*	＝600*g*
ドラクマ（*drakhma*）	**＝1ドラクマ**	**＝4.31*g***	**＝6*g***
オボロス（*obolos*）	＝1/6ドラクマ	＝0.72*g*	＝1*g*

3．容積

固体用の単位と液体用の単位がある。
1コテュレー＝270.00*ml* を基準とした場合

メディムノス（*medimnos*）	＝192コテュレー	＝51.84*l*	固体
メトレーテース（*metretes*）	＝144コテュレー	＝38.88*l*	液体
アンポレウス（*amphoreus*）	＝72コテュレー	＝19.44*l*	液体
ヘクテウス（*hekteus*）	＝32コテュレー	＝8.64*l*	固体
クース（*khous*）	＝12コテュレー	＝3.24*l*	液体
コイニクス（*khoinix*）	＝4コテュレー	＝1.08*l*	固体
クセステース（*xestes*）	＝2コテュレー	＝540.00*ml*	固体，液体
コテュレー（*kotyle*）	**＝1コテュレー**	**＝270.00*ml***	**固体，液体**
オクシュバポン（*oxybaphon*）	＝1/4コテュレー	＝67.50*ml*	固体，液体

キュアトス（*kyathos*）	＝1/6コテュレー	＝45.00*ml*	固体，液体
コンケー（*konkhe*）	＝1/12コテュレー	＝22.50*ml*	液体

4．長さ

1プース＝29.57*cm* を基準とした場合

パラサンゲース（*parasanges*）	＝18,000プース	＝5.32*km*
スタディオン（*stadion*）	＝600プース	＝177.42*m*
プレトロン（*plethron*）	＝100プース	＝29.57*m*
オルギュイア（*orgyia*）	＝6プース	＝1.77*m*
ベーマ（*bema*）	＝2＋1/2プース	＝73.93*cm*
ペーキュス（*pekhys*）	＝1＋1/2プース	＝44.36*cm*
プース（*pous*）	**＝1プース**	**＝29.57*cm***
スピタメー（*spithame*）	＝3/4プース	＝22.18*cm*
ディカス（*dikhas*）	＝1/2プース	＝14.79*cm*
パラ(イ)ステー（*para(i)ste*）	＝1/4プース	＝7.39*cm*
コンデュロス（*kondylos*）	＝1/8プース	＝3.70*cm*
ダクテュロス（*daktylos*）	＝1/16プース	＝1.85*cm*

5．面積

1プース＝29.57*cm* を基準とした場合

プレトロン（*plethron*）	＝100プース×100プース	＝874.38m^2
アカイナ（*akaina*）	＝10プース×10プース	＝8.74m^2
プース（*pous*）	**＝1プース×1プース**	**＝874.38cm^2**

参考文献

本項の作成に当たって主として下記の文献を参照した。

Hornblower, S. and Spawforth, A. (eds.), *The Oxford Classical Dictionary*, Third Edition, Oxford University Press, 1996.

年表１　「ピロクラテスの講和」に関する使節から「使節職務不履行裁判」まで

前346年アンテステリオン月（ほぼ現在の１月）	第一次使節マケドニアの王都ペラへ出発。王宮にて和平交渉の後、王ピリッポスはトラキア遠征へ出発。
346年エラペボリオン月初頭	第一次使節、帰国。
346年エラペボリオン月８日	第一次使節、民会に帰国報告、講和および同盟締結への希望を記したピリッポスの書簡を朗読。
346年エラペボリオン月18日	民会、ピリッポスとの講和および同盟について討議。
346年エラペボリオン月19日	民会、ピリッポスとの講和および同盟を採決、第一次と同じメンバーによる第二次使節派遣を決議。
346年エラペボリオン月24日あるいは25日	ピリッポス、東トラキアのケルソブレプテス王領ヒエロン・オロス、ドリスコス、セリオンなどを包囲。ケルソブレプテス王、降伏。
346年エラペボリオン月25日	デモステネス、民会で議長を務める。第二次アテナイ海上軍事同盟国会議代表、対マケドニア講和および同盟に参加する旨の誓約。東トラキア王ケルソブレプテスの使節、民会に出席、誓約を申し出るが否決される。
346年ムニキオン月３日頃	政務審議会、第二次使節にマケドニアへの出発命令。
346年ムニキオン月25日頃	第二次使節、マケドニアの王都ペラに到着。
346年タルゲリオン月22日頃	ピリッポス、トラキアより帰国。アテナイとの講和・同盟の誓約宣誓。ピリッポス、軍を率いて南進。ピリッポスの同盟諸国、ペライで講和・同盟の誓約。
346年スキロポリオン月13日	第二次使節、帰国。
346年スキロポリオン月15日	第二次使節、政務審議会に帰国報告。
346年スキロポリオン月16日	第二次使節、民会に帰国報告。民会、講和および同盟をピリッポスの子孫にまで適用する旨を含むピロクラテスの決議案採択、ならびに第三次使節派遣の決議。デモステネス、使節職務辞退。
346年スキロポリオン月17日以後	アイスキネスの兄（弟）が医師を伴って政務審議会に出頭、アイスキネスの辞退誓約を伝えて代理使節になることを要請。政務審議会、これを受理し「出発日までに回復しなければ」兄（弟）を代理使節にする旨の先議法令を可決。
346年スキロポリオン月20日（?）	民会開催。アイスキネスの兄（弟）を代理使節にする旨の民会決議案可決。
346年スキロポリオン月20日あるいは21日	「正義への援軍」を要請するピリッポス書簡が民会で読まれる。デモステネスによる出兵差し止め。22日頃第三次使節出発。
346年スキロポリオン月23日	ピリッポス、ポキスに無血入城＝第三次神聖戦争終結。
346年スキロポリオン月27日	引き返してきた使節団の一員デルキュロスより民会にポキス降伏の報。民会、対ピリッポス講和付加条項締結続行を決議。健康を回復し再選出されたアイスキネスを含む第三次使節、再出発。この後アッティカ防衛のためのカリステネスの民会決議案採択。
346年ヘカトンバイオン月（?）	アイスキネス、ポキス懲罰を議すアンピクテュオニア神聖同盟特別会議において、ポキス市民擁護の演説。

346年ヘカトンバイオン月（?）	ピリッポス、デルポイで祝勝祭儀。
346年秋（?）	ピリッポスのアンピクテュオニア神聖同盟加入権追認を要請する使節、アテナイに到着。アイスキネス、民会で支持演説。デモステネス、『講和について（第五弁論）』をもってピリッポスのアンピクテュオニア神聖同盟加入容認を勧告。民会、（おそらく）追認を決議。
346年メタゲイトニオン月	アテナイ、ピュティア祭への代表派遣取り止め。
346年末（?）	ティマルコスとデモステネスによるさきの第二次使節職務不履行の告発（執務審査）に反撃して、アイスキネス、ティマルコスを演説者資格欠如で訴追。ティマルコス敗訴、市民権を剥奪される。
344年	デモステネス、『ピリッポス弾劾、第二演説（第六弁論）』。
344年あるいは343年前半	ピリッポスの使節ピュトン、講和条約修正の用意ある旨を伝えるため来訪。ヘゲシッポス、アテナイの返答を携えてマケドニアへ使節、ピリッポスにより拒否される。[ヘゲシッポス]『ハロンネソスについて（第七弁論）』。
343年前半	ピロクラテス、弾劾され、死刑判決前に亡命。
343年夏	デモステネス、『使節職務不履行について（第十九弁論）』をもってアイスキネスの第二次使節職務告発（執務審査）を再申請。被告アイスキネス、『使節職務不履行について（第二弁論）』をもって弁明。三〇票差で勝訴。

年表2　カイロネイア戦前後から「冠裁判」まで

前340年夏	ピリッポス、ペリントス、ビュザンティオンに侵攻、『ピリッポス書簡』をもって宣戦予告、アテナイの穀物輸送船群を拿捕。アテナイ、「ピロクラテスの講和」を破棄。デモステネスの三段櫂船奉仕修正法。アテナイ、ビュザンティオンに援軍。
340／39年	ピリッポス、ビュザンティオンを去り、ケロネソス攻略の後スキュティアへ転戦（冬）。
339年春	アンピクテュオニア神聖同盟会議にてアイスキネス、アンピッサ人を非難。アンピクテュオニア神聖同盟臨時会議、対アンピッサ人懲罰を決議。アンピッサ戦争（第四次神聖戦争）。
同年夏	テバイ、マケドニア守備隊を排してニカイアを占拠。
同年初秋	アンピクテュオニア神聖同盟、ピリッポスを将軍に任命。
同年晩秋	ピリッポス、アンピッサ懲罰戦争に出発、テルモピュライを通過してエラテイアを占拠。デモステネス、テバイとの同盟を成立させ、他の諸国，傭兵軍を集結させたギリシア連合軍を結成。
339／38年冬	「冬の戦い」「河畔の戦い」にてギリシア連合軍勝利。ピリッポス、アンピッサを攻略破壊。
338年メタゲイトニオン月9日（ほぼ現在の8月2日）	カイロネイアにてピリッポスのマケドニア軍、ギリシア連合軍を大破。
338年秋	アテナイ、篭城戦に備える。非市民への市民権付与による戦力増強提案など国防諸対策。デマデス、アイスキネス、ポキオンによる、対ピリッポス講和締結。
同年冬	デモステネス、カイロネイア戦戦没者国葬にて葬礼演説。
338／37年	ピリッポス、コリントス同盟を組織、盟主となる。
337年タルゲリオン月	デモステネス、塹壕城壁修復の提案。可決。
337／36年	塹壕城壁修復工事。デモステネス城壁修復監督官および祭祀財務官就任。
336年エラペボリオン月より前	クテシポン、デモステネスへの授冠提案。政務審議会可決。アイスキネス、違法提案の告発（開廷に至らず）。
同年スキロポリオン月（ほぼ現在の6月）	ピリッポス暗殺。アレクサンドロス、即位。
335年秋	北方遠征のアレクサンドロス、テバイ蜂起の報に急遽南下、テバイを覆滅。アテナイにデモステネスを含む要人引渡しを要求。デマデスの交渉により赦免。
334年	アレクサンドロス、ペルシア征伐に出立（ギリシア同盟軍をも率いる）。
331年秋	アレクサンドロス、ガウガメラにてペルシア軍を破る。
330年初頭	対マケドニア蜂起（前331年夏）のスパルタ王アギス、マケドニアの武将アンティパトロスに鎮圧される。

同年夏	アイスキネス、『クテシポン弾劾（第三弁論）』をもってクテシポンへの違法提案告発を再開。デモステネス、『冠について（第十八弁論）』をもって被告弁護。デモステネス側圧勝。
同年秋	ピュティア祭。敗訴のアイスキネス、アテナイを去る。

訳者略歴

木曽明子（きそ　あきこ）

大阪大学名誉教授
一九三六年　満州生まれ
一九六七年　京都大学大学院文学研究科博士課程修了
大阪大学、北見工業大学教授を経て二〇〇二年退職

主な著訳書

The Lost Sophocles（Vantage Press）
What Happened to Deus ex Machina after Euripides?（CTCWeb, ed. Showcase）
M・J・スメサースト『アイスキュロスと世阿彌のドラマトゥルギー』（大阪大学出版会）
デモステネス『弁論集２』（京都大学学術出版会）
デモステネス『弁論集３』（共訳、京都大学学術出版会）
デモステネス『弁論集４』（共訳、京都大学学術出版会）
ディオニュシオス他『修辞学論集』（共訳、京都大学学術出版会）

アイスキネス　弁論集《べんろんしゅう》
西洋古典叢書　２０１２　第４回配本

二〇一二年十月十日　初版第一刷発行

訳　者　木《き》曽《そ》明《あき》子《こ》
発行者　檜山爲次郎
発行所　京都大学学術出版会
606-8315　京都市左京区吉田近衛町六九 京都大学吉田南構内
電　話　〇七五-七六一-六一八二
ＦＡＸ　〇七五-七六一-六一九〇
http://www.kyoto-up.or.jp/
印刷／製本・亜細亜印刷株式会社

ISBN978-4-87698-198-4

定価はカバーに表示してあります

西洋古典叢書［第Ⅰ～Ⅳ期、２０１１］既刊全91冊

【ギリシア古典篇】

アキレウス・タティオス　レウキッペとクレイトポン　中谷彩一郎訳　３２５５円
アテナイオス　食卓の賢人たち　1　柳沼重剛訳　３９９０円
アテナイオス　食卓の賢人たち　2　柳沼重剛訳　３９９０円
アテナイオス　食卓の賢人たち　3　柳沼重剛訳　４２００円
アテナイオス　食卓の賢人たち　4　柳沼重剛訳　３９９０円
アテナイオス　食卓の賢人たち　5　柳沼重剛訳　４２００円
アラトス／ニカンドロス／オッピアノス　ギリシア教訓叙事詩集　伊藤照夫訳　４５１５円
アリストクセノス／プトレマイオス　古代音楽論集　山本建郎訳　３７８０円
アリストテレス　天について　池田康男訳　３１５０円
アリストテレス　魂について　中畑正志訳　３３６０円
アリストテレス　動物部分論他　坂下浩司訳　４７２５円
アリストテレス　ニコマコス倫理学　朴　一功訳　４９３５円

アリストテレス　政治学　牛田徳子訳　4410円
アリストテレス　トピカ　池田康男訳　3990円
アルクマン他　ギリシア合唱抒情詩集　丹下和彦訳　4725円
アルビノス他　プラトン哲学入門　中畑正志訳　4305円
アンティポン／アンドキデス　弁論集　高畠純夫訳　3885円
イアンブリコス　ピタゴラス的生き方　水地宗明訳　3780円
イソクラテス　弁論集　1　小池澄夫訳　3360円
イソクラテス　弁論集　2　小池澄夫訳　3780円
エウセビオス　コンスタンティヌスの生涯　秦　剛平訳　3885円
ガレノス　自然の機能について　種山恭子訳　3150円
ガレノス　ヒッポクラテスとプラトンの学説　1　内山勝利・木原志乃訳　3360円
ガレノス　解剖学論集　坂井建雄・池田黎太郎・澤井　直訳　3255円
クセノポン　ギリシア史　1　根本英世訳　2940円
クセノポン　ギリシア史　2　根本英世訳　3150円
クセノポン　小品集　松本仁助訳　3360円

クセノポン　キュロスの教育　松本仁助訳　3780円
クセノポン　ソクラテス言行録　1　内山勝利訳　3360円
セクストス・エンペイリコス　ピュロン主義哲学の概要　金山弥平・金山万里子訳　3990円
セクストス・エンペイリコス　学者たちへの論駁　1　金山弥平・金山万里子訳　3780円
セクストス・エンペイリコス　学者たちへの論駁　2　金山弥平・金山万里子訳　4620円
セクストス・エンペイリコス　学者たちへの論駁　3　金山弥平・金山万里子訳　4830円
ゼノン他　初期ストア派断片集　1　中川純男訳　3780円
クリュシッポス　初期ストア派断片集　2　水落健治・山口義久訳　5040円
クリュシッポス　初期ストア派断片集　3　山口義久訳　4410円
クリュシッポス　初期ストア派断片集　4　中川純男・山口義久訳　3675円
クリュシッポス他　初期ストア派断片集　5　中川純男・山口義久訳　3675円
テオクリトス　牧歌　古澤ゆう子訳　3150円
テオプラストス　植物誌　1　小川洋子訳　4935円
ディオニュシオス／デメトリオス　修辞学論集　木曾明子・戸高和弘・渡辺浩司訳　4830円
ディオン・クリュソストモス　トロイア陥落せず——弁論集　2　内田次信訳　3465円

デモステネス　弁論集　1　加来彰俊・北嶋美雪・杉山晃太郎・田中美知太郎・北野雅弘訳　5250円
デモステネス　弁論集　2　木曾明子訳　4725円
デモステネス　弁論集　3　北嶋美雪・木曾明子・杉山晃太郎訳　3780円
デモステネス　弁論集　4　木曾明子・杉山晃太郎訳　3780円
トゥキュディデス　歴史　1　藤縄謙三訳　4410円
トゥキュディデス　歴史　2　城江良和訳　4620円
ピロストラトス／エウナピオス　哲学者・ソフィスト列伝　戸塚七郎・金子佳司訳　3885円
ピロストラトス　テュアナのアポロニオス伝　1　秦　剛平訳　3885円
ピンダロス　祝勝歌集／断片選　内田次信訳　4620円
フィロン　フラックスへの反論／ガイウスへの使節　秦　剛平訳　3360円
プラトン　ピレボス　山田道夫訳　3360円
プラトン　饗宴／パイドン　朴　一功訳　4515円
プルタルコス　モラリア　1　瀬口昌久訳　3570円
プルタルコス　モラリア　2　瀬口昌久訳　3465円
プルタルコス　モラリア　5　丸橋　裕訳　3885円

プルタルコス　モラリア　6　戸塚七郎訳　3570円
プルタルコス　モラリア　7　田中龍山訳　3885円
プルタルコス　モラリア　9　伊藤照夫訳　3570円
プルタルコス　モラリア　11　三浦　要訳　2940円
プルタルコス　モラリア　13　戸塚七郎訳　3570円
プルタルコス　モラリア　14　戸塚七郎訳　3150円
プルタルコス　英雄伝　1　柳沼重剛訳　4095円
プルタルコス　英雄伝　2　柳沼重剛訳　3990円
プルタルコス　英雄伝　3　柳沼重剛訳　4095円
ポリュビオス　歴史　1　城江良和訳　3885円
ポリュビオス　歴史　2　城江良和訳　4095円
ポリュビオス　歴史　3　城江良和訳　4935円
マルクス・アウレリウス　自省録　水地宗明訳　3360円
リュシアス　弁論集　細井敦子・桜井万里子・安部素子訳　4410円

【ローマ古典篇】

ウェルギリウス　アエネーイス　岡　道男・高橋宏幸訳　5145円
ウェルギリウス　牧歌／農耕詩　小川正廣訳　2940円
ウェレイユス・パテルクルス　ローマ世界の歴史　西田卓生・高橋宏幸訳　2940円
オウィディウス　悲しみの歌／黒海からの手紙　木村健治訳　3990円
クインティリアヌス　弁論家の教育　1　森谷宇一・戸高和弘・渡辺浩司・伊達立晶訳　2940円
クインティリアヌス　弁論家の教育　2　森谷宇一・戸高和弘・渡辺浩司・伊達立晶訳　3675円
クルティウス・ルフス　アレクサンドロス大王伝　谷栄一郎・上村健二訳　4410円
スパルティアヌス他　ローマ皇帝群像　1　南川高志訳　3150円
スパルティアヌス他　ローマ皇帝群像　2　桑山由文・井上文則・南川高志訳　3570円
スパルティアヌス他　ローマ皇帝群像　3　桑山由文・井上文則訳　3675円
セネカ　悲劇集　1　小川正廣・高橋宏幸・大西英文・小林　標訳　3990円
セネカ　悲劇集　2　岩崎　務・大西英文・宮城徳也・竹中康雄・木村健治訳　4200円
トログス／ユスティヌス抄録　地中海世界史　合阪　學訳　4200円
プラウトゥス　ローマ喜劇集　1　木村健治・宮城徳也・五之治昌比呂・小川正廣・竹中康雄訳　4725円

プラウトゥス　ローマ喜劇集２　山下太郎・岩谷　智・小川正廣・五之治昌比呂・岩崎　務訳　4410円
プラウトゥス　ローマ喜劇集３　木村健治・岩谷　智・竹中康雄・山澤孝至訳　4935円
プラウトゥス　ローマ喜劇集４　高橋宏幸・小林　標・上村健二・宮城徳也・藤谷道夫訳　4935円
テレンティウス　ローマ喜劇集５　木村健治・城江良和・谷栄一郎・高橋宏幸・上村健二・山下太郎訳　5145円
リウィウス　ローマ建国以来の歴史１　岩谷　智訳　3255円
リウィウス　ローマ建国以来の歴史３　毛利　晶訳　3255円